U0463422

雕龙书系

◇ 名誉主编　霍松林

◇ 主　　编　张新科

量范畴的类型学研究
——以贵州境内的语言为对象

惠红军　著

科学出版社
北　京

内 容 简 介

本书主要以贵州境内的汉语、苗语、彝语、水语、侗语、布依语、仡佬语七种语言为对象对量范畴进行了系统的类型学研究。具体涉及量范畴的表现形式及各种表达手段，量范畴的语序类型学研究，量范畴的功能类型学研究，量范畴的语义类型学研究，量范畴的认知类型学研究。

图书在版编目（CIP）数据

量范畴的类型学研究：以贵州境内的语言为对象 / 惠红军著. —北京：科学出版社, 2015.12

(雕龙书系 / 张新科主编)

ISBN 978-7-03-046663-1

Ⅰ.①量… Ⅱ.①惠… Ⅲ. ①西南官话–方言研究–贵州省 Ⅳ. ①H172.3

中国版本图书馆CIP数据核字(2015)第306579号

责任编辑：王洪秀/责任校对：郑金红

责任印制：张 倩/封面设计：铭轩堂

科学出版社 出版

北京东黄城根北街 16 号

邮政编码：100717

http://www.sciencep.com

三河市骏杰印刷有限公司 印刷

科学出版社发行 各地新华书店经销

*

2015 年 12 月第 一 版 开本：720 × 1000 1/16

2015 年 12 月第一次印刷 印张：21 3/4

字数：400 000

定价：78.00 元

(如有印装质量问题，我社负责调换)

本书为教育部人文社会科学研究青年基金项目“贵州世居少数民族语言量范畴和汉语量范畴的类型学研究”（项目批准号：10YJC740046）结项成果

本书由陕西师范大学优秀著作出版基金资助出版

本书由陕西师范大学文学院优秀著作出版基金资助出版

雕 龙 书 系

编委会

丛书序

陕西师范大学文学院于今走过了70余载的发展历程，数代学人薪火相传、弦歌不辍，涌现出许多声誉卓著的学者，形成了“厚德积学、严谨求实、兼容并包、尊重个性”的学术传统。学院坚持“全面发展，突出重点；打好基础，形成品牌；交叉融合，突出特色”的学科建设理念，经过多年不懈努力，学科建设水平得到大幅度提升，在学界获得了良好的声誉。学术研究、学科建设归根结底都是为培养高素质的人才。文学院已形成由学士、硕士到博士、博士后的人才培养体系，造就了成千上万的人才，为经济社会发展、特别是祖国的教育事业做出了贡献。

近年来，以建设一流学科为目标，全院师生同心同德、励精图治，提出“发扬优秀传统，提升文化品格，拓展国际视野，建设精神家园”的学院文化建设理念。为弘扬传统、激励后学，学院于2014年策划收集、整理已经退休甚至故去的先辈学人书稿，结集出版“长安学人丛书”，在学校和学界产生了广泛影响。“江山代有才人出”，为了进一步展示文学院当前的学术风貌、扩大学术交流，学院再次策划出版“雕龙书系”。“雕龙”一词取战国时驺奭长于口辩、被称为“雕龙奭”典故。《史记·孟子荀卿列传》：“驺衍之术迂大而闳辩；奭也文具难施；淳于髡久与处，时有得善言。故齐人颂曰：‘谈天衍，雕龙奭，炙毂过髡。’”裴骃《史记集解》引刘向《别录》曰：“驺奭修衍之文，饰若雕镂龙文，故曰‘雕龙’。”借指学术研讨精细犹如雕饰龙纹一般，也喻指擅长辞章、文采斐然之意。我院名誉院长、著名古典文学专家霍松林先生为学院题词“扬葩振藻、绣虎雕龙”八个大字，以此作为学院精神，鼓励师生激扬文字，彰显个性，培育英才，潜心学术。本套书系以“雕龙”命名，即希望借此体现文学院同仁如切如磋、如琢如磨、虚心向学、严谨治学的品格。选题不拘一格，涉及文史哲研究的诸多领域。著书立说者既有德高望重的知名教授、又有英气勃发的青年才俊，体现了文学院兼容并包、各擅其长的学术格局。

“雕龙书系”的策划出版，得到了文学院教师的积极响应，得到了陕西师范大学 211 工程与学科建设处、社科处和科学出版社的大力支持，在此一并致谢。

编委会

2015 年 10 月

前　言

语言就像空气一样弥漫在我们所生活的世界，也像基因一样浸润着我们思维的每一时刻。当前对于语言的研究可谓蔚为壮观，学派蜂拥，如历史比较语言学、结构主义语言学、生成语言学、功能语言学、认知语言学、语言类型学，等等。这些流派当中，最注重跨语言研究的则是语言类型学。

语言类型学研究是当代语言学的一门“显学”；语言类型学有广狭松严不同的种种含义，但都离不开一个“跨”字。语言类型学家相信，对人类语言机制和规则的任何总结概括都必须得到跨语言的验证，而对任何具体语言“特点”之研究也必须建立在跨语言比较得到的语言共性和类型分类的基础上。而从事跨语言的类型比较，经常采用的一个策略是从语义范畴出发，而不是从形态-句法范畴出发，因为许多语义范畴是人类语言的表达所普遍需要的。（刘丹青，2003a）然而，语言类型和语言共性其实是同一事情的两个方面，类型学主要关心语言有哪些种不同的变化，共性研究主要关心语言类型的变化有哪些限制。（沈家煊，2009）

因此，如果研究一种普遍存在于人类语言中的某种语义现象时，类型学的研究范式和视角是一种极有价值的选择。这样的研究既能够通过跨语言的比较而发现语言在表达同一语义范畴时的多样性，也能够发现语言在表达同一语义范畴时的一致性。本书的研究对象——量范畴，正是人类语言中普遍存在的一种语义现象，只不过不同的语言在认知和表达量范畴时可能会存在某些不同，当然也必然存在相同之处。一般而言，对于量范畴在语言中的体现，人们更容易想到的是数词这类直接表达事物的量的词语。

然而量范畴是一种非常普遍的语义范畴，事物的形体、性质、状态等都蕴涵着某种量范畴；因而在语言事实中，如在汉语中，除了使用数词表达事物的量范畴以外，使用名词、动词、量词、形容词、副词等语言材料都能够表达量范畴；而且对这些语言材料的运用还具有某种共性表现。在进行跨语言的比较后，我们还发现，不同语言对量范畴的表达既具有跨语言的差异，也具有跨语言的共性。

因此，从类型学的研究视角，运用类型学的研究范式对语言中量范畴的研究是一个很有必要的尝试。在现有的语言类型学研究中，一般都着力于语序类型的考察，本书则不但从语序类型的角度考察了量范畴的表现，而且还尝试了语义类型学、功能类型学和认知类型学的研究视角，希望能为语言类型学的研究增砖添瓦。

本书的研究获得教育部人文社会科学研究青年基金项目的资助，出版获得了陕西师范大学优秀著作出版基金和陕西师范大学文学院优秀著作出版基金的资助，在此谨表谢忱。在本书研究作为科研项目申报和结题的过程中，贵州民族大学也曾给予大力支持和帮助；在本研究项目运行及结题报告的撰写过程中，贵州大学教授徐之明师，贵州民族大学龙耀宏教授、柳远超研究员、龙海燕教授、胡晓东教授都曾给予无私的帮助；在结题评审过程中，匿名评审专家也提出了不少中肯的修改意见和建议，在这里一一深表谢意。这里还需要感谢科学出版社的编辑王洪秀女士，感谢她为本书出版所做的努力和辛勤付出。

本书所涉虽是一个小题目，但其中所蕴涵的语言奥秘却依旧深邃而难测；作者本人虽对此颇有兴趣，亦望有所创获，但因才疏学浅，其中舛误在所难免。这里不避浅陋，付梓拙作，书中错误皆由作者本人负责，敬请各位方家和同行批评指正。

惠红军

2015年10月
于陕西师范大学雁塔校区

目　录

第1章　绪　论

1.1　中国境内的语言

中国是一个语言资源丰富的国家，共有超过 130 种的语言。汉语是汉族人使用的语言，也是中国境内使用人口最多的语言，有超过 11 亿的人口在使用。（孙宏开等，2007：108）汉语的发祥地应该在河南一带，即中原地区。（向熹，1993：22-23）“汉语”一词，最晚在东汉就已经出现。《汉书·匈奴传》载：“单于始用夏侯藩求地有距汉语。”不过这一例中的“汉语”和今天的“汉语”还不完全相同，“有距汉语”是“有拒绝汉朝的言语”之义。但“汉语”一词最晚在东汉出现应该没有问题。据《史记·孝文本纪》“自当给丧事服临者，皆无践”裴骃《史记集解》：“服虔曰：‘践，翦也。谓无斩衰也。’孟康曰：‘践，跣也。’晋灼曰：‘《汉语》作“跣”。跣，徒跣也。’”司马贞《史记索隐》曰：“《汉语》是书名，荀爽所作。”而荀爽则为东汉末年人；因此，“汉语”一词在东汉时期已经出现；而且，在魏晋南北朝时期的诗文中也已常见。如刘义庆《世说新语·言语》：“高坐道人不作汉语。”庾信《奉和法筵应诏诗》：“佛影胡人记，经文汉语翻。”汉语的历史悠久，方言众多，而且在先秦时期就已经和其他民族的语言接触使用。如《孟子·滕文公上》：“今也，南蛮鴃舌之人，非先王之道。”其中的“南蛮”虽是指楚人许行，但“南蛮”一词在先秦时期已经指南方少数民族所居之地。《礼记·曲礼下》：“其在东夷、北狄、西戎、南蛮，虽大曰子。”《吕氏春秋·召类》：“尧战于丹水之浦以服南蛮，舜却苗民，更易其俗。”

目前，我国大约有 130 多种少数民族语言和 30 多种少数民族文字（黄行，2014），很多语言还没有文字系统。中国少数民族约有 6000 万人在使用本民族语言，占少数民族总人口的 60%以上，约有 3000 万人在使用本民族文字。民族自治地方有使用民族语言的广播电视机构 154 个，中央和地方电台每天用 21 种民族语言进行广播。[①]我国对少数民族语言研究的关注，可以说是从罗常培先生开始的。早在二十世纪四十年代初期，罗常培先生就利用应邀到云南大理帮助重修县志的机会记录少数民族的语言，并在 1950 年出版的《语言与文化》一书中，就已经讨论了我国西南少数民族语言中所反映的造词的心理过程与民族经济发展程度的关系。（惠红军、金骁潇，2008）1956 年，我国组织了由七百多人构成的七个工作队，对全国少数民族语言进行普查，大体摸清了主要语言的情况。二十世纪八十年代，民族出版社出版了《中国少数民族语言简志丛书》，共 57 种单行本，实际描写了 59 种语言。2008 年出版了《中国少数民族语言简志丛书》修订本，描写的语言共计 60 种。2009 年，民族音像出版社出版的《中国少数民族语言音档》（修订版），包括录音、录像两种介质的八张光盘和一本书，内容涵盖 45 个民族使用的 62 种语言的音系录像和常用词汇录音。另一方面，对于语言资源的普查还有一项重要工作，那就是对未知语言的探索。自 1992 年起，孙宏开、徐世璇主持的“新发现语言调查研究”课题，就致力于调查那些新发现的、鲜为人知的语言，目前已出版了四十多本有关民族语言的研究成果。

自 1979 年 5 月中国民族语言学会成立以来，我国在促进少数民族语言研究和国内外学术交流方面已经取得了相当的成就。但是到 2000 年少数民族语言再次受到关注时，却是作为濒危语言问题被关注的。几十年时间会有这么大的变化和反差，是学者们不曾想到的。据孙宏开（2006），联合国教科文组织濒危语言问题专家组提出了如何鉴定语言的活力的 9 条参考指标：①代际间的语言传承；②语言使用者的绝对数量；③语言使用者占总人口的比例；④现存语言使用范围的发展趋势；⑤语言对新领域和媒体的反应；⑥语言教育与读写材料；⑦政府和机构的语言态度和语言政策（包括语言的官方地位和使用）；⑧该语言族群成员对母语的态度；⑨语言记录材料的数量与质量。依照联合国教科文组织关于语言活力的这 9 项评估指标，语言学家将语言的活力从高到低排为 6 个级次：①充满活力；②有活力或仍然比较活跃；③活

① 资料来源：中华人民共和国中央人民政府白皮书《中国的民族政策与各民族共同繁荣发展》，http://www.gov.cn/zwgk/2009-09/27/content_1427930.htm。检索日期：2010 年 7 月 12 日。

力降低，显露濒危特征；④活力不足，走向濒危；⑤活力很差，已经濒危；⑥无活力，失去交际功能或已经死亡。这9项评估指标和6个级次已经获得了诸多学者的广泛认可。

孙宏开（2006）对中国少数民族语言的活力进行了研究，他在联合国教科文组织关于语言活力的9项评估指标的基础上，增加了3项评估指标：①语言的分布状况，聚居、杂居还是散居；②语言的内部差异程度，差异大的语言，活力就会降低；③国境内外的分布状况。根据这12项指标，孙宏开（2006）对中国的少数民族语言进行了如下活力排序：①充满活力的语言，如维吾尔、藏、朝鲜、蒙古、哈萨克、壮、彝等语言；②有活力的语言，属于这种类型的语言有傈僳、傣、苗、黎、哈尼、侗、水、独龙、布依、雅眉（达悟）、拉祜、锡伯等语言；③活力降低、已经显露濒危特征的语言，属于这种类型的语言有羌、德昂、达斡尔、纳西、嘉绒、景颇、载瓦、土家、仫佬、白、毛南等语言；④活力不足，已经走向濒危的语言，属于这种类型的语言比较多，大体有仡佬、普米、裕固、鄂伦春、乌孜别克、扎巴、村、回辉、标、拉基、拉珈、布努、巴哼、博嘎尔、鲁凯、鄂温克等语言；⑤活力很差，属濒危语言，属于这种类型的语言有阿侬、赫哲、塔塔尔、畲、仙岛、波拉、苏龙、崩汝等语言；⑥无活力、已经没有交际功能的语言，已经没有人再来用它作为交流和交际思想的工具，属于这种类型的语言有满、木佬、哈卡斯、羿、卡那卡那富、沙阿鲁阿、巴则海、邵等语言。

据2008年11月4日《中国社会科学报》，我国的少数民族语言中目前已有20多种语言使用人口不足1000人，处于濒临消亡的边缘。其中情况最严重的几种语言如下：赫哲族语，能用本族语交流的只有十几位60岁以上的老人；仡佬语，目前也只有少数老人通仡佬语；倒话，使用者目前仅有2685人；土家语，现在除少数地方外，土家族语言已逐渐消失；满语，现在只有约100人能够听懂，约50位老人还可以说；仙岛语，使用人数仅有100人左右；木佬语，目前仅有两位80多岁的老人会讲，已是名副其实的濒危语言。[①]

① 资料来源：http://www.cass.net.cn/file/20081104203317.html。检索日期：2010年1月10日。

这些情况表明，同世界上许多国家一样，我国也有一些少数民族语言正处于濒危状态。政府和国家相关部门也在积极努力，抢救濒危语言。2010年 5 月，国家民委发布《国家民委关于做好少数民族语言文字管理工作的意见》，意见指出，越来越多的少数民族公民学习和掌握了国家通用语言文字，这是一种有利于少数民族发展的进步现象，但同时，一些少数民族语言文字的使用人口越来越少，有的甚至走向濒危，需要保护。该意见共有 21 条，内容包括做好少数民族语言文字管理工作的重要意义、指导思想、基本原则、主要任务、政策措施、保障机制等部分，是近期制定的关于做好少数民族语言文字工作的一份重要的指导性文件。

对我国的濒危少数民族语言，国家一方面贯彻语言平等政策，加强双语教育，为一些濒危语言的教学和使用尽量创造有利条件，延缓其消亡时间；另一方面，也鼓励专家学者进行有关的调查和研究。截至目前，调查的语种已达 40 多种，《中国新发现语言研究丛书》出版的专著有 30 多本，《中国少数民族系列词典丛书》出版的词典有 20 多部。同时，我国各级政府也正在积极采取措施，组织相关专家开展调查、整理、抢救和保护弱势、濒危的少数民族语言的工作。

但是对濒危语言的保护性研究并不能涵盖少数民族语言研究的全部，它缺少对少数民族语言的文化关怀，缺少对少数民族语言利用方面的研究。语言是社会组织的产物，是随着社会发展的进程而演变的，所以还应该把语言看作一种社会意识形态。这种意识形态不但积淀着人类对自然界的认识成果，而且也反映了人类对自然和自身的认识模式、认知特点。因此每一种语言自身并不是孤立的，而是和人类社会的诸多方面联系在一起的；语言研究应该和文化研究相互参照，多角度多方面地研究少数民族语言，如从类型学的角度，从语词语源的角度，从文化变迁与传承的角度，从造词心理与民族文化程度关系的角度，从地名变化与民族迁移关系的角度，从亲属称谓与民族婚姻制度关系的角度，等等。（惠红军、金骁潇，2008）

1.2 贵州境内的语言

贵州是一个多民族共居的省份，其中世居民族有汉族、苗族、彝族、水族、侗族、布依族、仡佬族、土家族、回族、白族、瑶族、壮族、畲族、毛南族、满族、蒙古族、仫佬族、羌族等18个民族。据全国第五次人口普查，全省人口超过10万的有汉族（2191.17万，占62.2%）、苗族（429.99万，占12.2%）、布依族（279.82万，占7.9%）、侗族（162.86万，占4.6%）、土家族（143.03万，占4.1%）、彝族（84.36万人，占2.4%）、仡佬族（55.9万，占1.6%）、水族（36.97万，占1.0%）、白族（18.74万，占0.53%）和回族（16.87万，占0.5%）。2009年末，贵州少数民族人口占全省总人口的39%，全省有3个民族自治州、11个民族自治县，还有253个民族乡；地级行政区划单位占全省的30%，县级行政区划单位46个，占全省的52.3%；少数民族自治地区国土面积9.78万平方千米，占全省国土面积的55.5%。千百年来，各民族和睦相处，共同创造了多姿多彩的贵州文化。[①]据全国第六次人口普查，贵州全省常住人口中，汉族人口为22198485人，占63.89%；各少数民族人口为12547983人，占36.11%。同第五次人口普查相比，汉族人口增加286798人，增长0.81%；各少数民族人口减少788025人，下降2.24%。[②]贵州各世居少数民族和汉族在漫长的社会发展过程中，留下了极其丰富的语言资源。全省1500多万少数民族人口中，有900多万人口以本民族语言为母语，以母语为主要交流的工具。但目前少数民族语言的消失总体呈加快趋势，仡佬人口中仅1000多人会说仡佬语。[③]

贵州的少数民族语言资源极其丰富，这种丰富不仅表现在语言种类的丰富上，也表现在语言表现形式的多样上。同汉语的历史一样，贵州少数民族语言也有丰富的民族古籍文献，只不过这些文献由于历史的原因一直没有广泛进入语言研究者的视野。民族古籍文献不仅包括那些诉诸文字而流传下来的古籍，还包括那些没有文字的民族所创造的丰富的口传古籍。这些“口传古籍”，是指那些由少数民族世世代代口传耳受而流传下来的叙事长诗、古歌祭词和传说故事等，其内容涉及民族起源、民族迁徙、民族关系、文明起源以及早期宗教信仰。这些口传古籍与文字记录的古籍具有

---

① 资料来源：贵州省人民政府网。网址：http://info.gzgov.gov.cn/system/2013/06/18/012385028.shtml。检索日期：2013年10月12日。

② 资料来源：国家统计局网站。网址：http://www.stats.gov.cn/tjsj/tjgb/rkpcgb/dfrkpcgb/201202/t20120228_30386. html。检索日期：2015年1月13日。

③ 资料来源：新华网。网址：http://news.xinhuanet.com/society/2007-02/07/content_5708957.htm。检索日期：2015年11月1日。

同等的历史文化价值。同时，一些民族地区的人名地名中也蕴涵着丰富的语言资源。据肖亚丽（2007），汉语中有“排行+爹（妈）”的称谓方式，侗语里也有这种“排行＋爹（妈）”的称谓方式。在侗语里“父亲”是“jas”，“大”是“laox”，“大伯”为“jas laox”，“二伯”为“lul jas”“三叔”为“sant jas”，“最小的叔叔（满叔）”为“manx jas”。学术界认为汉语和壮侗语在历史上有相互接触关系，黔东南方言以及山西方言这种用父亲称谓来称呼叔伯的语言现象，启发我们认识汉语和侗语的同源关系。在民族聚居区，地名是民族迁徙的一种重要见证。据肖亚丽（2007），“凯里”是苗语 Kad Linx 的音译词，Kad 在苗语里是仡佬族，Kad Linx 的意思是“穿斜纹布的仡佬族”。黔东南的苗族以 Dlib（西）、Fangs（方）、Liux（柳）、Yel（尤）、Gud（勾）几个为古老的氏族，大量的乡镇地名在苗语里含有以上几个氏族名称，比如“南嘉”，苗语为 Dlib Jab；“羊西”，苗语为 Vangl Dlib；“西江”，苗语为 Dlib Jangl。早先汉族进入黔东南多是屯兵扎寨的形式，这些地名就以“营”“屯”来命名，在苗语里分别是 Yenx、Tenf，比如“大营、营盘、营商、屯上、别屯、大屯”，地名“博引丢、台石、牛场”在苗语里发音也都有 Yenx、Tenf，而这几个地方历史上都是汉族官兵驻地。

总之，贵州少数民族语言资源是一种极其宝贵的社会文化资源，在语言学、文学、人类学、历史学以及自然科学等各个学科都有极其重要的研究价值；因此，应该从不同的角度对这些语言进行系统的研究。

1.3 量范畴研究

量范畴是人类语言中普遍存在的一种重要范畴，也是反映各种语言认知特性的一个重要方面。李宇明（2000b：30）指出，“量”是人们认识世界、把握世界和表述世界的重要范畴。在人们的认知世界中，事物（包括人、动物）、事件、性状等无不包含“量”的因素。如事物含有几何量与数量等因素，事件含有动作量和时间量等因素，性状含有量级等因素。客观世界的这些量的因素和各种量化处理的方式，与工具结合起来就构成了“量”这种反映世界的认知范畴。“量”这种认知范畴投射到语言中，通过“语言化”形成语言世界的量范畴。李宇明（2000b：30）还把“量”范畴划分为六个次范畴：物量、空间量、时间量、动作量、级次量、语势。

语言中，不仅量范畴是多样化的，而且表现量范畴的手段是多样化的，如使用数词、量词、副词、形容词等语法成分；或采用重叠的形式，如使用名词的重叠式、动词的重叠式等重叠形式。但是现有研究一般只侧重于对量词的研究，而对数词、副词、形容词、名词的重叠式、动词的重叠式等表达量范畴的情况研究得明显不够。为了明确我们的研究对象和范围，我们把量范畴定义为：量范畴是一种语法意义，表达了认知世界中各种事物的数量、程度、性质、范围、状态，以及数量、程度、性质、范围、状态的变化。因而量范畴是人类语言的一个普遍范畴。

国内学者对量范畴的研究取得了大量的成果。这些成果大致可以分为两个方面：

（1）汉语量范畴的研究。关于汉语量范畴的研究主要是对汉语量词的研究。从《马氏文通》开始就对汉语量词问题进行了研究。其后，研究者从诸多方面对汉语量词进行了广泛而深入的多角度研究，汉语从古到今的各个重要阶段的量词基本上都已涉及；研究内容涉及汉语量词的来源，演变过程的语法化、类推机制以及认知方式，量词在汉语语法系统中的句法位置和语法意义，汉语量词的习得以及汉语的量范畴系统等。

（2）我国境内少数民族语言量范畴的研究。对少数民族语言量范畴的研究主要是对少数民族语言量词的研究。从我国少数民族语言所属的语系来看，有汉藏语系、阿尔泰语系、南亚语系、南岛语系和印欧语系，其中汉藏语系是我国的主要语系，其包括的民族语言最多，分布地带最广。一般认为，贵州的18个世居民族语言中，除满语、蒙古语属阿尔泰语系外，其他16个民族的语言都属于汉藏语系。民族出版社出版的《中国少数民族语言简志丛书》和《中国少数民族语言简志丛书》修订本所描写的60种少数民族语言中，已经囊括了贵州的17个世居少数民族的语言。除此之外，李锦芳（2005）中的32篇论文，研究了汉语、藏语、景颇语、彝语、缅语、拉祜语、白语、仡佬语、壮语、毛南语、苗语等语言中的量词，其中部分文章还具有类型学的视角。李云兵（2008）对南方民族语言的多种语序，如动词与宾语的语序，动词与副词的语序，名词与名词的语序等进行了类型学角度的描写；重要的是，书中也对藏缅语族、侗台语族、苗瑶语族南亚语系以及台湾南岛语中名词与量词的语序进行了类型学角度的考察。此外，国内的诸多学术刊物和论著中也有不少内容讨论了我国境内少数民族语言中的量词，如戴庆厦、蒋颖（2005），黄成龙（2005），覃晓航（2008），胡素华、沙志军（2005），李云兵（2008a），蒋颖（2006）等。比较而言，类型学的视角在少数民族语言研究中应用得更为广泛，所产生的成果也似乎更多一些。但这种类型学视角的研究也主要是集中于语序类型学的研究，还很少涉及类型学的其他研究领域。

量范畴是人类语言的一种普遍范畴，量词实际只涉及量范畴的一部分，而且不同的语言对量词的理解也有差异。如一般所说的汉语的量词“个、位、棵、条、块、座、顶”等，以及“下、次、回、遍”等；“个、位”等国内学者一般称为名量词，国际语言学界通常称为分类词（classifier）；“下、次”等国内学者一般称为动量词，但国外学者的看法则并不一致。例如：

我只好按着老板的意思从头再做一遍。

Sun（2006：208）将“一遍”的“遍”标注为 CL（classifier），即“分类词”。但是对于如下两例：

他写论文写了好几次了。

麻烦过来一下。

Sun（2006：204，182）并没有将其中“几次”的“次”和“一下”的“下”标注为 CL（classifier），即“分类词”，而是分别标注为 time 和 down，“几次”则是 several times，“一下”则是 one down。可见，在 Sun（2006）对汉语名量词和动量词、以及动量词内部的看法和国内学者还存在明显不同。

实际上动量词对动词是有一定的分类作用的。邵敬敏（1996）在对动量词进行语义分析的基础上揭示了动量词的特点及其匹配机制，并通过动词与动量词的选择关系，结合语义特征分析把动量词分成四个层面，并相应地把动词分为六类。蒋宗霞（2006）也分析了动词和动量词的语义关系；分析结果显示，动量词对动词有一定的分类作用，即通过所使用的动量词，人们是可以对动词做出一定的分类的。因而，名量词和动量词二者都可以被看作分类词。与此同时，二者对名词和动词都一定计量作用；因而二者在词类上具有高度的内部一致性。这也是国内汉语研究界一直对二者一视同仁的认知基础。

在言语交际过程中，量范畴的表现形式具有多样性，使用量词是一种表达方式，而使用副词、形容词、数词、名词重叠式、动词重叠式等也是可供选择的表达方式。如汉语中“十棵树”“很多树”“非常多的树”“树树挂满了红红的苹果”“走走停停”等等，这些语言结构都能够从某个角度表达名词或动词的某种量；因此对量范畴的考察范围应该更广。同时，考察的语种不仅应该具有多样性，而且也应该进行不同语种之间的广泛比较。目前，国内外的研究已经开始了类型学视角的量范畴研究，如 Greville G. Corbett（2005）一书中考察了 250 种语言的数范畴，并把汉语的“们”纳入其考察范围；戴庆厦、蒋颖（2005），蒋颖（2006）则主要是对量词的类型学研究。但总体而言，这方面的研究成果还相当少。

基于这样的初步认识，本书尝试对量范畴这种语言现象进行类型学的研究，研究对象则以贵州境内的汉语、苗语、彝语、水语、侗语、布依语、仡佬语这七种语言为主。在考察这些语言的量范畴的表现形式时，我们将会把量词、副词、形容词、数词、名词、动词这些词类，以及它们所形成的一些语言结构，如重叠式等现象都收纳进来，既观察量范畴的表达手段，也从语序类型学、功能类型学、语义类型学和认知类型学的角度进行多角度的研究，期望能够有所斩获。

1.4 类型学研究

类型学是目前国内外进行语言研究的一种重要范式；但对于类型学这一术语学术界还有不同的用法。据 Croft（2003：1），类型学的一般定义大体上和分类学同义，它是一种在研究类型，尤其是在研究结构类型时对现象的分类。这是语言学之外的定义。类型学在语言学领域内广泛而准确的定义是指一种对语言结构的跨语言分类。在这个定义的基础上，一种语言被划分到一个单一类型，一种语言类型就是一种类型定义，也是语言类型的一种分类。这种定义就是类型学的分类。十九世纪和二十世纪早期的形态类型学就是这一定义的早期例证。Croft（2003）对类型学的定义意味着，对当代语言学而言，类型学必须要进行跨语言的比较。

本书所提及的类型学是语言类型学，是在不同的语言中的跨语言比较研究。语言类型学主要是对不同语言结构的对比研究。正如刘丹青（2003）

所说，语言类型学有广狭松严不同的种种含义，但都离不开一个“跨” 字，即它必须有一种跨语言（及跨方言、跨时代）的研究视角才能称其为类型学研究。而严格意义上的类型学是具有自己研究范式的“语言共性与语言类型研究”，更多保留了语言学作为一门经验性学科的特性，注重材料，讲究实证，主张旁征博引，提倡归纳推理，力求以事实说话，在调查之前不假设任何东西。

事实正是这样。例如，刘丹青（2012）认为汉语是动词型语言，英语是名词型语言。但这样的提法过于简单，我们认为更准确的表达应该是，汉语更倾向于通过概念之间的关系来表达关系，英语则是通过强调个体概念来突显关系。如汉语说“买票”，英语则可以通过一个单词“money”来表达“买票”的意思。汉语说“喝点什么”英语则是通过一个名词性短语“Any drink”来表达。汉语会说“有什么问题吗”，英语则说“any question”。因此，语言结构上的相似性来自语言中各种概念在概念结构中的相关性，这种相关性又来自现实世界中事物的普遍联系性。

从当代语言学的学术构成看，语言类型学既是语言学的一种分支，也是语言学的一种学派。说它是分支，因为它和其他研究领域构成了某种分工：承担了跨语言比较和在比较中总结人类语言共性的任务，从而与注重语言结构内部深入研究的工作形成学科上的互补合作。说它是学派，是因为语言类型学有自己的语言学理念、特有的研究对象和研究方法，从而区别于其他主要的语言学流派，例如形式语言学和功能语言学。其根本的理念，就是不相信仅靠单一语言的深入发掘，就能洞悉人类语言的共性、本质或者说“普遍语法”，因此致力于通过跨语言的观察比较来获得对人类语言共性的认识。语言类型学家相信，对人类语言机制和规则的任何总结概括都必须得到跨语言的验证，而对任何具体语言的“特点” 之研究也必须建立在跨语言比较而得到的语言共性和类型分类的基础上（而不仅是基于一两种语言间的比较）。类型学特有的研究对象，就是人类语言间的共同点和差异点，差异的不可逾越之极限也就是语言共性之所在。（刘丹青，2003a）

传统的语言类型划分只根据词法结构这一个参项，并按构词形态将语言分为孤立型、黏着型、屈折型等。当代类型学根据蕴涵共性、标记性、语法等级、典型范畴等多个参项，并通过它们之间的联系来建立普遍适用的语言变异模式。在当代类型学家看来，传统的类型学是想在整体上确定一种语言所属的类型，然而构词形态是否真能反映一种语言的整体类型属性还很难说，应该先对语言的各个部分和具体的结构分别考察并划分类型，再确定这些结构类型之间的相互关系，然后才谈得上确定一种语言的整体类型。（沈家煊，2009）

这样的研究，不仅要重视语言的共时类型特征，还要重视语言的历时类型特征。在一定程度上讲，语言的共时类型特征相对比较容易观察，因为无论是有文字的语言还是没有文字的语言，我们都可以通过对其语音结构的描写来挖掘其类型特征。美国描写主义语言学对美洲印第安人语言的描写，我国在二十世纪五十年代对贵州少数民族语言的调查描写等，都可以说是对无文字的语言的描写。人们一方面可以对这些语音形式进行分析，发掘其语言结构的类型特征；另一方面，也可以通过这些语音形式来发掘其中所蕴涵的语义信息，进而发掘其中所蕴涵的语义结构类型和语序结构类型的信息。但是历时类型特征的分析则相对比较困难，甚至是无法完成的。个中原因其实也很简单，就是在语言发展过程中，对于有文字记载的语言来说，我们可以通过对该语言的文字材料的研究来窥探其中所隐含的语言类型的演变；但对于大多数没有文字记载的语言来说，它们的发展史只能通过它们和其他语言语音之间的现有关系来推测、构拟，需要对其语言结构与其他语言结构进行对比，才能挖掘其语序结构的发展历史；然而对构拟语音发展史、挖掘语序发展史来说，需要进行的基础工作并非一代两代学者在短时间内能够完成的。因此，历时类型学既是类型学研究的难点，也是当前类型学研究取向中的研究重心之一。通过历时类型学的研究发现语言类型的某种演变共性，并用语言的功能来解释这种类型的演变共性。因此，对某一语言的语序而言，这种描述就是一种解释，因为语言中具有这种共性。进一步需要解释的问题是，语言中为什么会具有这种共性？目前语言类型学研究的趋势，正是寻求对语言共性的解释。而要对语言结构的共性进行解释，不仅需要研究语言结构本身，而且还需要研究语言结构之外的世界。这则促成了语言类型学和认知语言学的结合，这种结合正是语言类型学的最新研究趋势，并可能由此产生类型学的新的分支学科，如语义类型学、功能类型学、认知类型学等。

1.4.1 语序类型学

人类的语言在排列方式上都呈现一种线性排列的方式。在文字表现方式上，无论是从上到下，从左到右，还是从右到左，①语言的文字方式都是线性排列的。从语流的角度看，所有语言的音符都是依照时间的先后顺序依次排列的。但是在这种线性排列的顺序上，语言中哪些成分先说或先写，哪些成分后说或后写；先说先写的重要，还是后说后写的重要；②哪些成分是主要角色，哪些成分是次要角色；主要角色和次要角色在线性序列上有怎样的必然顺序；这在不同的语言中却存在着明显的不同。这种不同就表现为语序类型的不同。

语序类型学是类型学研究中一个非常重要的领域，而且语序之间还可能存在一定的蕴涵关系。即如果某种语言中存在 X 语序，那么这种语言中一定会存在 Y 语序。正如 Greenberg（1963）中的共性 15 所说的那样："除了那些名词宾语位于动词之前的语言，其他语言在表意志和目的时，一个居于从属地位的动词形式要象标准语序一样置于主要动词之后。"

量范畴作为人类认知所产生的一种普遍范畴，各种语言在表达这一范畴时涉及多种语言单位，如数词、量词、副词、形容词、代词、名词、动词等。这些语言单位又形成不同的语序结构，如数词与数词的语序，数词与名词的语序，数词与量词的语序，量词与名词的语序，数量结构与名词、动词的语序，形容词与名词的语序，指示代词、量词与名词的语序，数词与动词的语序，副词与动词的语序等。但这些语言单位在各语言中的语序结构是否相同，目前还没有从语序类型上做系统的描写和分析。本书将尝试从数词与数词的语序，数词、量词的语序，数词、量词、名词的语序，数词、量词、动词的语序，代词与数量结构的语序，副词、形容词的语序，副词、动词的语序等不同角度来对量范畴的表达方式进行语序类型学的比较研究。

---

① 目前，能够知道的文字排列顺序有：从上到下，从左到右，从右到左。似乎还没有发现从下到上的文字排列顺序。这种文字的排列顺序中似乎也隐含着人类的某种认知共性。

② 在目前的人类生活中，位置在前重要还是在后重要，往往会因语境的不同而不同。如在一般的会议上，重要人物的出场总是要由一个位置并没有他重要的人员来铺垫。但在人员名单的排列上，则都是重要的人物排在第一位。

1.4.2　语义类型学和认知类型学

量范畴作为一种语义范畴，反映的是人类对外部世界的量的认知。在表达同一量范畴时，不同的语言中可能使用了同样的语义范畴，也可能使用了不同的语义范畴。如汉语表达数量范畴时，不仅使用数词，而且还使用量词，如"一本书""两本书"，而英语则只使用数词和词缀，如"one book""two books"，或者是使用冠词和词缀，如"a book"或"the books"。

使用什么样的语义范畴来表达量范畴是一个历时过程。在这个历时过程中，必然涉及该语言使用者的认知策略、认知方法。显而易见的是，不同的语言使用者之间在认知策略和认知方法上既有共性，也同样存在差异。对这种共性和差异的研究就是认知类型学的研究内容。就我们所掌握的材料来看，这方面的研究还非常少见。要探究不同语言之所以采用目前的语序结构来表达量范畴，还需要对这些语序特征进行认知语言学的考察。这里的考察需要将这种结构形式看成一种语义块，数词、量词、副词、形容词、名词、动词等语言成分都在这一语义块所形成的语义范围内活动，它们能够进入这一语义块的动因可能是由于人的概念结构特征的影响。

对语言结构而言，语言的谱系特征和语言接触都可能导致某种语序结构，因而，区分该语序结构是类型上的相似，还是语言接触引起的相似就显得相当重要。就汉语、苗语、彝语、水语、侗语、布依语、仡佬语等之间的关系来说，由于这些语言在贵州境内长期接触，如果这些语言中的量范畴表现形式出现某种相似性，那么就应该对其来源进行分析，从而避免将类型上的相似与语言接触所引起的相似混同。

但是要进行这样的区别难度相当大，正如孙宏开（2011）所指出的那样，汉藏语系假设是一个历史语言学范畴，一个延续了几个世纪而又没有定论的学术热点。在十八世纪国际历史比较语言学发展起来以后，首先对印欧语系的论证取得了一定的成功，与此同时，由西方语言学家提出的汉藏语系假设，是指分布在中国南方以及相邻的东南亚人群使用的数百种语言，有可能在历史上同出一源，是 6000－8000 年前同一母语分化的结果。但是，对这个假设从提出到开始系统论证，虽然经过了十多代语言学家的艰苦努力，有数十个国家的专家学者前赴后继地开展研究，发表的专著及论文已不计其数，但对汉藏语系的内涵和外延至今仍然众说纷纭，莫衷一是。对此问题，我们的基本观点是，可以先将语言的谱系划分结果置于一侧，仅从长期共处同一地域这一角度，对这些语言的同一语义范畴进行比较。即进行语言谱系和语言区域的联动研究，既考察语言的谱系关系，又关注语言共处一域的地理现实，对语言中的同一语义范畴进行广泛比较，再来观照研究对象的类型特征，希望能够有所收获。

1.5 语料来源

本书的量范畴类型学研究，主要是对贵州境内世居少数民族语言的量范畴与汉语量范畴进行类型学研究，但是这些世居少数民族语言又都存在不同的方言。有些语言的方言差异相对较小，如水语、布依语；有些语言的方言差异相对较大，如苗语、侗语等。在语言研究过程中，考察的语言样本对结论的影响是决定性的，样本不同可能会得出完全不同的结论。贵州境内世居民族有十八个，每个民族又都有不同的方言、次方言和土语，又会因此而产生不同的语言接触，从而引起某种趋同演变。因此，选择不同语言的方言点将可能对本课题的结论产生明显的影响，而且也是本课题的难点。

由于本课题主要从类型学的角度来研究贵州世居少数民族语言和汉语的量范畴，限于时间和精力，我们主要选取贵州境内的苗语、彝语、水语、侗语、布依语、仡佬语六种研究较多的少数民族语言，语料均来自已经公开出版的专门研究贵州世居少数民族语言的著作，以及公开发表的研究贵州世居少数民族语言的论文。其中仡佬语语料主要来自张济民《仡佬语研究》（贵州民族出版社，1993），彝语语料主要来自柳远超《盘县次方言彝语》（民族出版社，2009），侗语语料主要来自龙耀宏《侗语研究》（贵州民族出版社，2003），布依语语料主要来自吴启禄《贵阳布依语》（贵州民族出版社，1992），水语语料主要来自张均如《水语简志》（民族出版社，1980；同时参考了 2009 年《中国少数民族语言简志丛书》的修订本），苗语语料主要来自罗安源 《松桃苗话描写语法学》（中央民族大学出版社，2005）。为了行文的简洁，对于来自以上著作的语料，文中我们一般不再一一标注出处。鉴于这六种少数民族语言所存在的方言差异，以及主要引用语料的不足，我们也会适当扩大各语言的考查范围，涉及该语言的其他方言土语点；对于这类语料，我们会一一注明出处。在引用这些语料时，我们一般会按照原文中的行文方式，不作改动。汉语的语料主要来自北京大学中国语言学研究中心的 CCL 语料库，非 CCL 语料库的汉语语料，我们则会具体标明语料来源。同时，由于度量衡单位在人类语言之间存在很高的共性，各个语言之间的度量衡量词基本能够相互换算，因而本书讨论量范畴的表达方式时尽量不涉及这类语言单位。

对于所选用的少数民族语言语料，我们首先将其全都视为共时语料，描写分析其中所反映的量范畴信息。在此基础上，我们将尝试进行一些历时分析，对这几种语言的量范畴表现方式的历时发展演变线索或途径做以勾勒。对这些语料的分析，最难的是分析的标准问题。由于我们所选的语言在国内语言学界一般都认为归属汉藏语系，因此我们这里就以汉语为比较基准，对词类、语序结构、语义、句法功能等的分析主要参照汉语的分析研究体系。虽然这样的分析难免会使少数民族语言研究中多少有一些“汉语眼光”的瑕疵，但在目前的研究条件下，这样的方法能够为我们的比较研究提供一个统一的比较基准，能够使我们的比较研究切实地进行下去。

第 2 章 量范畴的词汇表达手段

2.1 词汇的语法功能分化

语言是如何产生的？这个问题显然很难用简单的三言两语回答清楚。但是可以肯定地说，语言的产生，一定离不开人与人交际的需要。在现实生活中，人们每天都会遇到各种各样的事物，需要对这些事物进行命名、计量、分类、交换等等，需要交换包含这些事物的信息，这必然涉及对这些事物进行计量。语言中量范畴的产生，正是出于这样的实际需要。正如我们已经给出的定义一样，量范畴是一种语法意义，表达了认知世界中各种事物的数量、程度、性质、范围、状态，以及数量、程度、性质、范围、状态的变化。对于这样的语法意义，不同的语言所采用的方法并不完全相同。如汉语说“来两次”，英语说“come twice”，在表达动作的数量上，汉语是用“两次”这个“数词+量词”结构，英语则是使用“twice”这个副词。汉语说“踢两场球”，英语说“play two games”，对数量的表达，汉语依然使用的是“两场”这样的“数词+量词”结构，但英语却使用了“数词+名词”的结构，而且名词“game”还用的是复数形式。

词汇是语言中用来表达各种概念的语言单位的总和，也是语言中最基本的结构单位。词汇所构成的语言形式可能很简单，也可能很复杂，即其结构成分可能非常少，也可能比较多，或者非常多。如汉语的“人”“好人”“一个人”“一个我认识的非常好吃的胖男人”等都是词汇构成的单位，但是其语言结构的复杂程度并不相同，“人”构成成分最少，结构最为简单，“一个我认识的非常好吃的胖男人”结构成分最多，结构也最为复杂，而“好人”“一个人”的构成成分则比较多，结构比较复杂。同时，一种语言的词汇总是会或多或少地与其他语言表现出某种不同。比如，人类所形成的群体中存在着各种各样的社会关系，但是表达这些社会关系的词汇在不同的语言中差别则是显而易见的。以汉语和英语为例，汉语中的伯父、叔父、姨父、姑父、舅父，在英语中对应的词汇则只有一个“uncle”，但同为汉藏语系的侗语中的称谓则和汉语相同，分别采用不同的词语来表示这些不同的概念。这种不同所涉及的更深层次的问题是，对于这些人际关系，汉语、侗语和英语在认知上有很大的不同，因而表现为词汇成分上的很大不同。

虽然，作为一种认知范畴，量范畴普遍存在于人类的语言中；但是正如表达亲属关系一样，不同的语言在表达量范畴时，所用的词汇成分也存在着明显的不同，这个不同主要体现为词汇成分的语法功能。根据词汇成分的不同语法功能，语言中的词汇可以被分成很多不同的类型，即词类。对语言中词汇成分的语法分类，早在古希腊时期人们就已经关注。柏拉图和亚里士多德首先从希腊语词汇成分中制定出一套描写和分析希腊语的术语。柏拉图将希腊语句成分大体上分为两类：名词性成分和动词性成分。其后，亚里士多德增加了第三类句法成分，这类成分包括后来又划分出的连词、冠词和代词。亚里士多德还给词下了正式的定义：词是句子的组成部分，本身具有意义，但不能进一步分为有意义的单位。[1]斯多葛学派发展了亚里士多德的词类和语法范畴体系，他们增加了词类，赋予词类更精确的定义。之后的亚历山大里亚学派进一步发展了斯多葛学派的理论，该学派的著名学者迪奥尼修斯在他的《读写技巧》中分出了八种词类，这一观点极大地影响了现代欧洲语言的语法分析。[2]这一语言学思想的精髓在于，它思考了语言的意义和意义的表现形式问题，并且在很大程度上奠基了我们今天所采用的词类体系。正如索绪尔曾经指出的那样，我们是给事物下定义，而不是给词下定义，对词下任何定义都是徒劳的；而从词出发给事物下定义是一个要不得的办法；因此，我们所确立的区别不必因为各种语言有某些意义不尽相符的含糊术语而觉得有什么可怕。[3]

因此，我们也可以说，现代语言学所讲的词类之间虽然存在着明显的不同，但是在某种角度看来，这些不同的词类却能够表达相同或相似的语

---

① 罗宾斯著，许德宝等译，《简明语言学史》，中国社会科学出版社，1997 年，第 33-34 页。
② 罗宾斯著，许德宝等译，《简明语言学史》，中国社会科学出版社，1997 年，第 38-43 页。
③ 索绪尔著，高名凯译，岑麒祥、叶蜚声校注，《普通语言学教程》，商务印书馆，1999 年，第 36 页。

义范畴。在这个意义讲，从词汇的语法功能的角度来表达量范畴，也就是从意义的角度出发，寻找恰当的词汇成分来表达量范畴。因此我们这里从数词、量词、形容词、名词、动词、副词等词类角度出发，具体考察它们在不同的语言中是如何表达量范畴的。

2.2 数词表达量范畴

数词是语言中用来表示事物或动作数量的词语。数词一般可以分为两类：基数词和序数词。基数词是用来计量事物、动作等数量多少的数词。它还可以具体分为精确基数词和模糊基数词。精确基数词包括整数、分数、小数，模糊基数词包括约数、倍数等。①以汉语为例，精确基数词中整数如“一、二、三、四、一百、一万”等，分数如“十分之一、百分之五”等，小数如“零点一、三点一四一五”等；模糊基数词中的约数如“几、若干、几多、几度”，倍数如“三倍”。序数词是用来表示事物或动作的数量多少排序的数词。序数词可以分为无标记序数词和有标记序数词。以汉语为例，无标记序数词如“一班、二班、三班”中的“一、二、三”，它们在没有任何标记的情况下可以表示数量排序；后者如“第一、老三”，其中的“一、三”需要借助于“第、老”的标记才能够表示事物在某种或某类数量上的排序。

以数词表达量范畴是各语言的共同手段，但是不同语言中数的表达方式是不同的。汉语的计数是以十进位为计数方式的，所以计数单位是“个、十、百、千、万、十万、百万、千万、亿、十亿……”；英语则不同，在一千之内的数字和汉语的计数方法相同，但是一千以上的数字则是以“千”为单位的，所以，英语中没有“万”这个计数单位，要说“万”的话就得说“ten thousand”，“十万”则是“one hundred thousand”。因此，对于说英语的人和说汉语的人来说，在两种语言的计数系统中转换往往会花费相对较多的思考时间。

① 我们把倍数归入模糊基数词，其原因是由于即使人们知道了两个事物在数量上存在倍数关系，但有时依然难以确定两者的具体数量。如，“张三的体重是李四的两倍”。虽然我们知道张三比李四的体重要重很多，但是我们依然不知道张三和李四的体重分别是多少。换个角度看，我们还是准确地知道了张三的体重是李四体重的两倍，从这个角度看，倍数当然可以归入精确基数词。但是本文采用的是“有时依然难以确定”这一标准，因此将倍数归入模糊基数词。

2.2.1　汉语数词表达量范畴

2.2.1.1　汉语的基数词

1. 汉语的精确基数词

1）汉语的整数

汉语的整数有“一、二、三、四……十……百……千……万……亿……”等等，这些数词可以和名词、动词结合，表示事物或动作的数量。数词和名词结合表示事物准确数量的情况。例如：

一天　十桌　五千人　十三亿人

四书五经　五元钱　一万元

整数也可以和动词结合表示动作的准确数量。例如：

三打白骨精　三气周瑜　七擒孟获

2）汉语的分数

分数是一种以比例的形式来表达数量的数字，汉语中分数形式有两种：一种是现代汉语中的“几分之几”形式。例如：

二分之一　三分之二　四分之三　百分之一

四分之一炷香　十分之一米

另一种是古代汉语中的分数形式“几之几”。例如：

先王之制，大都不过参国之一，中五之一，小九之一。(《左传·隐公元年》)

其中 “参国之一”“五之一”“九之一” 都是古代的分数表示法，“参国之一” 就是“国都城墙的三分之一”，“五之一” 是“五分之一”，“九之一” 是“九分之一”。这种用法现代汉语中也依然能够见到。例如：

人生不如意者十之八九，如意者十之一二。

其中的“十之八九” 就是“十分之八九”，“十之一二” 就是“十分之一二”，二者都是古代汉语的分数形式在现代汉语中的遗存。

百分数是分数的另一种形式，即：

百分之十　百分之五十　万分之一

分数有时也采用“成” 作为标记。例如：

三成　　四成　　五成

自己觉得这件事总有八成把握。(高阳《红顶商人胡雪岩》)

3）汉语的小数

小数是一种更精确的计数方式，是对某一种计量单位更精细的划分。汉语的小数表示法是以“点（.）”来分割小数的两个部分，“点（.）”的左边是整数部分，右边是小数部分。例如：

一点七　　三点一　　九十九点九九

小数往往用于计量非离散的事物，如距离、长度、高度、重量、温度等。例如：

十三点八千米　　二十三点四米　　五点五千克　　二十三点八度

2. 汉语的模糊基数词

1）汉语的约数

约数是一种模糊表达数量的手段，是对数量的概括表达或估计。汉语中的约数有“几”“数”“来”“若干”“一些”“一点”等。例如：

几人　　几尺红头绳　　数十个学生　　十来个人

若干群众　　一些群众　　一点办法（也没有了）

约数词也往往是和名量词、动量词配合使用的。例如：

几十个　　数十排　　十来张　　数百条　　十数名

几下　　数次　　几回　　数遍　　若干趟

除了用约数表示模糊数量之外，汉语也常常使用精确数词来表示模糊数量。例如：

七手八脚　　五颜六色　　三长两短　　三言两语

三五成群　　三妻四妾　　千山万水

一拉一扯　　一问一答　　一唱一和　　一草一木

七上八下　　十拿九稳　　千难万险　　三步一回头

三三两两　　七七八八　　千千万万　　七八十个

两三块钱　　三两块钱　　四五个人　　五七个人

常想一二，不思八九

2）汉语的倍数

倍数是表示事物之间在数量上的一种比例关系，汉语的倍数往往使用

“倍”。例如：

一倍　两倍　三倍　十倍　百倍　千万倍

2.2.1.2　汉语的序数词

1. 汉语的无标记序数词

无标记序数词是指在表达数量的序列时，不借助专门的词汇，而是仅凭借数词和所要排序的事物的组合就能够表达事物序列的数词。汉语中有很多数词都可以直接和名词结合，用来表示事物在某个维度或某种类别上的序列。例如：

表示楼层：一楼　二楼　三楼

表示等级：四级　六级　八级

表示班级：七班　八班　九班

表示部队编制：十九军　二十九军

表示事物的排列：问题一　问题二　条件一　条件二　困难一　困难二　图一　图二　例一　例二　卷一　卷二　卷三　卷四

二老婆　三太太　二爸　三爸　二妈　三妈　二娘　三娘　二嫂　三嫂　二儿子　三儿子　二姑娘　五哥　九妹　十三妹

无标记序数词也可以和形容词或区别词搭配，用来表达事物的序列。例如：

一幼　二幼　一小　二小　一中　二中

这类表达方式实际上是一种缩略语的形式，因为它们都有对应的完全形式，如“一幼、二幼”是指“第一幼儿园、第二幼儿园”，“一小、二小”是指“第一小学、第二小学”，“一中、二中”是指“第一中学、第二中学”。

2. 汉语的有标记序数词

有标记序数词是指在表达数量序列时，除了使用数词之外，还需要一些专门的词汇来共同完成标记事物序列时所形成的序数词。

汉语中有一些专门和数词搭配，用于标记事物或动作序列的词语，如“第”“初”“头”“老”等：

第一名　　第十名　　头一名

老一① 老二 老三

初一 初二 初三

能够和数词、动词结合的序数标记有“第”“头”。例如：

第一次来 第三遍说 打第一百下

头一次去 头一回听说

还有一些序数标记能够和形容词搭配，用来标记事物的序列，如“老”“小”：

老大 老张 小张

2.2.2 苗语数词表达量范畴

2.2.2.1 苗语的基数词

1. 苗语的精确基数词

1）苗语的整数

苗语的整数有 a^{44}（一）、ɯ^{35}（二）、pu^{35}（三）、plei^{35}（四）、plɑ^{35}（五）、ʈɔ^{54}（六）、tɕuŋ^{42}（七）、ʑi^{22}（八）、 tɕɔ^{31}（九）、ku^{22}（十）、a^{44} ku^{22} a^{44}（一十一）等（罗安源，2005：48-49，54）。在苗语的一些方言中，从一到十的基数词有两套，一套是本族语词，一套是汉语借词，如矮寨苗语（余金枝，2010：116）。苗语的基数词主要是和量词结合后才能够和名词或动词结合。

2）苗语的分数

苗语的分数基本上借用汉语的表示法。松桃苗话常用的方式是通过借汉词 ku^{54}（股）表示（罗安源，2005：57）。例如：

a^{44} ku^{54} 一股 pu^{35} ku^{54} 三股

一 股 三 股

ku^{22} ku^{54} me^{32} a^{44} ku^{54} 十成有一成（十分之一）

十 股 有 一 股

pu^{35} ku^{54} tɔ^{54} a^{44} ku^{54} 三成得一成（三分之一）

三 股 得 一 股

① “老一”可以有两种理解。一种是和“老大”“第一”相同，表示排序的第一名；另一种则表示“第十一”，实际上是“老十一”的简称。在陕西关中表示兄弟之间排行的时候，如果兄弟很多，超过了十个，则“大哥”就称作“老大”，排在第十一位的就称作“老一”。

muŋ^{35}a^{44} ku^{54}，wu^{44} a^{44} ku^{54}

你　一股　他　一股

你一半，他一半（你百分之五十，他百分之五十）

plɑ^{35} ku^{54} ʑɑŋ^{22} we^{22} a^{44} ku^{54}　比我多五分之一

五　股　多　我　一股

2. 苗语的模糊基数词

苗语的松桃话的概数词主要有 c^{h}a^{44}（开来）、ʑɑŋ^{22}（多余）、tɑ^{35}（多，几）、tɑ^{35,31}tɑ^{35}（多，几）、ɯ^{35} tɑ^{35}（几）、pɑ^{54}（把）（罗安源，2005：57）；矮寨苗语有 a$^{44/21}$ko^{44}（一些）、ẓɑŋ^{44}（剩）等（余金枝，2010：123）。例如：

a^{44} pa^{54} ʑɑŋ^{22} kɣ^{44}　一百多担

一　百　多　担

tɑ^{35,31} tɑ^{35} n̥^{h}e^{35}　几天

几　天

ɯ^{35} tɑ^{35} le^{35} 一两个

二　几　个

a^{44} le^{35} pɑ^{54} 个把

一　个　把

苗语可以用精确数字来表示模糊数字。如（罗安源，2005：50）：

ɯ^{35}pu^{35}le^{35} 两三个

二　三　个

pu^{35}plei^{35}le^{35} 三四（个）

三　四　个

还可以用位数词或量词加前缀 qɣ^{35} 的方式来表示概数（罗安源，2005：59）。例如：

qɣ^{35,31} le^{35} 个把

个

qɣ^{35,31} kɑŋ^{35} 斤把

斤

qɣ^{35} pɑ^{54} tsɔ^{42} 百八十人

百　人

qɣ^{35,31} ts^{h}æ^{35} qɣ^{35,31} wæ^{35} tsɔ^{42} 成千上万人

千　万　人

2.2.2.2　苗语的序数词

1. 苗语的无标记序数词

苗语在月份表达上采用的是无标记序数，通过基数词表示时间的序列。如（罗安源，2005：53）：

l̥^{h}ɑ^{54} a^{44}　正月

月　一

l̥^{h}ɑ^{54} ɯ^{35}　二月

月　二

l̥^{h}ɑ^{54} pu^{35}　三月

月　三

l̥^{h}ɑ^{54}plei^{35} 四月

月　四

l̥ʰɑ^{54} plɑ^{35} 五月	l̥ʰɑ^{54} ʈɔ^{54} 六月
月 五	月 六
l̥ʰɑ^{54}tɕuŋ^{42} 七月	l̥ʰɑ^{54}ʑi^{22} 八月
月 七	月 八
l̥ʰɑ^{54} tɕɔ^{31} 九月	l̥ʰɑ^{54} ku^{22} 十月
月 九	月 十
a^{44} n̥ʰe^{35}l̥ʰɑ^{54} 初一	ku^{22} n̥ʰe^{35} l̥ʰɑ^{54} 初十
一 天 月	十 天 月

2. 苗语的有标记序数词

据王辅世（1985：44），苗语多数方言、次方言的基数词都既表数目，又表次序，有的地区借了汉语的“第”字加在苗语的基数词前构成序数词，有的地方则直接借用汉语的“第一”“第二”“第三”等。苗语的序数词 ti^{33}（第）、lo^{53}（老）都是借自汉语，但是苗语的 na^{53}、pa^{53} 和 ba^{22} 也能够表示排序，其中 na^{53} 和 pa^{53} 均可用于男性的长幼次序，ba^{22} 反用于女性的长幼次序，如 pa^{53}sɛ^{44}（老三）、pa^{53}sɿ^{35}（老四）、ba^{22}pʐa^{53}（老幺）（余金枝，2010：120），因此 na^{53}、pa^{53} 和 ba^{22} 可以看作是苗语的序数标记。

2.2.3 彝语数词表达量范畴

2.2.3.1 彝语的基数词

1. 彝语的精确基数词

1）彝语的整数

彝语的整数有 ta^{21}（一）、ɳɹ^{55}（二）、sɯ^{33}（三）、ɬi^{22}（四）、ŋo^{22}（五）、tɕɪ^{21}（十）、hʊ^{21}（百）、tu^{33}（千）、ɳɹ^{21}（万）等（柳远超，2009：127）。

2）彝语的分数

彝语分数是用“几成里几成”的格式表示（柳远超，2009：128）。例如：

ŋo^{22} bʊ^{21}ta^{21}bʊ^{21} 五分之一	tɕʻɪ^{22}bʊ^{21}sɯ^{33}bʊ^{21} 十分之三
五 成 一 成	十 成 三 成

2. 彝语的模糊基数词

1）彝语的约数

彝语的概数有两种方法表示。一种是用基数后面加表示不定数的词来表示。表示不定数的词有 dʅ^{21}p'a^{55}、sɯ^{55}ʔa^{21}lǒ^{22}、gɪ^{55}ga^{22}（大概）、ȵdʑi^{22}（几）等，它们只能用于十以上的数字（柳远超，2009：128）。例如：

sɯ^{33} tɕ'ɪ^{22}gɪ^{55}ga^{22} 大概三十　　tɕ'ɪ^{22}ȵdʑi^{22} 十几

三　十　大概　　十　几

另一种是用相邻的两个或两个以上的基数连用来表示。例如：

ɬi^{21}ŋo^{22} 四五　　sɯ^{21}ɬi^{22}ŋo^{22} 三四五

四五　　三　四　五

ɬi^{21}ŋo^{22}ts'u^{2}ɕi^{55} 四五六七　　tɕ'ɪ^{21}ȵɪ^{55}sɯ^{22} 十二三

四　五　六　七　　十　二　三

2）彝语的倍数

彝语的倍数表示法由基数加 no^{51}（倍）构成（柳远超，2009：128）。例如：

ta^{21}no^{51} 一倍　　ȵɪ^{55}no^{51} 二倍

一　倍　　二　倍

sɯ^{33} no^{51} 三倍　　ɬi^{22} no^{51} 四倍

三　倍　　四　倍

2.2.3.2　彝语的序数词

目前，我们还没有看到有讨论彝语的无标记序数词的情况。彝语的有标记序数词是由数词前面加 da^{51}（第、初）构成（柳远超，2009：127）。例如：

da^{51}ȵɪ^{55}　第二　　da^{51}sɯ^{33} 第三

第　二　　第　三

da^{51}ɬi^{22} 第四　　da^{51}ŋo^{22} 第五

第　四　　第　五

da^{51}t'ɪ^{55} 第一　　da^{22}sɯ^{22} 初三

第　一　　初　三

2.2.4　水语数词表达量范畴

2.2.4.1　水语的基数词

1. 水语的精确基数词

1）水语的整数

水语的精确基数词和汉语一样。如 to^{2}（$^{?}$jət^{7}、ti^{3}）（一）、ɣa^{2}（ȵi^{6}）（二）、

haːm^{1}（三）、ɕi^{5}（四）、ŋo^{4}（五）、ljok^{8}（六）、ɕət^{7}（七）、paːt^{7}（八）、ʈu^{3}（九）、sup^{8}（十）等（张均如，1980：36–37）。又例如：

haːm^{1} faːn^{6} ʈu^{3} ɕen^{1} ɕi^{5} pek^{7} 三万九千四百

三　万　九　千　四　百

ti^{3} faːn^{6} lin^{4} ti^{3} pek^{7} 一万零一百

一　万　零　一　百

这些精确基数词可以用来精确计量事物的数量。例如：

ɣa^{2} ʔe^{2} 两个姐姐　　　　ɕi^{5} to^{2} ep^{7} 四只鸭

两　姐　　　　　　　　四　只　鸭

ɕi^{5} to^{2} tak^{8} kui^{2} 四只公牛

四只　公　水牛

2）水语的分数

水语分数用 haŋ^{2}（成）来表示（张均如，1980：38）。例如：

haːm^{1} haŋ^{2} 三成　　ɕi^{5} haŋ^{2} 四成

三　　成　　　　四　成

据韦学纯（2011：266–267），水语没有准确的分数表示法，一般使用当地汉语的表达方式，但水语有ʈot^{31}（paːn^{35}、ɓweŋ^{35}）（半）、mjaːŋ^{24}（部分）、pam^{24}（份）等表示部分的词语。

ti^{33} ʈot^{31} zən^{33} 一半人

一　半　人

saːn^{11} fən^{11} zɿ^{11} ə^{11} 三分之二

三　分　之　二

3）水语的小数

水语的小数主要用当地汉语的方式表达，通常把小数点读作 tjen^{55}（点），读法与汉语相同（韦学纯，2011：267–268）：

lin^{53} tjen^{55} lu^{31} lu^{31} 零点六六

零　点　六　六

saːn^{33} tjen^{55} ji^{31} sɿ^{11} ji^{31} u^{55} ʈiu^{55} ə^{11} lu^{31} 三点一四一五九二六

三　点　一　四　一　五　九　二　六

2. 水语的模糊基数词

1）水语的约数

水语表示模糊的数词有ȶi³（几）、qa³（些、若干）、tam³（个把）、ku³（整整，强调多量）等（张均如，1980：41-42）。例如：

ȶi³ van¹ 几天
几 天

tam³ lam¹mai⁴ 个把果子
个把 果子

tam³ ai³ laːu⁴ 个把老人
个把 位 老人

水语可以使用两个精确数词来表示模糊量。例如：

ti³sup⁸to² 十来只
一 十 只

ti³ ɣa² ᵐbe¹ 一两年
一 两 年

ŋo⁴ ljok⁸ᵐbe¹ 五六年
五 六 年

ɣa²haːm¹tui⁴ 两三碗
两 三 碗

2）水语的倍数

水语的倍数用ⁿdup⁷（倍）来表示（张均如，1980：38）。例如：

haːm¹ ⁿdup⁷ 三倍
三 倍

ɕi⁵ⁿdup⁷ 四倍
四 倍

2.2.4.2　水语的序数词

1. 水语的无标记序数词

水语中可以使用数词和名词的结合表示序列，不需要其他词类做标记。例如：

njen²ȵi⁶ 二月
月 二

njen²ȵi⁶ 三月
月 三

njen² ŋo⁴ 五月
月 五

ᵐbe¹ˀjət⁷ 第一年
年 一

luŋ² haːm¹ 三伯父
伯 三

luŋ²ȵi⁶ 二伯父
伯 二

njen²ɕi⁵sup⁸ŋo⁴ 四月十五
月 四 十五

van¹ˀjət⁷ 第一天
天 一

2. 水语的有标记序数词

水语中，可以表示数量序列的标记有so^{1}（初）、ti^{6}（第）（张均如，1980：37）。例如：

so^{1ʔ}jət^{7} 初一　　　　so^{1}ȵi^{6} 初二

初　一　　　　初　二

so^{1}haːm^{1} 初三　　　　so^{1}ŋo^{4} 初五

初　三　　　　初　五

ti^{6} ^{ʔ}jət^{7} 第一　　　　ti^{6}ȵi^{6} 第二

第　一　　　　第　二

2.2.5　侗语数词表达量范畴

2.2.5.1　侗语的基数词

1. 侗语的精确基数词

1）侗语的整数

侗语的精确基数词有ʔi^{55}（一）、ja^{212}（二）、sam^{35}（三）、si^{453}（四）、ŋo^{31}（五）、ljok^{21}（六）、sət^{35}（七）、pet^{323}（八）、tu^{323}（九）、ɕəp^{21}（十）、pek^{323}（百）、sin^{35}（千）、wen^{33}（万）等等。侗语有的数词有两个，例如：ʔi^{55}和ʔət^{55}（一），ja^{212}和ȵi^{33}（二），ɕəp^{21}和ɕi^{55}（十），但用法有所不同（龙耀宏，2003：94）。例如：

ɕəp^{21}sam^{35} 十三　　　　ȵi^{33}ɕəp^{21} 二十

十　三　　　　二　十

ɕəp^{21}ljok^{21} 十六　　　　si^{453}ɕi^{55}ŋo^{31} 四十五

十　六　　　　四十五

ʔi^{55}wen^{33} ʔi^{55}sin^{35}ʔi^{55}pek^{323} ʔi^{55}ɕəp^{21} ʔət^{55} 一万一千一百一十一

一　万　一　千　一　百　一　十　一

ja^{212}wen^{33} ja^{212}sin^{35}ja^{212}pek^{323}ja^{212}ɕəp^{21}ȵi^{33} 二万二千二百二十二

二　万　二　千　二　百　二　十　二

2）侗语的分数

侗语表示分数的词是借用汉语的ɕən^{212}（成）、pən^{33}（份）等。例如：

ɕəp^{21}ɕən^{212}ɕu^{35}pet^{323}ɕən^{212} 十成收八成

十 成 收 八 成

sam^{35}pən^{33} li^{323}ja^{212}pən^{33} 三份得两份

三 份 得 两 份

ȶaŋ^{212} ɕai^{33} lət^{35} li^{323} pən^{33} 全寨都有份

全 寨 都 有 份

2. 侗语的模糊基数词

1）侗语的约数

侗语中表示约数的词有 mjeŋ^{212}（几）、kuŋ^{212}（多）、ta^{33}（过）、pa^{323}（把）等（龙耀宏，2003：100）。例如：

mjeŋ^{212} sin^{35} 几千　　mjeŋ^{212} mɐn^{55} 几天

几 千　　几 天

ɕəp^{21}kuŋ^{212}tau^{53} 十多次

十 多 次

北部方言石洞话在量词和名词之前加 ʐoi^{35}（若干）或 ɣa^{22} ȶuŋ^{22}（很多）表示概数（龙耀宏，2003：100）。例如：

ʐoi^{35} pən^{35} 很多天　　ɣa^{22}ȶuŋ^{22}ɣo^{35} 很多东西

若干 天　　很 多 货

侗语也可以在数词后面加 kuŋ^{212}、ta^{22}、pa^{323}（pa^{31}）等表示概数（龙耀宏，2003：100-101）。例如：

pek^{323}ta^{33}pu^{35} 一百多个　　wen^{44}pa^{31}ȶən^{35}ʔəu^{31} 万把斤稻子

百 多 个　　万 把 斤 稻子

表示半数也是一种约数，侗语中表示“半”的模糊数词较多，南北方言差异明显。南部方言表示“半”的有 maŋ^{53}、pan^{53}、ȶot^{31}，北部方言表示“半”的有 maŋ^{55}（waŋ^{25}）、pan^{55}（wan^{25}）、ȶot^{31}（jot^{31}）、ʐaŋ^{44}（龙耀宏，2003：98）。例如：

maŋ^{53}liu^{212} 半个橘子　　pan^{53}tau^{55} 半锅

半 橘子　　半 锅

ȶot^{31} mɐn^{55} 半天　　jot^{31} mjan^{35} 半个月

半 天　　半 月

mɐn^{55}ȶot^{31} 一天半　　　　wan^{55}ȶui^{31}　半碗

天　半　　　　　　　　　　　半　碗

jot^{31} ȵin^{22} 半年

半　年

侗语能够用两个相邻的精确数词来表示约数。例如：

ja^{212}sam^{35}ȵɐm^{53} 两三个晚上　　　　si^{453}ŋo^{31}ȶən^{35}　四五斤

两　三　晚　　　　　　　　　四　五　斤

ljok^{31}sət^{35}pek^{323}muŋ^{31} 六七百人

六　七　百　人

2）侗语的倍数

侗语表示倍数的词是借用汉语的 poi^{33}（倍）（龙耀宏，2003：102）。例如：

pet^{323}pi^{323}si^{453}kuŋ^{212}ʔi^{55}poi^{33} 八比四多一倍

八　比　四　多　一　倍

2.2.5.2　侗语的序数词

1. 侗语的无标记序数词

侗语的无标记序数表达法是用数词和名词搭配来表示某种事物的数量序列。如月份的表示（龙耀宏 2003：80）：

ȵi^{33}ŋwet^{55} 二月　　　　sam^{35}ŋwet^{55} 三月

二　月　　　　　　　　　　三　月

si^{453}ŋwet^{55} 四月　　　　ŋo^{31}ŋwet^{55} 五月

四　月　　　　　　　　　　五　月

ljok^{21}ŋwet^{55} 六月　　　　sət^{35}ŋwet^{55} 七月

六　月　　　　　　　　　　七　月

pet^{323}ŋwet^{55} 八月　　　　ȶu^{323}ŋwet^{55} 九月

八　月　　　　　　　　　　九　月

ɕəp^{21}ŋwet^{55} 十月　　　　ɕəp^{21}ət^{55}ŋwet^{55} 十一月

十　月　　　　　　　　　　十　一　月

ɕəp^{21}ȵi^{33}ŋwet^{55} 十二月

十　二　月

侗语中还有一种月份的表示法。如（龙耀宏，2003：80）：

ȵan^{55} ȵi^{33} 二月	ȵan^{55} sam^{35} 三月
月　二	月　三
ȵan^{55} si^{453} 四月	ȵan^{55} ŋo^{31} 五月
月　四	月　五
ȵan^{55} ljok^{21} 六月	ȵan^{55} sət^{35} 七月
月　六	月　七
ȵan^{55} pet^{323} 八月	ȵan^{55} ȶu^{323} 九月
月　八	月　九
ȵan^{55} ɕəp^{21} 十月	ȵan^{55} ɕəp^{21} ət^{55} 十一月
月　十	月　十　一
ȵan^{55} ɕəp^{21} ȵi^{33} 十二月	
月　十　二	

这两种月份表示法的语序恰好相反。其中，ȵan^{55} 是从月亮引申出来的，而 ŋwet^{55} 则是从汉语的“月”借来的（龙耀宏，2003：80）。

数词也可以和量词搭配组成无标记序数。例如：

muŋ^{31}ɕəp^{21}sam^{35} 第十三个

个　十　三

2. 侗语的有标记序数词

侗语的有标记序数词通常由基数词加 ti^{33}（第）构成。如ȶi^{33}ȵi^{33}（第二）、ti^{33}sam^{35}（第三）等。这是借用汉语的表达方式。也可以用不带 ti^{33}（第）的基数词放在量词之后表示序数，这是侗语本身固有的表示方法（龙耀宏，2003：95）。例如：

ti^{33}sam^{35}nɐn^{55} 或 nɐn^{55}ti^{33}sam^{35} 或 nɐn^{55}sam^{35}　第三个

第　三　个　　个　第　三　　个　三

muŋ^{31}ȵi^{33} 或 muŋ^{31}ti^{33}ȵi^{33} 或 ȶi^{33}ȵi^{33}muŋ^{31}　第二个

位　二　　位　第　二　　第　二　位

2.2.6 布依语数词表达量范畴

2.2.6.1 布依语的基数词

1. 布依语的精确基数词

1）布依语的整数

据喻翠容（2009：115），布依语中有成系统的整数，diau¹（一）、suaŋ¹（二）、saːm¹（三）、si⁵（四）、ɣa³（五）、zoˀ⁷（六）、tsat⁷（七）、piat⁷（八）、ku³（九）、tsip⁸（十）、paːˀ⁷（百）、ziaŋ¹（千）、vaːn⁸（万）。这些整数主要是用于精确计数。例如：

tu² diau¹ 一只　　　　pi¹diau¹ 一年
只　一　　　　年　一
suaŋ¹ paːi² 两排　　　　ku³jin² 九斤
两　排　　　　九　斤
suaŋ¹ aːu¹ 两位叔伯
两　叔

2）布依语的分数

布依语的分数一般直接借自汉语，用 fun⁵（分）、tsaŋ²（成）等表示（喻翠容，1980：30）。例如：

saːm⁵fun⁵tsi⁵er³ 三分之二　　　　vaːn⁴fun⁵tsi⁵ ji⁴ 万分之一
三　分　之　二　　　　万　分　之　一
ɣa³ tsaŋ² 十分之五　　　　saːm⁵tsaŋ² 十分之三
五　成　　　　三　成

2. 布依语的模糊基数词

1）布依语的约数

布依语表示约数的词有 tɕi³（几）、la：i¹（多）、nai⁶（一点、一些）等，它们和精确基数词结合，可以表示模糊数量（吴启禄，1992：115）。例如：

tɕi³ tsip⁸ 几十　　　　tsip⁸tɕi³zaːn²　十几家
几　十　　　　十　几　家
tɕi³ paːk⁷ lau³ daŋ⁵ 几坛好酒　　　　ku³tsip⁸laːi¹tu² 九十多头

几 大坛 好 酒　　　　九 十 多 头

但是，nai^{6}（一点、一些）可以不加数词。例如：

nai^{6} ɣa:u^{5}va:k^{7} 一些汉语　　　　nai^{6} ŋan^{2} 一点银子

一些 汉语　　　　一点 银子

据喻翠容（2009：118），有时也采用 tɕi^{3} la:i^{1}（几多）来表示概数。例如：

tɕi^{3}la:i^{1}vɯn^{2} 多少人　　　　tɕi^{3} la:i^{1}tɕu^{1} 多少盐

几 多 人　　　　几 多 盐

布依语可以通过精确基数词来表达模糊数量。例如：

si^{5} ɣa^{3} pi^{1} 四五年　　　　piat^{7}ku^{3}pai^{2} 八九次①

四 五 年　　　　八 九 次

2）布依语的倍数

布依语表示倍数用 tiŋ^{2}（倍），也使用 pei^{3}（倍）（喻翠容，2009：118）。例如：

si^{5} tiŋ^{2} 四倍　　　　si^{5} pei^{3} 四倍

四 倍　　　　四 倍

2.2.6.2　布依语的序数词

1. 布依语的无标记序数词

布依语可以使用数词和名词或量词，而不是用任何词汇标记来表示数量的序列。例如：

luŋ^{2} sa:m^{1} 三舅　　　　a:u^{1} ȵi^{6} 二叔

舅 三　　　　叔 二

lɯ^{ʔ8} bɯ^{ʔ7}si^{5} 四姑娘　　　　zuai^{6} paɯ^{4}ȵi^{6} 二媳妇

姑娘 四　　　　媳妇 二

ŋuan^{2} tsip^{8} ɣa^{3} 十五那天　　　　ko^{1} tsip^{8}zo^{ʔ7} 第十六颗②

天 十 五　　　　棵 十 六

---

① 该例引自喻翠容《布依语简志》，民族出版社，1980 年，第 29 页。

② “三舅、二叔、四姑娘、二媳妇、十五那天、第十六棵”引自喻翠容《布依语简志》，见《中国少数民族语言简志丛书（修订本）》卷三，民族出版社，2009 年，第 117 页。

2. 布依语的有标记序数词

布依语的序数标记有 te^{4}（第）、tsu^{5}（初）（吴启禄，1992：92），例如：

te^{4}sa:m^{1} 第三　　　　　　te^{4} ɣa^{3} 第五

第　三　　　　　　　　　　第　五

tsu^{5} tsat^{7} 初七　　　　　　tsu^{5} ȵi^{6} 初二

初　七　　　　　　　　　　初　二

2.2.7　仡佬语数词表达量范畴

2.2.7.1　仡佬语的基数词

1. 仡佬语的精确基数词

1）仡佬语的整数

仡佬语的整数有 sɿ^{33}（一）、su^{33}（二）、tɑ^{33}（三）、pu^{33}（四）、mpu^{33}（五）、naŋ^{33}（六）、ɕi^{13}（七）、zuɑ^{55}（八）、sə^{13}（九）、pɑn^{13}（十）、tɕen^{33}（百）、tɯ^{13}（千）、ŋkui^{21}（万）、ʑi^{13}（亿）等；但仡佬语从十一到十九的表示法与汉语不同，个位数在前，十位数在后，二者之间必须加入表“个”的量词“nen^{33}”（张济民，1993：121），例如：

sɿ^{33}nen^{33}pɑn^{13} 十一　　　　　su^{33}nen^{33}pɑn^{13} 十二

一　个　十　　　　　　　　二　个　十

naŋ^{33}nen^{33}pɑn^{13} 十六　　　　sə^{13}nen^{33}pɑn^{13} 十九

六　个　十　　　　　　　　九　个　十

仡佬语表达二十至一百的复合数词，以及百千万亿整数时，与汉语相同（张济民，1993：120），例如：

su^{33}pɑn^{13}sɿ^{33} 二十一　　　　　tɑ^{33}pɑn^{13} 三十

二　十　一　　　　　　　　三　十

在表示十一至十九的时间词时，中间的量词可以是 plei^{33}（年）、thu^{33}（月）、sen^{33}（日）（张济民，1993：120）。例如：

su^{33}u^{42} plei^{33}ni^{21}ȵe^{55}mpu^{33}plei^{33}pɑn^{13}ŋkə^{42}.

他　　年 这 有　五　年　十　了

他今年有十五岁了。

sɿ^{33}plei^{33}ȵe^{55}su^{33}thu^{33}pɑn^{13}.

一 年 有 二 月 十

一年有十二个月。

2）仡佬语的分数

仡佬语分数表达法与汉语相同（张济民，1993：124）。例如：

lu^{33}fen^{21}tsɿ^{21}sɿ^{33} 六分之一

六 分 之 一

sɿ^{13}fen^{21}tsɿ^{21}san^{33} 四分之三

四 分 之 三

2. 仡佬语的模糊基数词

1）仡佬语的约数

仡佬语的约数有两种方法：一种是基数词加在方位词 hu^{33}（上）、tsen^{21}（下）、tɛ^{31}（左）、sue^{33}（右），或加在形容词 ɛ^{13}（多）前来表示（张济民，1993：124）。例如：

pɑn^{13}ɛ^{13}sen^{33} 十多天

十 多 日

ɕi^{13}pɑn^{13}plei^{33}hu^{33}tsen^{21} 七十岁上下

七 十 岁 上 下

tɑ^{33} plu^{13} tɛ^{31}sue^{33} 三尺左右

三 尺 左 右

另一种是用相邻的两个数来表示。例如：

su^{33} tɑ^{33}thu^{33}ni^{21}thɯ^{33}mei^{33}zɑu^{55}ntə^{42}.

二 三 月 这 下 雨 龙 未

这两三个月没下雨。

mu^{21}thu^{33}ni^{21}ɕi^{13}zuɑ^{55} hu^{33}vu^{42}sen^{33} mpə^{21}.

你 月 这 七 八 日 去 买 粮

这个月初七八日去买粮。

2）仡佬语的倍数

仡佬语的倍数表示法和汉语一样，而且多是汉语借词，如 pei^{13}（倍）（张济民，1993：124）：

tɑ^{33}pei^{13} 三倍

三 倍

mpu^{33}pei^{13} 五倍

五 倍

2.2.7.2　仡佬语的序数词

1. 仡佬语的无标记序数词

仡佬语的月份、日期、长幼序列可以采用数词和名词直接组合的方式来表达，以无标记的方式来表示事物顺序的，是一种无标记序数法。例如（张济民，1993：122-123）：

su³³thu³³ 二月　　sə¹³thu³³ 九月
二 月　　九 月

pɑn¹³thu³³ 十月
十 月

su³³ thu³³ tɑ³³ sen³³ pɑn¹³ 二月十三日
二 月 三 日 十

zuɑ⁵⁵ thu³³ nɑŋ³³ sen³³ pɑn¹³ 八月十六日
八 月 六 日 十

tsə²¹su³³ 二弟　　tɒ³³su⁵⁵ 二哥
弟 二　　哥 二

2. 仡佬语的有标记序数词

仡佬语的序数标记 ti¹³（第）借自汉语（张济民，1993：122）。例如：

ti¹³ ʑi²¹ 第一　　ti¹³tɑ³³vɑn²¹ 第三次
第 一　　第 三 次

仡佬语可以通过形容词“大”“小”来表示排序（张济民，1993：123）。例如：

ɛ⁵⁵su³³ 大嫂　　mɒ²¹en⁵⁵ ȵɒ⁵⁵ 小妹
嫂 大　　妹 小

tɑ³³hu³³ 初三　　sə¹³hu³³ 初九
三 日　　九 日

sɿ³³hu³³ 初一
一 日

2.3 量词表达量范畴

2.3.1 汉语量词表达量范畴

汉语的量词非常丰富，使用量词来表达量范畴也是汉语量范畴的重要表达手段。根据量词的修饰、限制和搭配的对象能够发现，这些对象包括事物、动作、兼顾事物和动作的事件这样三种情况。

2.3.1.1　汉语量词表达事物的数量

用来表达事物数量的量词被称作名量词。如“一本书”的“本”，“一套书”的“套”，“一堆书”的“堆”，“一桌子书”的“桌子”，其中的“本”“套”“堆”“桌子”就是量词，它们是用来表达“书”这一事物的数量。但是在所表达的数量上却略有差别。“本”用来表达的是一个个体概念，所以汉语学界一般也称之为“个体名量词”，同类量词还有“个、只、条、根、张、件、匹、台、盏、支、辆、顶、座、尊、枚、块”等，如“一个职位、一只手、一条毛巾、一根草绳、一张纸、一件衬衣、一匹马、一台汽车、一盏灯、一支笔、一辆车、一顶轿子、一座庙、一尊神、一枚军功章、一块蛋糕”等。“套”和“堆”所表达是并非个体概念，而是一种两个以上的群体概念。因为“一套书”可能是上下两册，也可能是七八本甚至很多本共同构成的一个系列丛书；“一堆书”就更是由很多书堆积起来的一种事物，其中到底有多少本书，人们一般也并不关注这一点。因而“套”和“堆”在汉语学界一般也被称为“群体名量词”，同类量词还有“对、双、群、种”等，如“一对耳环、一双鞋、一群羊、一种植物”等。至于“桌子”这个量词，这是由于“桌子”从某种角度看，能够作为盛放器物的工具，因而被当作量词，用来表达它能够盛放的事物的量。这种量词一般被称作“借用名量词”，这是用一种事物的某种特征来表达另一些事物的数量的量词，类似的量词可以说难以穷尽，如“锅、碗、瓢、盆、手、脚、头、脸、教室、房间”等，比如说“一锅水、一碗肉、一瓢水、一盆汤、一手泥巴、一脚泥巴、一头大汗、一脸汗水、一教室学生、一房间人”等。名量词的使用都能够使人对它们所修饰的名词事物的数量有一种清晰或比较清晰的认识。

表达事物数量的还有一类量词，这就是我们经常用到的度量衡量词。度量衡量词主要是计量事物的长度、容量、重量等的单位。“米、千米、毫米、厘米、分米、丈、尺、寸”等都是长度单位量词，用来表达事物的长度、高度、宽度等，如“一米铁丝、一千米路程、一毫米油、一丈布、一尺头绳”等。“升、毫升、公升、斗、石、立方米、立方厘米”等都是容量单位量词，用来表达事物所占的体积，如“一升水、一公升汽油、一斗米、一石玉米、一立方米石头、一立方厘米黄金”等。“斤、两、千克、克、吨”等都是重量单位，表达事物的重量，如“一斤肉、一两香油、一千克面粉、一克黄金、一吨水泥” 等。使用度量衡量词能够准确地表达出事物的数量特征。这类量词在人类的语言中具有极高的共性，虽然可能会存在单位形式的不同，但这些单位之间都是可以互相换算的。

2.3.1.2　汉语量词表达动作的数量

用来表达动作数量的量词被称作动量词。如“看一次”的“次”，“看一眼”的“眼”，其中的“次”“眼”就是动量词。但是，“次”和“眼”表达的动作量还略有差别。“看一次”的“次”是单纯的表达动作的数量，类似的量词还有“下、回、遍、遭、阵”等，这类动量词一般被称作专用动量词。如“看一下、看一回、看一遍、看一遭、看一阵”等等。“看一眼”的“眼”是通过使用动作的工具来表达“看”这一动作发生的数量，是间接表达；而且这种工具和动作之间具有明显的必然联系，很难用来表其他动作发生的数量，如不能说“听一眼”，因为“眼”不是“听”的工具。类似的还有“口、巴掌、脚、屁股、刀、棍、皮带”等等，这类动量词一般被称作借用动量词。如“咬一口、打一巴掌、踢一脚、坐一屁股、砍一刀、捅一棍、抽一皮带”。动量词的使用都能够使人对它们所修饰的动作的数量有一种清晰或比较清晰的认识。

2.3.1.3　汉语量词表达事件延续的数量

用来表达事件延续的量词被称作时量词，或被称作事件量词。如“进一趟城”中的“趟”，“读三年书”的“年”，其中的“趟”“年”就是时量词（事件量词），它们都表示一定的时间概念，表示“进城”“读书”这样的事件延续了一定的时间。类似的量词还有“阵、场、顿、通、遍、回、年、月、天（日）、昼夜、晌、上午、下午、小时、分钟、秒钟、季、周、代、世、世纪、辈、辈子、会（儿）”等，如“踢一阵球、打一场球、吃一顿饭、骂一通人、读一遍书、读一回书、请一年假、请一天假、值一昼夜班、干一晌活”等。使用时量词，能够使人对时量词所修饰的事件延续的时间数量有一种清晰或比较清晰的认识。关于这类量词我们还会在 5.3.3 节中详细讨论，此处暂且从略。

2.3.2　苗语量词表达量范畴

2.3.2.1　苗语量词表达事物的数量

苗语中的量词可以分为个体量词、群体量词。苗语的个体量词有 le³⁵（个）、pʰɑŋ³⁵（把）、ŋuŋ²²（条）、ʈɯ⁴⁴（朵）等（罗安源，2005：63-68）。例如：

a⁴⁴ ʈɯ⁴⁴pen³¹　一朵花
一　朵　花

a⁴⁴ le³⁵plɯ⁴⁴　一所房子
一　个　屋

plei ³⁵men²² tsɔ⁴² 四个人
四　位　人

a⁴⁴ŋuŋ²² ta³⁵ qwɯ⁴⁴ 一条狗
一　条　助词　狗

a⁴⁴　qɯ³⁵　ʐei³⁵ 一根草
一　表细长物体　草

a⁴⁴　pʰɑŋ³⁵　se⁴⁴ 一把伞
一　表平展的物体　伞

苗语的群体量词有 ntɕɔ⁴⁴（群）、ntsʰɑ⁵⁴（群）、hɔ⁵⁴（对）、ŋuŋ²²（双）、kɯ²²（双）等（罗安源，2005：64-65）。例如：

a⁴⁴ ntɕɔ⁴⁴ mla³¹ qʰa⁵⁴ 一群客人
一　群　客人

a⁴⁴ ntsʰɑ⁵⁴ ʑuŋ³¹ 一群羊
一　群　羊

a⁴⁴ hɔ⁵⁴ lɤ⁴⁴ qe³⁵ 一双眼睛
一　对　眼睛

a⁴⁴ hɔ⁵⁴ ntɕʰa⁴⁴ 一对水桶
一　对　水桶

a⁴⁴ ŋuŋ²² ʈɯ⁴² 一双筷子
一　双　筷子

a⁴⁴ ŋuŋ²² ɕɔ⁵⁴ mpʰei³⁵ 一双鞋
一　双　鞋

a⁴⁴ kɯ²² tɯ²² 一双手
一　双　手

a⁴⁴ kɯ²² l̥ʰɔ³⁵ 一双脚
一　双　脚

2.3.2.2　苗语量词表达动作的数量

苗语的专用动量词有 tɔ³⁵（趟）、pʰa³¹（回）、kɑŋ⁵⁴（阵）、wa³¹（次）等（罗安源，2005：70）。例如：

hwe⁵⁴ a⁴⁴ tɔ³⁵ 走一趟
走　一　趟

pʰu⁴⁴ a⁴⁴ pʰa³¹ 说一回
说　一　回

plʰæ³⁵ a⁴⁴ kɑŋ⁵⁴ 刮一阵
刮　一　阵

lɔ²² a⁴⁴ wa³¹ 来一次
来　一　次

苗语中也借用身体器官等名词作动量词来表达动作的数量。如 hɯ^{44}（口）、me^{42}（眼）、l̥ʰɔ^{35}（脚）等（罗安源，2005：70）：

qa^{35} a^{44} hɯ^{44} 咬一口	en^{44} a^{44} me^{42} 看一眼
咬 一 口	看 一 眼
ʈɔ^{31} a^{44} l̥ʰɔ^{35} 踢一脚	
踢 一 脚	

2.3.3 彝语量词表达量范畴

2.3.3.1 彝语量词表达事物的数量

彝语的个体量词有 kɯ^{22}（个）、tɕ’ð^{22}（头、只）、dʑð^{22}（匹）、tɕð^{22}（座）、ŋo^{22}（支）等（柳远超，2009：129）。例如：

no^{55}mu^{21} ta^{21}kɯ^{22} 一个农民	va^{2}sɯ^{22}tɕ’ð^{22} 三头猪
农民 一 个	猪 三 只
bu^{21}sɯ^{22}tɕð^{22} 三座山	mu^{22}sɯ^{22}dʑð^{22} 三匹马
山 三 座	马 三 匹
pi^{2} ta^{21}ŋo^{22} 一支笔	su^{22}sɯ^{22}hʊ^{22}pɯ^{33} 三百本书
笔 一支	书 三 百 本
mu^{22}ŋo^{22}tɕ’ð^{22} 五匹马	su^{22} ta^{21}pɯ^{33} 一本书
马 五 只	书 一 本
hð^{21}sɯ^{33}bi^{2} 三间房	ts’u^{55}tɕ’ɪ^{21}tsɿ^{33} 十杆枪
房 三 间	枪 十 杆

彝语的群体量词有 bʊ^{21}（堆）、dzɯ^{21}（对、双）、ȵdʑð^{21}（串）、ts’ɯ^{51}（捆）、p’o^{22}（帮）、kɯ^{51}（窝）、ɕi^{51}（打）等（柳远超，2009：129）。例如：

tɕ’ɪ^{21} ta^{21} bʊ^{21} 一堆谷子	tɕhi^{33}thi^{33}tha^{21}dʐʅ^{21} 一双袜子①
谷子 一 堆	袜子 一 双

2.3.3.2 彝语量词表达动作的数量

彝语中的专用动量词有 du^{51}（趟）、dzo^{51}（趟）、hð^{21}（次、下）、go^{22}（顿）、

① “一双袜子”引自翟会峰《三官寨彝语参考语法》，中央民族大学 2011 届博士学位论文，第 60 页。

gɯ^{22}（阵）、ts'ɒ^{21}（回）、 dɒ^{21}（顿）、po^{21}（次）等（柳远超，2009：130）。例如：

sɯ^{33}dzo^{22}t'ð^{21} 跑三趟　　　　sɯ^{33}hð^{22}ndu^{21} 打三下

三 趟 跑　　　　三 次 打

ta^{21} dɒ^{21}dzʊ^{22} 吃一顿　　　　ta^{21} hð^{21}ndu^{21} 打一下

一 顿 吃　　　　一 下 打

借用动量词一般是借用身体器官、工具等名词。例如：

ȵɪ^{55}bu^{51}mu^{51} 吹两口　　　　tha^{21}xɯ^{21}tho^{33} 砍一刀①

二 口 吹　　　　一 刀 砍

tha^{21}khu^{33}ʔɤ̃^{21} 喊一声　　　　tha^{21}tɕa^{21}vi^{33} 抓一把

一 声 喊　　　　一 把 抓

2.3.4 水语量词表达量范畴

2.3.4.1 水语量词表达事物的数量

水语表达个体事物的量词有 ai^{3}（位）、to^{2}（只）、ni^{4}（棵）（张均如，1980：33）。表示人的名词前可以加不同的量词表示性别，一般来说，ni^{4} 是表示阴性的量词，ai^{3} 是表示阳性或泛指人的量词（张均如，1980：31）例如：

ɣa^{2} ni^{4} miu^{1} 两位苗族妇女　　　　haːm^{1}ai^{3}zən^{1} 三个人

两 位 苗人　　　　三 位 人

ɕi^{5} to^{2} tak^{8} kui^{2} 四只公牛　　　　ɣa^{2}tiu^{2}laːk^{7} 两条绳子

四只 公 水牛　　　　二条绳子

水语的群体量词有 tsau^{24}（双、对）、fu^{35}（副）、nu^{31}（堆）、phi^{33}（po^{33}）（批）、ȶən^{11}（群）、tau^{31}（群、帮）、pan^{33}（班、辈）、ta^{55}（打）等（韦学纯，2011：276）。例如：

ti^{33}tsau^{24}tsu^{24} 一双筷子　　　　ti^{33}fu^{35}tui^{53} 一副碗

一 双 筷子　　　　一 副 碗

ti^{33}ȶən^{11}po^{53} 一群牛　　　　ti^{33}nu^{31}vaːŋ^{11} 一堆稻草

一 群 牛　　　　一 堆 稻草

① “砍一刀”“喊一声”“抓一把”引自翟会峰《三官寨彝语参考语法》，中央民族大学 2011 届博士学位论文，第 61 页。

水语也借用器物名词作为量词来修饰限制事物的量，如 tui^{53}（碗）、hi^{33}（桌子）、tsuŋ^{11}（杯子）、tja:ŋ^{24}（篮子）、phin^{53}（瓶子）、sa:u^{11}（袋）、pjeŋ^{31}（壶）、ɣa:n^{31}（房子）等（韦学纯，2011：275）。例如：

ti^{33}tja:ŋ^{24ʔ}ma^{11} 一篮子菜
一篮子 菜

ti^{33}ɣa:n^{31}zən^{11} 一屋子人
一屋子 人

ti^{33}hi^{33ʔ} a:m^{33} 一桌子菜
一桌子菜

ti^{33}pjeŋ^{31}ha:u^{33} 一壶酒
一 壶 酒

2.3.4.2 水语量词表达动作的数量

水语中使用的专用动量词有 phja^{3}（次）、lan^{5}（顿）、ʈa:ŋ^{6}（步）等（张均如，1980：34）。据韦学纯（2011：277），水语专用动量词还有 lan^{35}（顿、次、回、下）、phja^{33}（遍、次、回、番、趟）、thaŋ^{11}（趟）、pai^{31}（次）等。例如：

pa:i^{11}ti^{33}phja^{33} 去一次
去 一 次

pa:i^{11}ti^{33}lan^{35} 去一回
去 一 回

^{ʔ}niŋ^{35}ti^{33}phja^{33} 看一次
看 一 次

^{ʔ}niŋ^{35}ti^{33}lan^{35} 看一回
看 一 回

qui^{35}ti^{33}phja^{33} 打一次
打 一 次

qui^{35}ti^{33}pai^{31} 打一次
打 一 次

水语能够借用身体部位或器物来表达动作的数量。如^{n}da^{11}（眼）、tin^{11}（脚）、mjə^{11}（拳）、mit^{31}（刀）等（韦学纯，2011：277）：

^{ʔ}niŋ^{35} ti^{33} ^{n}da^{11} 看一眼
看 一 眼

tek^{55}ti^{33}tin^{11} 踢一脚
踢 一 脚

qui^{35} ti^{33}mjə^{11} 打一拳
打 一 手

te^{35} ti^{33}mit^{31} 砍一刀
砍 一 刀

2.3.5 侗语量词表达量范畴

2.3.5.1 侗语量词表达事物的数量

侗语的个体量词很丰富，如 muŋ^{31}（pu^{35}）（位、个）、tu^{212}（to^{22}）（只、个）、ʔoŋ^{53}（ʈiu^{22}）（棵、条）、mɐi^{31}（wəi^{31}）（件）、ʈiu^{22}（条）、ʈɐk^{21}（只）、ʐa^{22}（个）、ta^{22}（个）、ʈɐk^{21}（根）等。但在泛用量词上，侗语的南北方言有

差异；南部方言区有些地方话用ȶɐk^{31}（个、只、根、条），北部方言区石洞话用 ta^{22}（个）、ʐa^{22}（个）（龙耀宏，2003：86）：

ȶɐk^{21} ȵən^{212}nai^{33} 这个人	ja^{212} ȶɐk^{21}ɕo^{212}sən^{33} 两个学生
个　人　这	两　个　学 生
ʐa^{22}mja^{31}nai^{33} 这把刀	sam^{35}pən^{323}le^{212} 三本书
个 刀　这	三　　本　书
si^{453}ȶiu^{212}mɐi^{31} 四棵树	i^{55}ȶɐk^{21}tɐŋ^{13} 一条板凳
四 条 树	一 根 凳
ja^{212}ȶɐk^{21}khwaŋ^{13} 两只碗	ja^{22}ta^{22}nəi^{31}nəi^{31} 两个妇女
两 只 碗	两个 妇女 妇女

侗语的群体量词有ȶɐu^{33}（双）、toi^{53}（队）、kɐu^{44}（串）、ʐei^{55}（双）、tɐu^{31}/ho^{13}（群、伙）、ȵɐm^{55}（把）等（龙耀宏，2003：86-87）。例如：

sam^{35}ȶɐu^{33}ɕo^{33} 三双筷子	ʔi^{55} ȵɐm^{55}ʔiu^{323} 一把蕨菜
三　　双 筷子	一　把　蕨菜

侗语也可以借用各种器物来充当量词，修饰限制事物的数量。如 tui^{31}（碗）、loŋ^{31}（箱）、tɐi^{33}（口袋）、tap^{323}（担）等（龙耀宏，2003：87）：

ʔi^{55} tui^{31}ʔɐu^{31} 一碗饭	sam^{35}tɐi^{33}taŋ^{212} 三口袋糖
一 碗 饭	三　　袋 糖
si^{453}loŋ^{31}ʔuk^{323} 四箱衣服	ʔi^{55}tap^{323}ȶət^{55} 一担柴
四 箱 衣服	一　担 柴

2.3.5.2　侗语量词表达动作的数量

侗语的专用动量词有 ɕon^{33}（次、趟）、tau^{53}（次）、mat^{323}（次）、ha^{35}（次）ɕən^{33}（阵、次）、ʐau^{55}（次）等（龙耀宏，2003：90）。例如：

pai^{55}sam^{35}ɕon^{33} 去了三趟	pai^{55}ja^{212}ɕon^{33} 去两次
去　三　次	去 两 次

侗语能够借用身体器官、工具，以及时间名词来修饰限制动作的数量，如 ta^{55}（眼）、tin^{55}（脚）、mja^{31}（刀）、ȵin^{212}（年）等（龙耀宏，2003：90）：

nu^{53} ʔi^{35} ta^{55} 看一眼	ȶhik^{13}ʔi^{35}tin^{55} 踢一脚
看　一　眼	踢　一　脚
te^{53} ʔi^{35}mja^{31} 砍一刀	ȵau^{33}ʔi^{35}ȵin^{212} 住一年

砍一刀　　　　　　　　　　　　住　一　年

2.3.6　布依语量词表达量范畴

2.3.6.1　布依语量词表达事物的数量

布依语中有大量的名量词，个体名量词如 pu⁴（vaŋ⁶、dan¹）（个）、laːu⁴（pau⁵）（位）、zuai⁶（位、个）、tu²（只）、baɯ¹（张）、toŋ³（桶）、paːk⁷（坛）、ko¹（棵）、vaː[?8]（把）、san³（根）等（喻翠容，1980：30；吴启禄，1992：116）。例如：

zuai⁶pauɯ⁴diau¹ 一个媳妇　　　　dan¹zaːn² mo⁵diau¹ 一幢新房子
个　媳妇　一　　　　　　　　　　个　房屋　新　一
tu²mu¹diau¹ 一头猪　　　　　　　baɯ¹sa¹diau¹ 一张纸
只　猪　一　　　　　　　　　　　张　纸　一
ɣa³dan¹tsa¹ 五个碗　　　　　　　paːk⁷tu²pit⁷ 一百只鸭子
五　个　碗　　　　　　　　　　　百只　鸭
dan¹bo⁵nai⁵diau¹ 一口小井　　　　tu²luɯk⁸kai⁵diau¹ 一只小鸡
个　井　小　一　　　　　　　　　只　小　鸡　一

布依语的群体量词有 tɕoŋ⁵（群）、tsu⁶（组）、puaŋ³（堆）、zuai⁴（串）、ku⁶（双、对）等（喻翠容，1980：31）：

ku⁶tuɯ⁶diau¹ 一双筷子　　　　　tɕi³ku⁶ zo[?3]zau¹ 几对斑鸠
双　筷子　一　　　　　　　　　　几　双　斑鸠
tɕoŋ⁵ pu⁴ kumə⁶meu² deu¹ 一群农民①
群　　农民　　　　　一

布依语能够借用名词器物充当量词来表达事物的量，如 toŋ³（桶）、paːk⁷（坛）、soŋ¹（杯）、sa¹（碗）等：

si⁵ toŋ³zam⁴ 四桶水　　　　　　tɕi³paːk⁷lau³daŋ⁵ 几坛好酒
四　桶　水　　　　　　　　　　　几　大坛　好　酒

2.3.6.2　布依语量词表达动作的数量

布依语的专用动量词有 pai²（次、趟）、taːu⁵（次、回）、tan⁵（顿）等

① 该例引自喻世长《布依语语法研究》，科学出版社，1956 年，第 66 页。

（喻翠容，2009：119），lak^{8}（趟）、zam^{6}（回、次、遍）、pai^{1}（回）（王文艺，2004）。例如：

ȵi^{1} pai^{2}diau^{1} 听一次　　　　ti^{2}tan^{5}diau^{1} 打一顿

听　次　一　　　　打顿　一

mɯ^{1} suaŋ^{1} taːu^{5} 来两趟　　　　saːm^{1}pai^{2}kwa^{1} 抓三次①

来　二　返转　　　　三　次　抓

daɯ^{1} kaːm^{3} li^{4} pan^{2} mɯːn^{4} ŋan^{2}ɦaːu^{1}，tə^{2}zɔk^{8} ɕi^{2} nau^{2}：“saːm^{1} pai^{2} kwaːt7，

里　洞　有　很多　银　白　鸟　就　说　三　次　扫

saːm^{1} pai^{2} kwa^{1}，mie^{3} ʔau^{1} laːi^{1}. ” tɛ^{1} ʔi^{1} tə^{2}zɔk^{8} nau^{2}，kwa^{1} saːm^{1} pai^{2}

三　次　抓　别　要　多　他依鸟　说　抓　三　次

ɕi^{2} taːu^{5} ma^{1} zaːn^{2} pai^{5}.②

就　回　来　家　了

洞里有很多白银，鸟就说：“扫三次，抓三次，别多要。”他听鸟的，抓了三次就回家了。

布依语也能够借用身体器官、工具等名词来表达动作的量，如 ta^{1}（眼）、paː^{ʔ7}（口）等（喻翠容，2009：119），tɕin^{4}tau^{4}（拳）、tin^{1}（脚）、soŋ^{5}（枪）、miet^{8}（刀）、jam^{5}（步）等（王文艺，2004）。例如：

ɣap^{8}paː^{ʔ7}diau^{1} 咬一口　　　　ŋoŋ^{6}suaŋ^{1}ta^{1} 看两眼③

咬　口　一　　　　看　两　眼

tuai^{5} tɕin^{4}tau^{4} ʔdiau^{1} 打一拳　　　　pai^{1}jam^{5}lə^{3} 走一步④

打　锤托　一　　　　走　步　一

2.3.7　仡佬语量词表达量范畴

2.3.7.1　仡佬语量词表达事物的数量

仡佬语用量词表示个体事物，这样的量词有 xen^{33}（位）、nen^{33}（个）、

① 该语料来自中央民族学院少数民族语言研究所第五研究室编，《壮侗语族语言文学资料集》，四川民族出版社，1983 年，第 75 页。

② 该语料来自中央民族学院少数民族语言研究所第五研究室编，《壮侗语族语言文学资料集》，四川民族出版社，1983 年，第 75 页。

③ “咬一口”“看两眼”引自喻翠容（1980：32）。

④ “打一拳”“走一步”引自王文艺《布依语与汉语量词比较》，贵州省布依学会、安顺地区民委编，《布依学研究》，贵州民族出版社，2004 年。

mɒ^{21}（个、辆）、sɑn^{33}（只、匹）、kɑn^{13}（根、条）、phɑ^{13}（棵）、phɛ^{33}（块）、plɑu^{33}（片）、tsei^{33}（段、节）、fuŋ^{33}（封）等（张济民，1993：128）。例如：

sɿ^{33}fuŋ^{33}lɑŋ^{33} 一封信	ʔei^{55}mɑ^{13}ko^{55} 一把斧子
一 封 信	一 把 斧
so^{55}neŋ^{55} tɯ^{33}nu^{53} 两个纽扣	sɿ^{33}phɛ^{33}ɒ^{55} 一块肉
二 个 纽 襻	一 块 肉
tɑ^{33}xen^{33}tɕhi^{55} 三个人	sɿ^{33}mɒ^{21}tɕhi^{13}tshɛ^{55} 一辆汽车
三 个 人	一 个 汽 车
zuɑ^{55}nen^{33}mei^{31}sɛ^{55} 八个梨子	mpu^{33}tsɑn^{13}kɛ^{33}mu^{33} 五幢新房
八 个 果 梨	五 个 房 新
sɿ^{33}kɑn^{13}hə^{55} 一条河	su^{33}pɑn^{13}sɑn^{13}ȵtɕɑu^{21} 二十匹马
一 条 河	二 十 个 马
sɿ^{33}mɒ^{21}suŋ^{33} 一根竹子	su^{33}sɑn^{33}mi^{21}zɑu^{21} 两只麂子
一 根 竹	二 只 山羊 野
su^{33}sɑn^{33}luŋ^{55} 两件衣服	
二 件 衣	

表示群体事物的量词有qɑŋ^{13}（双、对）、thi^{33}（些、群）、ɛ^{13}（群）、xɒ^{13}（堆）、qen^{33}（行）（张济民，1993：128）。tshɯ^{55}（捆）、qɑu^{55}（股）（张济民，1997：97），qɛ^{35}（双）（张济民，1997：103）。例如：

suɯ^{31}qɛ^{35}tɕhi^{31} 两双鞋	sɿ^{55}thi^{33}lei^{31}lɛ^{55} 一群小孩
二 双 鞋	一群 小孩
ʔɛi^{55}xɒ^{13}tshe^{53}	sɿ^{33} ɛ^{13} xɑn^{13}tɛ^{33} 一群木匠
一 堆 小米	一 群 师 木
ʔei^{55} qɑu^{55} vu^{13} 一股水	ʔei^{55} tshɯ^{55} ʔɑ^{33} 一捆柴
一 股 水	一 捆 柴

借用器物或其他名词作量词来表达事物的量，如tɛ^{33}（树）、qɑ^{13}（脚）、luŋ^{55}zɑu^{55}（桶）、zue^{21} tshɑ^{55}（坡）、tsu^{33}（桌）、lu^{55}（筐）等：

sɿ^{33} tɛ^{33}mei^{21}sɛ^{55} 一树梨	su^{33}qɑ^{13}ntɑ^{33} 两脚泥
一 树 果 梨	二 脚 泥
sɿ^{33}luŋ^{55}zuɑ^{55}ɯ^{55} 一桶水	sɿ^{33}zue^{21}tshɑ^{55} tɛ^{33}plei^{33} 一坡青冈树

一　桶　　水　　　　　　　　一　坡　　　树青冈

su^{33} tsu^{33} q´ε^{13} 两桌客人　　　　sɿ^{33} qhε^{13} ɯ^{55} 一锅水

二　桌　　客　　　　　　　　一　锅　　水

sɿ^{33}lu^{55}taŋ^{33}qε^{33} 一筐鸡蛋

一　筐　蛋　鸡

仡佬语也能借用动作来表达事物的量，如 tshe^{33}（挑）、pau^{55}（背）、plei^{42}（抱）、pen^{21}（挑）等：

pu^{33}tshe^{33}ɯ^{55}　四挑水　　　　　sɿ^{33}pau^{55}a^{13}　一背柴

四　挑　　水　　　　　　　　一　背　　柴

su^{33}plei^{42}xaŋ^{33}　两抱草　　　　　sɿ^{33}pen^{21}la^{21} 一挑土

二　抱　　草　　　　　　　　一　　挑　土

仡佬语的度量衡单位词主要有 kaŋ^{42}（丈）、xa^{33}（尺）、tshen^{13}（寸）、xɒ^{13}（拃）、plu^{13}（庹）、zau^{55}（升）、te^{55}（斗）、tsɿ^{13}（斤）、liaŋ^{33}（两）、ten^{13}（吨）、lu^{55}（石）（张济民，1993：128），mu^{33}（亩）（张济民，1993：49），hɒ^{33}（尺）（张济民，1993：225）。例如：

sɿ^{33}mu^{33}la^{21} 一亩地　　　　　　sɿ^{33}tsɿ^{13}mpe^{21} 一斤茶叶

一　亩　　地　　　　　　　　一　斤　　茶

mpu^{33}hɒ^{33}sɯ^{33}lɒ^{21} 五尺麻布

五　　尺　布　麻

2.3.7.2　仡佬语量词表达动作的数量

仡佬语的动量词数目较少，常见的有 van^{21}（次）、vu^{55}（回）、kuan^{13}（趟、转）、tsɒ^{21}（顿）等（张济民，1993：129）。例如：

za^{21}sɿ^{33}van^{21} 跑一趟　　　　　　vaŋ^{55}sɿ^{33} tsɒ^{21} 打一顿

跑　一　趟　　　　　　　　　打　　一　　顿

nei^{35}sa^{31}ɕe^{35} 打几下　　　　　　ɕin^{31}tsɿ^{33} ŋa^{35} 说一遍①

打　几　下　　　　　　　　　说　一　遍

仡佬语能够借用身体器官名词、器物名词、时间名词等来表达动作的量，如 ŋku^{33}（嘴）、qɒ^{13}（脚）、thau^{55}（刀）、san^{13}（世）、sen^{33}（日）等：

---

① “说一遍”和“打几下”引自康德忠《居都仡佬语参考语法》，中央民族大学 2009 届博士学位论文，第 126 页。

tshaŋ^{55}sɿ^{33} ŋku^{33} 尝一口
尝 一 嘴

xɒ^{33} sɿ^{33} ŋku^{33} 吃一口
吃 一 口

plə^{21}sɿ^{33}san^{13} 活一世
活 一 世

ȵɒ^{21}sɿ^{33}qɒ^{13} 踩一脚
踩 一 脚

tɛ^{55}ta^{33}thau^{55} 砍三刀
砍 三 刀

ɛ^{13}an^{33}su^{33}sen^{33} 多住两天
多 住 二 日

2.4 形容词表达量范畴

量范畴是事物或动作的量在语言系统中的反映，也是人类对事物或动作的量的范畴化的结果。一般而言，对于数量的变化，人们可以借助数词、量词来表达；但实际上，语言中借助于形容词来表达量范畴的情况也很常见。以汉语为例，“大山”和“小山”中的“大”和“小”，就是对事物量的一种表达，因为从体量上看，“大山”的体积一般是大于“小山”的，这是形容词对事物的量的表现方式。再比如，“快跑”和“慢跑”中的“快”和“慢”也是对动作速度的量的表达，从物理学的角度看，“快跑”的速度一般是快于“慢跑”的速度的，这是形容词对动作的量的表达方式。形容词和副词都不能够受数量词语的修饰，这是因为它们也能够表达量范畴。但是它们所表达的量范畴与数词、量词表达的量范畴不同。

下面我们将对汉语、苗语、彝语、水语、侗语、布依语、仡佬语中使用形容词来表达的量范畴的情况做以梳理。

2.4.1 汉语形容词表达量范畴

汉语的形容词可以分为三类：①性质形容词。性质形容词表示事物在某一方面的特征；而这种特征则是事物在某一方面的量积累到一定的程度后所呈现出来的。如“老、小、高、低、美、丑、漂亮、潇洒、坚强、软弱”等等。②状态形容词。状态形容词表示事物具有某种性质上之后，在该性质的某种量级上的持续状态。如“雪白、笔直、绿油油、水灵灵、黑不溜秋”等等。③数量形容词。数量形容词是对事物数量的一个模糊描述。如“多、少、全、许多、好些”等等。

根据汉语形容词的分类，我们可以具体分析汉语的形容词是如何表达量范畴的。汉语的性质形容词可以和名词结合，来表示名词在其所属的序列中的位置或顺序，从而达到表达量范畴的目的，例如：

大妈　大伯　大嫂　大哥　大姐

其中的“大”就是对“妈”“伯”“嫂”“哥”“姐”这些亲属称谓的大致排序。“大妈”在亲属排序时，其年龄长于自己的母亲；在一些方言区，如陕西关中方言，还会依次排列出“二妈、三妈、四妈、五妈”等亲属称谓来，这些亲属称谓的对象都是自己的母亲称作“嫂子”的人，或者说是自己父亲的兄长的配偶。同样，关中方言中也存在“大伯、二伯、三伯、四伯、五伯”等对应的称谓，而这些称谓对象则都是自己父亲的兄长。其他的则依次会有“大嫂、二嫂、三嫂、四嫂”，“大哥、二哥、三哥、四哥”，“大姐、二姐、三姐、四姐”等。

性质形容词不仅可以表示亲属关系的位置序列，也同样可以表示事物在某种性质上的位置序列。如“漂亮、丑陋”“潇洒、猥琐”“大方、小气”“胖、瘦”“高、矮”“长、短”“软、硬”“强、弱”等等。这些形容词所表达的是某种性质的位置序列，如“漂亮”和“丑陋”是表示容貌的不同性质所构成的位置序列，“漂亮”和“丑陋”分别位于这一序列的两端。

如图 2.1 所示：

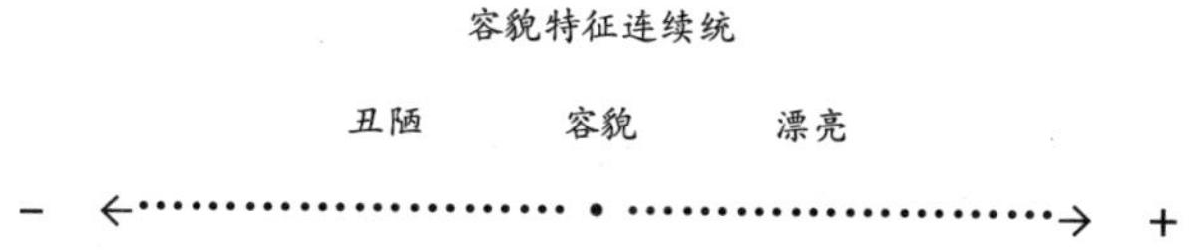

图 2.1　容貌特征连续统示意图

图 2.1 表示，“漂亮”是容貌的性质向“+”的方向变化时所呈现的性质，“丑陋”是容貌的性质向“-”的方向变化时所呈现的性质。二者在量上是完全不同的，在向“+”变化的过程中，“漂亮”的量绝对大于“丑陋”，在向“-”变化的过程中，“丑陋”的量绝对大于“漂亮”。因此，“漂亮”和“丑陋”所表达的是容貌的不同性质的量积累变化时所呈现的特征，这也是形容词表达量的基本特征。对于“大方、小气”“胖、瘦”“高、矮”等我们都可以做类似的分析，即“大方”和“小气”所表达的是人对待财物的不同态度的量积累变化时所呈现的特征；“胖”和“瘦”所表达的是人身体的脂肪量积累变化时所呈现的特征；“高”和“矮”所表达的是物体在某一

维度上向不同方向延展时的量积累变化所呈现的特征。

状态形容词表示事物具有某种性质之后，在该性质的某种量级上的持续状态；而且它们持续的这种量级状态，总是高于该性质的平均数值。如“雪白”统一于“白”这种性质，同时又在保持着“白”这种性质的某个量级，且这个量级高于“白”这一色彩的平均数值；“笔直”统一于“直”这一性质，又保持着“直”这种性质的某个量级，且高于“直”这一形状的平均数值；“绿油油”统一于“绿”这一性质，同时保持着“绿”这种性质的某个量级，且这一量级高于“绿”这一色彩的平均数值；“黑不溜秋”统一于“黑”这一性质，同时保持着“黑”这种性质的某个量级，且这一量级高于“黑”这一色彩的平均数值。

数量形容词是对事物数量的一个模糊描述。汉语的数量形容词主要有“多”“少”“许多”“好些”等等，它们虽然表达了事物的数量，但是缺乏准确性，难以表达事物的具体数量。例如：

这里有许多鱼。

“许多鱼”到底有多少鱼呢？单纯从这一句看不出具体的数量，然而我们却能够肯定地知道，这里的鱼的数量绝对不会是个位数，最少的数量也应该是两位数。再比例如：

他已经好些天没来上班了。

“好些天”到底是多少天？这一点从“好些”这个词语中断难得出。但是我们却可以从反面得到确定的信息，即“他最少有十几天没有上班了”。

2.4.2　苗语形容词表达量范畴

苗语的形容词有不同的分类方式。罗安源（2005：85-92）把苗语形容词分为两种类别，一种类别是单纯形容词和合成形容词，另一种类别是性质形容词和状态形容词。罗安源（2005）并没有使用状态形容词的这一术语，而是使用了形状词这样的术语，他所描写的形状词，本书认为是状态形容词。例如：

ŋɑ^{44}ʈa$^{54, 31}$ʈa^{54} 矮墩墩　　　　ntɕ^{h}in^{54}qɑ^{42}qɑ^{42} 红彤彤

矮　墩墩　　　　红　　彤彤

余金枝（2010：95）将苗语形容词分为两种，性质形容词和状态形容词；性质形容词如 ljəŋ^{31}（大）、ɕu^{53}（小）、dɯ^{44}（长）、le^{44}（短）、ta^{53}（厚）、

ȵɛ^{44}（薄）；状态形容词例如：

ɕa^{53}khaŋ^{35,31}khaŋ^{35} 轻飘飘	qwe^{53}ŋɛ^{31}ŋɛ^{31} 黑黢黢
轻　轻飘状	黑　黑暗状

苗语能够使用形容词表达量范畴，使用性质形容词表达名词在某种量上的程度。例如：

mi^{22}wu^{35} 大河	te^{35}wu^{35} 小河
大　河	小　河
mi^{22}qɤ^{22} 大山	te^{35}qɤ^{22} 小山
大　山	小　山
le^{44}ɕe^{44} 气量小	ʐ̥u^{54}ʑɑŋ^{42} 漂亮
短　肠	好　姿
tɕɑ^{44}ʑɑŋ^{42} 丑陋	tɕɤ^{54}tɕɑ^{44} 臭
坏　姿	味　坏
tɕɤ^{54}mɔ^{42} 香	l̥hɔ^{44}æ^{44} 苦竹
味　优	竹　苦
l̥hɔ^{44}tɕɑŋ^{22} 甜竹	te^{35} kɯ^{44} 弟弟
竹　甜	小　弟

苗语能够使用形容词表达动作的量。例如：

ʂ̥ɑŋ^{54}muŋ^{22} 快去	ʈ̥hu^{44}tɕi^{31}ʂ̥ɑŋ^{54} 快做
快　去	做　使　快
p^{h}u^{44}tɕi^{31}nts^{h}ɑ^{44} 说清楚	ɴqɤ^{35}tɕi^{31}l̥^{h}ɔ^{35} 多唱
说　使　清楚	唱　使　多

罗安源（2005：172）认为，ʈ̥hu^{44}tɕi^{31}ʂ̥ɑŋ^{54}（快做）、p^{h}u^{44}tɕi^{31}nts^{h}ɑ^{44}（说清楚）、ɴqɤ^{35}tɕi^{31}l̥^{h}ɔ^{35}（多唱）这种情况下是形状词，即本书认为的状态形容词，作后状语。如果比较 ʂ̥ɑŋ^{54}muŋ^{22}（快去）和 ʈ̥hu^{44}tɕi^{31}ʂ̥ɑŋ^{54}（快做），我们会发现，ʂ̥ɑŋ^{54}muŋ^{22}（快去）中，ʂ̥ɑŋ^{54}（快）在前修饰 muŋ^{22}（去），即“快去”；ʈ̥hu^{44}tɕi^{31}ʂ̥ɑŋ^{54}（快做）中，tɕi^{31}ʂ̥ɑŋ^{54}（使快）在后面修饰 ʈ̥hu^{44}（做），即相当于“做快点”。这样性质形容词和状态形容词二者就分别位于动词的前后，而在功能上也有分别，共同从性质的角度去表达动作的量范畴。

2.4.3 彝语形容词表达量范畴

彝语的形容词也可以分为性质形容词和状态形容词两类。据柳远超（2009：115-116），彝语的性质形容词有 tsu⁵⁵（好）、bɪ²²（坏）、ga⁵¹（聪明）、nɯ²²（软）、k'u²²（苦）等，状态形容词有 ɕð³³（长）、dð²¹（宽）、nɪ⁵¹su²²（伤心）、pʊ²¹ȵð⁵¹（肮脏）等。翟会峰（2011：81-82）也将彝语的形容词分为两类，性质形容词和状态形容词；性质形容词如 sa²¹（粗）、ɕi⁵⁵（细）、ʈhu³³（白）、ʂe³³（黄）、ʑi³³ŋo⁵⁵（光滑）等，状态形容词如 na³³kɯ³³kɯ³³（黑漆漆）、tshʊ²¹mʊ³³mʊ²¹（暖烘烘）、ʈhu³³lɤ⁵⁵lɤ²¹（白花花）、ma²¹tɕie²¹ma²¹tɕhu³³（模模糊糊）、go¹³go¹³tɕye¹³tɕye¹³（弯弯曲曲）、nei³³gɯ²¹na³³gɯ²¹（痛痛快快）、a²¹bu³³ɖa³³huã²¹（乱七八糟）、khʊ⁵⁵ɣe²¹ɣe²¹（大大）、khʊ²¹ȵʊ³³ȵʊ⁵⁵（好好）等。例如：

vei³³ʈhu³³ 白花①　　　　ɬu⁵⁵ na³³ 黑裤子

花 白　　　　裤子黑

ʈhu³³lɤ⁵⁵lɤ²¹xɯ³³ hiẽ²¹tɕhi⁵⁵ 洁白的墙壁

白 后缀 描写 墙 壁

tɕhie⁵⁵ɕi³³ɕi⁵⁵xɯ³³ la¹³bu²¹ 细细的胳膊

细 后缀 描写 胳膊

彝语的形容词也能够表达动作的量范畴。例如：

na²¹ʂe³³ m̩³³ ʑi²¹za³³ŋʊ³³hiũ³³thei³³dʊ³³.②

你 早 状助 河 下 鱼 喂 去 完整

恐怕你早下河喂鱼了。

a²¹ŋgei¹³thi²¹ka³³ʂe³³ʂe³³ʑɤ²¹.

明天 他 让 早早 去

明天让他早早去。

2.4.4 水语形容词表达量范畴

水语的形容词可以分为两类。韦学纯（2011：249-258）把水语的形容词

① 这里的四条语料引自翟会峰《三官寨彝语参考语法》，中央民族大学 2011 届博士学位论文，第 83 页。
② 这里的两条语料引自翟会峰《三官寨彝语参考语法》，中央民族大学 2011 届博士学位论文，第 84 页。

分为一般形容词和一般形容词经过后缀叠加变成的状态形容词；一般形容词有 la:u^{53}（大）、ti^{33}（小）、vuə̯ŋ^{11}（高）、^{n}da:m^{35}（低）、hum^{33}（酸）、ljen^{35}（辣）、ɕai^{11}（聪明）、pən^{11}（愚蠢）、maŋ^{53}（高兴）等，状态形容词有^{ʔ}ɣak^{55}ɓət^{55}（湿淋淋）、^{ʔ}ɣum^{11ʔ}ɣeŋ^{11}（瘦骨嶙峋）、ɗa:ŋ^{11}theŋ^{33}（亮堂堂）、ɗjən^{11}ɗjoi^{11}（滑溜溜）、^{ʔ}ma^{33ʔ}mui^{33}（软绵绵）、^{ʔ}nam^{11ʔ}nut^{55}（黑漆漆）、^{ʔ}nja^{35ʔ}njok^{55}（傻傻的）等。

水语能够使用形容词表达名词在某种性质上的程度，即表达名词的某种量范畴。例如：

van^{1}liŋ^{3} 晴天	la:k^{8} ʁuŋ^{5} 青年
天　晴	小孩年轻
loŋ^{2} djən^{3} 性急	loŋ^{2}ti^{3} 小气
肚　短	肚　小
pa:k^{7}kuŋ^{2} 多嘴	qo^{6}ha:n^{3} 馋
嘴　多	喉　红

水语的形容词也能够表达动作的量范畴。例如（韦学纯，2011：260）：

tsjə^{11}tjaŋ^{35} 吃饱	la:k^{35} ɗuk^{55} o^{33} 洗干净衣服
吃　饱	洗　衣服　干净
tsjə^{11ʔ}au^{53}tjaŋ^{35} 吃饱饭	tsjə^{11}ha:u^{33}tjaŋ^{35} 喝醉酒
吃　饭　饱	喝　酒　醉

2.4.5 侗语形容词表达量范畴

侗语的形容词可以分为一般形容词和形容词的生动形式两种。石林（1985）认为侗语中能够放入"ɕi^{5}+形+ʐau^{4}"或"tji^{4}+名词+形容词"中的词都是形容词，如 həm^{3}（酸）、həm^{4}（黑）、hit^{9}（淡）、ho^{3}（干）、hi^{5}（细）、ȶin^{4}（齐），ma^{3}（软）、mon^{4}（满）；此外，形容词还有生动形式，如 pa^{4}sat^{9}sat^{9}（白茫茫）、ja$^{5'}$wu^{5}wu^{5}（红红的）等。龙耀宏（2003：122）也提到了这样的生动形式，如ȵoŋ^{212} ȵoŋ^{212} ȵen^{33}ȵen^{33}（高高兴兴）、lu^{33} lu^{33} la^{33}la^{33}（乱七八糟）、whan^{11} whan^{11} ȵi^{13}ȵi^{13}（欢欢喜喜）、whoŋ^{11} whoŋ^{11} ȵoŋ^{22}ȵoŋ^{22}（热热闹闹）。

侗语能使用形容词来表达事物的量范畴。例如：

tu^{3}nəm^{1} 黑衣	əu^{4}ɕo^{3} 熟饭

衣 黑	饭 熟
kwa$^{1'}$jəm^{1} 瘦狗	nem^{4}lja$^{5'}$冷水①
狗 瘦	水 冷

侗语也能够使用形容词的生动形式来表示事物的量范畴。例如侗语南部方言：

na^{323}ja^{453}ja^{453}ɬa^{33}（ti^{33}）红红的脸

脸 红 红 的

nɐm^{31}lu^{35}lu^{35}ɬa^{33}（ti^{33}）清澈的水

水 清清 的

北部方言的情况。例如：

wəi^{31}tuk^{33} məi^{25}məi^{25}li^{33} 一件崭新的衣服

件 衣服 新 新 的

ʐo^{22}mu^{25} pi^{22}pi^{22} li^{33} 一头肥肥的猪

个 猪 肥 肥 的

2.4.6 布依语形容词表达量范畴

布依语能够使用形容词表达事物的量范畴。例如：

ɣaːi^{2} mo^{5} 新鞋	ta^{6}nai^{5} 小河
鞋 新	河 小
mu^{1} taːi^{1} 死猪	zaːn^{2}ti^{1} ɣo^{3} 他家穷
猪 死	家 他 穷

布依语的形容词有生动形式，这种生动形式一般都加强了形容词的某种性质。例如：

baːŋ^{1} bit^{7} bit^{7} 薄飞飞	som^{3} im^{4} im^{4} 酸溜溜
薄	酸
di^{1} di^{1} 好好的	kai^{1} kai^{1} 远远的
好 好	远 远

形容词和形容词的这种生动形式也能够表达动作的量。例如：

pat^{7} saɯ^{1} 扫干净	kɯn^{1}im^{6} 吃饱②
扫 干净	吃 饱

① “黑衣”“熟饭”“瘦狗”“冷水”四例引自石林（1985）。

② “扫干净”“吃饱”两例引自喻翠容（1980：26）。

tsai²tsai² tɕi¹ vuːn¹ ni⁴ tso⁵ taːk⁷.
慢 慢 推 歌 这 在 晒
慢慢推出这首歌来唱。

2.4.7 仡佬语形容词表达量范畴

仡佬语的形容词能够分为两种形式。一种是形容词原形式，一种是形容词的生动形式。原形式如 lei³¹（热）、liɑŋ³³（凉）、ɒ³³（好）、kaŋ⁵⁵（苦）、pei²¹（假）等（张济民，1993）。对形容词的生动形式有不同看法，张济民（1993：149）认为是形容词加状词的方式。例如：

nɑn³³ nu⁴³ 胖墩墩
胖 肥胖状

zuɑ²¹zen⁵⁵ 酸溜溜
酸 酸状

ntɕu²¹ ȵtɕɑ⁵⁵ 软绵绵
绵软 绵软状

plɒ¹³xɒ²¹xɒ¹³ 红艳艳
红 鲜红状

李霞（2009：138）则认为形容词的生动形式是指通过后附音节的手段构成的，具有生动语义效果的形式。例如：

tsha³¹tsɿ⁵⁵tsɿ⁵⁵ 胖墩墩
胖

χi⁵⁵χau¹³χau¹³ 轻飘飘
轻

xəɯ¹³χa¹³χa¹³ 干巴巴
干

ku³³ka¹³ka¹³ 硬梆梆
硬

仡佬语能够使用形容词的原形式表达事物的量范畴。例如：

lei³¹ʔuŋ⁵⁵ 热水
热 水

liɑŋ³³ɯ⁵⁵ 凉水
凉 水

tsuŋ²¹su³³ 大钟
钟 大

tsu³³ȵɒ⁵⁵ 小桌
桌 小

tshu⁴⁴luŋ⁴⁴ 烂衣
破 衣

ŋɑu¹³ xro³³ 红花
花 红

仡佬语形容词的生动形式也能够表达事物或动作的量范畴，例如：

ho⁵⁵ kaŋ⁵⁵ tshɿ³³ 苦荞
荞 苦苦状

təɯ³³pha¹³pi³¹ve¹³ɭei³¹ɭei³¹χe¹³，zəɯ³¹zəɯ³³həɯ³³ha¹³ha¹³ χe¹³.[①]

① 该例引自李霞《比工仡佬语参考语法》，中央民族大学 2009 届博士学位论文，第 143 页。

个　　脸　她　红红　助词　　　眼睛　　亮　后附音节　助词。

她的脸红红的，眼睛亮晶晶的。

ve[13]χəm[55]χəm[55]khe[13]qhəɯ[31]. ①

他　　快快　　助词　跑。

他快快地跑。

ve[13]tai[31]vlai[31] səɯ[13]təɯ[33]qua[31].②

她　打　死　两　　只　　鸡

她打死了两只鸡。

2.5　副词表达量范畴

2.5.1　汉语副词表达量范畴

汉语可以用副词来表达量范畴。一般而言，汉语的副词以修饰动作和性质为主；之所以会产生这样的看法，是因为在汉语中，副词总是对动作的时间、频度、肯定、否定、范围、程度等进行修饰，或者是对性质的程度进行修饰；如果没有了动词或形容词，这些副词的意义就无从清楚地表现。例如：

天气逐渐变热了。

天气忽然变热了。

其中的“逐渐”和“忽然”就是两个副词，“逐渐”表示“变热”的动作发生得比较缓慢，而“忽然”则表示“变热”的动作发生得比较迅速。从量的角度看，动作发生的缓慢或迅速就是完成这一动作所用的时间量的多少；时间量多，动作就慢；时间量少，动作就快；因此，“逐渐”和“忽然”实际上表达了时间量的多少，表达动作快的副词其蕴涵的时间量就少，表达动作慢的副词其蕴涵的时间量就多。所以说，副词“逐渐”和“忽然”表达了时间量的多少。需要说明的是，副词修饰动词时所表达的程度量并不具有具体的指称意义，而只是一种抽象语义，这种抽象语义必须和动词结合后才能够进入交际层面，具有交际意义。因此可以说，副词修饰动词时能够表达量范畴，但是具体表达哪种量范畴，则是由动词所描述的动作

① 该例引自李霞《比工仡佬语参考语法》，中央民族大学 2009 届博士学位论文，第 144 页。
② 该例引自李霞《比工仡佬语参考语法》，中央民族大学 2009 届博士学位论文，第 143 页。

决定的。

副词修饰形容词时也能够表达量范畴。例如：

这件衣服非常漂亮。

这件衣服非常难看。

其中的“非常”表示“漂亮”和“难看”两种性质的程度。程度是事物在某种性质上量的积累所表现出的量范畴特征，“非常”表示了这种量的积累的程度之高。具体说来，“漂亮”和“难看”都是性质特征，但是这种性质特征还存在着量范畴的内部差异，即“非常”表示“漂亮”和“难看”这两种性质的量处于一种高积累状态，但二者的方向相反。需要说明的是，和副词修饰动词一样，副词修饰形容词时所表达的程度量同样不具有具体的指称意义，而只是一种抽象语义，这种抽象语义必须和形容词结合后才能够进入交际层面，具有交际意义。因此可以说，副词修饰形容词时能够表达量范畴，但是具体表达哪种量范畴，则是由形容词所描述的性质、状态决定的。

修饰名词的副词也涉及量范畴的表达。例如：

路上净烂泥。

衣服上净灰。

已经清明了　　都大姑娘了　　已经少先队员了

都快老太婆了　　很淑女　　很绅士　　太维纳斯

“路上净烂泥”“衣服上净灰”中，“净”就是副词，修饰后面的名词“烂泥”和“灰”，表示“烂泥”和“灰”之多，范围之大，数量之多，意思相当于“全都”，而“烂泥”和“灰”虽然主要是用作名词，但在此处却并非名词，而是一种隐性的述宾结构，即“是烂泥”“是灰”。“路上净烂泥”意谓“路上净是烂泥”，“衣服上净灰”意谓“衣服上净是灰”。又如，“我就一本书”中的“就”则表示“书”的数量之少，数量结构“一本书”表示的也是一个隐性的述宾结构，“我就一本书”即“我就有一本书”。再如“他一直很绅士”中的“很”则表示“绅士”这一特征的程度之高，名词“绅士”实际上是一种隐性的述宾结构，表达的是“有绅士风度”之义，“他一直很绅士”意谓“他一直很具有绅士风度”。据李一平（1983），能够修饰名词的副词很多，如“才、只、仅、仅仅、就、都、不过、足足、快、大概、大约、约、约摸、大致、将近、最多、至多、顶多、最少、至少、几乎、差不多、总共、一共、一总、正、好、刚好、恰好、恰巧、恰恰、刚、刚刚、已经、都、起码、好、的确、 真的、当真、确真、果真、果然、不”等。根据上文的分析能够发现，那些修饰名词的副词实际上是在修饰一种隐性的述宾结构中的述语，是对述语的某种量的修饰和限定。

2.5.2 苗语副词表达量范畴

苗语的副词能够表达量范畴。苗语副词表达形容词的量范畴情况例如：

qwen^{44}tʰɯ^{35} 宽得很　　　　　　ʐu̞^{54}ta^{54} 真好

宽　　很　　　　　　　　　　好　真

a^{44} ŋuŋ^{22}pa^{44}ʑu^{22} ʑi^{35} tɕi^{31} ku^{35}sa^{54}ʈaŋ^{42}. 那条公牛也相当肥。

一 条 公 牛 那 相当 也 肥

wu^{44} ʈa^{31}ʐɔ̞^{42}hen^{54}. 他力气很大。

他 强 力 很

ʈʰu^{44} qɤ^{35} ɳaŋ^{35} na^{31}ʈʰu^{44}ʐu̞^{54}ʐaŋ^{22}. 做什么都做得很好。

做 什么 都 做 好 很

副词 tʰɯ^{35}（很）、ta^{54}（真）、tɕi^{31} ku^{35}（相当）、hen^{54}（很）都是表达了形容词 qwen^{44}（宽）、ʐu̞^{54}（好）、ʈaŋ^{42}（肥）、ʈa^{31}（强）的程度之高，表达了形容词在某种性质上的量的积累程度。

有些副词在句法上是形容词的修饰成分，但在语义指向上却指向名词，或是具有名词性的其他成分。例如：

ŋuŋ^{22} ŋuŋ^{22} sa^{54} ʈaŋ^{44}. 只只都肥。

只只 都 肥

该例中，sa^{54}（都）在句法上是修饰 ʈaŋ^{44}（肥），但是在语义上却指向其前的主语 ŋuŋ^{22} ŋuŋ^{22}（只只），意谓“范围之内的全体”，表达的是主语的数量概念。

苗语的副词也能够表达动作的量范畴。例如：

wu^{44}ʑa^{35}lɔ^{22}tɕu^{22}. 他又来了。

他 又 来 了

wu^{44}n̥ʰe^{35,31}n̥ʰe^{35}tei^{54}muŋ^{22}ʐaŋ^{42}tɤ^{44}. 他总是天天去打柴。

他　天天　　　总 去　伐　柴

副词 ʑa^{35}（又）、tei^{54}（总）对动词 lɔ^{22}（来）和 muŋ^{22}（去）的量的表达是通过修饰动作的频度来实现的。再例如：

wu^{44} tɕi^{31} ɭ̊^{h}in^{35}wei^{35,31} wei^{35}muŋ^{22}tɕu^{22}.

他　跑　行动突然状　去　了

他突然跑去了。

这里的副词 wei^{35,31} wei^{35}（突然）对动词 tɕi^{31} ɭ̊^{h}in^{35}（跑）的量的表达是通过修饰动作延续的时间量来表达的。

2.5.3　彝语副词表达量范畴

彝语的副词能够表达动作的量范畴。例如：

hɪ^{55}pɪ^{51} 喜欢说　　　ŋɯ^{33}pɪ^{51} 爱哭

说 很　　　哭　很

sɯ^{22}pɪ^{51} 喜欢走　　　dzu^{22}pɪ^{51} 爱吃

走 很　　　吃 很

柳远超（2009：112）认为，副词 pɪ^{51}（很）加在动词的后面，表示“喜欢做某事”或“爱做某事”。这种分析实质上就是从动作发出者的情感角度来表达动作的频次。再例如：

hɣ^{55}dʑu^{33} tʂaŋ^{55}miŋ^{21} ba^{33}dɣ^{21} pe^{21}tɕiŋ^{55} lɣ^{55}.① 听说张明经常去北京。

说听　　张　明　　经常　北 京　去

ŋʊ^{21}tha^{21}ɕi^{21}dʐʊ^{553}li^{21}.②我立刻就来。

我　立刻　就　来

ŋʊ^{21}ba^{33}dɣ^{33}na^{21}bu^{13} n̥ʊ^{33}dɣ^{33}khei^{33}du^{33}.③ 我永远牢记你的恩情。

我 永 远 你 领属　恩情　记 住

副词 ba^{33}dɣ^{21}（经常）表达了动作 lɣ^{55}（去）发生的频度，tha^{21}ɕi^{21}（立刻）、dʐʊ^{553}（就）表达了动作 li^{21}（来）发生的速度之快，ba^{33}dɣ^{33}（永远）则表达了动作 khei^{33}du^{33}（记住）的持续时间之长，它们分别从不同的角度

① 本例引自翟会峰《三官寨彝语参考语法》，中央民族大学 2011 届博士学位论文，第 94 页。
② 本例引自翟会峰《三官寨彝语参考语法》，中央民族大学 2011 届博士学位论文，第 93 页。
③ 本例引自翟会峰《三官寨彝语参考语法》，中央民族大学 2011 届博士学位论文，第 95 页。

来表达动作的量范畴。

彝语的副词也能够表达形容词的量范畴。例如：

tʂaŋ^{55}miŋ^{13}dɣ^{21}dɣ^{21} nei^{33}dʑo^{33}. [①] 张明特别讨厌。

张　明　　特别　讨厌

副词 dɣ^{21}dɣ^{21}（特别）表达了形容词 nei^{33}dzo^{33}（讨厌）的程度，也是对形容词的量的表达。

彝语中也有副词修饰名词的情况。如翟会峰（2011：87-88）：

thi^{21} ȵie^{33} ʂʅ^{55}taŋ^{33}ʑuan^{21}. 只有他是党员。

他　　只　　是　党员

tʊ^{55}tʂaŋ^{55}miŋ^{21}tha^{21}ʑo^{21}ȵie^{21}piŋ^{21}ko^{33}dʑu^{33}gue^{21}. 就张明一个人喜欢吃苹果。

就 张　明　　一 个　只 苹 果 吃 喜欢

ȵie^{33}（只）和 tʊ^{55}（就）都是范围副词，只不过位置不同，ȵie^{33}（只）位于名词性词语之后，tʊ^{55}（就）位于名词性词语之前，它们限定了名词的数量，或者是名词所指称的对象，是对事物量的表达。

2.5.4　水语副词表达量范畴

水语的副词能够表达量范畴，表达事物、动作、性质的量。水语副词表达事物量的情况例。例如：

man^{1}pu^{3}ai^{3} ^{ʔ}ja:i^{3}. 他们都是布依族。

他　都 位 布依族

ʁa:u^{3} na:i^{6} ljen^{1} tin^{2}. 这里边净是石头。

里边 这　净　石头

这里的副词 pu^{3}（都）、ljen^{1}（净）分别修饰名词^{ʔ}ja:i^{3}（布依族）和 tin^{2}（石头），表达了事物的数量之多。这一点和汉语副词修饰名词的情况完全一致。张均如（1980：66）已经指出，水语判断句中，作谓语的体词或体词性词组可以受副词充当的状语的修饰。

水语副词能够表达动作的量。例如：

ja^{1}　pən^{3} ɕti^{7} tik^{7} ɣe^{3} nu^{2} tsən^{2}. 山坡上布满茅草和芭芒。

茅草 和　芭芒 满 布　山 山坡

---

① 本例引自翟会峰《三官寨彝语参考语法》，中央民族大学 2011 届博士学位论文，第 85 页。

ȶən^{1} ^{n}daːu^{1} ɕi^{5} ai^{3}　tu^{3} toŋ^{2} paːi^{1}. 咱们四人一起去。

咱们　　四位　一起　去

副词 tik^{7}（满、全）修饰的是动词 ɣe^{3}（布、分布），表示动作的遍及范围很广。副词 tu^{3} toŋ^{2}（一起）修饰的动词 paːi^{1}（去），表示动作的参与对象之多；同时需要说明的是，虽然 tu^{3} toŋ^{2}（一起）在句法结构上是动词 paːi^{1}（去）的修饰成分，但其语义指向却是指向名词结构ȶən^{1} ^{n}daːu^{1} ɕi^{5} ai^{3}（咱们四位），表示的四个人同时参加，在数量上明确了动作的施动者。

水语副词能够表达形容词所指称的性质的程度，即形容词的量。例如：

lam^{1}poŋ^{4} naːi^{6} tsət^{8} jiu^{1} ^{ʔ}jam^{1} jiu^{1} faːŋ^{3}. 这个池塘挖得又深又宽。

个 池塘 这　挖　又　深　又　宽

lam^{1}nu^{2}tsa^{5}vaːŋ^{1}ɕo^{3}. 那座山很高。

座 山 那 高　很

ȵa^{2}laːk^{8}ti^{3} ɕo^{3}. 你太幼稚。

你 小孩　很

框式副词“jiu^{1}（又）……jiu^{1}（又）……”修饰的形容词^{ʔ}jam^{1}（深）和 faːŋ^{3}（宽），这是从两个维度来修饰动作 tsət^{8}（挖）的结果，也进而说明了动作的量；换个角度看，“jiu^{1}（又）……jiu^{1}（又）……”实际上也修饰了事物 poŋ^{4}（池塘）深度和宽度上的特征。副词 ɕo^{3}（很）修饰形容词 vaːŋ^{1}（高）的程度，也是在说明名词 nu^{2}（山）的形体特征。副词 ɕo^{3}（很）修饰名词 laːk^{8}ti^{3}（小孩），实际上是修饰 laːk^{8}ti^{3}（小孩）这一年龄阶段的那种幼稚的性格特征，是对性质的量的表达。

2.5.5　侗语副词表达量范畴

侗语副词很丰富，可以分为程度副词、范围副词和时间副词。其中，程度副词，南部方言有 hən^{31}（很）、ȶhe^{35}（太）、ȵɐŋ^{212}（真）、ɕaŋ^{33}（更）、ɕi^{453}（极）等，北部方言有 ta^{31}（很）、ɕin^{35}（真）、thai^{25}（太）、ʐau^{25}（极）等；范围副词，南部方言有 lət^{35}（都、完全）、pən^{323}（只）、pu^{33}（也）、ja^{33}（也）、lau^{13}（仅仅）等，北部方言有 ɣau^{25}（全）、ɕi^{22}（只）、tu^{33}（都）等。时间副词，南部方言有 su^{33}（就）、kop^{323}（刚）、nɐŋ^{55}（还）、lɐŋ^{31}（立即）、wan^{212}（已经）等等，北部方言有 ɕu^{44}（就）、ja^{55}ʔau^{13}（刚才）、jən^{22}（常）、

ju^{44}（又）、taŋ^{55} taŋ^{55}（渐渐）等（龙耀宏，2003：127-128）。

侗语能够使用副词表达事物、动作和性质的量的特征。侗语副词表达事物的量的特征，例如：

ʔoŋ^{323} təŋ^{33} sa^{31} tu^{55} sət^{212} ɕəp^{212} ta^{33} la^{31}. 祖父和祖母都七十多岁了。

祖父 和 祖母 都 七 十 多 了

tau^{55} lət^{35} ȵən^{212}kui^{53}ɕu^{55}. 咱们全是贵州人。

咱们 全 人 贵 州

这里 tu^{55}（都）和 lət^{35}（全）在表达事物的量上还有一些不同。tu^{55}（都）在语义上既能够修饰限制名词的数量，即同时包括“祖父”和“祖母”；也能够修饰限制后面的年龄“七十多”，表示年龄之高。lət^{35}（全）在语义上则仅仅指向“咱们”，表明说话范围内的所有对象，而并不指向后面的“贵州人”。

侗语副词能够表达动作的量。例如：

jau^{212}kop^{323}kop^{323}ma^{35}. 我刚刚来。

我 刚 刚 来

mau^{33}pən^{323}ʔɐi^{53}təŋ^{53}ʔa^{55}jin^{35}təŋ^{53}ɕi^{55}. 他只爱编歌和唱戏。

他 只 爱 编 歌 和 唱 戏

副词 kop^{323}kop^{323}（刚刚）修饰动词 ma^{35}（来），表达了这一动作发生的时间不长，表达的是动作的时间量。副词 pən^{323}（只）修饰动词ʔɐi^{53}（爱），限制了这一动作的关涉对象，仅限于ʔa^{55}jin^{35}（编歌）和 təŋ^{53}ɕi^{55}（唱戏）；因而其语义指向的是这两个事件，是对事件的量的表达。

侗语副词表达形容词的量的情况。例如：

ja^{31}khɐn^{453} 最坏　　　　ȵɐŋ^{212}taŋ^{55}ȵɐŋ^{212} 真香极了

坏 极　　　　真 香 真

副词 khɐn^{453}（极）表达的是形容词 ja^{31}（坏）的程度量，是最高程度。副词ȵɐŋ^{212}（真）表达的形容词 taŋ^{55}（香）的程度量，是一种很高的程度。

2.5.6 布依语副词表达量范畴

布依语的副词能够表达事物、动作、性质的量。先看布依语副词表达事物和动作的量的情况：

baːn^{4}　zau^{2} zaːn^{2}zaːn^{2} tu^{5} tsɯːŋ^{4}mu^{1}. 我们寨子家家都养猪。

寨子咱们 家　家　都　养　猪

mɯŋ^{2}kɯn^{1}tsa^{1}diau^{1}tiam^{5}. 你再吃一碗。

你　　吃 碗　一　再

上例中，副词 tu^{5}（都）从句法结构的角度看，其限制对象是动词 tsɯːŋ^{4}（养），表达的是这一动作的涉及范围很广；但从语义指向的角度看，其语义指向体词性结构 baːn^{4}zau^{2} zaːn^{2}zaːn^{2}（咱们寨子家家），包含了这个体词性结构所指称的所有对象，是对名词事物的数量表达。副词 tiam^{5}（再）在句法结构上，是动词 kɯn^{1}（吃）的限制成分，表达了这一动作的数量，即该动作已经发生了一次，还可能再发生第二次；但从语义指向上看，tiam^{5}（再）还可能会关涉到所吃的食物的量的增加。

布依语副词也能够表达形容词的量。例如：

tsui^{3} saːŋ^{1} 最高　　　　　　xɯn^{6} di^{1} 很好

最　高　　　　　　　　　很　好

zai^{2} te^{4} zaːi^{4} 真长　　　　　　na^{1} laːi^{1} 很厚

长　真的　　　　　　　　厚　很

vaŋ^{6} vaŋ^{6} tu^{5} aːŋ^{5}. 个个都高兴。

个　个　都 高兴

2.5.7　仡佬语副词表达量范畴

仡佬语的副词可以表达量范畴，表达事物、动作、性质的量。仡佬语副词表达事物量和动作量的情况。例如：

ti^{55}to^{31} tsɿ^{55} vu^{33} mu^{33} nɯ^{31} dʑɯ^{55} qə^{33} tso^{31} ɛ^{35}. 我们都去爬那座山。

我们　都　去　　爬　　　个　　　　山 那

phɑn^{13}phɑn^{13}tɑu^{33} su^{33}u^{42} pɑ^{55}lie^{21} tu^{21} ŋkə^{42}. 本本书他都读完了。

本　　　本 书　　他　　全　　读 完了

副词 tsɿ^{55}（都）限制的对象是动词 vu^{33}（去）和 mu^{33}（爬），因而表明这两个动作所涉及的对象之多；这实际上也涉及 tsɿ^{55}（都）真实的语义指向，即体词性成分 ti^{55}to^{31}（我们），是对 ti^{55}to^{31}（我们）数量的最大限定，即全体成员。副词 pɑ^{55}lie^{21}（全）也是如此，一方面，它表达了动词 tu^{21}（读）

的动作量大，但是动作量到底是多大，则是由 pɑ⁵⁵lie²¹（全）真正的语义指向 phɑn¹³phɑn¹³tɑu³³（本本书），即语境内的所有的书的数量来间接表达的，即语境内的所有的书，因而对事物和动作的量的表达都是清晰的。

仡佬语副词表达形容词的量的情况。例如：

lɑ⁵⁵ sen³³ thɛ¹³ xɛ¹³ ŋkɑ³³！ 昨天太热了！

昨 天 太 热

kɯ²¹ ɒ³³ 很好。

满 好

副词 thɛ¹³（太）、kɯ²¹（满）分别表达形容词 xɛ¹³ ŋkɑ³³（热）和 ɒ³³（好）的性质的程度都处于较高水平。仡佬语的副词还可以重叠起来表达形容词的程度之高。例如：

sen³³ ni²¹ ŋkɑu²¹ ŋkɑu²¹ tsen²¹. 今天真冷。

日 这 真 真 冷

sɿ³³thi³³ mei²¹ɕɑu⁵⁵ni²¹ŋkɑu²¹ŋkɑu²¹zuɑ²¹. 这些李子真正酸。

一 些 果 李 这 真 真 酸

2.6 名词表达量范畴

2.6.1 汉语名词表达量范畴

名词是用来称谓事物的词语。自然界中存在着千千万万种事物，给这些事物命名是每种语言必须承担的使命。在给事物命名的过程中，不同的语言会采用不同的方式，从而使同一事物在语言形式上表现出一些不同，有的甚至是鲜明的不同，最突出的不同是语音形式和文字形式的不同。如“树”这一事物，其汉语的文字形式是“树”，语音形式是 tʂhu⁵¹；英语的文字形式是 tree，语音形式是 tri；苗语的语音形式则是 ntu⁵⁴。对名词而言，人们一般关注较多的是命名方式以及分类范畴的不同。如在命名方面，汉语说“红茶”，英语说 black tea（直译“黑茶”），俄语说 чёрный чай（直译“黑茶”）；又如汉语说“粗活”，英语说 dirty work（直译“脏活”），俄语说 чёрная раóота（直译“黑活”）（王德春，1992）。

有关名词蕴涵量范畴的问题，目前很少有研究关注。我们认为，由于名词所指称事物的客观特点，名词一般都会蕴涵量范畴。如汉语的名词“树”和“草”，二者都蕴涵着量范畴中的空间量和时间量。具体而言，“树”蕴涵的空间量大，时间量长；相对而言，“草”则相反，所蕴涵的空间量小，时间量短。其中的原因在于，现实世界中的“树”在形体上一般比“草”要高大，小树比小草高大，大树比大草高大；在生长时间上，“树”是多年生木本植物，生长时间长，“草”一般是一年生草本植物，生长时间短。因而汉语才会用树木成长之慢来隐喻人成才之艰，如“十年树木，百年树人”；又用草的体量之小、之轻来隐喻对生命之轻慢和无视，如“草菅人命”。

汉语中，能够表达量范畴的名词很多。例如：

（1）表示排位的名词。排位是根据事物在某方面程度的高低对事物进行排序，因而表示排位的名词能够表达程度量。如“状元”一词。“状元”本指古代科举时殿试的第一名，现在常用来比喻在本行业成绩最突出者。如俗语中的“三百六十行，行行出状元”，实际就用了“状元”一词的比喻义，表达在各行各业中成绩最突出者，即在某一行业的水平达到了最高程度的人。“状元”一词在这里表达了程度量，而且是最高程度。

再比如“领袖”一词。“领袖”的本义是衣服的领子和袖子，后转喻指称人物，指同类人或物中之突出者，或者指称国家、政治团体、群众组织的最高领导人。突出者、最高领导人表达了人的能力之高，属于程度量，且是较高或最高程度。因此说，“领袖”一词表达了程度量。

（2）蕴涵实际空间的名词。有一些名词所指称的事物占据着实际的空间，蕴涵着空间量；因而选择这类名词实际上也就选择了不同的空间量。如“大衣、衬衣、短袖、长袖”等。这些词语由于其所占空间的大小不同，因而也蕴涵了不同的空间量，并由空间量而引申出其他意义，如“大衣、长袖”可以使人联想到温暖，“衬衣、短袖”则可以使人联想到凉爽；因此，在“大冬天的，应该穿大衣，怎么还只穿件衬衣呢？”一句中，“大衣”蕴涵着大的空间量，隐含温暖之义；“衬衣”蕴涵着小的空间量，隐含凉爽之义，在此句中则由凉爽的温度低进一步引申出“寒冷”之义。

（3）表示时间的名词。汉语中“世纪、年、月、日、天、时、分、秒、白天、晚上、早上、上午、中午、下午、晚上、时候、年头”等名词是用来表达时间概念的，本身都含有相对确定的时间量；选择不同的时间名词就是选择了不同的时间量。但时间名词内部并不同质，有些时间名词之间的时间量是相对确定的，相互之间能够进行换算；有些名词则不具有这样的特征。如使用“世纪”一词，就意味着与之相关的事物、事件、动作等持续了一百年；而“年”的概念则蕴涵着三百六十五天，“天”的概念蕴涵着二十四个小时，“时”的概念蕴涵六十个分，“分”的概念蕴涵着六十个“秒”。可见“世纪、年、月、日、天、时、分、秒”这些时间名词的时间量基本是确定的，它们之间有着成比例的换算关系。但是 “白天、晚上、早上、上午、中午、下午、晚上、时候、年头”等，这些名词所表达时间量则不太确定，如“白天”在春、夏、秋、冬四季中的时间长短都不一样，夏天的“白天”明显比冬天的“白天”时间要长。因此严格地讲，时间名词所表达的时间，只有“天”“时”“分”“秒”是相对精确的，其他所有的时间名词所指称的时间长度都不精确，只是有些偏向于精确，有些偏向于模糊。如“世纪、年、月”相对精确，而“白天、晚上、早上、时候”等则相对模糊。正是由于时间名词能够表达时间量范畴，这类名词都可以被借用作量词，专门用来称量一些事物的时间长度。如“延续三世纪的王朝”，“请一年产假”，“病了三天”，“课间休息十分钟”，“干了一早上体力活”，“他在这等你可有时候了”，等等。

（4）表示器物的名词。器物名词可以用来表达量范畴。在汉语中，器物名词如“锅、碗、瓢、盆、缸、杯、勺、柜、箱、包、笼、筐、桌、椅、板、凳”等等，都可以表达量范畴。因而在汉语量词中，这些器物名词都被借用作量词。如“一锅水”“一碗汤”等等。

（5）表示建筑物和地域的名词。表示建筑物和地域的名词可以表达量范畴。如“升堂入室”本义为“登上厅堂，进入内室”。例如：

由也升堂矣，未入于室也。(《论语·先进》)

“升堂入室”原比喻学习所达到的境地有程度深浅的差别，后用以称赞在学问或技艺上的由浅入深，渐入佳境。其中的“堂”和“室”作为建筑物的不同功能区域，承载着不同的功能。古时，整幢房子建筑在一个高出地面的台基上。前面是堂，即正厅，通常是行吉凶大礼的地方，不住人；堂后面是室，即内室，住人。“堂”和“室”在建筑物中的这种区域、功能的不同便隐喻了不同的境界，“堂”的境界一般较低，而“室”的境界则相对较高。又例如：

上有天堂，下有苏杭。

如今的南泥湾，是陕北的好江南。

“上有天堂，下有苏杭”犹言“苏州、杭州”风景宜人，是人间天堂，极言美景程度之高。再如“陕北的好江南”，形象表达了南泥湾的物产丰富，风光秀美，犹如苏杭这样的江南胜地。而且现代汉语中，类似“好江南”这样的表达方式非常普遍，尤其是当代房地产行业中对楼盘的命名更是如此。例如：

锦绣江南　印象江南　柏林苑　阳光加州　加州小镇

澳洲康都　巴黎风情　钟祥·哥德堡　温哥华森林

这类表达中的“江南、柏林、加州、澳洲、巴黎、哥德堡、温哥华”等，都是在地理风貌上独具特色，代表着某种特色的最高典范、最高程度或最高级别。使用这些地名来对商品楼命名，能够表达这些商品楼的某种特征，而且隐含着能够达到这种特征的最高程度，因此，这些地名的使用也是在表达一种程度量，属于量的表达范畴。

我们甚至可以这样说，能够指称具体事物的名词都可以在某种程度或某个方面表达量范畴。如“蜂蜜”可以用来表达一种幸福的程度，“甜言蜜语”就表示话语在听话人认知系统中所引起的较高程度的快感。这里的“蜜”就是“蜂蜜”，它的甜美性质就被用来表达这种快感的程度之高，达到了表达程度量的目的。又如“松树、柏树”可以表达性格、品性的始终如一，因而在“岁寒，然后知松柏之后凋也”（《论语·子罕》）中，孔夫子通过“松树、柏树”的四季常青来隐喻君子始终如一的坚韧性格，达到了表达这种性格坚毅的程度之高的目的，在本质上也属于表达程度量的范畴。

2.6.2　苗语名词表达量范畴

同汉语一样，苗语名词所指称的事物也蕴涵着各种各样的特征。这些特征也是量范畴的各种具体表现形式，因而苗语的名词也能够表达量范畴。如时间名词 n̥he^{35}（天）、tɕu^{54}（年）等，其语义就在于指称时间的长度，所表达的时间量不言自明。因此，这些时间名词常常被借用作量词，用来表达其他事物的时间量。

苗语中有一些指称器物的名词，如 ta²²（碗）、wæ²²（锅）等，因为这些器物占据了一定的空间，它们的概念结构中蕴涵着空间量，因而使用这样的词语也能够表达空间量，并被借用作物量词。例如：

a⁴⁴ ta²² ntsɔ⁵⁴ 一碗米　　　a⁴⁴ wæ²² l̥ʰi⁵⁴ 一锅饭

一 碗 米　　　　　　　一 锅 饭

苗语中还有一些指称建筑物的名词，如 plɯ⁴⁴（家），因为其占据一定的空间结构，也蕴涵着一定的空间量或事物量，因而也能够被用来表达量范畴。例如：

a⁴⁴ plɯ⁴⁴ne³¹ 一家人

一 家 人

在缺乏语境的情况下，这是一个多义短语。其语义至少有两个：一是表示人际关系紧密，如“我们是一家人”；另一个意思是表示人的数量，如“山顶上住着一家人”。

苗语中指称人物的名词，指称其他事物的名词也能够表达量范畴。如大南山苗语（王辅世，1985：38）：

ke⁵⁵ŋkou³¹ ke⁵⁵ ɳʈou¹³ 青年男女

姑娘　　小伙子

naŋ¹³so⁴³naŋ¹³tɕua⁴⁴ 狂风暴雨

雨 雷 雨 风

ke⁵⁵ŋkou³¹（姑娘）、ke⁵⁵ ɳʈou¹³（小伙子）是青年人，其语义中蕴涵着年龄小，年龄小就是经历的时间量小，因而二者结合就表示 ke⁵⁵ŋkou³¹ ke⁵⁵ ɳʈou¹³（青年男女）。naŋ¹³（雨）、so⁴³（雷）、tɕua⁴⁴（风）都是天气的变化，但是在其概念结构中蕴涵着天气变化剧烈的程度，因而它们的组合 naŋ¹³so⁴³naŋ¹³tɕua⁴⁴（狂风暴雨）便表示天气变化之剧烈，程度之高；换言之，苗语使用这样的名词，表达了天气变化之剧烈这一程度量，实现了对量范畴的表达。

2.6.3 彝语名词表达量范畴

彝语中指称器物、建筑物的名词，如 hɚ²¹（房子）、pa⁵¹（碗）、la²pu²²（手）、tɕɚ³³（柜）、xa²va²（锅）、k'a²²dʑi²²（箩筐），等等，由于其占据一定的空间量，因而可以被借用作量词（柳远超，2009：130）。如（翟会峰，2011：59）：

tɕhi^{21} mʊ^{21} tha^{21} hõ^{21}tɕhie^{21} 一袋谷粒

谷粒　　一　袋

ndʑi^{33} tha^{21} lo^{33}phu^{33} 一瓶酒

酒　一　　瓶

ɣa^{33} nhʊ^{55} tha^{21} ku^{21}tu^{21} 一窝鸡蛋

鸡蛋　　一　　窝

彝语中用来指称时间的名词，如ɳɹ^{21}（天）、ha^{22}（夜）等也能够被借用作量词。彝语中其他的一些名词也蕴涵着量范畴，并能够表达量范畴。如彝语尔比（即“谚语”）中的“乌鸦只顾叫，女人只顾闹”；“鸡捡的粮食不算粮，女人说的话不算话”；“妇女串门子，屋脚遭猪拱”。其中指称女性的名词“女人、妇女”都代表着低下的人格（瓦西罗曲，1987；许巧云、打西阿且，2013）。从这个角度看，“女人、妇女”蕴涵着某种人格特点的程度量；而使用这些名词，正是表达了人的某种特殊性质，因此是一种量范畴的表达方式。

2.6.4　水语名词表达量范畴

水语名词能够表达量范畴。一些指称器物的名词能够表达量范畴，如三洞苗草水语（韦学纯，2011：275）中，hoŋ^{33}（坛子）、tui^{53}（碗）、tsuŋ^{11}（杯子）、tjaːŋ^{24}（篮子）、kui^{24}（箱子）、hi^{33}（桌子）、ɣain^{31}（房子）hum^{53}（房间）、taːu^{31}（床）、tshau^{33}tshaːŋ^{53}（操场）等名词都可以借用作名量词。例如：

ti^{33} tjaːŋ^{24ʔ}ma^{11} 一篮子菜　　　ti^{33} ɣaːn^{31} zən^{11} 一屋子人

一 篮子 菜　　　一 屋子 人

ti^{33} hoŋ^{33} haːu^{33} 一坛子酒

一 坛子 酒

水语表示时间的名词也能够表达量范畴。韦学纯（2011：276）提到，有些名词的用法和量词差不多，这些名词可以和数词结合连用，其用法与量词相当，这样的名词叫准量词。准量词不是量词，是名词。水语中这样的名词主要有：^{m}be^{11}（年）、njen^{31}（月）、van^{11}（日）、si^{31}（时辰）、fən^{33}tsuŋ^{33}（分钟）、mjeu^{55}（秒）。例如：

ti^{33} ^{m}be^{11} tjaŋ^{11} 一年的时间　　ti^{33} njen^{31} tjaŋ^{11} 一个月的时间

一　年　时间　　　　　　一　月　时间

和汉语一样，时间名词就是用来指称时间长短的名词，其用来表示时间量正是这类词语的本职工作。

水语中还有一些名词可以被用来表达一种性质，这正说明名词中蕴涵着某种特征，而特征正是一种性质的表现，性质则是意味着事物在某方面的量的积累已经达到一定程度了。例如：

ȵa^{2}la:k^{8} ti^{3} ɕo^{3}. 你太幼稚。

你　小孩　很

la:k^{8} ti^{3}（小孩）指称的对象就是人之未成年者。这一词语中蕴涵着“经验少”“不成熟”“能力差”“幼稚”等特征，表达人所获得的经验少，处理事情的能力低。因此，名词 la:k^{8} ti^{3}（小孩）可以被用来表达量范畴。

2.6.5　侗语名词表达量范畴

侗语的名词也能够用来表达量范畴。如时间名词ȵin^{212}（年）、ȵan^{55}（月）、mɐn^{55}（天）、ɕi^{212}（时）、hət^{35}（早晨）、ȵɐm^{53}（晚上）等，其语义指称现实世界中的一段时间长度；这些时间名词除了指称具体的时间段之外，也被借用作量词来指称动作、其他事物的时间量。例如：

tok^{31}sam^{35}ȵin^{212}le^{212}　读三年书。

读　三　年　书

sak^{323}ja^{212} ȵin^{212} ja^{53}　种两年田。

种　两　年　田

we^{31}sam^{35}ȵan^{55}　做三个月。

做　三　月

另一类是指称身体器官的名词、指称器物的名词、指称地理空间的名词等，如 ta^{55}（眼）、tin^{55}（脚）、tui^{31}（碗）、tɐi^{33}（口袋）、loŋ^{31}（箱子）、ɕai^{33}（寨子），这些名词由于本身占据一定的空间，因而蕴涵着空间量，常常被借用作量词来指称其他事物的数量。例如：

nu^{53}ʔi^{35}ta^{55} 看一眼　　　　ȶhik^{13}ʔi^{35}tin^{55} 踢一脚

看　一　眼　　　　　　踢　一　脚

te^{53} ʔi^{35}mja^{31} 砍一刀

砍 一 刀

ʔi^{55} tui^{31} ʔɐu^{31} 一碗饭

一 碗 饭

sam^{35} tɐi^{33}taŋ^{212} 三口袋糖

三 袋 糖

si^{453} loŋ^{31}ʔuk^{323} 四箱衣服

四 箱 衣服

2.6.6　布依语名词表达量范畴

布依语能够用名词表达量范畴，如指称器物的名词 toŋ^{3}（桶）、tsa^{1}（碗）、lo^{2}（箩筐）、pa:k^{7}（坛子）等都可以被借用作量词：

si^{5} toŋ^{3}zam^{4} 四桶水

四 桶 水

tɕi^{3} pa:k^{7} lau^{3} daŋ^{5} 几坛好酒

几 坛 好 酒

指称时间的名词，如 pi^{1}（年）、dɯ:n^{1}（月）、vuan^{2}（天）也能够被借用作量词，称量动作发生的时间：

sa:m^{1} po^{6} lɯk^{8} ˀjiu^{5} za:n^{2} ni^{4} ko^{4} dai^{4} pi^{1} diau^{1}. 父子三在这家做了一年工。

三 父 子 在 家 这 做 得 年 一

tɕi^{3} vuan^{2} mi^{2} zan^{1} na^{3}. 几天不见面。

几 天 不 见 面

2.6.7　仡佬语名词表达量范畴

仡佬语中指称身体部位、器物、地域等具体事物的名词，如 tshə^{13}（拳）、qɑ^{13}（脚）、luŋ^{33}zɑu^{55}（桶）、tsu^{33}（桌）、tɛ^{33}（树）、te^{55}（斗）、zue^{21} tshɑ^{55}（坡）等等，因其蕴涵着一定的空间量，因而能够被借来作量词。这样的量词既可以指称事物的数量。例如：

su^{33} qɑ^{13}ntɑ^{33} 两脚泥

二 脚 泥

tsʅ^{55}piaɯ^{31}qə^{33}ne^{33} 一场雪

一 场 雪

sʅ^{33} luŋ^{55}zuɑ^{55} ɯ^{55} 一桶水

一 桶 水

sʅ^{33} tɛ^{33} mei^{21} sɛ^{55} 一树梨

一 树 果 梨

也可以指称动作的数量。例如：

le^{21} tsə^{21} vɑŋ^{55} tɒ^{33} tɒ^{33} su^{33} tshə^{13}. 小弟弟打了哥哥两拳。

小 弟 打 哥 哥 二 拳

su^{33}u^{42} ŋkɛ^{21}ȵtɕɑu^{21}zɑu^{55}ȵɒ^{21}sʅ^{33}qɒ^{13}. 他被骡子踩了一脚。

他 被 马 龙 踩 一 脚

仡佬语中的时间名词，如 plei^{33}（年）、thu^{33}（月）、sen^{33}（日/天）、men^{21} sɿ^{33}（晚上）等，也因为其蕴涵着时间量，因而并被借用为量词来表达动作持续的时间量。例如：

tsə^{21} su^{33}u^{42} thɑ^{55}tse^{21}mpu^{33}plei^{33} qen^{33}qɯ^{33}. 他弟弟做过五年庄稼。

弟 他 做 过 五 年 庄稼

en^{55} lau^{55}piɑu^{55}mu^{33} nɑ^{33}ni^{21}men^{33}thu^{33}ŋkə^{42}. 表妹来这里有半月了。

妹 老 表 来 处 这 半 月 了

ɛ^{13} ɑn^{33} su^{33} sen^{33} 多住两天。

多 住 二 日

thɯ^{33} thɑ^{55} sɿ^{33} men^{21} sɿ^{33} 休息一晚。

歇 做 一 晚上

2.7 动词表达量范畴

2.7.1 汉语动词表达量范畴

动词是指称各种动作的词语。由于每个动作都有一个发生、持续、结束的过程；在这个过程中，虽然有的动作是瞬间发生并结束，有的动作会经历一定的时间后才会结束，有的动作甚至很难感知到有一个明显的结束，但所有的动作都会占用一定的时间；因而动作中都蕴涵着时间量，因而能够用来表达时间量，表达量范畴。我们认为每个动作都包含着一定的动量，而这种动量则受以下几个方面因素的影响：

（1）动作从发生到结束所经历的时间，即时间量；

（2）施动者实行该动作时的关注度和注意力，即关注度；

（3）施动者为实行该动作所做的准备工作的复杂程度，即复杂度；

（4）动作对象对施动者的影响程度，即影响度；

（5）动作发生对空间的依赖程度，即空间量。

也就是说，动量由时间量、关注度、复杂度、影响度、空间量五种因素综合影响；因而每个动作的动量可能都会不同。如汉语的“瞧、瞅、瞄准、拜访、拜望、看望”等都表示“看”的动作，但一般情况下，“瞧”和“瞅”所包含的动量会比较小；“瞄准、拜访、拜望、看望”这几个动作所包含的动量比较大。但动作的动量并非绝对，因为在言语实际中，各种动作所涉及的五种因素表现并不一致。例如：

他只要瞧一眼钱币的背面就知道它的名称、年代和价值。(《1994 年报刊精选》)

公孙绿萼向杨过偷瞧一眼，目光中大有幽怨之意。(金庸《神雕侠侣》)

结合语境提供的信息，在影响动量的五种因素中，“瞧一眼钱币”中“瞧”的关注度低，但复杂度高；“偷瞧一眼”中“瞧”的关注度高，但复杂度低；因而二者动量不同。再例如：

哈达是特制的白色丝织长巾，在拜访谒见时双手献上，表达敬意。(《中国儿童百科全书》)

农历新年是中国人最重视的节庆，也是一家团聚、拜访亲友、添置新衣的时候。(《新华社 2004 年新闻稿》)

结合语境提供的信息，在影响动量的五种因素中，“拜访谒见”中“拜访”的复杂度高，关注度也高；“拜访亲友”中“拜访”的复杂度低，但关注度却同样高。从时间量的角度看，一般拜访谒见的时间量往往会比拜访亲友的时间量少。

又如“跑、奔跑”。从时间量上看，“跑”的时间量相对大，因而其速度低，动量小；而“奔跑”的时间量小，因而其速度快，动量大。这其中有象似动因的作用。因为“跑”是单音节动词，音节中所蕴涵的信息量小，因而动量小；而“奔跑”是双音节动词，音节中所蕴涵的信息量大，因而动量也大。如果需要表达更快的“跑”，则必须增加音节数量，如“健步如飞”；或者再更换蕴涵更大动量的语素，如“飞奔”；或者增加能够表达速度的修饰成分，如“飞快地跑”“跑得飞快”。虽然这里的语言手段不同，但表现形式却相当一致，那就是语言形式复杂了，音节结构增加了，因而信息量也同步增加了。

再如“吃、嚼、咬、吞”，这四个动词的共同点是表达“吃”的动作，不同点是它们的动作量不同。比较而言，“吃”是一个用途很广泛的动词，它包含了“嚼、咬、吞”这三个动作，动作量居中；“嚼、咬、吞”三个动作则分别在某种特征量上均明显超过了“吃”：“嚼”是用牙齿磨碎事物，其重点在口腔内部用力大小、时间长短等方面，可以说其时间量最大；“咬”

是牙齿上下相对，用力夹住或切断食物，其重点在把食物从外部摄入口腔内方面，可以说其复杂度最大；“吞”是咽下，其在把食物从口腔输送到食道和胃部方面，可以说其空间量最大。因而，在语境确定的情况下，“吃、嚼、咬、吞”四个动词是不能够随意互换的。

此外，汉语动词还有一种表达量范畴的方式，这就是把动词借用作量词。如动词“张”“把”“束”“捆”“包”“挂”“封”“堆”“挑”“串”等，都被借用作量词来表达事物的量：

一张纸　一捆柴　一把柴火

一包烟　一挂鞭炮　一封书信

把动词借用作量词的认知动因在于上文所分析的影响动量的五种因素，即时间量、关注度、复杂度、影响度、空间量。如“一捆柴”和“一把柴火”中，“捆”和“把”两种动作发生时所涉及的空间量是不同的，一般情况下，“捆”需要借助双手和膝盖的配合才能够完成，因而其涉及的空间量大，因而其转喻后所限制的名词的量就多。“把”则仅需要一只手的力量就可以完成，因而其涉及的空间量小，转喻后所修饰限制的名词的量也就少。

2.7.2　苗语动词表达量范畴

苗语能够使用动词来表达量范畴。如动词 tɕi^{31} qɑ^{44}（围抱）、ɕɤ^{44}（站立）、tɕʰɑŋ^{35}（穿刺）等，都被借用作量词（罗安源，2005：69）：

a^{44} tɕi^{31} qɑ^{44} tɤ^{22} 一抱柴　　a^{44} ɕɤ^{44} wu^{35} 一人深的水

一　抱　柴　　一　站立　水

a^{44} tɕʰɑŋ^{35} mlɯ^{22} 一串鱼

一　串　鱼

在矮寨苗语中，动词表达量范畴还有一种比较特殊的现象。如动词 qhe^{44}（看）可以表达几种不同语义，但是这几种不同的语义实际上是几种不同的动量（余金枝，2010：90-91）：

用作实义动词：

te^{53}kɯ^{44} qhe^{44}də^{44}. 妹妹看书。

妹妹　看　书

表示尝试义：

we44 ko35a44bɛ31qhe44．我试一下看。

我　试　一下　看

表推测义：

we44qhe44bɯ44 tɕu53 ʂei53 ləŋ44 ʐa44．我看他不会来了。

我　看　他　不　会　来　了

表示提醒义：

qhe44 mɛ31ȵaŋ31 na35tɕi53 khɯ44．看你妈妈那么辛苦。

看　你 娘　那么　苦

可以看出，用作实义动词的 qhe44（看），即 qhe44də44（看书）的 qhe44（看），其动量最大，因为其涉及了动作的时间量、关注度、复杂度、影响度、空间量这五种因素。表示尝试义的 qhe44（看）次之，因为它涉及了时间量、关注度、影响度这三种动量因素。表推测义的 qhe44（看）主要是涉及影响度，表提醒义的 qhe44（看）主要涉及关注度，因而这二者的动量都小。

2.7.3　彝语动词表达量范畴

彝语能够使用动词表达量范畴。如借用动词作量词，彝语中动词 ts'ɯ22（捆）、tɯ51（叠）、ʈu33（封）、bo33（堆）、nbo33（切/切成片状）、dᶻo31（切/切成节状）、tɕhʅ31（折）、xo33（堆）、ts'ɯ22（捆）、tɯ51（叠）、ʈu33（封）、bo33（堆）、nbo33（片）、dᶻo31（节）、tɕhʅ31（节）、xo33（堆）等都可以被借用作名量词，如彝语的名量词 ts'ɯ22（捆）、tɯ51（叠）、ʈu33（封）、bo33（堆）、nbo33（片）、dᶻo31（节）、tɕhʅ31（节）、xo33（堆）等（曲木铁西，1994；胡素华，沙志军 2005；翟会峰，2011）：

su33tha21ʈu33　一封信①　　fu33t'a21ȵdʑie21 一串肉②

书　一　封　　　　肉　一　串

ʑi21 t'a21va13 一挑水　　ʈu33lu33 t'a21ta21 一抱柴

水一挑　　　　柴　　一　抱

2.7.4　水语动词表达量范畴

水语能够使用动词表达量范畴，如借用动词作量词。水语的ˀun11（捆）、

① 该语料引自翟会峰《三官寨彝语参考语法》，中央民族大学 2011 届博士学位论文，第 78 页。

② “一串肉”“一挑水”“一抱柴”分别引自丁椿寿《彝语通论》，贵州民族出版社，1985 年，第 225 页、第 226 页、第 228 页。

ˀum^{33}（围）、ʁup^{55}（捧）、taːp^{35}（挑）等动词就被借用作量词①，来称量有关名词的数量。例如：

ti^{33} ˀun^{11}ja^{11} 一捆草　　　　ti^{33}ʁup^{55}nam^{33} 一捧水

一　捆　草　　　　　　　一　捧　水

2.7.5　侗语动词表达量范畴

侗语能够使用动词表达量范畴。如使用ȶha^{453} lui^{33}（上下）或 pai^{55} ɕon^{453}（去转）之义的动词和数词一起表示约数（龙耀宏，2003：101）。例如：

ŋo^{31}ɕəp^{21}ȶha^{453}lui^{33} 五十岁上下　　　　sam^{35}ɕəp^{21}pai^{55}ɕon^{453} 三十岁左右

五　十　上　下　　　　　　　三　十　去　转

也有一些动词，如 tap^{323}（担）、ȵɐm^{55}（把）等被借用作量词（龙耀宏，2003：86），用来表达事物的数量：

ʔi^{55}tap^{323}ȶət^{55} 一担柴　　　　ʔi^{55}ȵɐm^{55}ʔiu^{323} 一把蕨菜

一　担　柴　　　　　　　一　把　蕨菜

2.7.6　布依语动词表达量范畴

布依语的动词也可以用来表达量范畴，典型的用法是借用一些动词来充当量词。布依语的名量词 foŋ^{1}（封）、za^{5}（挑）、ɣo^{6}（捆）、ziu^{3}（提）、kə^{6}（扛）、ˀum^{31}（抱）、kop^{35}（捧）等都是来自动词（王文艺，2004；刘朝华，2012）。刘朝华（2012：16）则将这类词语称作动态形状量词，例如：

soŋ^{24}ˀum^{31}fɯn^{11} 两抱柴　　　　tɕi^{53}kop^{35}xau^{31} 几捧米

两　抱　柴　　　　　　　几　捧　米

2.7.7　仡佬语动词表达量范畴

仡佬语也能够借用动作来表示事物的量。如 tshɯ^{55}（捆）、tshe^{55}（挑）、pɑu^{55}（背）、plei^{42}（抱）等动作都可以被借用作量词来表示事物的量（张济民，1993：128）。例如：

ʔei^{55}tshɯ^{55}ʔɑ^{33} 一捆柴　　　　pu^{33}tshe^{33}ɯ^{55}　四挑水

一　捆　柴　　　　　　　四　挑　水

sɿ^{33} pɑu^{55} ɑ^{13}　一背柴　　　　su^{33}plei^{42}xɑŋ^{33}　两抱草

一　背　柴　　　　　　　二　抱　草

---

① 该语料引自韦学纯《水语描写研究》，上海师范大学 2011 届博士学位论文，第 276 页。

第3章　量范畴的其他表达手段

3.1　重叠表达量范畴

重叠是表达量范畴的一种重要语法手段。李宇明（1996）曾指出，表达量范畴的语言手段很多，词语重叠就是这诸多手段中的一种。所有的词语重叠都与量的变化有直接或间接的关系。因此可以说，词语重叠是一种表达量范畴的重要语法手段，调量是词语重叠的最基本的语法意义。词语的重叠、词语重叠的不同方式、词语重叠式所出现的不同的句法位置，这些都会带来量范畴表达上的差异，并可能由此产生相关的系统变化。

汉藏语系中使用重叠来表达量范畴的语言很多，本书重点研究的几种语言，汉语、苗语、彝语、水语、侗语、布依语、仡佬语中，普遍能够发现采用重叠手段来表达量范畴的情况。这些重叠不仅涉及词根的重叠，还涉及词缀的重叠，而词缀的重叠主要是后缀的重叠。印欧语系中，我们也能够发现词根的重叠，但很少发现词缀的重叠。[①]如 Lakoff & Johnson（1980）举例说，英语的“He ran and ran and ran and ran（他跑啊跑啊跑啊跑）”跟“He ran（他跑了）”相比，前者表示的动作的量更大；“He is very very very tall（他非常非常非常高）”跟“He is very tall（他非常高）”相比，前者表示的性质更强（张敏，1998：178）。

重叠一般会分为构形重叠和构词重叠两类。构形重叠是指一个词语通过重叠构成的新词语在指称意义上与非重叠式基本相同，没有产生指称的转指现象，但可以表达其他的语法意义。例如：

---

① 语言形式以象似的方式对应于概念结构（张敏，1998：181）。印欧语系语言的词缀很少重叠也许与此有关。印欧语系的语言，由于词缀本身已经附带了某种语法意义，如复数标记-s/-es，程度标记-er/est 等。加之要表达复数概念时，复数名词前还可以加上数词，因此，复数标记-s/-es 已经和数词语义重复，如果再增加词缀的重叠形式，太不符合经济原则，因而印欧语系的语言中词缀重叠的情况很少。

泡——泡泡　　　　　　　妈——妈妈

构词重叠则是指一个词语通过重叠构成的词语与非重叠式的指称意义基本不同，构成了一个新的词语。例如：

娘——娘娘　　　　　　　万——万万

本书的重点不在于讨论是构词重叠还是构形重叠，而在于讨论通过重叠式表达量范畴的情况，因此不过多涉及重叠式的类型。下面我们将重点讨论名词、动词、副词、形容词、量词、数词等几种词语的重叠式表达量范畴的情况。

3.1.1　名词重叠表达量范畴

3.1.1.1　汉语名词重叠表达量范畴

汉语名词能够重叠，并且被用来表达量范畴的变化。从表达的量范畴的具体意义来说，名词重叠式的意义也并不一致。

汉语普通话中亲属称谓名词能够重叠，其重叠式往往比非重叠式的感情色彩浓厚，或更显得正式。例如：

爸——爸爸　妈——妈妈　爷——爷爷

奶——奶奶　姐——姐姐　哥——哥哥

弟——弟弟　妹——妹妹　伯——伯伯

叔——叔叔　舅——舅舅　姑——姑姑

非亲属称谓的名词也能够重叠，但表达语法意义与亲属称谓的重叠并不相同，而且其内部也有明显差异。例如：

泡——泡泡　　　　条款——条条款款

枝叶——枝枝叶叶　山水——山山水水

枝节——枝枝节节　村寨——村村寨寨

风雨——风风雨雨　盘盏——盘盘盏盏

其中，“泡”和“泡泡”“条款”和“条条款款”基本指称意义相同，都指称事物本身，基本没有区别；但其他的“枝叶”和“枝枝叶叶”“山水”和“山山水水”等除了指称意义基本相同外，还往往包含着数量的意义；而“条款”和“条条款款”在某些语境中实际上还存在着数量意义上的差别。例如：

我会跟陈主席商量，就不需要谈判新的条款了。（姚明《我的世界我的梦》）

今天就是要订出个条条款款来。①

翻阅新津县的投资指南，条条款款与各地大同小异，缘何“风景这边独好”？（《1994 年报刊精选》）

上例中，“新的条款”与“订出个条条款款”中的“条款”与“条条款款”指称意义基本一致，而且“条条款款”也没有包含数量意义；但是“条条款款与各地大同小异”中的“条条款款”则包含着“每一条条款”的意义。很显然，这两个“条条款款”的意义差别明显。已有研究观察到这种非亲属称谓名词重叠后的意义差别。如华玉明（1996）将能够表达“每一”含义的名词重叠式称作“名词重叠甲”，而不表示“每一”含义的名词重叠式称作“名词重叠乙”。

汉语方言众多，汉语普通话与各方言之间存在着众多差异，而且不同方言之间的差异也非常明显，在甲方言中能够重叠的名词并不一定在乙方言中也能够重叠。有的方言中，名词重叠式能够表达小量范畴，如陕西关中方言用名词的重叠式表达小量：

瓶瓶（瓶子或小一点的瓶子）　盖盖（盖子或小一点的盖子）

碗碗（小碗）　桌桌（小一点的桌子）

门门（小一点的门）　褂褂（褂子）

纸纸（小纸片）　水水（流出的少量汁液或吃饭时的蘸水）

镜镜（小镜子）　板板（小块的板子）

锅锅（小的锅状的东西）　铲铲（小的铲子）

皮皮（少量的瓜果蔬菜皮）　绳绳（少而细的绳子）

瓤瓤（少量的瓜瓤）　窑窑（在墙壁上做的小而浅的洞）

坑坑（小而浅的坑）　房房（小而独立的简易房）

眼眼（小而浅的孔）　钉钉（小的钉子）

西南官话区这种情况也比较普遍，成都方言名词的重叠式也表示“少

① 该例引自冯杏实《名词的构形重叠与构词重叠》，《西南民族学院学报》，1980 年第 4 期。

量”义（谢群霞，2006）。例如：

颠颠（东西的末梢）　　缝缝（细而小的缝隙）

子子（小颗粒状的东西）嘴嘴（器皿的小弟出口）

眼眼（小洞或小孔）　　面面（细小的粉末）

实际上，名词重叠表小称的现象在汉语方言中普遍存在（李蓝，1987；李小平，1999；彭丽，2010；周艳芳，2011；宗丽，2013；周国娟，2013）。汉语名词的其他重叠式也能够表示小称意义（张则顺，2009）。例如：

婆婆嘴　　　　　　　　饭桌桌

灯罩罩　　　　　　　　口袋袋

不光汉语方言的地域变体中存在名词重叠式能够表达量范畴的现象，汉语的社会方言变体中也同样存在这样的现象。在幼儿学习语言的过程中，成人对幼儿的言语行为就经常采用重叠名词的形式，以期传递更多信息量，即通过强调该名词所指称的对象来强化该名词在幼儿大脑中的印象。因此，这种名词重叠式所表达的是一种特殊的“多量”，即所指称的对象并没有增加，但是却通过音节的增加强化了该音节所指称的对象。我们称这类重叠为“多量的假象”或“假象多量”。例如：

果果（水果）　　　　糖糖（糖果）

帽帽（帽子）　　　　街街（大街）

饭饭（饭食）　　　　水水（水）

马马（马匹）　　　　狗狗（狗）

羊羊（羊）　　　　　鸭鸭（鸭子）

3.1.1.2　苗语名词重叠表达量范畴

苗语方言复杂，名词的重叠在不同方言区都有不同表现。如矮寨苗语名词一般不能重叠，少量具有量词功能的名词才可以重叠（余金枝，2010：36）。松桃苗语中的复音名词不能重叠，单音名词可以重叠；苗语的名词重叠，其词汇意义不变，只增加“每一”的语法意义（罗安源，2005：47）。松桃苗语的名词重叠式，例如：

单音名词　　　　　　重叠式名词

n̥^{h}e^{35} 天　　　　　n^{h}e^{35} n̥^{h}e^{35} 天天

plɯ^{44} 家　　　　plɯ^{44} plɯ^{44} 家家

ʈe^{22} 寨　　　　ʈe^{22} ʈe^{22} 寨寨

3.1.1.3　彝语名词重叠表达量范畴

彝语名词可以重叠，重叠后加在动词的前面，表示后面的动作是连续的，或者说重叠后表示专门的意思；而且重叠后必须与动词结合，没有独立形式；单音节名词重叠后面加 di^{22}dɪ^{55}（仅仅）或ʔa^{21}dʑi^{55}（只）才能和动词结合，双音节名词则可以加 a^{21}dʑi^{55}（只），也可以不加（柳远超，2009：108）。例如：

tɯ^{33}da^{51}t'ɪ^{55} da^{51}t'ɪ^{55}　sɯ^{22}.

他　初一　初一　走

他专门初一走。

彝语中能够充当量词的名词大都能够重叠，重叠后表达的是“周遍量”，是量的增加。例如：

ta^{21}ɳɪ^{21} 一天　　　　ta^{21}ɳɪ^{21}nɪ^{21} 一天天

ta^{21}ha^{22} 一夜　　　　ta^{21}ha^{22}ha^{22} 一夜夜

3.1.1.4　水语名词重叠表达量范畴

水语的名词也能够重叠，但具体表现不同。方位名词不受数量词的修饰，它们能以 AA^{4}+tsa^{5}（那）（第二个 A 的音节是 4 调）的方式重叠，表示“进一层”的意思（张均如，1980：32）。例如：

te^{3} te^{4} tsa^{5} 那最下面　　　　lən^{2}lən^{4}tsa^{5} 那最后面

下 下 那　　　　后 后 那

据张均如（1980：32），水语名词重叠的现象不常见，如“每座山”多说 tsap^{8} nu^{2}（每山），很少说 nu^{2}nu^{2}（山山）；“年年”也是多说 jen^{2m}be^{1}（每年）。但两个词义相关的名词可以重叠，表示强调数量或动作重复。例如：

qa:i^{5}qa:i^{5}ep^{7}ep^{7} pu$^{3?}$naŋ^{1}.　鸡鸭样样都有。

鸡　鸡 鸭 鸭 都 有

$^{?}$nam^{3}pa:i^{1}u^{1} u^{1} te^{3} te^{3} he^{4} ni^{4}ma:ŋ^{2}？经常上上下下地干什么呢？

经常 去 上上 下下 做　什么

3.1.1.5 侗语名词重叠表达量范畴

侗语中的名词能够重叠，具体可分以下几种情况。一种情况是具有量词作用的单音名词能够重叠，重叠后有“每 X”的意思（龙耀宏，2003：76，79）。例如：

tam^{55}tam^{55}tu^{55} li^{323} pa^{55}. 每个鱼塘都有鱼。

塘　塘　　都　得　　鱼

ʔe^{55} ʔe^{55}tu^{55}li^{323}ʔɐu^{31}ȶi^{55}. 家家户户都有饭吃。

户　户　都　有　饭　　吃

mɐn^{55}mɐn^{55}li^{323}mɐn^{55}mu^{323}，ȵin^{212}ȵin^{212}li^{323}ȵin^{212}sa^{212}.

天　　天　有　天　　明　　　年　　年　　有　年　　明

天天有明天，年年有明年。

另一种情况是，两个表示同类事物的单音名词可以重叠（龙耀宏，2003：76）。重叠后表示所指称的名词并非个体，而是一个群体概念，同时也表达了量大的意义。例如：

ʔai^{53}ʔai^{53}pət^{55}pət^{55}tik^{323}jan^{212}. 鸡鸭成群。

鸡　鸡　　鸭　鸭　　满　　屋

ʔɐu^{31}ʔɐu^{31}tik^{323}so^{31}. 谷米满仓。

谷　　谷　　满　　仓

侗语北部方言的名词重叠后，还可以用来修饰其他的名词，表示“遍指”（龙耀宏，2003：76-77），即表示数量之多。例如：

ʐən^{11} kau^{33} ʔən^{33} ʔən^{33}. 满头泥巴。

个　　头　　泥　　泥

jəu^{44} mja^{22} ju^{22} ju^{22}. 双手全是油。

双　　手　　油　　油

wən^{22} çən^{11} tet^{31} tet^{31}. 浑身全是血。

浑　　身　　血　　血

第三种情况是，两个意义相同、相当、相反或相关的实词语素重叠后，词义有所引申（龙耀宏，2003：50）。这种情况的名词重叠也能够表达量范畴。例如：

kə⁵⁵ pjen⁵⁵　边沿　　　　peŋ²¹²poŋ³³ 大堆

边　边　　　　　　　　　堆　堆

第四种情况是，两个相同的成分重叠后，重叠后的意义和各个构成成分的意义一致（龙耀宏，2003：51）。在这种情况下，名词重叠并不涉及量的表达。例如：

ʈən²¹²ɕan³⁵ 山　　　　　mak³¹thu¹³ 泥土

山　山　　　　　　　　　土　土

3.1.1.6　布依语名词重叠表达量范畴

布依语的名词一般不能重叠；只有单音节的时间名词和兼作量词用的名词才能重叠，重叠后表示“每 X”的意思（吴启禄，1992：111-112）。例如：

vuan² vuan² ŋuaŋ⁶ pai¹ po¹ kɯn² baːn⁴.　天天望着寨上坡。

天　天　看　去 坡 上面 寨子

baːn⁴ zau²　zaːn²zaːn²tu⁵tsɯːŋ⁴mu¹.　我们寨子家家都养猪。

寨子 咱们 家 家　都 养　猪

3.1.1.7　仡佬语名词重叠表达量范畴

仡佬语名词重叠的情况比较复杂，各方言、土语不完全一致。大方仡佬语的动词、形容词和绝大多数的名词不能重叠，但少数固有词语中的名词可以重叠（张济民，1993：77）。例如：

sɿ⁵⁵ sɑ⁵⁵sɑ⁵⁵ 一会儿　　　　le³¹ ze³³ze³³ 天花

一　一下　　　　　　　生 病 病

同时，少数现代汉语借词也可以重叠。例如：

ho³¹ ho³¹ 盒子　　　　　ɕɑŋ³³ɕɑŋ³³ 箱子

盒 盒　　　　　　　　　箱　箱

平坝仡佬语部分名词有一种非正常重叠，即在特定环境下才能重叠。为了区分同音词或减少同音词数目，故意使有些名词以重叠形式出现（张济民，1993：78）。例如：

pɛ³³　火，走　　　　　pɛ³³pɛ³³ 种子

sɯ³³ 亲戚　　　　　　sɯ³³ sɯ³³ 东西、物品

有少数名词，当它们两两对举，构成较固定的四音格形式时，也出现

重叠的现象（张济民，1993：78）。例如：

paŋ²¹paŋ²¹kun¹³kun¹³ 坛坛罐罐（有爱称色彩）

坛坛　　罐罐

kua³³kua³³tɛ⁵⁵tɛ⁵⁵ 瓜瓜豆豆（有爱称色彩）

瓜　瓜　豆　豆

六枝仡佬语的名词可以重叠。重叠后的名词带有明显的感情色彩，一般带有爱称或喜欢的意思（张济民，1993：78）。例如：

原形式	重叠式
lui³¹ 天	lui³¹ lui³¹ 天
mlɯ³³ 纸	mlɯ³³ mlɯ³³ 纸
pu⁵⁵ 飞蛾	pu⁵⁵ pu⁵⁵ 小飞蛾
mlɑŋ³¹ 池塘	mlɑŋ³¹ mlɑŋ³¹ 小池儿
pei⁵³ 籽	pei⁵³ pei⁵³ 籽儿

以上例词的重叠，原词的声、韵、调不变。另一种重叠形式是两个音节的声母、韵母并不改变，但前一个音节的声调由原来的高升调变成低降调。例如：

原形式	重叠式
pa³⁵ 乳汁	pa³¹ pa³⁵ 奶汁儿
piɑ³⁵ 板子	piɑ³¹ piɑ³⁵ 板子
sɑ³⁵ 绳	sɑ³¹ sɑ³⁵ 绳子
khɛ³⁵ 带子	khɛ³¹ khɛ³⁵ 带子

这两种名词的重叠式中，重叠式和非重叠式的词义相同。lui³¹（天）重叠后的形式 lui³¹ lui³¹ 仍然只有“天”的意思，而没有“天天”或“每天”的意思。也就是说这种重叠不具有量词的作用。有些东西使人产生厌恶感，如 mlɯ³¹（鬼）、qɛ⁵⁵（屎）、ŋɯ³¹（蛇）等，一律不能重叠。这就进一步证明仡佬语名词的重叠是带有情感色彩的（张济民，1993：78-79）。

3.1.2　动词重叠表达量范畴

3.1.2.1　汉语动词重叠表达量范畴

汉语动词重叠的情况非常普遍，几乎所有的动词都可以重叠。动词的重叠也可以表达量范畴。汉语动词重叠表达量范畴可以分为四种情况：

一种情况是表达动量小，时量短，即动词重叠式可以减弱动作、行为、变化的量，从而达到表达动量小、时量短的语法意义，这也是汉语语法界的普遍看法（朱德熙，1982；刘月华，1983；朱景松，1998；杨平，2003）。例如：

走走　咱们出去走走吧。

看看　我就在这随便看看。

另一种情况则是表示动量大，时量长。汉语动词重叠式可以表达时量长、动量大的语法意义（王镆，1996；朱景松，1998）。例如：

说说　今天我要好好说说你。

研究　这类事大家要经常研究研究。

不过朱德熙（1982：68）则认为，这类动词重叠式前边可以加上“多”“常常”等修饰语，这个时候重叠式依旧表示时量短或动量小。例如：

睡睡　你太累了，今天得多睡睡。

练练　常常练练，就能学会。

“多睡睡”等于说“多睡一会儿”；“常常练练”等于说“常常练一下”。时量短，动量小，则可以表达比较和缓的语气。因此，朱德熙（1982：67）认为，因为重叠式动词表示短时量，所以用在祈使句里，可以使语气显得缓和一些。比较：

你教我！

你教教我！

前一句用动词基本形式，显得直率、生硬；后一句用重叠式，口气就不一样。但实际上，这两种句子前者具有命令的口吻，后者则是商量的口吻；二者所出现的语境完全不同。

第三种情况是表示主观量大。朱景松（1998）认为，汉语动词重叠式能够强化动作、行为、变化主体的能动性，这是动词重叠式最根本的语法意义。例如：

练练　　　我再练练，这个曲子一定能拉好。

收拾收拾　这个房间我得收拾收拾，要不然我老婆会收拾我的！

第四种情况则表现出很强的语境依赖性，因为有些一般不能重叠的动词也可能出现重叠式。例如：

死死　　你再给我死死看？[①]

这种状态下，“死死”表达的动作量是小量，带有尝试义。

3.1.2.2　苗语动词重叠表达量范畴

苗语动词可以重叠。但由于苗语方言相对复杂，不同的方言区会有所不同。据罗安源（2005：14），松桃苗话的动词有一种“屈折重叠”，即有一批带前缀“tɕi-”的动词，其重叠的方式比较特殊：整个动词重叠一次，同时将重叠以后的第一个词根的韵母改读为“-ei-”或“-i-”。例如：

tɕi^{31}ɭ̥^{h}ɑ^{44}　拖	tɕi^{31}ɭ̥^{h}i^{35}tɕi^{31}ɭ̥^{h}i^{44}　拖来拖去
tɕi^{31}we^{35}　摇摆	tɕi^{31}wei^{35} tɕi^{31}wei^{35}　摇摇摆摆

这种重叠式所表达的语义一般比原形式具有更多的动作量，这种动作量或者表现为时间量，如 tɕi^{31}ɭ̥^{h}i^{35}tɕi^{31}ɭ̥^{h}i^{44}（拖来拖去）比 tɕi^{31}ɭ̥^{h}ɑ^{44}（拖）的时间量大；或者表现在复杂度上，如 tɕi^{31}wei^{35} tɕi^{31}wei^{35}（摇摇摆摆）比 tɕi^{31}we^{35}（摇摆）复杂度高。

矮寨苗语也能够重叠。据余金枝（2010：75-76），矮寨苗语的动词大多都能够重叠，重叠后语义有所变化。例如：

tɕi^{44} pə^{31}tɕi^{44} ta^{35}　打打闹闹 打　　杀	tɕi^{44} thu^{53} tɕi^{44} lja^{22} 拉拉扯扯 拖　　拉
tɕi^{44}lo^{53}tɕi^{44} lo^{53} 摇着摇着 摇　　摇	tɕi^{44} kho^{53}tɕi^{44}kho^{53} 敲着敲着 敲　　敲
χɯ^{44}tɯ^{53}χɯ^{44} ne^{31} 高声大叫 吼　天　吼　人	χei^{35} dʑɯ^{35} χwei^{35} lo^{35}　四处游走 走　上　走　下
qhe^{44}qhe^{44} 看看 看　　看	tɕəŋ^{35}tɕəŋ^{35} 坐坐 坐　　坐

确切地说，动词重叠式的语义变化正是其中所蕴涵的动作量的变化。由于动词重叠式增加了词的语音形式，进而往往增加了动词中所蕴涵的某种动作量。

3.1.2.3　彝语动词重叠表达量范畴

彝语动词能够重叠，但是表现并不一致。丁椿寿（1985：190）认为，

---

① 语料来源：http://blog.sina.com.cn/s/blog_47e469f10100rmfw.html。检索日期 2014 年 2 月 24 日。

彝语动词往往采取语音变化的手段来表示语法意义，因此，彝语的动词不能任意重叠。据柳远超（2009：93），盘县彝语的动词加后缀后可以重叠，表示一种状态。例如：

da^{51} 爬＋la　　da^{51}la da^{51}la 爬的样子

mbu^{22} 拱＋lu　　mbu^{22}lu mbu^{22}lu 拱的样子

ndu^{55} 踢＋lu　　ndu^{55}lu ndu^{55}lu 踢的样子

tɕ'i^{2} 掐＋li　　tɕ'i^{2}li tɕ'i^{2}li 掐的样子

这种状态反映了动作复杂量的增加，因而是量范畴的一种表达方式。比较独特的现象是，彝语动词的重叠能够表达疑问语气。据柳远超（2009：100-101），盘县彝语动词重叠后表示疑问，而且音节不同，重叠的方式也不同，其中单音节动词是 VV 式重叠，双音节动词一般只是后一个音节重叠。例如：

ndu^{21} 打　　ndu^{21} ndu^{21} 打不打

p'u^{21} 开　　p'u^{21} p'u^{21} 开不开

ndɿ^{55} 想　　ndɿ^{55}ndɿ^{55} 想不想

t'ɯ^{55}mi^{21} 忘记　　t'ɯ^{55}mi^{21}mi^{21} 忘记没有

mo^{55}fo^{33} 谢谢　　mo^{55}fo^{33}fo^{33} 谢不谢

3.1.2.4　水语动词重叠表达量范畴

水语的动词能够重叠，用来表达量范畴。据张均如（1980：42），水语动词的重叠式能够强调行为动作的多次反复。例如：

zən^{1} kuŋ^{2} pa:i^{1} pa:i^{1} taŋ^{1} taŋ^{1} ^{m}bjeŋ^{5} da:u^{3} qe^{4}.

人　多　去　去　来　来　像　赶　集

好多人来来往往像赶集似的。

3.1.2.5　侗语动词重叠表达量范畴

侗语动词一般不能重叠。但在汉语影响下，有些动词也能够重叠，表示尝试或短暂的意思。表示尝试的动词重叠也和汉语一样，常常有一个虚化的动词 nu^{55}（看）加在重叠式的后面（龙耀宏，2003：114）。例如：

ȵa^{212} ȶhiŋ^{453}ȶhiŋ^{453}nu^{55}ɕok^{21}mi^{31}？你尝尝看熟没有？

你　尝　尝　看　熟　未

ja²¹² tau⁵⁵ pai⁵⁵ ȶham¹³ȶham¹³. 咱俩出去走走。

两　咱们　去　走　走

两个意义相反的动词习惯上可以有 AABB 式的重叠形式，表示多次反复（龙耀宏，2003：115），表达了动量的增加。例如：

ȶha⁴⁵³ȶha⁴⁵³lui³³lui³³ 上上下下　　ʔuk³²³ʔuk³²³ lau³²³ lau³²³ 进进出出

上　上　下　下　　进　进　出　出

pai⁵⁵pai⁵⁵ɕon⁵³ɕon⁵³ 去去来来

去　去　转　转

3.1.2.6　布依语动词重叠表达量范畴

布依语的动词重叠现象比较普遍。据周国炎（1999），布依语动词重叠可以表示动作的持续时间短或进行的次数少。例如：

jau⁵jau⁵ 看看　　ɕim²ɕim² 尝尝

看　看　　尝　尝

pjaːi³pjaːi³ 走走

走　走

有的则表示动作的反复。例如：

pai¹pai¹taːu⁵taːu⁵ 来来回回　　kɯn¹nin²kɯn¹nin² 吃了就睡

去　去　回　回　　吃　睡　吃　睡

布依语动词还有一种四字格重叠的情况。据李倩倩（2013：13），这种四字格基本都是在基式的基础上重叠而来的，重叠后表示语义加深。例如：

pai¹pai¹ma¹ma¹ 来来往往　　pjaːi³pai¹pjaːi³pai¹ 走着走着

去　去　来　来　　走　去　走　去

这种四字格可以看作是动词重叠的一种固定格式，用以表达动作量的变化。

3.1.2.7　仡佬语动词重叠表达量范畴

仡佬语的动词可以重叠，但各方言、土语的表现并不一致。如大方仡佬语的动词不能重叠，晴隆仡佬语的少数动词可以重叠，重叠以后表示动作的减轻，即略微或随便做一做的意思（张济民，1993：77）。例如：

tɕi³³tɕi³³ 讲　　　　zo³¹zo³¹ 通

ta¹³ta¹³ 踢　　　　vei³¹vei³¹ 送

但是六枝仡佬语的动词重叠一般表示动作程度的加强（张济民，1993：80）。例如：

tuŋ³¹ 抢夺　　　　tuŋ³¹ tuŋ³¹ 抢夺

laɯ³¹ 搅拌　　　　laɯ³¹ laɯ³⁵ 搅拌

plɯ³⁵ 劈开　　　　plɯ³⁵ plɯ³¹ 劈开

张济民（1993：141）指出，平坝仡佬语的动词也可以重叠，其重叠的意义可以表示加强动作的意思。例如：

ʐu²¹ ʐu²¹sa³³sa³³ 说说笑笑　　　　zɑ²¹ zɑ²¹pu⁵⁵pu⁵⁵ 跑跑跳跳

说　说　笑　笑　　　　跑　跑　跳 跳

但是当重叠的动词中间加上数词 sɿ³³（一）时，这类动作的程度就不是加强，而是减弱。例如：

sɛ⁵⁵sɿ³³sɛ⁵⁵ 问一问　　　　mpɑ²¹sɿ³³mpa²¹ 嗅一嗅

问　一　问　　　　嗅　一　嗅

这一点和汉语动词的 V 一 V 式重叠的情况基本一致。

3.1.3　形容词重叠表达量范畴

3.1.3.1　汉语形容词重叠表达量范畴

汉语形容词能够表达事物的性质、状态、特点等。朱景松（2003）较充分地统计了汉语 1212 个形容词的重叠情况。其中在 227 个单音节形容词中，可以重叠的有 114 个，约占 50%；985 个双音节形容词中，可以重叠的有 309 个，约占 31%。由于双音节形容词远远多于单音节形容词，所以总的来看，可以重叠的形容词约占形容词总数的 35%。可见，汉语中有的形容词可以重叠，有的不能重叠；可以重叠的形容词中，有的重叠能力强，有的重叠能力较弱。然而，不能够重叠的形容词并非在任何情况下都不能重叠，如“错、假”作为单音节形容词时一般不能重叠；但当它们组成合成词时，如“错对”“真假”时，其合成词可以重叠，如“错错对对、真真假假”。

关于汉语形容词重叠的意义，朱德熙（1956/1982：27）指出，形容词重叠式的语法意义里都包含着一种量的观念在内。有些表示程度加深。例如：

通红通红　　　　　　叮叮当当　　　　　　冰凉冰凉

（写得）大大（的）（挂得）高高（的）（碾得）细细（的）

有的表示程度轻微。例如：

大大（的眼睛）　　　高高（的个子）　　细细（的眉毛）

可以看出，形容词重叠式的语法意义能表达量范畴，而且既能够表达量多，也能够表达量少。关于形容词能表达量范畴的现象，国内学者（如朱德熙，1956、1982；张敏，1997；朱景松，2003 等）观点基本上一致。朱景松（2003）把形容词重叠式的语法意义归纳为以下三点：

第一，使某种性质转化为状态。例如：

疙疙瘩瘩　　　　　　花花绿绿　　　　　　空空荡荡

第二，表明某种性质达到了适度的、足够的程度。例如：

平伯转来白采的信，短短的两行。（朱自清《白采》）

王掌柜有点小小的，比针尖大不了多少的困难。（老舍《正黄旗下》）

她冷冷静静，不动声色。（邓友梅《那五》）

第三，激发主体显现某种状态的能动性。例如：

他声音低……

让他声音低点儿！

让他声音低低的！

事实上，形容词重叠式的这三种语法意义都可以归结于量范畴的不同表现形式，大体依次对应动作量范畴的“时间量、关注度、复杂度、影响度、空间量”这五种因素中的“空间量、影响度、关注度”。正因为具有这些量范畴上的象似性，形容词的重叠式也能够表达量范畴。

3.1.3.2　苗语形容词重叠表达量范畴

苗语的形容词可以重叠。据罗安源（2005：87），松桃苗语形容词有两种重叠形式：单纯重叠式和嵌音重叠式；单纯重叠又可分“一次性重叠”

和“三次性重叠”。一次性重叠与别的语言基本相同。例如：

a^{44}le^{35}te^{35}nts^{h}ei^{44}nen^{44}ʂæ$^{35/31}$ʂæ^{35}nɑŋ^{44}. 这个小伙子高高的。

一个 小伙子　这　高　高　的

tɕuŋ^{35}a^{44}ŋuŋ^{22}pɑ^{44}qwɯ^{44}ɭɔ^{31}ɭɔ$^{31/13}$nɑŋ^{44}. 牵着一条大大的公狗。

牵一条公狗大大的

三次性重叠比较特殊，单音节形容词重叠三次，构成重叠式形容词，可以独立运用（罗安源，2005：87-88），这种重叠式强调程度的加深。例如：

qwen^{31}qwen^{31,13}qwen^{31,35}qwen^{31,22}tɕe^{31}tɑŋ^{35}ʐu^{54}ʑɑŋ^{54}. 黄不溜秋的不大漂亮。

黄　　黄　　黄　　黄　　不 大　漂 亮

ntɕ^{h}in^{54} ntɕ^{h}in^{44} ntɕ^{h}in^{54} ntɕ^{h}in^{54,44}nɑŋ^{44} 红不隆冬的。

红　　红　　红　　红的

苗语形容词的“嵌音重叠”是将词根重叠一次，同时在重叠的词根之间嵌进一个音“pɑ^{44}”；构成的嵌音重叠式形容词，其词汇意义不变，只增加程度加深的语法意义；这个“pɑ^{44}”并无独立的词汇意义（罗安源，2005：88）。例如：

t^{h}a^{54}nen^{44}ntɕe^{54} pɑ^{44} ntɕe^{54}. 今天热得很。

今天　热　又　热

a^{44}ʈu^{42}ntu^{54}nen^{44}tæ^{31}pa^{44}tæ^{31}. 这棵树直得很。

一 棵 树 这 直 又 直

3.1.3.3　彝语形容词重叠表达量范畴

彝语的形容词能够重叠，重叠后可以表达量范畴。据柳远超（2009：119），彝语形容词重叠后，如果其中一个或两个音节发生变调，就表示一种状态。例如：

t'u^{21} 白　　　　t'u^{55} t'u^{21} 白白的

nɯ^{22} 软　　　　nɯ^{22} nɯ^{55} 软软的

ȵdʑi^{51} 美　　　　ȵdʑi^{51} ȵdʑi^{22} 美美的

这些形容词的重叠式表明某种性质达到了适度的、足够的程度，表达了形容词重叠式的影响度。如果彝语的形容词重叠式不发生变调，则表示疑问（柳远超，2009：119）。例如：

nɯ^{22} 软　　　　nɯ^{22} nɯ^{22} 软不软

mð^{51} 熟　　　　mð^{51} mð^{51} 熟不熟

ɳdʐa^{51} 累　　　　ɳdʐa^{51} ɳdʐa^{51} 累不累

彝语中还有两个单音节形容词重叠的情况。翟会峰（2011：82）描写了这种情况。例如：

go^{13}go^{13}tɕye^{13}tɕye^{13} 弯弯曲曲　　　　tʂhei^{13}tʂhei^{13}ʈa^{33}ʈa^{33} 冷冷清清

弯 弯 曲 曲　　　　冷 冷 清 清

ɕie^{33}ɕie^{33}ȵi^{33}ȵi^{33} 长长短短

长 长 短 短

这种重叠式激发了主体显现某种状态的能动性，表达了形容词重叠式的关注度，从而表达了量范畴。

3.1.3.4　水语形容词重叠表达量范畴

水语可以通过重叠形容词的方式来表达量范畴。例如：

qaːi^{2}qaːi^{2}qəŋ^{6}qəŋ^{6} 弯弯曲曲　　　　haːn^{3}haːn^{3}ɕu^{1}ɕu^{1} 红红绿绿

弯 弯 曲 曲　　　　红 红 绿 绿

laːu^{53}laːu^{53} ti^{33}ti^{33} 大大小小　　　　kuŋ^{31}kuŋ^{31}ɕeu^{33}ɕeu^{33} 多多少少①

大 大 小 小　　　　多 多 少 少

张均如（1980：45）、韦学纯（2011：260）认为，水语的这种重叠式是强调或表示其性状的多种多样。从另一个角度看，多种多样正是说明了数量、品种之多，说明了重叠式所表达的是量范畴。

3.1.3.5　侗语形容词重叠表达量范畴

侗语的形容词能够重叠。据龙耀宏（2003：120），侗语形容词重叠后表示程度加深。

南部方言：

na^{323}ja^{453}ja^{453}ȶa^{33}（ti^{33}）红红的脸　　　　nɐm^{31}lu^{35}lu^{35}ȶa^{33}（ti^{33}）清清的水

脸 红 红 的　　　　水 清 清 的

---

① “大大小小”“多多少少”这两例引自韦学纯《水语描写研究》，上海师范大学 2011 届博士学位论文，第 260 页。

khwan^{35} ȶi^{33} 喜欢　　　　khwan^{35} khwan^{35} ȶi^{33}ȶi^{33} 欢欢喜喜

欢　　喜　　　　欢　　欢　　喜喜

ȵoŋ^{212} ȵen^{33} 高兴　　　　ȵoŋ^{212} ȵoŋ^{212} ȵen^{33}ȵen^{33} 高高兴兴

高　　兴　　　　高　　高　　兴　兴

北部方言：

whan^{11} ȵi^{13} 欢喜　　　　whan^{11} whan^{11} ȵi^{13}ȵi^{13} 欢欢喜喜

欢　　喜　　　　欢　　欢　　喜喜

whoŋ^{11} ȵoŋ^{22} 热闹　　　　whoŋ^{11} whoŋ^{11} ȵoŋ^{22}ȵoŋ^{22} 热热闹闹

热　　闹　　　　热　　热　　闹　闹

nai^{33} wan^{22} 耐烦　　　　nai^{33} nai^{33} wan^{22}wan^{22} 耐耐烦烦

耐　　烦　　　　耐　耐　　烦　　烦

但是侗语的形容词重叠还有其他意义。如两个意义相反的形容词重叠，可以表示性状繁杂（龙耀宏，2003：121）。例如：

phaŋ^{35}phaŋ^{35}thɐm^{453}thɐm^{453} 高高矮矮　　　　mak^{323}mak^{323}ni^{53}ni^{53} 大大小小

高　　高　　矮　　矮　　　　大　　大　小　小

这种所谓的性状繁杂，也可以理解为量多的一种表现，表明某种性质达到了适度的、足够的程度，表达了形容词重叠式的影响度。

3.1.3.6　布依语形容词重叠表达量范畴

布依语可以通过重叠形容词来表达量范畴。喻翠容（1956：25）认为，布依语的单音节形容词一般都能重叠，重叠后表示程度加深。例如：

di^{1} di^{1} 好好的　　　　tam^{5}tam^{5} 矮矮的

好好　　　　矮 矮

布依语的四字格中，也有形容词重叠的情况。据李倩倩（2013：13），这种四音格基本都是在基式的基础上重叠而来的，重叠后表示语义加深。例如：

θaɯ^{1}θaɯ^{1}θeu^{5}θeu^{5} 干干净净　　　　xaːu^{1}xaːu^{1}pɔ^{5}pɔ^{5} 雪白雪白

干净干净清洁清洁　　　　白　白 亮 亮

nap^{8}nap^{8}ni^{6}ni^{6} 详详细细　　　　lɔk^{8}lɔk^{8}jeu^{1}jeu^{1} 绿葱葱

详　详 细细　　　　绿　绿青 青

3.1.3.7　仡佬语形容词重叠表达量范畴

仡佬语形容词可以重叠，但在各方言土语中的表现并不一致。如晴隆仡佬语、大方仡佬语的形容词不能重叠，六枝仡佬语形容词的重叠，一般也是表程度的加强（张济民，1993：77-81）。例如：

phei^{31} 辣	phei^{31} phei^{35} 很辣
plei^{31} 陡峭	plei^{31} plei^{33} 很陡峭
kɛ^{31} 紧	kɛ^{31} kɛ^{31} 很紧
tɛ^{31} 窄	tɛ^{31} tɛ^{35} 窄小
n̥ei^{35} 短	n̥ei^{35} n̥ei^{31} 很短
liaɯ^{35} 累	liaɯ^{35} liaɯ^{31} 太累
tsʅ^{35} 饱	tsʅ^{35} tsʅ^{31} 太饱

有时还可以把两个形容词的重叠形式连在一起，形成一个新的形容词，其程度就更强了（张济民，1993：77-81）。例如：

plei^{33} 淡	plei^{33} plei^{33} 淡而无味
plaŋ^{33} 淡	plaŋ^{33} plaŋ^{33} 淡而无味

plei^{33} plei^{33} plaŋ^{33} plaŋ^{33} 淡而无味

3.1.4 副词重叠表达量范畴

3.1.4.1 汉语副词重叠表达量范畴

副词表达了动作的方式、状态、性质、特征、态度、范围、程度等各方面的具体信息，或者说准确信息，能够使动作的方式、状态、性质、特征、态度、范围、程度等从抽象层次具体化、形象化、个体化。在句法结构层面，它能够修饰动词、形容词，有时还可以修饰名词和数词。

副词是否有重叠形式，各家看法不一，有的认为可以重叠，有的认为不可重叠，如对于“仅、仅仅”这样的情况；有的认为应该看作是单音节词和双音节词的区别；有的认为是加强了语气（郭翼舟，1984；许光烈，1990；张谊生，2000a/2000b；《现代汉语虚词例释》等）。根据布龙菲尔德的观点，重叠是由基础形式的重复部分组成的词缀。（布龙菲尔德，1997：271）因此，可以这样理解，重复就是整个词或词中语素的重复，有些重叠形式中的某个成分的意义现在看来似乎并无意义，但根据我们前文的有关论述，重叠的形式总是会增加某种信息，因此重叠式中的每个成分都是有意义的。具体到汉语副词而言，我们认为汉语的副词能够重叠，其重叠式能表达量范畴。一般情况下，副词的重叠式比非重叠式所表达的程度要高，所表达的量要大。我们把现代汉语副词的重叠式分为两类，一类是常规重叠，即由一个副词重叠一次而形成的重叠式，表示副词所承载的量的增加。例如：

仅　仅仅	白　白白	单　单单
早　早早	久　久久	刚　刚刚
常　常常	渐　渐渐	远　远远
明　明明	偏　偏偏	美　美美
非常　非常非常		特别　特别特别
确实　确确实实		陆续　陆陆续续

仅一天的时间，他就做好了所有的准备。

仅仅一天的时间，他就做好了所有的准备。

情况非常紧急。

情况非常非常紧急。

这件事我的确不知道。

这件事我的的确确不知道。

这些副词的重叠式都是由副词的原形式重叠一次而形成的。从语义上看，“仅一天的时间”和“仅仅一天的时间”中，“仅”和“仅仅”都表示所需时间很短，但在真实的言语行为中，使用“仅仅”总是比使用“仅”意味着所需的时间更短。就“非常”和“非常非常”，“的确”和“的的确确”来说，前者所表达的程度远不及后者程度那样高。

现代汉语中，副词还有一种超量重叠，即由一个副词重叠两次或两次以上而形成的副词重叠式。例如：

但是我极其极其极其厉害把玩具摆得乱七八糟。①

特别特别特别特别想吃买买提烤肉。

在真实语境中，有些副词的超量重叠能够超过十次，最典型莫过于副词“最”。“最”的超量重叠最常见，也最容易出现极端用例的情况，例如：

十二星座最最最最最最最最最最最拽的地方。

① “极其”“特别”“最”的超量重叠语料来自百度搜索。

很显然，“最”是表示程度最强的一个程度副词，它的超量重叠充分反映出副词重叠时所表达的量范畴的程度之高，甚至让人感觉到难以达到极致。这些超量重叠的语料都来自网络，反映出网络用语的独特一面。检索CCL语料库，我们也能够见到这样的用例：

然而其实我并没有做梦我只是非常非常非常非常非常非常非常非常非常非常想洗手。(刘心武《洗手》)

另外特别特别特别强调表情中的一个要点，就是你和任何人握手时，必须同时双眼注视对方的双眼。(金正昆《金正昆谈礼仪之握手礼仪》)

最最最最最最最最最最最最最最最最重要的是我的东西不能丢。(刘心武《洗手》)

你要破的旧，恰恰是最最最最的新呀……（白桦《古老的航道》)

郭翼舟（1984）指出，有些副词可以重叠，但不表示程度加深或强调。例如：

夜色渐浓，交接的月光在多瑙河心撒下了一斛银珠……

心跳了一阵，渐渐又平静下来。

如果是默坐，这样也许是“爽快”的。

只有些老松树默默地接着雪花。

郭翼舟（1984）认为，这类副词单用时文言色彩较浓，重叠后有口语色彩；单用时，多修饰单音节谓语，重叠后一般修饰双音节谓语。这种说法不无道理，然而换个角度看，文言和口语的区别是文体的区别，而文体区别则依赖于一系列具体特征，这些特征的表现也可以通过重叠与否表现出来。从这个角度看，这类单音节副词与其重叠式的差别，其实也反映了二者表达量范畴的差别，其中单音节表明口语文体的特征小，重叠式则表示口语文体的特征大。

3.1.4.2　苗语副词重叠表达量范畴

苗语副词重叠的情况很少。我们所看到的有关苗语的研究成果，如王辅世（1985）、王春德（1986）、罗安源（2005）、陈宏（2009）、余金枝（2010）等都没有专门讨论苗语副词重叠的情况。但是罗安源（2005：171）中记录了一个重叠式的副词 ʑaŋ^{35} ʑaŋ^{35}（慢慢）。例如：

ʑɑŋ^{35}ʑɑŋ^{35} nʈɔ^{35} 从容地走

慢　慢　走

另据余金枝（2010：157），矮寨苗语中有重叠式的副词 dʑaŋ^{31}dʑaŋ^{31}，但这个副词是借自汉语的副词“常常”。例如：

bɯ^{44} dʑaŋ^{31}dʑaŋ^{31}məŋ^{44} kɛ^{44}dʑaŋ^{31}. 他常常去赶集。

他　常　常　去　赶　集市

te^{53}te^{53} dʑaŋ^{31}dʑaŋ^{31}qa^{35}pɯ^{53}pʐɯ^{44}. 小孩常常来我家。

小孩　常　常　到　我　家

王春德（1986）、罗安源（2005）、李云兵（2006）、陈宏（2009）等描写了苗语的状词重叠的情况，其中李云兵（2006）、陈宏（2009）专门描写研究了苗语的重叠式，但是着重提到的是名词、动词、形容词、量词、状词的重叠，并没有提到副词的重叠。如李云兵（2006）描写到的：

基式	重叠式
la^{43}pli^{55} 红一点	la^{43}pli^{55} pli^{55} 红一点点
红　微红状	红　微红状
ntaŋ^{43}ʑau^{21} 轻轻飘荡	ntaŋ^{43}ʑau^{21} ʑau^{21} 轻轻飘荡
浮　飘荡貌	浮　飘荡貌
xu^{55}bɯ^{31} 干干净净	xu^{55} bu^{31}bɯ^{31} 干干净净
干净　清洁貌	干净　清洁貌
ʈi^{53} phɛ^{35} thɛ^{35} 跳动	ʈi^{53} phɛ^{35} thɛ^{35} phɛ^{35} thɛ^{35} 不停地跳动
跳　一次跳动貌	跳　连续反复跳动貌

就本书的观点来看，苗语的状词或可归于副词。因而，状词的重叠也就是副词的重叠。从苗语状词的重叠情况来看，其重叠式也是以表达量的增加为主要方式。

3.1.4.3　彝语副词重叠表达量范畴

彝语副词能否重叠，我们在陈士林等（1985）、柳远超（2009）、翟会峰（2011）等关于彝语的研究中还没有看到明确提出彝语中副词能够重叠的说法。不过我们还是发现了彝语中以语音形式重叠的副词。

据翟会峰（2011：84-85），三官寨彝语中的副词 dɤ^{21}dɤ^{21}（最、特别、非常）、ndʑu^{33}（最、更、很）、ɣo^{33}（很、太）三个都是表示程度深的副词，母语使用者会觉得 dɣ^{21}dɣ^{21}（最、特别、非常）程度比 ndzu^{33}（最、更、很）深，nʥu^{33}（最、更、很）程度比 ɣo^{33}（很、太）深。例如：

ʐo^{21}ʐo^{33}na^{33} ma^{55} dʊ^{21} xɯ^{33} ʔʊ^{55}tsho^{33}ʔa^{55}ge^{21}，

自己 看 否定 助词 描写 人 那些

tʂaŋ^{55}miŋ^{13}dɣ^{21}dɣ^{21} nei^{33}ʥo^{33}.

张 明 特别 讨厌

那些看不起自己的人，张明特别讨厌。

ʐo^{21}ʐo^{33}na^{33} ma^{55} dʊ^{21} xɯ^{33} ʔʊ^{55}tsho^{33}ʔa^{55}ge^{21}，

自己 看 否定 助词 描写 人 那 些

tʂaŋ^{55}miŋ^{13}nei^{33}ʥo^{33}nʥu^{33}/ɣo^{21}。

张 明 讨 厌 很

那些看不起自己的人，张明很讨厌。

此外，三官寨彝语中的 li^{33}li^{33}（慢慢）也是副词的重叠形式（翟会峰，2011：99）。例如：

ʈu^{33} nʥu^{33}thei^{33}，li^{33}li^{33}ʥu^{33}. 太烫了，慢慢吃。

烫 太 终结 慢慢 吃

上文所说的 dɣ^{21}dɣ^{21}（最、特别、非常）、li^{33}li^{33}（慢慢）是不是副词的重叠式，翟会峰（2011）并没有明确说明，但可以肯定的是，这两个副词都是采用重叠音节的方式，因而可以算作一种重叠式，至于其基式 dɣ^{21}、li^{33} 我们目前还没有看到。对于这种形式，丁椿寿（1985：260）则认为，彝语副词中虽然有 ʥe^{33}ʥe^{33}（常常）这样的说法，但是不能把这种现象看作是词的重叠形式，因为这种结构并不表示任何语法意义，因此 ʥe^{33}ʥe^{33}（常常）只能看作一种构词方法，而不是词的重叠形式，不能把彝语这种语音形式的重复看成是词的形态变化。我们认为，语音形式的重叠也是一种重叠形式，它在形式上的重叠一定有它的语义目的，即表达某种量的增加。而且，重叠的语言形式一定有未重叠的基式存在。之所以没有发现的原因可能有两点，一是对该语言的描写研究还不够，二是这种现象的原形式很可能已经消失在现代的共时层面，需要通过对彝语的历时研究才能发现。

3.1.4.4 水语副词重叠表达量范畴

水语副词能否重叠，目前没有见到明确的论述。韦学纯（2011：285）

中记录了两个音节重叠式副词 thuŋ^{33}thuŋ^{33}（统统）、min^{53}min^{53}（明明）。很明显，这两个副词都是借自汉语。据韦学纯（2011：288），水语中为了表达更加清楚，可以把两个词义相同或相关的副词分别置于谓词的前后，表示强调。例如：

man^{11}tsən^{11}tsai^{11}khut^{55}ku^{33}ta^{33}ɗaːn^{35}. 他正在理发。

他　　正 在　　理发　　正在

man^{11}naŋ^{24}nu^{55}li^{31}ljo^{33}. 他实在努力得很。

他　　很 努 力 很

这种情况也可以看作是水语中副词重叠的特殊形式。

3.1.4.5　侗语副词重叠表达量范畴

侗语的副词一般不重叠，只有 kop^{323}（刚才）、sau^{453}（极）、ʔau^{13}（刚）等几个词可以重叠，用来表示比单音节副词的程度、范围、时间更进一步的状况（龙耀宏，2009：128）。可见，侗语能够通过副词重叠式来表达某种量的变化。例如：

kwe^{212} lai^{55} sau^{453} 很不好。　　ȵwe^{212} lai^{55} sau^{453} sau^{453} 坏到极点。

不　　好　极　　　　　　　不　　好　　极　极

jau^{212}kop^{323}ma^{35} . 我刚来。

我　　刚　　来

jau^{212}kop^{323}kop^{323}ma^{35}. 我刚刚来。

我　刚　　刚　　来

3.1.4.6　布依语副词重叠表达量范畴

布依语副词重叠的情况也不鲜明。目前我们还没有见到明确提到布依语副词能够重叠的论述。不过在有关布依语四字格中，有一些起拟声、摹状作用的衬音，能够使四字格更为生动形象，增强语言的表现力（李倩倩，2012：29）。例如：

ta^{1} ŋaːŋ^{1}　paːŋ^{3}paːŋ^{3} 东张西望　　na^{3}xɯ^{5}fɯt^{8}fɯt^{8} 很冷淡

眼 张望（张望貌）　　　　　　脸 干（严肃貌）

na^{3}ðaːi^{2ʔ}dum^{1ʔ}dum^{1} 羞羞答答　　on^{5}tam^{5} pɔt^{7}pɔt^{7} 矮矮胖胖

脸　花（害羞貌）　　　　　　　　　胖 矮 蓥状

这种衬音似乎可以认为是一种情态副词。同样，语音形式的重叠也是一种重叠形式，它在形式上的重叠一定有它的语义目的，即表达某种量的增加。

3.1.4.7　仡佬语副词重叠表达量范畴

仡佬语的副词能否重叠，目前还没有看到相关的论述。不过，六枝仡佬语中的状词有时也可以重叠，用来表示程度加强（张济民，1993：367）。例如：

ta^{31}　tan^{55}	$ta^{31}ta^{31}tan^{55}$ 甜蜜蜜（太甜状）
甜状　甜	最甜状　甜
ie^{35} $pə^{33}$　lan^{31}	ie^{35} ie^{35}　lan^{31} 黑洞洞（屋内很暗）
黑暗状　黑	最黑暗状　黑

这里，我们还是将这类状词暂时处理为一种情态副词。因而，仡佬语中有的副词能够重叠，并被用来表达量范畴。

3.1.5　量词重叠表达量范畴

量词重叠是一种比较普遍的量范畴表达手段。这种手段在我们所考察的几种语言中表现都比较充分。

3.1.5.1　汉语量词重叠表达量范畴

汉语量词重叠的情况非常普遍，几乎所有的量词都可以重叠，而且重叠之后一般都表示周遍量，即所有的相关对象，既包括名词所指称的事物，也包括动词所指称的动作。例如：

个个	棵棵	条条	片片	根根
座座	家家	块块	辆辆	张张
次次	趟趟	回回	遍遍	下下
遭遭	拳拳	棍棍	刀刀	枪枪

如果名量词的重叠式和数词“一”连用，也表示“每一”和“逐一”的概念。例如：

一个个	一棵棵	一片片	一座座	一辆辆

名量词和数词“一”的重叠形式则表达量不断地成比例增加或重复。例如：

一个一个　　一颗一颗　　一片一片　　一座一座　　一辆一辆

动量词的重叠式和数词“一”连用，也表示量不断地成比例增加或重复。例如：

一次次　　一趟趟　　一回回　　一遍遍　　一阵阵

一次一次　　一趟一趟　　一回一回　　一遍一遍　　一阵一阵

华玉明（1994）认为，汉语中度量衡量词，如“元”“角”“分”“尺”“米”等，不定量词“些”一般不能重叠。但在实际的言语行为中，我们能够发现这些量词重叠的情况。如检索 CCL 语料库可以发现：

这苏州妹好孤寒的，一角角储起来又买楼。（岑凯伦《还你前生缘》）

他们的钱来得不容易啊，一分分都是苦汗钱。（《人民日报》1994 年）

那 50 米长的乳白色的庞然大物，经过一寸寸、一分分地精雕细刻而亭亭玉立。（《1994 年报刊精选》）

生产线一米米地加长。（《人民日报》1996 年）

钻杆一米米往下进，好不容易出水了，一尝又是咸的。（《人民日报》1996 年）

近年过从较密，竟被我“把握”到一些些。（吴组缃《谈癖》）

一些些的招牌，依我看来都是一个样。（萧红《蹲在洋车上》）

太美满的生活成为平淡时，一些些小的波折，有时竟是必要的。（矛盾《蚀》）

侯友兰（1998）认为，量词重叠后可以表示“每一”“逐一”“连续不断”“多”的语法意义。语言事实表明，汉语量词的重叠式就是汉语用来表达量范畴的一种生动而特殊的手段，因为无论是“每一”“逐一”“连续不断”，还是“多”，都是量范畴的不同表现方式。

3.1.5.2　苗语量词重叠表达量范畴

苗语量词能够重叠，重叠后表示遍指。正如罗安源（2005：72）所指出的，苗语的单音节量词都能够重叠。重叠以后如果独立运用，则含“每一”的语法意义；重叠以后如果与数词 a^{44}（一）联合运用，则含“仅一”的语法意义。例如：

le^{35} 个

le^{35,31} le^{35} 个个

le^{35,31} le^{35} na^{31} tɕi^{31} ɲcʰæ^{44} 人人都高兴

个　个　都　喜欢

n̥ʰæ^{35} 件

n̥ʰæ^{35,31} n̥ʰæ^{35} 件件

n̥ʰæ^{35,31} n̥ʰæ^{35} sa^{54} ɕæ^{35} 件件（衣）都新

件　件　都　新

pen^{54} 本

pen^{54} pen^{54} 本本

a^{44} pen^{54} pen^{54} 一本半本

tu^{31} quɑ^{54} a^{44} pen^{54}pen^{54} 读过一本半本

读 过　一 本　本

plɯ^{44} 家

plɯ^{44} plɯ^{44} 家家

plɯ^{44}plɯ^{44} na^{31} ʐu^{54}　家家都好

家　家　都 好

ŋuŋ^{22} 只

ŋuŋ^{22}ŋuŋ^{22} 只只

ŋuŋ^{22} ŋuŋ^{22} sa^{54} ʈɑŋ^{44} 只只都肥

只　只　都 肥

n̥ʰe^{35} 天

n̥ʰe^{35} n̥ʰe^{35} 天天

a^{44} n̥ʰe^{35} n̥ʰe^{35} 一天半天

ɕɔ^{54} a^{44} n̥ʰe^{35} n̥ʰe^{35} 休息一天半天

歇　一 天　天

但有些量词不能重叠，如标准度量衡量词、不定量词；有的方言土语中（如滇东北次方言）重叠式不表示“每一”，而是表示“部分”（李云兵，2006）。例如：

tai^{55}pi^{31}ȵi^{55}，tu^{33}tu^{33} zaɯ^{33}saɯ^{33}，tu^{33}tu^{33}hi^{33}zaɯ^{33}saɯ^{33}.

些 笔　这　根根　好　写　根根　不 好　写

这些笔，有的好写，有的不好写。

3.1.5.3　彝语量词重叠表达量范畴

彝语量词能够重叠，并用来表达量范畴。据柳远超（2009：93），彝语盘县次方言的量词重叠表示“不例外”。例如：

ta^{21}dɯ^{33} 一个　　　ta^{21}dɯ^{33}dɯ^{33} 一个个

ta^{21}ȵɪ^{21} 一天　　　ta^{21}ȵɪ^{21}nɪ^{21} 一天天

ta^{21}ha^{22} 一夜　　　ta^{21}ha^{22}ha^{22} 一夜夜

彝语量词的重叠还有一些特殊的表现。如盘县彝语的大部分量词在数词 ta^{21}（一）后面可以重叠，有一些则不能重叠。但量词与数词组合成数量词组后都可以重叠，这种重叠如果在 mu^{22}（地）前，则表示“周全”“不例

外”；用在其他词前面，则表示“个别”的意思（柳远超，2009：130）。三官寨彝语的个别量词可以重叠，表示“每一、个个、一个接一个”的遍指义，大部分量词不能重叠；但可以通过“me^{21} me^{55}+量词”“lɤ^{21}lɤ^{33}+量词”表示“每一”这样的遍指义（翟会峰，2011：62）。例如：

dʑʅ^{33}the^{33}tʂhʅ^{21}ȵi^{55}ʈhu^{33}，me^{21}me^{55}ʈhu^{33}ʔao^{55}ʂʅ^{55}sei^{33}nɤ^{21} bi^{55}　tshʊ^{21} xɯ^{33}.

桌 子　这　二　张　每个　张　都　是木 红　工具 做　陈述

dʑʅ^{33}the^{33}tʂhʅ^{21}ȵi^{55}ʈhu^{33}，lɤ^{21}lɤ^{33}ʈhu^{33}ʔao^{55}ʂʅ^{55}sei^{33}nɤ^{21} bi^{55} tshʊ^{21} xɯ^{33}.

桌 子　这　二 张　个 个 张　都　是 木 红 工具 做　陈述

这几张桌子，张张都是红木做的。

这种情况虽然是一种表示遍指的手段，但它是通过 me^{21}me^{55}（每个）和 lɤ^{21}lɤ^{33}（每个）来表达重叠，而不是通过量词 ʈhu^{33}（张）的重叠来表示量的增加。因此我们可以认为，彝语中存在“me^{21} me^{55}+量词”“lɤ^{21}lɤ^{33}+量词”这样的框式结构用来表达量的叠加。

3.1.5.4　水语量词重叠表达量范畴

水语可以通过量词重叠来表达量范畴，但是量词重叠并不是普遍现象。水语有些量词，如 ai^{3}（位）、lam^{1}（个）、to^{31}（头）等，可以用重叠表示“每一”的意思，但这种用法不很普遍，并不是所有量词都可以重叠的，较普遍的说法是在量词前面加数词 tsap^{8}、jən^{2}（每）表示“每一”的意思（张均如，1980：34；韦学纯，2011：277）。例如：

lam^{11}lam^{11} 个个　　^{m}be^{11m}be^{11} 年年　　to^{31}to^{31} 头头①

个　个　　年 年　　头 头

tsap^{8}tiu^{2} 每条、各条　　jən^{2}lam^{1} 每个　　tsap^{8}phja^{3} 每次

每　条　　每 个　　每 次

3.1.5.5　侗语量词重叠表达量范畴

据龙耀宏（2003：88-89），侗语的量词一般都能重叠。例如：

tu^{212}tu^{212} 每只　　ɫɐu^{33}ɫɐu^{33} 双双

只 只　　双 双

---

① “个个”“年年”“头头”引自韦学纯《水语描写研究》，上海师范大学 2011 届博士学位论文，第 277 页。

北部方言有的地方还可以在重叠的量词前加数词 ji^{35}（一），表示数量缩小、减少的意思（龙耀宏，2003：89）。如天柱石洞话：

ji^{33} wu^{25}wu^{25}ʔau^{31}nai^{44}kwe^{22}ten^{35}ȶe^{35}. 这一小口饭不够吃。

一 口 口 饭 这 不 够 吃

ji^{22} ji^{31} ji^{31}nəm^{31}nai^{44}nan^{11}saŋ^{31}ja^{55}. 这一小点点水样养不了田。

一 滴 滴 水 这 难 养 田

单音节的时间名词作为量词可以重叠，也可以接受数词的修饰（龙耀宏，2003：79）。例如：

mɐn^{55}mɐn^{55}li^{323}mɐn^{55}mu^{323}，ȵin^{212}ȵin^{212}li^{323}ȵin^{212}sa^{212}.

天 天 有 天 明 年 年 有 年 明

天天有明天，年年有明年。

tok^{31} sam^{35} ȵin^{212} le^{212}. 读三年书。

读 三 年 书

3.1.5.6 布依语量词重叠表达量范畴

布依语的量词能够重叠表达量范畴。布依语名量词重叠后，能够表达强调和“每一”“逐一”的含义（刘朝华，2012：132-133）。例如：

pu^{31}pu^{31}tu^{33}kuə^{33}xoŋ^{24}. 个个都干活。

个 个 都 做 活

sam^{35}tuə^{11}mu^{24}ni^{31}tuə^{11}tuə^{11}la:i^{24}bi^{11}. 这些猪只只都很肥。

些 猪 这 只 只 很肥

toi^{31}ma^{35}na:m^{33}ni^{31}nat^{33}nat^{33}fa^{33}. 这碗花生颗颗都饱满。

碗 花生 这 颗 颗 饱满

布依语的动量词也能够重叠，并表示“每一”的意思（王文艺，2004）。例如：

tie^{1} zam^{6}zam^{6} pai^{1} pan^{2}piŋ^{6}. 他次次去都生病。

他 回 回 去 病

3.1.5.7 仡佬语量词重叠表达量范畴

仡佬语量词可以重叠来表达量范畴。除几个表示集体事物的物量词

mei^{55}（些）、thi^{33}（群、些）、ɛ^{13}（些）外，其他的量词都可以重叠；重叠以后，表示“每”的意思，同时有加重语气和强调某一行为的色彩（张济民，1993：130-131）。例如：

phɑn^{13} phɑn^{13} tɑu^{33} su^{33} u^{42} pɑ^{55} lie^{21} tu^{21} ŋkə^{42}. 每本书他都读完了。

本　本　书　　他　　全　读　完了

pə^{42} nu^{42} xen^{33} xen^{33} tsɿ^{55}mu^{33}ŋkə^{42}！他们个个都来了！

他们　位　位　都　来　了

pɛ^{55} pɛ^{55} zə^{21} li^{33} qen^{33} qɯ^{33} tsɿ^{55} ɒ^{33}. 所有的庄稼都好。

丘　丘　田　的　庄稼　都　好

ɯ^{55} mei^{33} zɑu^{55} plei^{33}plei^{33}ɒ^{33}，tse^{55} ɑ^{55} pɒ^{13} mu^{33} ti^{21}.

水　雨　龙　年　年　好　粮　收　得　来　成

年年雨水好，粮食才有好收成。

但在仡佬语内部，量词重叠与否在各方言区还存在着差异，如居都仡佬语量词就不能重叠（李锦芳、李霞，2010）。从量词能否重叠这一点看，同样反映了这些语言受汉语影响的深浅，壮语、布依语、侗语汉化比较深，具备跟汉语一样的功能，傣语、黎语等受汉语影响较浅，与汉语不一致（倪大白，1990：302）。因此，量词重叠应该看作是汉藏语系量词区别于其他语言分类词的一个重要类型特征，因为世界上其他语言中分类词（classifier）能够重叠情况很少见。

3.1.6　数词重叠表达量范畴

3.1.6.1　汉语数词重叠表达量范畴

汉语数词能否重叠，目前尚有不同看法。胡附（1959）认为汉语数词不具备重叠的形式，认为两个数词重复起来组成的词如“三三两两”“千千万万”“七七八八”是数词的复用。太田辰夫（1987/2003：143）则认为，汉语的数词可以重叠，而且其功能是表示逐指。李宇明（1996）具体指出，能重叠表多数的数词不多，常见的是由两个位数词构成的合成词“千万”“万千”的重叠，如“千千万万、千千万、万万千千、万万千”等。周翠英（2001），王丽媛（2006/2010）等认为，汉语数词可以重叠，重叠后除表示逐指外还可以表示数量多或者数量少。

本书认为，汉语的数词能够重叠，这因为数词重叠从形式、意义、功能三个方面都表现出其独特性：

在形式上，数词重叠是同一数词的反复使用，这一点与它作基数词时明显不同，这里还涉及数词的文字形式和概念形式的问题。例如：

以上三条实出《类说》卷一一所节《幽明录》，而非《稽神录》佚文。（徐铉《稽神录》）

大率种数既多，不可一一备举，凡不见者，栽莳之法，皆求之此条。（贾思勰《齐民要术》卷四）

“卷一一”，即“第一十一卷”；而“一一备举”则是“一个一个”的意思。

在意义上，数词重叠一方面重点并不在计数，而是以什么方式计数；另一方面，数词重叠往往会产生指称意义的变化，即是一种构词手段，如“万万”并非数词，而是副词。

在功能上，数词重叠式往往充当状语和定语。数词重叠式在句法上修饰名词时，其语义不是对名词的计数，而是修饰名词所指称的事物所呈现的状态。

因此我们认为，数词能够重叠，其重叠式能够表达量的范畴。具体说，数词重叠能够表达四种意义：

（1）数词重叠表示逐指，即“每一”的意义。例如：

她虽这么想，当然不会真的一一提高。（张抗抗《分界线》）。

宋应星却把它看作是劳动人民创造的宝贵财富，一一记录在《天工开物》中，成了中国古代科学技术的名著。（《中国儿童百科全书》）

（2）数词重叠表数量少。[①]例如：

等到得不着票子，便不免有了三三两两的怨声了。（朱自清《旅行杂记》）

（3）数词重叠表数量多。例如：

可以这样说，倪萍是以自己真诚的情感和无与伦比的主持风格征服了千千万万的观众。（冯骥才《真善诚的〈日子〉》）

（4）数词重叠能够使事物的某种性质发生转化，从而表达事物的空间

① 数词重叠表数量少或数量多的用例转引自王丽媛《数词的重叠》，《渭南师范学院学报》，2010 年第 1 期。

量。这种转化是把事物数量的多少转化为空间量的大小，从而实现对事物数量的表达。例如：

一路上，三三两两的行人游客不断迎面走过。（礼平《晚霞消失的时候》）

那些家在本城的走读生们，也正三三两两涌出东面学校的大门。（路遥《平凡的世界》）

瓦檐梁柱和树枝高处，长日可看见松鼠三三五五追逐游戏，院中闲静萧条亦可想象。（沈从文《怀昆明》）

3.1.6.2　其他语言的数词重叠表达量范畴

在我们考察范围内，还没有看到论述苗语、水语、布依语、仡佬语数词重叠使用表达量范畴的情况，但在彝语和侗语中有数词重叠表达量范畴的情况。如梁敏（1980：44）、龙耀宏（2003：95）认为，侗语数词是十进位制，表示多位数的方法和汉语相同；除了 sin^{35} sin^{35} wen^{33} wen^{33}（千千万万）这类习惯用法，数词一般不能重叠。彝语可以重叠数词来表示概数（丁椿寿，1985：104）。例如：

$tʊ^{33}tʊ^{33}mi^{33}mi^{33}$ 千千万万

千　千　万　万

3.2　语 音 手 段

从发生学的角度讲，人类语言的最早形式都是语音形式的。语言可能开始于 300 万年前的早期“直立人”，成熟于 30 万年前的早期智人。文字萌芽于一万年前农业化开始之后，成熟于 5500 年前农业和手工业的初步上升时期，最早的文化摇篮（两河流域和埃及）这时候有了能够按照语词次序书写语言的文字（周有光，1997：1）。文字的产生，打破了语音的时空限制，能够使语言的内容传于异时，留于异世，扩大了语言的传播空间。但是，语言中依然有很多语音形式并没有被文字系统记录，即使在今天，现代汉语方言中的很多语音形式还是难以找到相对应的文字形式。同时，在现实生活的言语交际过程中，语音的形式都会或多或少产生一些变化，这些变化一方面表现为言语行为个体的身体差异而导致的纯粹的个体发音差异，或称个性差异；另一方面则表现为语言系统的一种表达策略、表达方法而导致的系统差异，或称共性差异。个体的语音变化或个性差异一般不会引起语言意义的系统性变化，因而也不会影响言语交际的效果。而由语言的表达策略、表达方法所引起的系统性语音变化或共性差异，则会影响到语义系统的变化，从而对言语交际产生极其广泛的影响，最终在语言系统中形成一种特殊的语义表达手段——语音手段。

语音手段是语言表达语法范畴的一种重要手段，也是表达量范畴的一种重要的语法手段。语音手段具体表现为音节重叠、辅音替换、元音替换、变调等。音节重叠和上一节所讲的重叠在本质上一样，但语音层面的重叠是更广层面的重叠。在有文字的语言中，我们能够看到与音节重叠相应的文字形式重叠。辅音替换、元音替换是指语音形式变化时，通过替换某一音节的辅音或元音，即不是同时替换辅音和元音，而是或者替换辅音，或者替换元音的方式来表达某种语义，表达某种语法范畴。在有文字的语言系统中，这种辅音交替同时会表现为采用不同的文字形式，如汉语的“辗转”就是通过元音替换的方式构成的。其他语言的情况，如彝语的自动词 ndo^{21}（喝），其声母是浊音 nd，当替换为清音声母 t 时，整个音节就变成 to^{51}，而 to^{51} 则表示使动（使喝）（柳远超，2009：114）。这种语音变化就是辅音替换。变调是改变一个词语或一个音节的音高或音强，从而使该词语或音节表达另一个相关的语义。如英语的 digest，当其重音在词首，读为/ˈdaidʒest/时为名词；当其重音在第二个音节，读为/daiˈdʒest/时为动词。又如“王”在古汉语中的破读现象，读 $uaŋ^{35}$ 时，是名词；读 $uaŋ^{51}$ 时，是动词。这种语音变化就是变调。汉藏语系中很多语言都有声调，变调在这里就主要表现为声调的变化。

3.2.1 辅音替换表达量范畴

3.2.1.1 汉语辅音替换表达量范畴

汉语能够通过辅音替换的方式表达量范畴。例如：

啰嗦	啰啰嗦嗦
哆嗦	哆哆嗦嗦
嘚瑟	嘚嘚瑟瑟

朦胧	朦朦胧胧	
迷离	婉转	辗转

“啰嗦、哆嗦、嘚瑟、朦胧、迷离”一般是汉语中的叠韵连绵词，主要是通过辅音的替换来构成不同的音节结构。这类词的一个特点是对某种状态的描写，如“朦胧”“迷离”“婉转”等；这种描写反映了某种状态，表达了一种空间量，与形容词重叠式使某种性质转化为状态的功能具有认知上的同构性。因为性质和状态之间具有认知依存关系，所以这类词语能够表达空间量。另一个特点是对某种动作的描写，如“啰嗦”“哆嗦”“婉转”等等；这种描写由于使用了辅音替换的方式描写了动作的复杂性，因而涉及复杂度，也是对动作量的一种形象表达。

3.2.1.2　苗语辅音替换表达量范畴

苗语能够通过辅音替换表达量范畴。如苗语的双音节状词以及它们的重叠式（李云兵，2006）。例如：

基式	重叠式
ɒj^{53}　phɛ^{35}thɛ^{35} 跳动	ti^{53} phɛ^{35}thɛ^{35} phɛ^{35}thɛ^{35} 不停地跳动
跳　一次跳动貌	跳　连续反复跳动貌
ȶin^{44}　pa^{33}la^{33} 放得乱糟糟的	ȶin^{44}　pa^{33}la^{33}pa^{33}qo^{33} 放得乱糟糟的
摆放　凌乱貌	摆放　一片凌乱貌
ko^{13}　pa^{11}ȵa^{11} 有点醉醉的	ko^{13} pa^{11}ȵa^{11}pa^{11}ɕa^{11} 酩酊大醉的
醉　微醉貌	醉　酩酊大醉貌

苗语的这种双音节状词就是采用辅音替换的方式来表达量范畴的，如基式中 phɛ^{35}thɛ^{35}（一次跳动貌）中通过辅音 ph 与 th 的替换，pa^{33}la^{33}（凌乱貌）中辅音 p 与 l 的替换，pa^{11}ȵa^{11}（微醉貌）中辅音 p 与ȵ的替换；这种辅音替换表达了一种状态，描写的是一种空间量。重叠式实际上是基式中辅音替换之后的形式的重叠，表达的是更大的量。

苗语辅音替换能够形成意义相对词语，并形成鲜明的表量差异。例如：

ntje^{35} 热	ce^{35} 烫
ntsa^{44} 净	ntsha^{35} 干净
tɕɑ^{44} 差	ɕɑ^{44} 傻

ʐɯ^{54} 近　　　　　　　　　　qɯ^{35} 远

l̥jɔ^{35} 大　　　　　　　　　　ljɔ^{42} 多

tɕɔ^{35} 照　　　　　　　　　　ʂɔ^{44} 晒

这些语料引自陈宏（2009：56-58）。陈宏（2009：56）认为，这些语音交替和形态所表示的语法意义之间的规律性不强，不能确定地说是形态。我们认为，这些正是苗语中独特的辅音交替，用来形象地表达量范畴，其中左边的一列程度普遍较弱，右边的一列程度普遍较强。

3.2.1.3　彝语辅音替换表达量范畴

彝语中有非常典型的辅音替换的现象。例如：

mie^{21}lie^{21} 啰嗦①

据柳远超（2009：58），彝语有一个单音形式的“l△”后缀，其中的“△”往往与前一个音节的“元音”相同。例如：

pi^{51}　跳 —— pi^{51} li^{22} —— pi^{51}li^{22}pi^{51}li^{22} 一跳一跳的

ɬð^{51}　摇 —— ɬð^{51}lð^{22} —— ɬð^{51}lð^{22} ɬð^{51}lð^{22} 一摇一摇的

na^{51}　看 —— na^{51}la^{22} —— na^{51}la^{22} na^{51}la^{22} 一看一看的

bu^{21} 漂 —— bu^{21}lu^{21} —— bu^{21}lu^{21} bu^{21}lu^{21} 漂浮的样子

su^{33} 找 —— su^{33}lu^{33} —— su^{33}lu^{33} su^{33}lu^{33} 寻找的样子

柳远超（2009：58-59）认为，这种“l△”后缀可以加在动词、形容词和拟声词的后面；但是动词加上“l△”后缀就变成了形容词，而形容词加上“l△”后缀后词性虽然没有改变，但形容词的程度会明显加深。例如：

kð^{33}　弯 —— kð^{33}ð^{22}lð^{33} 弯弯

ta^{51}　扁 —— ta^{51}a^{22}la^{51} 扁扁

ts'ɿ^{55} 荫 —— ts'ɿ^{55}ɿ^{22}lɿ^{55} 遮荫

ndɯ^{21} 吊 —— ndɯ^{21}ɯ^{22}lɯ^{21} 吊挂

xu^{21}　皱 —— xu^{21}u^{22}lu^{21} 皱折

这种“l△”还可以重叠，重叠之后也是表达程度加强，但仅限于形容词之后（柳远超，2009：59）。例如：

vð^{22} 歪 —— vð^{22}lð^{33}lð^{33} 歪斜

① 该语料引自丁椿寿《彝语通论》，贵州民族出版社，1985 年，第 97 页。

tu^{33} 跷 —— tu^{33}lu^{33}lu^{33} 斜跷

pi^{33} 险 —— pi^{33}li^{33}li^{33} 危险

kð^{33} 弯 —— kð^{33}lð^{33}lð^{33} 弯曲

tð^{22} 钝 —— tð^{22}lð^{33}lð^{33} 很钝

我们把彝语的“l△”后缀看作是一种特殊的辅音替换，说其特殊，是因为用来替换的辅音只有一个“l”，而且元音始终与前一个音节保持一致。特殊的另一个原因在于，这种辅音替换始终伴随着一个功能，即辅音替换的形式总比原形式蕴涵更多的量。因而这种辅音替换是彝语中独特的量范畴表达手段。

3.2.1.4 水语辅音替换表达量范畴

水语能够通过辅音替换表达量范畴。据张均如（1980：27），水语有的形容词能够附加一种音节，这种音节的结构不固定，虽然它与前面的形容词声母或韵母相同，声调同属奇数调或同属偶数调的比较多，但它与形容词在语音上没有必然的有规律的联系，它本身也没有明确的意义，只是使形容词的意义有不同程度的加深。如；

ti^{3} ni^{3} 小小的　　　　fa:ŋ^{3}lja:ŋ^{2} 宽阔的

但也有观点认为这种情况是形容词的生动形式。韦学纯（2011：256）认为，状态形容词是形容词的生动形式，大部分单音节形容词都能够加一个单音节的后加成分，表示性状程度的加深。当然，性状形容词也能够受程度 naŋ^{24}（很）的修饰。后附音节多为同声母，或同部位的声母；韵母相同的也有，但比较少。例如：

^{ʔ}ɣa:i^{33} 长	^{ʔ}ɣa:i^{33}n̥ja:i^{11} 长长的
fa:ŋ^{33} 宽	fa:ŋ^{33}lja:ŋ^{31} 宽敞
m̥a:n^{33} 黄	m̥a:n^{33}dja:n^{35} 黄澄澄的
^{n}djet^{55} 静	^{n}djet^{55}set^{55} 平平静静的
ȶhu^{11} 绿	ȶhu^{11}jiu^{33} 绿油油

这种后附音节我们认为就是辅音替换，通过替换辅音使形容词所蕴涵的量更强、更大，实现了量范畴的表达。

3.2.1.5 侗语辅音替换表达量范畴

侗语能够通过辅音替换表达量范畴。据龙耀宏（2003：57），侗语形容词后面可以加单音节或重叠音节的虚词素表示不同的情貌。例如：

ma^{323} 软　　　　　　　　　ma^{323} ɕa^{323} 软弱

ma^{323}（软）一词中，辅音 ɕ 替换了 m，形成了一个新的音节 ɕa^{323}，二者共同构成一个新词 ma^{323} ɕa^{323}（软弱），表达了比 ma^{323}（软）更明显的特征，实现了量范畴的表达。

侗语中，这种辅音交替表达量范畴的情况在指示词中也有反映。据龙耀宏（2003：109-110），侗语北部方言石洞话的指示词虽然只分近指和远指，但是近指却又分为两个：

nai^{44} 这　　ʔai^{44} 这　　ka^{55} 那

二者的区别是，ʔai^{44} 可以单独充当主语、宾语，nai^{44} 只能做定语。例如：

pu^{35}nai^{44}ɕi^{55}nəu^{11}we^{31}？这位是谁？

位　这　是 谁 也

ʔai^{44}mja^{22}məi^{31}nai^{44}. 这儿栽这棵。

这　栽　棵　这

ɕau^{11} ma^{11}sui^{55}ʔai^{44}. 你们来坐这儿。

你们 来 坐　这

侗语代词ʔai^{44} 和 nai^{44} 句法功能的不同是由辅音的不同实现的，这其中反映出句法成分之间的关系的远近，是空间量的一种特殊表现。

3.2.1.6 布依语辅音替换表达量范畴

布依语的辅音替换现象不明显，我们在吴启禄（1992：123）发现了一例摹状拟声副词：

vu^{3}tu^{2} 呜呼

响声

虽然仅发现了一例，但很典型，这一例是通过辅音替换形成的拟声词，而拟声词是一种很典型的表量手段。

3.2.1.7　仡佬语辅音替换表达量范畴

仡佬语能够通过辅音替换构成新词。例如：

tshuŋ^{33}khun^{33} 蜻蜓	tə^{21}lə^{21} 地方
lu^{21}vu^{21} 吞（囫囵）	kɛ^{21}lɛ^{33} 办法

上举各词都是单纯词（张济民，1993：35）。这种辅音替换所构成的多音词很可能在造词之初就已经能够与单音节的词区分开来，能够表达更多的量信息。

3.2.2　元音替换表达量范畴

3.2.2.1　汉语元音替换表达量范畴

在汉语中，不仅可以通过辅音替换来表达量范畴，也可以通过元音替换来表达量范畴，二者属于同一类型，是一种语音象似原则的表现，即通过增加音节的方式来增加信息量，达到信息表达的准确性。例如：

乒乓	乒乒乓乓
叮当	叮叮当当
滴答	滴答滴答
迷茫	迷迷茫茫

多音节单纯词遵循一种语音象似原则，以语音手段来传递语义；其语音形式重叠的越多，对自然世界的信息的描摹越细致，信息量就会越大。①

3.2.2.2　苗语元音替换表达量范畴

苗语能够通过元音替换表达量范畴。例如：

tɤ^{42} pɑ^{44}tɑ^{44}pɯ^{44}tuŋ^{54}. 爆裂得噼里啪啦。

爆　爆裂作响状

nuŋ^{31}lɔ^{22}pa^{44}t^{h}ɑ^{44}pɯ^{44}nt^{h}uŋ^{54}. 吃起来咔哧咔哧的。

吃　来 咔嚓作响状

mlɤ^{31}pi^{44}ntɑ^{22}tɯ^{22}mpɔ^{54}pɑ^{44}ʈɑ^{44}pɯ^{44}nʈɯ^{54}. 手指头捏得嘎嘣嘎嘣地响。

---

① 这种现象具有普遍的认知共性，如数码相机的像素。像素是指基本原色素及其灰度的基本编码。数码相机的像素越高，传递或放大时信息的保真程度就越高，图像就越逼真。

捏　指头　手　作响　嘎崩嘎甭状

罗安源（2005：91）把这种情况称作双叠音动状词。曹翠云（1961）认为这类音节组合范围一般很小，往往一种音节只能与一个动词或形容词连用，其原因在于这种音节的意义非常细致，正由于意义特别细致，所以修饰范围就必然不能扩大。我们认为这是一种元音替换，通过替换元音来表达一种量范畴。即通过相似音节的叠加来描摹自然界的复杂声音，叠加得越多，描摹得越像。一些动词也有这种情况。例如：

tɕi^{31}we^{35} 摇摆　　tɕi^{31}wei^{35} tɕi^{31}we^{35} 摇来摆去

tɕi^{31}ʈɑŋ^{44} 颠倒　　tɕi^{31}ʈei^{35} tɕi^{31}ʈɑŋ^{44} 颠来倒去

tɕi$^{31'}$ ^{44}qa^{31} 偏倒　　tɕi$^{31'}$ ^{44}qei^{35} tɕi$^{31'}$ ^{44}qa^{35} 东倒西歪

tɕi^{31}ɭɯ^{22} 差错　　tɕi^{31}ɭi^{35} tɕi^{31} ɭɯ^{22} 阴差阳错

tɕi^{31} cɔ^{44} 围绕　　tɕi^{31} ci^{35} tɕi^{31} cɔ^{44} 缠来缠去

罗安源（2005：97-98）认为，从形式上看，这些动词有前缀语素 tɕi^{31}，但这个 tɕi^{31} 没有任何具体意义。它后面作为词根的语素虽然有具体意义，但是离开了 tɕi^{31} 也不能独立运用。从意义上看，整个词表示行为的延续性。因此，这些词可以称为延续性动词。在功能上，这些词有屈折重叠的变化：既有词的内部语音的变化，又有整个词的重叠。屈折重叠的具体要求是：在整个动词重叠一次的同时，将在前的词根的韵母加以改变。这种情况正是我们所说的元音替换，通过替换元音，原来的动词的形态性明显增强，即其复杂度明显增强，因此这种元音替换表达了动量的增加。养蒿苗语中也存在这种情况。例如（李云兵，2003）：

ten^{31} 踩　　tu^{31}ten^{31} 乱踩

ma^{31} 砍　　mu^{31}ma^{31} 乱砍

ti^{33} 打　　tu^{33}ti^{33} 乱打

元音替换既能表达量多，也能表达量少。如石门坎苗语（李云兵，2003）：

nɦa^{31} 看　　nu^{55}nɦa^{31} 随便看看

nɦau^{35} 吃　　ni^{55}nɦau^{35} 随便吃吃

l̥u^{55} 换　　l̥i^{55}l̥u^{55} 随便换换

苗语黔东方言的形容词还有一种屈折重叠形式。例如（李云兵，2006）：

ta^{33} 厚　　tu^{33}ta^{33} 倒厚不厚的

ke^{53} 硬　　　　　　ku^{53}ke^{53} 倒硬不硬的

la^{55} 烂　　　　　　lu^{31}la^{31} 倒烂不烂的

pen^{35} 涩　　　　　　pu^{35}pen^{35} 驳杂不纯的涩味

这种屈折重叠也可以归入元音替换，是通过元音替换来表达量范畴，但所表达的不是量多，而是量少。

3.2.2.3　彝语元音替换表达量范畴

彝语中元音替换的现象很少，我们发现了一例：

ʑa^{33}ʑu^{55} 美丽

丁椿寿（1985：97）认为这是一个单纯词。那么这一例就很典型，与汉语叠韵联绵词属于同一类型，是通过元音替换来表达美的程度之高，是量范畴的表达。

3.2.2.4　水语元音替换表达量范畴

水语中有典型的元音替换现象。例如：

vaːŋ^{1} vaːu^{1} 高高的　　　　da^{3}dot^{7} 硬邦邦

tsjen^{6} tsjai^{2} 便宜　　　　laːu^{4} lan^{2} 大大的

m̥ai^{5}m̥eŋ^{3} 新新的　　　　ⁿdaːŋ^{1}ⁿdui^{1} 香喷喷

张均如（1980：27）认为，形容词后的这类后附音节，结构不固定，与形容词在语音上没有必然的有规律的联系，它本身也没有明确的意义，只是使形容词的意义有不同程度的加深。我们认为这是一种元音替换，表达的某种特征量的增加，是通过元音替换来表达量范畴。

3.2.2.5　侗语元音替换表达量范畴

侗语能够通过元音替换表达量范畴。据龙耀宏（2003：57），侗语的形容词后面可以加单音节或重叠音节的虚词素表示不同的情貌。例如：

təŋ^{53} 黑　　　　　　təŋ^{53} tum^{55} 乌黑

ma^{323} 软　　　　　　ma^{323}məp^{55} 柔软

通过元音替换，təŋ^{53}（黑）得到了一个程度较高的形式 təŋ^{53} tum^{55}（乌黑），ma^{323}（软）得到了一个程度较高的形式 ma^{323}məp^{55}（柔软）；元音替换实现了量范畴的表达。

3.2.2.6 布依语元音替换表达量范畴

布依语中有一类多音节单纯词，这种多音节单纯词的造词手段是元音替换。例如：

da:u^{1}di^{5} 星宿	mu^{ʔ7}man^{5} 灰尘
vu^{ʔ8}va:u^{2} 泡沫	li^{5}le^{4} 唢呐

喻翠容（1980：11）认为，这类多音节单纯词，词中的两个音节都没有意义，只能作为一个单位运用。布依语能够使用这种元音替换来表达量范畴。例如：

koŋ^{2} ŋe^{2} koŋ^{2}ŋa^{1} 痛苦呻吟	ta^{2}ði^{4}ta^{2}ðe^{4} 嘻嘻哈哈
呻吟拟声呻吟 拟声	摹状 摹状
^{ʔ}jɔ^{6ʔ}jɔ^{6ʔ}ja:u^{6ʔ}ja:u^{6} 呜呜哇哇	taŋ^{1}taŋ^{1}ta:n^{3}ta:n^{3} 蹦跳状
拟声　拟声	摹状　摹状

这里的语料引自李倩倩（2012：12-13）。李倩倩（2012：13）认为，这种四音格的重叠式表示语义的加深。可以认为，这里的重叠式是一种特殊的元音替换，如 koŋ^{2}ŋe^{2} koŋ^{2} ŋa^{1}（痛苦呻吟）中，仅对 koŋ^{2}ŋe^{2}（呻吟拟声）的后一个音节的元音进行了替换，所以形成了 koŋ^{2} ŋa^{1}（呻吟拟声）；而 ^{ʔ}jɔ^{6ʔ}jɔ^{6ʔ}ja:u^{6ʔ}ja:u^{6}（呜呜哇哇）中，则是对^{ʔ}jɔ^{6ʔ}jɔ^{6ʔ}（拟声）中的两个音节的元音都进行了替换，形成了一个新的音节^{ʔ}ja:u^{6ʔ}ja:u^{6}（拟声）。这里的元音替换的目的只有一个，就是传递更多的信息量，使表达更加形象逼真。

3.2.2.7 仡佬语元音替换表达量范畴

仡佬语能够通过元音替换来实现量范畴的表达。例如：

zu^{13} zen^{55} 白卡卡	zuɑ^{21} zen^{53} 酸溜溜
白 淡白状	酸 酸状
lɑŋ^{55} lɯ^{13} 黑冬冬	nɑn^{33} nu^{42} 胖敦敦
黑 暗状	胖 肥胖状
ntɑu^{33} ntu^{21} 密麻麻	ntɕu^{21} ntɕɑ^{55} 软绵绵
密 密状	绵软 绵软壮
lu^{33} li^{21} 疲沓沓	sa^{33} sei^{13} 笑眯眯
疲 疲沓状	笑 笑状

张济民（1993：149）认为，这种情况一般有三种处理意见，一种是看作形容词的后附加成分，一种是作为副词处理，一种是把它作为一个独立的词类看待。张济民（1993）就把这种情况处理为状词，李锦芳、徐晓丽（2004）认为是后附加成分，李霞（2009）认为是形容词的生动形式，马彪（2007）、袁善来（2011b）则认为状态词缀是一种介于构词词缀和构形词缀之间的词缀。本书的观点是，这种形式是典型的元音替换。对这些词语来说，通过变化前一个音节的元音，形成了一个新的音节结构，同时加长了原有的音节结构，并通过这种方式表达事物的性质变化为某种状态，表达了一种空间量，是典型的元音替换表达量范畴现象。

3.2.3　变调表达量范畴

3.2.3.1　汉语变调表达量范畴

汉语能够通过声调的变化来表达数量的变化。如在人称数量的变化上，汉语和汉语方言习惯采用在人称代词的后面加“们”“家”“吔”等的方式来表达人称的复数范畴（赵元任，1956：95-97；吕叔湘、江蓝生，1985：89；袁家骅等，1989：213；张惠英，2001：65-66），而实际上现代汉语方言中使用的人称代词复数表示法共有 4 类 24 种（李蓝，2008），其中有不少方言采用的是声调屈折，即变调的方式来表达单数和复数的不同。如陕西关中方言就是通过声调的变化来表达人称的单数和复数：

$ŋuo^{53}$ 我	$ŋuo^{32}$ 我们
ni^{53} 你	ni^{32} 你们
tha^{53} 他/她/它	tha^{32} 他们/她们/它们
$nian^{53}$ 近指的他/她/它	$nian^{32}$ 远指的他们/她们/它们

在陕西关中方言中，高降调的 $ŋuo^{53}$（我）、ni^{53}（你）、tha^{53}（他/她/它）、$nian^{53}$（远指的他/她/它）都表示人称的单数，低降调的 $ŋuo^{32}$（我们）、ni^{32}（你们）、tha^{32}（他们/她们/它们）、$nian^{32}$（远指的他们/她们/它们）都表示人称的复数。

这种变调现象在汉语其他方言中也同样存在。据甘于恩（1997），虽然王力、钱淞生曾提到在开平的“我”[ŋɔi]有两个声调，单数的“我”念成阴去[3]，“我们”则念成阳上[21]，但这种声调的屈折变化并不限于开平一点，粤语四邑话鹤山方言也有同样的情况：

	第一人称		第二人称		第三人称	
	单数	复数	单数	复数	单数	复数
雅瑶	ŋɔ^{33}	ŋɔ^{21}	nai^{33}	nai^{21}	khui^{33}	khui^{21}
沙坪	ŋɔ^{33}	ŋɔ^{21}	nei^{33}	nei^{21}	ky^{33}	ky^{21}

据何伟棠（1993：178），广州附近的增城城关话也有这种情况（转引自甘于恩，1997）：

	单数	复数
第一人称	ŋɔi^{13}	ŋɔi^{51}
第二人称	nei^{13}	nei^{51}
第三人称	khœ^{13}	khœ^{51}

惠州话也有这样整齐的变调（黄雪贞，1987）。例如：

	单数	复数
第一人称	ʿŋɔi	ŋɔiʾ
第二人称	ʿni	niʾ
第三人称	ʿkhy	khyʾ

如果按照黄雪贞（1987）的观点，惠州话应该属于客家话的一种方言，那么客家话也应该有这样的整齐变调。

3.2.3.2　苗语变调表达量范畴

苗语中也有变调，并能够通过变调的手段来表达“数”的语法范畴。李云兵（2003）描写了贵州境内一些苗语方言土语的变调情况。如表 3.1：

表 3.1　苗语代词的语音屈折变化

		石门坎苗语	养蒿苗语	野鸡坡苗语
第一人称	单数	ku^{55}	vi^{11}	kaŋ^{31}
	双数	a^{55}	o^{33}	pei^{31}
	多数	pi^{55}	pi^{33}	pei^{31}
第二人称	单数	dʑi^{31}	moŋ^{55}	ʒoŋ^{31}
	双数	ma^{31}	maŋ^{33}	men^{31}
	多数	mi^{31}	maŋ^{55}	men^{31}
第三人称	单数	ȵɦy^{35}	nen^{55}	neŋ^{55}
	双数	ȵa^{35}	mɛ^{33}	nen^{31}
	多数	ȵɦy^{35} dzau^{35}	mɛ^{55}	neŋ^{31}

李云兵（2003）认为，苗语的多数方言土语的人称代词都有语音屈折变化，只是有的较为全面，有的仅存于个别人称中间。我们通过上面的描写也能够发现，石门坎苗语、养蒿苗语、野鸡坡苗语的人称代词的语音屈折表现并不一致，有类似于汉语方言的情况，也有不同于汉语方言的情况。

3.2.3.3　彝语变调表达量范畴

彝语中也存在变调的情况。丁椿寿（1985：20/1991：37）指出，彝语的变调情况比较复杂，声调与声调之间都有互变现象，其中高平、中平、低降三个声调之间的互变现象较为多见，而中升调与其他三个调类的互变现象较少。据柳远超（2009：34-39），变调是彝语盘县方言的突出特点，如量词在数词后的变调，单音节形容词重叠不表示疑问时，重叠后会有变调发生。彝语形容词的重叠式能够表达疑问，但有的形容词重叠是为了表达不同的程度和状态。例如：

tsu^{55} 好	$tsu^{55}tsu^{22}$ 好好
po^{55} 忙	$po^{55}po^{22}$ 急忙
$ndzi^{55}$ 美	$ndzi^{55}ndzi^{22}$ 美好
vu^{22} 窄	$vu^{22}vu^{55}$ 窄窄的

这里的重叠，不仅仅是词语重叠的问题，还涉及变调。如果是单纯的重叠，其调值不发生变化时表示疑问；如果重叠后其中一个或两个音节发生变调，则表示一种状态（柳远超，2009：119）。因而，这里的变调是为了表达量的变化。

彝语能够通过变调来表达人称的数量变化。事实上，彝语中通过变调来表达人称的数范畴的情况比较普遍，较广泛地存在于彝语方言中（朱文旭，2005：277）。朱文旭（2005）中所收录的彝语方言词汇就记录了彝语方言中变调表达人称数量变化的情况。朱建新（2000）已经发现，在凉山彝语中，有通过变调来表达人称的单数、复数的情况，而且还可以通过变调表达双数的概念。例如：

第一人称			第二人称			第三人称		
单数	双数	多数	单数	双数	多数	单数	双数	多数
$ŋa^{33}$	$ŋɔ^{21}$	$ŋo^{21}$	$nɯ^{33}$	$n̡ɯ^{21}$	no^{21}	$tshl^{33}$	$tshl^{21}$	$tsho^{21}$

严格地说，凉山彝语第一人称、第二人称、第三人称的单数和双数的变化是通过变调完成的，但多数的变化则不仅使用了变调的手段，而且还使用了元音替换的手段。

3.2.3.4 水语变调表达量范畴

变调现象在水语中也很普遍。据倪大白（1982），水语能够通过声调的变化来区别不同的词类，如“名—动”，“名—形”，“动—形”等。例如：

lən^{2} 后面（名词）　　lən^{3} 后退（动词）

ȵoŋ^{6} 烂泥（名词）　　ȵoŋ^{2} 肥沃（形容词）

tjaŋ^{5} 过瘾（动词）　　tjaŋ^{1} 饱、醉（形容词）

目前我们没有看到有关水语通过变调来区别量范畴的论述，也没有发现水语通过变调来区别人称单复数的情况。其原因应该在于水语人称代词的单复数变化主要是通过不同的词汇形式实现的。例如：

ju^{2} 我　　^{n}diu^{1} 我们　　^{n}daːu^{1} 咱们

ȵa^{2} 你　　saːu^{1} 你们

man^{1} 他、他们

3.2.3.5 侗语变调表达量范畴

侗语变调可以表达量的变化。在侗语南部方言的指示代词中就有通过变调来区别近指的“那”和远指的“那”的现象。例如：

nai^{33} 这　　ȶa^{33} 那（近指）ȶa^{53} 那（远指）

虽然侗语北部方言的第一人称、第二人称有双数和多数之分；南部有些地方也有，即 mja^{22}（咱俩）和 ja^{35}（你俩）（龙耀宏，2003：105-106）；但侗语的人称代词却没有通过变调来表示单数和复数的变化，而是采用不同的词汇形式。如表 3.2：

表 3.2　侗族人称代词的方言差异

	第一人称			第二人称			第三人称		
	单数	双数	多数	单数	双数	多数	单数	双数	多数
北部方言	jau^{212}	ma^{22}	ȶau^{35}	ȵa^{22}	ja^{11}	ɕau^{35}	mau^{44}/mən^{22}		mau^{44}
南部方言	jau^{212}	mja^{22}	ȶiu^{55}/tau^{55}	ȵa^{212}	ja^{35}	ɕau^{35}	mau^{33}		ȶa^{33}mau^{33}

3.2.3.6　布依语变调表达量范畴

布依语通过变调来表达量范畴的情况不明显，以人称代词为例。如表 3.3 所列：

表 3.3　布依语人称代词单复数变化形式

第一人称		第二人称		第三人称	
单数	复数	单数	复数	单数	复数
ku^{1}	tu^{1} /zau^{2}	mɯŋ^{2}	su^{1}	ti^{1}	sau^{5} ti^{2} /kɯ^{2} ti^{1} /koŋ^{5}ti^{1}

据喻翠容（1980：33）、吴启禄（1992：117），布依语第一人称代词的复数形式分两种：排除式 tu^{1}（我们），包括式 zau^{2}（咱们）。布依族第三人称的复数，喻翠容（1980：33）认为有两种形式 tɕoŋ^{5}ti^{1} 或 sau^{5} ti^{2}；吴启禄（1992：117）则描写了三种形式 sau^{5} ti^{2}、kɯ^{2} ti^{1} 和 koŋ^{5}ti^{1}。喻世长（1956：13）所描写的贵州布依语中，人称代词的单数形式与喻翠容（1980）、吴启禄（1992）基本一致，但复数形式差别较明显。例如：

ku^{1} 我　　　xo^{3}zau^{2} 咱们　　　xo^{3}tu^{1} 我们

mɯŋ^{2} 你　　　xo^{3}su^{1} 你们

te^{1} 他　　　xo^{3}te^{1} 他们

就我们目前所看到的情况而言，还没有发现布依语通过声调变化来表达量范畴的典型情况。

3.2.3.7　仡佬语变调表达量范畴

仡佬语中有大量的变调。张济民（1993：26）发现，在大狗场仡佬语中，变调可以产生新的词义；这些由声调变化构成的新词，一般都是形容词。如下面的两组例子：

laŋ^{55} 黑　　　mpau^{33}laŋ^{55} 黑狗

laŋ^{13} 黑　　　zue^{33}laŋ^{13} 天黑

tshau^{55} 粗　　　sɯ^{33}tshau^{55} 粗布

tshau^{13} 粗　　　mpə^{21}tshau^{13} 糙米

这种情况在六枝牛坡仡佬语中也不少，是仡佬语的重要特征（张济民，1993：26）。变调形成不同的形容词，反映了这两个词在表达这种性质对主体的影响上的变化，即表达了关系度的变化，因此我们认为这种变调是一种量范畴的表达方式。

据张济民（1993：115），王怀榕、李霞（2007），贺嘉善（1981），仡佬语第一、第二、第三人称代词的单数与其复数没有什么联系，而是另外独立的三个词。但仡佬语方言中也有与汉语类似的情况。据李霞（2009：87），比工仡佬语的人称代词复数就是通过后加成分 na^{33} 构成的。而红仡佬语的人称代词则兼而有之，即第一人称是用不同的词汇形式表达单数和复数的变化，第二、第三人称则是通过加前缀的方式来表达单复数的变化（李锦芳、韩林林，2009）。因此，就我们目前所能掌握的材料来看，仡佬语中还没有发现用变调的手段来表达人称数的变化的现象。

第 4 章　量范畴的语序类型学研究

4.1　基本语序

简单地说，语序就是语言符号的排列顺序，基本语序就是语言符号的主要的排列顺序。但是要更准确地理解语序的含义，还需要我们对其中的“语言”和“符号”作进一步的具体分析。首先我们来分析“语言”这一对象。

大体来讲，我们使用“语言”这一词语最少能够指称四个对象：

语言指物种之间用来交际的符号系统，如人类的语言、大猩猩的语言、鸟类的语言等；

语言指人类社会的各个语言系统，如汉语、苗语、英语、缅甸语、印第安语、阿拉伯语、爱斯基摩语……世界上有大约 7000 多种这样的语言；

语言指人们运用自己的语言系统进行交际时所形成的各种片段，如“这篇作品的语言特色是……”“文学家的语言很丰富”中的“语言”；

语言指人们运用自己的语言系统进行交际的各种手段，如“外交家的语言能力都很强”中的“语言”。

“语序是语言符号的排列顺序”中的“语言”所指称的是第二种和第三种，即人类社会的各个语言系统和运用这种语言系统进行交际时所形成的各种片段。

接下来讨论“符号”的问题。皮埃尔•吉罗认为，符号是某种意愿的标志，它传播一种意义，即传播意识的一种意愿标志。[①]我们所说的语言符号，就是指人类社会的各个语言系统和运用这种语言系统进行交际时所形成的各种片段中的那些传播意识的符号。这些语言符号是成系统的符号；单个的符号，无论其有意义还是没有意义，还都不能称其为语言符号，

① 皮埃尔・吉罗《符号学概论》，怀宇译，四川人民出版社，1988 年，第 24 页。

只能笼统地称其为符号。这样的语言符号有三类基本形式：一类是视觉符号形式，一类是听觉符号形式，还有一类是触觉符号系统。视觉符号对应于各语言的文字系统和手语（sign language）系统，听觉符号对应于各语言的语音系统，触觉符号系统对应的是盲文符号。本书涉及的语言符号系统包括各语言的文字系统和语音系统，不包括手语（sign language）系统和盲文系统。

至此，我们可以对上面所提到的语序的定义进一步细化。本书所讨论的语序，是指人类社会的各个语言系统和运用这种语言系统进行交际时所形成的各种片段中的文字符号和语音符号的排列顺序。但是语序包含的层面很复杂，如音素与音素之间的语序，词与词之间的语序，短语与短语之间的语序，句子与句子之间的语序，段落与段落之间的语序……本书研究的语序仅限于词与词之间、短语与短语之间的语序。

在语言系统中，每个语言符号都不是一个单一的信息单位，它同时承担着不同的系统角色。如汉语“狗咬狗”这样的语序结构中，其中的“狗”是名词，“咬”是动词，“狗”可以出现的位置既可以在动词“咬”的前面，也可以在“咬”的后面。在“狗咬”这样的结构中，名词（N）“狗”出现在动词（V）“咬”之前，在“咬狗”这样的语序结构中，名词“狗”出现在动词“咬”之后。我们可以得到这样三个语序结构：NVN、NV和VN。从语言交际的角度看，“狗咬狗”“狗咬”“咬狗”传递的语义信息都不相同，因而“咬”前后位置上的“狗”，或者说“狗”在“咬”的前后位置上的意义并不相同。同时也要注意到，“狗咬狗”“狗咬”“咬狗”三个结构这种的“咬”意义也有差异。“狗咬狗”中的“咬”意义确定，是“撕咬”的意思；“狗咬”中的“咬”可能有两个意思，一个是“撕咬”，另一个则可能是“叫唤”的意思；“咬狗”中的“咬”也可能有两个意思，一个是“撕咬”，另一个则可能是“爱咬人”的意思[①]。因此对语序的分析应该关注语序成分的这种系统特质，并分别从不同的层面来具体展开。这里具体是指：①形式层面，即NVN、NV和VN这样的层面；②意义层面，即NVN、NV和VN

① 陕西关中有一句谚语：“咬狗不叫，叫狗不咬。”意思是说，咬人的狗不叫唤，叫唤的狗不咬人。其中“咬狗”中的“咬”“叫狗”中的“叫”词义都不是指称动作，而是指称某种特征，“咬”指称“咬人的特征”，“叫”指称“爱叫唤的特征”。

这样的语序结构可以表达哪些可能的语义。正是在这个意义上，语序又可以被分为显性语序和隐性语序；显性语序指语音系统和文字系统所形成的语序，即形式层面的语序；隐性语序则指语义系统的语序，即语义之间的可能组合。

对每一种语言来说，语序结构都有层级之分，也就是说，有些语序是具有决定性意义的，而其他一些语言结构则受其制约和影响，或者说蕴涵着某些语序存在的可能性。我们将这些具有决定性的语序称为基本语序，其他受其影响的语序则称为衍生语序。基本语序影响、制约或决定着衍生语序。

所谓基本语序，可能会涉及这样一个问题：在某种语言中，基本语序是不是该语言的发展演变中最先出现的语序？这一点，范晓（2001a）、（2001b）在讨论汉语的语序时指出，研究语序时要注意区别三种不同的语序，即句法语序、语义语序、语用语序，还要区别静态语序和动态语序。至于制约语序的因素，则区别“语序一般规则”的制约因素和“语序变动规则”的制约因素，制约“语序一般规则”的因素主要是逻辑因素、认知心理因素、语用表达因素、习惯因素，制约“语序变动规则”的因素主要有句法因素、语义因素、语用因素。虽然这些看法是针对汉语语序研究的，但对研究其他语言的语序也具有重要的借鉴意义。因此，在研究几种在一个地理区域内长期互相影响的语言的语序来说，应该从尽可能多的角度来进行研究，这样才能对其中的语序现象作出较为接近实质的分析和研究。

“基本语序是最先出现的语序”这样的看法，是从发生学的角度来判断什么是基本语序。但是即便是在发生学的层面上，我们也无法否定语言首先是用来交际的。这个交际包含两个方面：①与他人的交际；②与自我的交际。与他人交际很好理解，这也是我们经常谈到的交际方式。与自我的交际似乎难以理解，但这一点其实也并不难理解。因为作为交际的主体，每一个个体都在不断成长，不断发展；在这一成长发展过程中，个体的语言知识也在不断变化、发展，对语言系统中符号的处理能力、符号的排列能力等都在不断变化、发展，并进而影响了个体与他人的交际。因此，在交际层面，只要成功传递了信息的交际单位，就是一个基本的语言结构；这一结构中各个语言符号的排列顺序就可以称作基本语序。由此我们也可以得出这样的看法：基本语序可能不是一个，而可能是几个，是一个语序群，或者叫语序束。

4.1.1 汉语的基本语序

汉语属汉藏语系汉语族。汉语具有悠久的历史，但是今天的汉语已不是殷商时期甲骨文中所记录的那种语言，而殷商时期的语言也是从一种无文字时代的“原始汉藏语”发展出来的；从今天的藏缅、苗瑶、壮侗以及南部海外诸语言的相近似的结构模式以及一些同源词，还可以推断“原始汉藏语”又是从某一种原始语里发展出来的（马学良，2003：37）。

关于汉语的基本语序，目前有两种主要的意见。一种认为现代汉语普通话的语序是主一宾一动（SOV）；该观点是 Tai（1973）首倡，李讷、Snadara A.Thompson 等学者也持同样观点。例如：

我们作业已经交了。

大家今天的任务已经完成了。

即使在古汉语中，也有宾语在谓语之前的情况，即语序是 SOV。对于这种情况，汉语语法学界一般将其称为宾语前置。例如：

日月逝矣，岁不我与。（《论语·阳货》）

子贡问曰：“赐也何如？”（《论语·公冶长》）

吾何执？（《论语·子罕》）

金玉满堂，莫之能守。（《老子·第九章》）

相对立的观点认为，从古汉语发展到现代汉语，动词和宾语的词序并没有改变，汉语的语序是主一动一宾（SVO），只不过介词组（Prepositional Phrases）的位置以及动词对名词和副词的关系有所变化；这种观点以 Light（1981）为代表。例如：

项伯杀人，臣活之。（《史记·项羽本纪》）

我们已经交了作业。

我们已经完成了今天的任务。

刘丹青（2004）认为，在小句方面，先秦汉语以 SVO 为主，但不是纯粹的 SVO 型，而是并存着 SOV 类型。其多种受事前置是句法化的语序，不同于现代汉语的话题结构或把字句的受事前置，也不都同焦点相关。在介词方面，先秦以前置词为主，但不是纯前置词语言。前置词多有后置用法，这与它们来自动词、而当时还有句法性的 OV 语序有关。

如果仅从现代汉语的层面看，汉语言语现实中反映出的语序特征既不是纯粹的 SVO 型，也不是纯粹的 SOV 型，而是一种多基本语序型，即现代汉语的基本语序有三种：SVO，SOV，OSV。[①]也就是说，现代汉语的基本语序是一个基本语序群，或者说是基本语序束。例如：

我们交了作业了。(SVO)

我们作业交了。(SOV)

作业我们交了。(OSV)

而 SVO 和 SOV 则是古汉语中就已存在的两种基本语序。例如：

螭魅罔两，莫能逢之。(《左传·宣公三年》)

金玉满堂，莫之能守。(《老子·第九章》)

关于汉语的语序，戴浩一（1988）还提出了时间顺序原则（the principle of temporal sequence，简称为 PTS），即时间顺序原则在一条总原则下概括了大量的互不相干的语序规则，管辖着汉语中大多数可以定出句法规范的语序表现，它可以被看成是一条总的句法限制。例如：

他跳在马背上。

他在马背上跳。

这两个句子的不同点就在时间顺序上。“跳在马背上”是“跳”的动作在先，然后是动作的终点“马背上”，因而其语序表现为“跳在马背上”。而“在马背上跳”，则是动作的发出者已经“在马背上”了，然后才做出“跳”的动作，因而，语序为“在马背上跳”。

换个角度看，时间顺序原则和汉语的多语序原则在本质上并不冲突。因为，SOV、SOV 和 OSV 的差别也受到了时间顺序原则的作用。语言表达的内容总是处于时间和空间两个维度所构成的网络中，虽然空间和时间在某种意义上说都已受到了认知的作用，因而并非是纯粹自在自为的自然存在；但是认知对于时间的作用却相对大于对空间的作用，即在同一个时间

① 马学良（2003：8）指出，汉藏语系各语言的基本词序（即语序——本书作者注）有共同点，主语都在谓语前，但宾语的位置存在不同的类型，汉语、苗瑶语族、壮侗语族的是“主语+谓语+宾语”，而藏缅语族是“主语+宾语+谓语”。汉藏语系语序的这种整体特点给我们的启示是，汉语存在 SVO 和 OSV 两种基本语序并非没有语言发生学上的原因。关于汉语语序呈 SVO、SOV 和 OSV 多基本语序的具体论述，我们将会另文讨论。本书中暂不详细展开。

内，主体对空间内的某个对象可以先关注，也可以后关注，先关注的就可能先出现在语序中，后关注的则后出现在语序中；因而时间顺序原则会影响到语序的实际表现。

4.1.2 苗语的基本语序

苗语属汉藏语系苗瑶语族苗语支。国际语言学界也有认为苗语属其他语系，如澳亚语系、澳台语系、南亚语系（王辅世，1985；余金枝，2010），但是苗语具备汉藏语系语言的一般特点，如每个音节都有声调，语音的结合具有一定局限性，每个音节差不多都有词汇意义或语法意义，多音节的单纯词不多，苗语的声调系统和汉语完全相同，苗语和汉语有大量的同源词（王辅世，1985：3）。苗语的基本语序是主谓宾，即SVO。例如：

ta^{34}nen^{22}ntɕu^{44}ne^{31}. 蛇咬人。

蛇　咬　人

wu^{44}hæ^{35}ɕɔ^{54}. 他编草鞋。

他　编　草鞋

te^{35}mp^{h}ɑ^{44}nqɤ^{35}sa^{44}. 姑娘唱歌。

姑娘　　唱　歌

张永祥、曹翠云（1984）、贺又宁（1998）认为，苗语、汉语两种语言在主要成分的安排方面，遵循的原则是一致的，都按照“主谓宾”（SVO）的形式来安排。但是从语言的实际情况来看，现代汉语的基本语序是多基本语序，即SVO、SOV和OSV三种语序，因此苗语和汉语的基本语序还是有显著差异的。

4.1.3 彝语的基本语序

彝语是汉藏语系藏缅语族彝语支的一种语言，其基本语序为SOV。例如：

tɯ^{33}na^{21}mo^{2}. 他教你。

他 你 教

tʂaŋ^{55}miŋ^{21} sʊ^{21} ndu^{21} dʊ^{33} mo^{55}？① 张明打人了吗？

① “张明打人了吗？”“张明打死了李刚的牛。”引自翟会峰《三官寨彝语参考语法》，中央民族大学2011届博士学位论文，第203、205页。

张　明　人　打　完整 疑问

tʂaŋ^{55} miŋ^{21} li^{33} kaŋ^{55} bu^{13} n̥i^{33}ndu^{21}ɕi^{33} kao^{33}. 张明打死了李刚的牛。

张　明　李　刚　领属 牛　打　死　完成

4.1.4 水语的基本语序

水语属汉藏语系壮侗语族侗水语支，它与同语族的其他语言，尤其是侗语、毛难语、仫佬语有许多同源词，在音节结构、声调系统和语法等方面与同语族诸语言也有许多共同点（张均如，1980：2）。水语的语法、词汇跟同语族各语言基本一致，只有小的差异（马学良，2003：729）。水语的方言差别比较小，各地的语法构造差异也很小。①水语的基本语序是主谓宾，即 SVO。例如：

po^{53} tsjə^{11}kaŋ^{11}.② 牛吃草。

黄牛 吃　草

muə̣n^{24}qui^{35} muə̣n^{24}. 自己打自己。

猴子　打　猴子

man^{11}pa:i^{11}ta^{11}ho^{53}. 他去大河。

他　去　大 河

4.1.5 侗语的基本语序

侗语属汉藏语系壮侗语族侗水语支，其基本语序是主谓宾，即 SVO。例如：

mau^{44} me^{22} sam^{11} pu^{35} ko^{33} ja^{11} pu^{35} noŋ^{31}. 他有三兄两弟。

他　有　三　个 哥　两　个 弟

ma^{55} nai^{33} kwe^{212} jim^{212}. 这菜没盐。

菜　这　没　盐

jau^{22} me^{22} ji^{33} wa^{33} kwan^{35}. 我有一把斧头。

我　有　一　把　斧头

---

① 中国科学院少数民族语言调查第一工作队，《水语调查报告初稿》（油印本），1958 年，第 136 页。

② “牛吃草。”“自己打自己。”“他去大河。”引自韦学纯《水语描写研究》，上海师范大学 2011 届博士学位论文，第 321 页、第 324 页。

4.1.6 布依语的基本语序

布依语属汉藏语系壮侗语族壮傣语支，布依语跟同语族诸语言一样，其语序是“主语+谓语+宾语”（喻翠容，1980：2），即 SVO 语序。例如：

jiak⁷ ɣam⁵ lɯk⁸ ti¹. 客人问他儿子。

客人 问 儿子 他

daɯ¹ sɯːn¹ dam¹ pak⁷. 园子里种菜。

内 园子 栽种 菜

zau² miau³ tɯːn¹ vaŋ⁶ diak⁷. 咱们别说别人。

咱们 别 谈论 别人

ku¹ suan¹ mɯŋ² dan¹ sɯ¹ ti⁴ . 我教你那个字。

我 教 你 个 字 那

4.1.7 仡佬语的基本语序

关于仡佬语的系属性质，贺嘉善（1982/1983：2）指出，由于仡佬语在语音上和苗语接近，在语法上和壮语、布依语接近，在词汇上和苗语、壮语、布依语近似，所以人们心目中都认为仡佬语不属于苗瑶语族就属于壮侗语族。贺嘉善（1982/1983：2-8）从词汇和语法两个方面对仡佬语、壮语、傣语、侗语、黎语、苗语、瑶语等语言进行比较后认为，布依语属汉藏语系壮侗语族，但应是独立的一支——仡佬语支。陈其光在《中国语文概要》中也主张把仡佬语、拉基语、普标语等语言作为侗台语的一个语支，即仡佬语支（康忠德，2009：7）。

但是从实际的语言现象看，仡佬语存在两种基本语序，SVO 和 SOV，这一点和汉语有某种相似。据张济民（1993：248-249），仡佬语中有“主语+谓语+宾语”和“主语+宾语+谓语”两种结构顺序。“主语+谓语+宾语”的结构例如：

a³³ tsə²¹ tsə²¹ntɛ⁵⁵. 弟弟放牛。

发语词 弟 守 牛

xan¹³ tɛ³³ qhɑŋ⁵⁵ kɛ³³. 木匠修房子。

师 木 盖 房

mɒ^{21} pi^{55} luŋ^{55}. 妈妈缝衣服。

母 缝 衣

“主语+宾语+谓语”的结构，例如：

phɒ^{55} su^{33} u^{42} sɿ^{33} ŋku^{33} ɯ^{55}pɒ^{13} haŋ^{55}ə^{42}. 他父亲一口水都喝不成。

父 他 一 口 水 得 喝 不

su^{33} i^{42} mei^{55} nɑ^{21} tu^{33} mɛ^{21} ə^{42}. 我什么东西都不要。

我 物 何 都 要 不

mu^{21} tshɒ^{33} hɑu^{13} ntɛ^{55} ɯ^{55}ȵɒ^{55}ten^{55}mu^{33}. 你快把小水牛牵来。

你 快 把 牛 水 小 牵 来

张济民（1993：249）认为，宾语提到谓语动词前面有两种方式：一是使用连介词 hɑu^{13}、mɑn^{33}（把）提前宾语，二是利用否定句中副词“tu^{33}……ə^{42}”（都……不）这种较固定的格式把宾语提前。但是从语言现象看，张济民（1993）所说的 SOV 内部并不一致。其中的“phɒ^{55} su^{33} u^{42} sɿ^{33} ŋku^{33} ɯ^{55}pɒ^{13} haŋ^{55}ə^{42}”（他父亲一口水都喝不成）、“su^{33} i^{42} mei^{55} nɑ^{21} tu^{33} mɛ^{21} ə^{42}”（我什么东西都不要）的语序是严格的 SOV，但“mu^{21} tshɒ^{33} hɑu^{13} ntɛ^{55} ɯ^{55}ȵɒ^{55}ten^{55}mu^{33}”（你快把小水牛牵来）中用介词 hɑu^{13}（把）将宾语 ntɛ^{55} ɯ^{55}ȵɒ^{55}（小水牛）提到了动词之前，因此其语序则应该是 SVO。

4.2 数词的语序

4.2.1 数词的语序表现

4.2.1.1 汉语数词的语序

汉语数词的使用有一定的大小顺序。十以内的数字，如果两个数字连用表示概数时有两种语序，“小数+大数”和“大数+小数”。“小数+大数”的情况。例如：

一两个 两三个 三四个 四五个 六七个

七八个 八九个 三五朵 五七条

“大数+小数”的情况较少。例如：

三两个 三两条

大于十的数字，按照位数的高低，以“高位+低位”的语序嵌套排列。例如：

一万四千五百二十六　　三百四十五万六千七百八十三

万儿八千　　千儿八百

大于十的数字，如果表示概数时，连用的数字则有四种情况，“位数+小数+大数”“小数+大数+位数”“小数+位数+大数+位数”“大数+位数+小数+位数”。“位数+小数+大数”的情况。例如：

十一二　　十三四　　十四五　　十五六

“小数+大数+位数”的情况。例如：

三五十　　五六百　　七八千　　八九万

“小数+位数+大数+位数”的情况。例如：

三百五百　五千六千　七万八万

“大数+位数+小数+位数”的情况较少。例如：

十万八万

数词重叠式的语序也有两种，“小数重叠式+大数重叠式”和“大数重叠式+小数重叠式”。“小数重叠式+大数重叠式”的情况。例如：

五五六六　七七八八　八八九九　千千万万

“大数重叠式+小数重叠式”的情况。例如：

三三两两　万万千千

从具体表现来看，汉语数词的语序表现非常复杂。但总体来看，汉语的数词排列的语序可以归纳为两种：“大数+小数”和“小数+大数”。

4.2.1.2　苗语数词的语序

苗语数词的使用有一定的语序。十以内的数字，如果两个数字连用表示概数时，其语序是“小数+大数”，但苗语可连用的数字比汉语多。两个数字连用的情况。例如：

ɯ^{35}pu^{35}le^{35}　两三个　　pu^{35}plei^{35}le^{35}　三四个

二 三 个　　三 四 个

plei^{35}plɑ^{35}le^{35} 四五个　　plɑ^{35}tɔ^{54}le^{35} 五六个

四 五 个　　五 六 个

两个以上的数字连用。例如：

plei^{35} plɑ^{35} ʈɔ^{54} le^{35} 四五个或五六个

四　五　六　个

plɑ^{35} ʈɔ^{54} tɕuŋ^{42} le^{35} 五六个或六七个

五　六　七　个

plɑ^{35} ʈɔ^{54} tɕuŋ^{42} ʑi^{22} le^{35} 五六个或七八个或八九个

五　六　七　八　个

苗语十以上的数字，按照“高位+低位”的顺序嵌套排列。例如：

ɯ^{35} pa^{54} ɯ^{35} ku^{22} ɯ^{35}　二百二十二

二　百　二　十　二

ɯ^{35} pa^{54} ɯ^{35} ku^{22} ɯ^{35} wæ^{35}　二百二十二万

二　百　二　十　二　万

苗语数词的语序可以归纳为“小数+大数”。

4.2.1.3　彝语数词的语序

彝语中十以内的数词连用表示概数时，其语序是“小数+大数”。例如：

lɪ^{21}ŋo^{22} 四五　　　　sɯ^{21} lɪ^{21}ŋo^{22} 三四五

四五　　　　三四五

lɪ^{21}ŋo^{22}ts'u^{2}ɕi^{55} 四五六七

四五 六七

t‘a^{21}ȵi^{55} k‘u^{33} 一两口①　　　　ȵi^{55}sɯ^{33}lɯ^{33} 几个

一　两　口　　　　二　三　个

如果是大于十的数词表示概数时，其语序是“位数+小数+大数”。例如：

tɕ'ɪ^{21}ȵɪ^{55}sɯ^{22} 十二三

十　二　三

彝语数词重叠式的语序是“小数重叠式+大数重叠式”。例如：

tʊ^{33}tʊ^{33}mi^{33}mi^{33} 千千万万②

千　千　万　万

① “一两口”“几个”引自丁椿寿《黔滇川彝语比较研究》，贵州民族出版社，1991 年，第 177 页。

② 该语料引自丁椿寿《彝语通论》，贵州民族出版社，1985 年，第 104 页。

我们将彝语数词的语序归纳为“小数+大数”。

4.2.1.4 水语数词的语序

水语数词的使用有一定语序。十以上的数词，其语序是按照“高位+低位”的顺序嵌套排列。例如：

haːm¹ faːn⁶ ʈu³ ɕen¹ ɕi⁵ pek⁷ 三万九千四百

三 万 九 千 四 百

ti³ faːn⁶ lin⁴ ti³ pek⁷ 一万零一百

一 万 零 一 百

如果使用十以内的数词表示概数时，其语序是“小数+大数”。例如：

ɣa²haːm¹ai³ 两三位　　　　ti³ ɣa² to² 一两只

两 三 位　　　　一 两 只

大于十的数字，如果表示概数时，连用的数字则也有两种情况。一种是“位数+小数+大数”。例如：

sup³¹ ɕət⁵⁵ paːt³¹ 十七八[①]

十 七 八

一种是“小数+大数+位数”。例如：

ȵi²⁴ haːm¹¹ sup³¹ faːn²⁴ 二三十万

二 三 十 万

我们将水语数词的语序归纳为“小数+大数”。

4.2.1.5 侗语数词的语序

侗语用十以内的数词来表示概数时，其语序是“小数+大数”。例如：

si⁴⁵³ŋo³¹ʈən⁵⁵ 四五斤

四 五 斤

大于十的数，其表达概数时，语序为“小数+大数+位数”。例如：

ljok³¹sət³⁵pek³²³muŋ³¹ 六七百人

六 七 百 人

十以上的数词，其语序是按照“高位+低位”的顺序嵌套排列。例如：

ʔi⁵⁵wen³³ ʔi⁵⁵ sin³⁵ ʔi⁵⁵ pek³²³ ʔi⁵⁵ ɕəp²¹ ʔət⁵⁵ 一万一千一百一十一

---

① 水语的“十七八”和“二三十万”引自韦学纯（2011：269）。

一 万　一　千 一 百　一 十　一

ja^{212}wen^{33}ja^{212}sin^{35} ja^{212}pek^{323} ja^{212} ɕəp^{21} ȵi^{33} 二万二千二百二十二

二 万　二　千 二　百　二　十　二

侗语数词重叠的语序是“小数重叠式+大数重叠式”。例如：

sin^{35}sin^{35}wen^{33}wen^{33} 千千万万

千　千　万　万

我们将侗语数词的语序归纳为“小数+大数”。

4.2.1.6　布依语数词的语序

布依语使用十以内的数词表达概数时，其语序是“小数+大数”。例如：

si^{5} ɣa^{3} pi^{1} 四五年　　　　piat^{7}ku^{3}pai^{2} 八九次

四 五 年　　　　八 九 次

大于十的数，其表达概数时，语序为“小数+大数+位数”。例如：

saːm^{1}si^{5}tsip^{8} pi^{1} 三四十年

三　四 十 年

十以上的数词，其语序是按照 “高位+低位”的顺序嵌套排列。例如：

ȵi^{6}tsip^{8}it^{7} 二十一　　paː^{ʔ7}it^{7} 一百一十①

二 十 一　　　　百 一

我们将布依语数词的语序归纳为“小数+大数”。

4.2.1.7　仡佬语数词的语序

仡佬语十以内的数词是按照由小到大的顺序排列，但从十一到十九的表示法比较特殊。据张济民（1993：120-121），仡佬语的十一到十九的表示法是“小数+nen^{33}（个）+大数”。例如：

sɿ^{33}nen^{33}pɑn^{13} 十一　　　　su^{33}nen^{33}pɑn^{13} 十二

一　个　十　　　　二 个　十

nɑŋ^{33}nen^{33}pɑn^{13} 十六　　　　sə^{13}nen^{33}pɑn^{13} 十九

六　个　十　　　　九 个　十

在表示十一至十九的时间词时，中间的 nen^{33}（个）可以换成 plei^{33}（年）、thu^{33}（月）、sen^{33}（日）。例如：

① “三四十年”“二十一”“一百一十”这三例引自喻翠容（1980：27）。

mpu³³plei³³pan¹³ 十五岁

五 年 十

su³³thu³³pan¹³ 十二个月

二 月 十

ɕi¹³sen³³ pan¹³ 十七天

七 日 十

百位以上任何带有十一至十九的尾数时，仍然要遵循这个规律。例如：

su³³tɕen³³ta³³nen³³pan¹³ 二百一十三

二 百 三 个 十

ta³³tɯ¹³lin²¹zua⁵⁵nen³³pan¹³ 三千零一十八

三 千 零 八 个 十

仡佬语表示二十以上的数词时，采用“高位+低位”的嵌套排列法。例如：

ta³³tɕen³³pu³³ 三百四十 zua⁵⁵ŋkui²¹ɕi¹³ 八万七千

三 百 四 八 万 七

仡佬语能够使用两个相连的数词来表示概数（贺嘉善，1983；王惠良，1987；张济民，1993；康忠德，2009）；但是表示概数时的语序有两种：顺序和逆序（贺嘉善，1983；张济民，1993）。顺序即“小数+大数”。如平坝仡佬语：

su³³ ta³³ thu³³ ni²¹ thɯ³³ mei³³ zau⁵⁵ ntə⁴².

二 三 月 这 下 雨 龙 未

这两三个月未曾下雨。

mu²¹ thu³³ ni²¹ ɕi¹³ zua⁵⁵ hu³³ vu⁴² sen³³ mpə²¹.

你 月 这 七 八 日 去 买 粮

这个月初七八日去买粮。

逆序即“大数+小数”。如平坝仡佬语：

sen³³ ni²¹ su³³ u⁴² su³³ xen³³ qaŋ⁵⁵ pa⁴²，mu³³ ta³³ su³³ pan¹³ xen³³ qhɛ¹³.

日 这 他 二 位 吃 酒 来 三 二 十 位 客人

今天他俩结婚，来了二三十位客人。

因此，我们将仡佬语数词的语序归纳为两种：“小数+大数”和“大数+小数”。

4.2.2　数词的语序共性

上文的分析能够看出，汉语与苗语、彝语、水语、侗语、布依语、仡佬语的数词语序的共同点在于，都有“小数+大数”的语序。不同之处在于，汉语和仡佬语还存在另一种“大数+小数”的语序，这种语序在其他语言中没有见到。其中原因可能和基本语序相关，因为汉语和仡佬语的基本语序都是多语序的，因而其数词能够有两种相反的语序。

4.3　数词与量词的语序

4.3.1　数词与量词的语序表现

4.3.1.1　汉语数词与量词的语序

汉语数词和量词的语序是“数词+量词”。例如：

一张纸　　两条狗　　三片肉　　四只鸡　　两座桥

来三次　　走两遍　　看一下　　等一回　　打三拳

4.3.1.2　苗语数词与量词的语序

苗语数词和量词的语序是“数词+量词”。例如：

$a^{44}ʈɯ^{44}pen^{31}$ 一朵花　　　　a^{44} $le^{35}plɯ^{44}$ 一所房子

一　朵　花　　　　一　个　屋

$pl^{h}æ^{35}$ a^{44} $kɑŋ^{54}$ 刮一阵　　　　$lɔ^{22}a^{44}$ wa^{31} 来一次

刮　　一　阵　　　　来　一　次

4.3.1.3　彝语数词与量词的语序

彝语数词和量词的语序是“数词+量词”。例如：

$bu^{21}sɯ^{22}tɕð^{22}$ 三座山　　　　$mu^{22}sɯ^{22}dʑð^{22}$ 三匹马

山　三　座　　　　马　三　匹

ta^{21} $dɒ^{21}dzʊ^{22}$ 吃一顿　　　　$ta^{21}hð^{21}ndu^{21}$ 打一下

一　顿　吃　　　　一　下　打

$ȵɪ^{55}$ bu^{51} mu^{51} 吹两口

二　口　吹

4.3.1.4　水语数词与量词的语序

水语数词和量词的语序是“数词+量词”。例如：

ɣa^{2}　iu^{3}faːn^{6} 两绺线　　　　haːm^{1} ai^{3} zən^{1} 三个人

二　绺　线　　　　三　位　人

ˀniŋ^{35}ti^{33} phja^{33} 看一次　　　　qui^{35}ti^{33} phja^{33} 打一次

看　一　次　　　　打　一　次

4.3.1.5　侗语数词与量词的语序

侗语数词和量词的语序是“数词+量词”。例如：

sam^{35}tɐi^{33}taŋ^{212} 三口袋糖　　　　ʔi^{55}ȵɐm^{55}ʔiu^{323} 一把蕨菜

三　袋　糖　　　　一　把　蕨菜

nu^{53}ʔi^{35}ta^{55} 看一眼　　　　ȶhik^{13}　ʔi^{35} tin^{55} 踢一脚

看　一　眼　　　　踢　一　脚

4.3.1.6　布依语数词与量词的语序

布依语数词和量词的语序有三种。一种是“数词+量词”。例如：

si^{5} toŋ^{3}zam^{4} 四桶水　　　　ɣa^{3} dan^{1}tsa^{1} 五个碗

四　桶　水　　　　五　个碗

ŋoŋ^{6}suaŋ^{1} ta^{1} 看两眼　　　　kwa^{1}saːm^{1} pai^{2} 抓三次

看　两　眼　　　　抓　三　次

saːm^{1} pai^{2} kwaːt^{7} 扫三次

三　次　扫

一种是“量词＋数词”。例如：

ȵi^{1}pai^{2}diau^{1} 听一次　　　　ti^{2} tan^{5} diau^{1} 打一顿

听　次　一　　　　打　顿　一

ɣap^{8} paːˀ^{7} diau^{1} 咬一口

咬　口　一

一种是量词和数词并不相连，而是由名词隔开，但量词还是出现在数词之前，即“量词＋名词＋数词”。例如：

tu²mu¹diau¹ 一头猪　　　　baɯ¹sa¹diau¹ 一张纸
只 猪 一　　　　张 纸 一

4.3.1.7　仡佬语数词与量词的语序

仡佬语数词和量词的语序是“数词+量词”。例如：

mpu³³ phɑn¹³tɑu³³ 五本书　　　　sɿ³³qɑn¹³qen³³ 一条路
五　　本　书　　　　一　条　路
vɑŋ⁵⁵sɿ³³ tsɒ²¹ 打一顿　　　　tɛ⁵⁵tɑ³³thɑu⁵⁵ 砍三刀
打　　一　顿　　　　砍　三　刀

4.3.2　数词与量词的语序共性

本书所比较的七种语言，即汉语、苗语、彝语、水语、侗语、布依语、仡佬语，数词和量词（包括名量词和动量词）语序的共性特征是“数词+量词”。其中比较特殊的是布依语，因为布依语的量词还有另外两种语序，“量词＋数词”和“量词＋X＋数词”。实际上，这两种特殊语序也有共同之处，即量词都在数词之前，因而也可以看成是一种情况，即“量词＋数词”，而且其共同特征是结构中的数词为 diau¹（一）。对于这种语序的成因，目前还缺少应有的研究。

4.4　数词、量词、名词的语序

4.4.1　数词、量词、名词的语序表现

4.4.1.1　汉语数词、量词、名词的语序

汉语数词、量词、名词的语序有两种。一种是“数词+量词+名词”。例如：

两张纸　　三条狗　　五片肉　　两只鸡　　三座桥

另一种语序是“名词+数词+量词”。例如：

纸两张　　狗三条　　肉五片　　鸡两只　　桥三座

4.4.1.2　苗语数词、量词、名词的语序

苗语数词、量词、名词的语序有两种。一种是“数词+量词+名词”。例如：

plei^{35} men^{22} tsɔ^{42} 四位人　　a^{44} ŋuŋ^{22} ta^{35} qwɯ^{44} 一条狗

四　位　人　　一　条 助词 狗

另一种比较特殊的语序是“量词+名词+数词”。例如：

a^{44}ntu^{54}wu^{35}a^{44}na^{42}mæ^{22}qwen^{44}a^{44}！

那 条 河　一 那　么　宽　啊

那一条河那么宽啊！

4.4.1.3　彝语数词、量词、名词的语序

彝语数词、量词、名词的语序只有一种，即“名词+数词+量词”。例如：

pi^{2} ta^{21}ŋo^{22} 一支笔　　su^{22}sɯ^{22}hʊ^{22}pɯ^{33} 三百本书

笔一支　　书　三　百　本

4.4.1.4　水语数词、量词、名词的语序

水语数词、量词、名词的语序只有一种，即“数词+量词+名词”。例如：

ɕi^{5} to^{2} tak^{8} kui^{2} 四只公牛　　ti^{3}sum^{5}dwa^{1} 一撮盐

四 只公 水牛　　一 撮 盐

4.4.1.5　侗语数词、量词、名词的语序

侗语数词、量词、名词的语序只有一种，即“数词+量词+名词”。例如：

sam^{35}pən^{323}le^{212} 三本书　　si^{453}ȶiu^{212}məi^{31} 四棵树

三　本　书　　四 条　树

4.4.1.6　布依语数词、量词、名词的语序

布依语数词、量词、名词的语序有两种。一种是当数词为 diau^{1}（一）时，其语序为“量词＋名词＋数词”。例如：

tu^{2}mu^{1}diau^{1} 一头猪　　baɯ^{1}sa^{1}diau^{1} 一张纸

只　猪　一　　张　纸　一

另一种是当数词为 diau^{1}（一）以外的其他数词时，其语序为“数词+量词+名词”。例如：

si^{5} toŋ^{3} zam^{4} 四桶水　　ɣa^{3} dan^{1} tsa^{1} 五个碗

四 桶　水　　五 个 碗

4.4.1.7　仡佬语数词、量词、名词的语序

仡佬语数词、量词、名词的语序只有一种，即“数词+量词+名词”。例如：

mpu³³ phan¹³ tau³³ 五本书　　sʅ³³qan¹³ qen³³ 一条路

五　本　书　　　　一　条　路

4.4.2　数词、量词、名词的语序共性

本书所比较的七种语言，即汉语、苗语、彝语、水语、侗语、布依语、仡佬语，其数词、量词、名词的语序的共性特征是“数词+量词+名词”。

语序较特殊的是汉语、苗语和布依语。

汉语中有“数词+量词+名词”和“名词+数词+量词”两种语序，其中“数词+量词+名词”语序适应的语境很广泛；“名词+数词+量词”出现的语境则往往很单一，而且往往能够被“数词+量词+名词”这一语序所替代；但是“数词+量词+名词”语序却不能被“名词+数词+量词”语序替代。

苗语的语序也有两种：“数词+量词+名词”和“量词+名词+数词”。前者是优势语序，后者则是劣势语序，极少见到。

布依语也有两种语序，即“数词+量词+名词”和“量词＋名词＋数词”。二者的区别是：当数词是“一”时，语序为“量词＋名词＋数词”；数词为“一”以外的其他数词时，语序为“数词+量词+名词”。

对于这种语序表现，我们认为可能和基本语序相关，因为汉语的基本语序有三种，这可能是汉语数词、量词、名词语序多样化的原因。但苗语和布依语的基本语序只有一种，它们的数词、量词、名词语序的多样化可能还另有原因，还需要进一步的研究。

4.5　数词、量词、动词的语序

4.5.1　数词、量词、动词的语序表现

4.5.1.1　汉语数词、量词、动词的语序

汉语数词、量词、动词的语序有两种。一种是“动词+数词+量词”。例如：

来一次　　走一遍　　看一下　　等一回　　打一拳

另一种语序是“数词+量词+动词”，例如：

一次来　　一遍走　　一下看　　一回等　　一拳打

4.5.1.2　苗语数词、量词、动词的语序

苗语数词、量词、动词的语序只有一种，即“动词+数词+量词”。例如：

hwe^{54} a^{44} tɔ^{35} 走一趟　　　　pʰu^{44} a^{44} pʰa^{31} 说一回

走　一　趟　　　　说　一　回

4.5.1.3　彝语数词、量词、动词的语序

彝语数词、量词、动词的语序有两种。一种是“数词+量词+动词”。例如：

sɯ^{33}dzo^{22}t'ð^{21} 跑三趟　　　　sɯ^{33}hð^{22}ndu^{21} 打三下

三　趟　跑　　　　三　次　打

另一种是“动词+数词+量词”的情况。例如：

ŋa^{33} khɯ^{33} ɕi^{55} tshɿ^{21} lɔ^{33} bɿ^{44} o^{44}.① 我被狗咬了一口。

我　狗　咬　一　下　给　了

4.5.1.4　水语数词、量词、动词的语序

水语数词、量词、动词的语序只有一种，即“动词+数词+量词”。例如：

pa:i^{11}ti^{33}phja^{33} 去一次　　　　pa:i^{11}ti^{33}lan^{35} 去一回

去　一　次　　　　去　一　回

4.5.1.5　侗语数词、量词、动词的语序

侗语数词、量词、动词的语序只有一种，即“动词+数词+量词”。例如：

pai^{55}sam^{35}ɕon^{33} 去了三趟　　　　pai^{55}ja^{212}ɕon^{33} 去两次

去　三　次　　　　去　两　次

4.5.1.6　布依语数词、量词、动词的语序

布依语数词、量词、动词的语序有三种。一种是“动词+数词+量词”。例如：

ŋoŋ^{6} suaŋ^{1} ta^{1} 看两眼　　　　kwa^{1} sa:m^{1} pai^{2} 抓三次

---

① 该语料引自陈士林等《彝语简志》，民族出版社，1985年，第119页。

看　两　眼　　　　　　　抓　三　次

一种是“数词＋量词＋动词”。例如：

sa:m^{1} pai^{2} kwa:t^{7} 扫三次

三　次　扫

还有一种“动词+量词+数词”。例如：

tuai^{5} tɕin^{4}tau^{4} ^{ʔ}diau^{1} 打一拳①　　pai^{1}jam^{5}lə^{3} 走一步

打　锤托　一　　　　　　走　步　一

4.5.1.7 仡佬语数词、量词、动词的语序

仡佬语数词、量词、动词的语序有两种。一种是“动词+数词+量词”。例如：

vɑŋ^{55} sɿ^{33} tsɒ^{21} 打一顿　　　　tɛ^{55} tɑ^{33} thɑu^{55} 砍三刀

打　一　顿　　　　　　　砍　三　刀

i^{42} vu^{42} pɒ^{13} sɿ^{33} vɑn^{21} ntə^{42}. 我没有去过一次。

我　去　得　一　次　未

另一种语序是“数词+量词+动词”。例如：

i^{42} sɿ^{33} vɑn^{21} vu^{42} pɒ^{13} ntə^{42}. 我一次也没有去过。

我　一　次　去　得　未

4.5.2 数词、量词、动词的语序共性

本书所比较的七种语言，即汉语、苗语、彝语、水语、侗语、布依语、仡佬语，数词、量词、动词语序的共性特征是“动词+数词+量词”。而语序特殊的有汉语、彝语、布依语和仡佬语。

汉语有两种语序，一种是“动词+数词+量词”，一种是“数词+量词+动词”；但是“动词+数词+量词”的独立性强，“数词+量词+动词”的独立性弱，一般需要依赖更大的语境，不能单独成句。

布依语有三种语序：“动词+数词+量词”“数词＋量词＋动词”“动词+量词+数词”。三种语序中，“动词+数词+量词”的适应面最广，“数词＋量

① “打一拳”和“走一步”这两例引自王文艺《布依语与汉语量词比较》，贵州省布依学会、安顺地区民委编，布依学研究，贵阳：贵州民族出版社，2004 年。

词+动词”非常少见，“动词+量词+数词”则是当数词为“一”时才采用的一种语序。

彝语的“数词+量词+动词”语序在汉语和布依语也可见到。不同之处在于，在彝语中，这一语序的独立性较强；在汉语和布依语中，这一语序的独立性较弱。彝语的“动词+数词+量词”在汉语和布依语中也能见到；但在彝语中，这一语序的限制性较大，而汉语和布依语中，这一语序的限制性却较小。据陈士林等（1985：119）研究，在被动句中，数量短语可以出现在动词之后。因此也可以说，彝语的“动词+数词+量词”语序是一种有标记的语序。

仡佬语的两种语序“动词+数词+量词”和“数词+量词+动词”中，从语料呈现的层面看，“动词+数词+量词”较为常见，而“数词+量词+动词”较为少见。

显然，我们所比较的几种语言中，数词、量词、动词的语序多类型要多于数词、量词、名词的语序类型，其语序表现更为复杂。

4.6 形容词与名词的语序

4.6.1 形容词与名词的语序表现

4.6.1.1 汉语形容词与名词的语序

汉语形容词和名词的语序要分为两类情况讨论。一类是形容的原形式与名词的语序；另一类是形容词的重叠式与名词的语序。

形容词非重叠式和名词的语序有两种。一种是“形容词+名词”；这种情况下，形容词是名词的修饰语。例如：

圆脸　高山　大树　深海　厚书

漂亮衣服　著名作家　干净房间

另一种则是“名词+形容词”；这种情况下，形容词是名词的陈述成分。例如：

脸圆　山高　树大　海深　书厚

衣服漂亮　作家著名　房间干净

形容词重叠式和名词的语序与形容词非重叠式和名词的语序相同，也有两种情况。一种是“形容词重叠式+名词”，其中的形容词是修饰限制名词，而且结构中一般需要结构助词“的”，这样才是合格的结构。例如：

高高的树　　厚厚的书　　漂漂亮亮的衣服　　干干净净的教室

但也有可以不用“的”的情况。例如：

圆圆脸　　乖乖女　　帅帅虎

另一种是“名词+形容词重叠式”，其中的形容词重叠式是对名词的陈述或描述，重叠式的后面有时需要助词“的”，有时不需要。例如：

脸圆圆的　　树高高的　　衣服漂漂亮亮　　教室干干净净

4.6.1.2 苗语形容词与名词的语序

苗语形容词修饰名词的语序是“名词+形容词”。例如：

paŋ^{55}ɕo^{53} 红花①　　　　u^{55} xhi^{33} 新衣服

花　红　　　　衣服 新

对于能够指称名词的名量词，由于其词性是体词性的，因而受形容词修饰时，其语序也是“量词+形容词”。

tɛ^{11}ʐu^{44} 小的　　　　tɕo^{55}ta^{35} 长的

个 小　　　　条 长

在数量短语中，如果有形容词修饰名词，其语序是“名词+形容词”。例如：

a^{44} le^{35} ne^{31}qɔ^{54} nen^{44} 这个老人

一 个 人 老 这

a^{44} men^{22} ne^{31} qɔ^{54} nen^{44} 这位老人

一　个　人　老 这

a^{44} le^{35} plɯ^{44} mɑ^{31} ɭɔ^{31} 一所大房子

一 个　屋（*）大②

a^{44} le^{35} plɯ^{44} mɑ^{31} ɕu^{35} 一所小房子

一 个　屋（*）小

① “红花、新衣服、小的、长的”这六例引自王辅世《苗语简志》，民族出版社，1985 年，第 60-61 页。

② 一所大房子”“一所小房子”例见罗安源（2005：45），其中的 mɑ^{31} 是一个相当活跃的冠词，下面对应的（*）表示是冠词（罗安源，2005：11-12）。下同。

苗语形容词和名词还有一种语序，即“形容词＋名词”；这种语序中，形容词是陈述名词的某种状况或特点，名词是形容词的宾语。例如：

ntɕʰin^{54}pen^{31}qwa^{31} 桃花红　　　　zʯu^{54}ten^{35} 地方好

红　花　桃　　　　　　　　好 地方

罗安源（2005：30）把这种情况称作“前谓语＋后主语”，认为其中的“ntɕʰin^{54}（红）”和“zʯu^{54}（好）”是表述成分，而“pen^{31}qwa^{31}（桃花）”和“ten^{35}（地方）”则是被表述的成分。

苗语的形容词可以重叠，重叠后表示量的增加或程度的加深。形容词重叠后，一般只能出现在修饰语的位置上，因而其语序为“名词＋形容词”，但是重叠式的后面有时需要加一个 nɑŋ^{44}（的），有时也可以不加。例如：

tɕuŋ^{35}a^{44} ŋuŋ^{22}pɑ^{44}qwɯ^{44}ɭɔ^{31}ɭɔ$^{31'}$ ^{13}nɑŋ^{44}.

牵　一　条　公　狗　大　大　的

牵一条大大的公狗。

haŋ^{53}ɛ^{33}mɛ^{31}tɕo^{31}e^{33}faŋ^{53}faŋ^{53}.①

里　那 有 条　河 宽　宽

那里有一条稍微宽一些的河。

lɛ^{33}tsɛ^{35}xhi^{33}xhi^{33}ɛ^{33}.

个 房　高 高 那

那座高高的房子。

4.6.1.3　彝语形容词与名词的语序

彝语形容词修饰限制名词时的语序比较复杂。据翟会峰（2011：83-84）关于彝语形容词的描写，彝语形容词修饰限制名词时的语序可以分为三种情况。②彝语单音节形容词修饰限制名词时，其语序为“名词+形容词”。例如：

vei^{33}ʈhu^{33} 白花　　　　ɬu^{55}na^{33} 黑裤子

花　白　　　　　　裤子 黑

双音节形容词修饰名词时，语序是“形容词+名词”。例如：

① “那里有一条稍微宽一些的河”和“那座高高的房子”两例引自李云兵《苗语重叠式的构成形式、语义和句法结构特征》，语言科学，2006 年第 2 期。

② 这里有关彝语形容词语序的语料均来自翟会峰（2011）第 83-84 页。

ʔʊ33ʥa55tɕhi33thi33　干净袜子

干净　　袜子

三音节的 ABB 状态形容词修饰名词的语序是“状态形容词+名词”。例如：

ʈhu55lɤ33lɤ21 xɯ33　hiẽ21tɕhi55 白白的墙壁

白　后缀 描写　墙 壁

tɕhie55ɕi33ɕi55xɯ33la13bu21 细细的胳膊

细　后缀　描写 胳膊

三音节的 BAA 状态形容词修饰名词时的语序可前可后。例如：

tʂaŋ55miŋ21ȵi21xɯ33　no33　hiẽ21　khʊ55ɣe21ɣe21tha21tɕy33.

张　明　住　描写 话题　房间　前缀　大大　一　间

tʂaŋ55miŋ21ȵi21xɯ33　no33　khʊ55ɣe21ɣe21 hiẽ21tha21tɕy33.

张　明　住 描写　话题　前缀　大大　房间 一　间

张明住的是很大一个房间。

多音节状态形容词作定语，可以在名词前，也可以在名词后。例如：

ŋgʊ21phʊ21dʊ33，dɤ33dɤ33de33de33ʔai13phu55ȵi55ʐo21ɳɖʊ33li21 dʊ33.

门　开 完整　歪歪　扭扭　醉汉　两 个 进 来 完整

ŋgʊ21phʊ21dʊ33，ʔai13phu55dɤ33dɤ33de33de33ȵi55ʐo21ɳɖʊ33li21 dʊ33.

门　开 完整　醉汉　歪歪扭扭　两 个　进 来 完整

门开了，进来了两个歪歪扭扭的醉汉。

4.6.1.4　水语形容词与名词的语序

水语单音节形容词修饰名词的语序是“名词+形容词”。例如：

zən1da:i1 好人　　　　ɣa:n31la:u53 大房子①

人　好　　　　房子 大

另据张均如（1980：32），名词、代词修饰名词时，其语序是被修饰的名词在前。例如：

ep7 ⁿdiu1 我们的鸭子　　　　de3tsa5 那梯子

鸭　我们　　　　梯 那

kai5qa:i5 鸡蛋

① “大房子”引自韦学纯《水语描写研究》，上海师范大学 2011 届博士学位论文，第 260 页。

蛋 鸡

水语的形容词可以位于名词前，形成“形容词+名词”语序。这种情况下，形容词是陈述名词的状态或性质。例如：

djan^{1}khwən^{1} 路滑　　ha:n^{3ʔ}na^{3} 脸红

滑　路　　红　脸

da:i^{1}miu^{2} 庄稼好　　phjai^{5n}da:u^{1} 离咱们近

好　苗　　近　咱

水语的形容词的前面还可以加助词 to^{2}（的）、to^{53}（的）、tə^{55}（的）、tə^{0}（的）、tək^{55}（的），构成“的字结构”，其作用大体相当于名词（张均如，1980；韦学纯，2011：259）。例如：

to^{2} ha:n^{3} 红的　　to^{53}pa:k^{31} 白的①

的 红　　的 白

tek^{55}phjai^{35} 近的　　tə^{0}zan^{11} 重的

的　近　　的 重

汉语也有形容词形成的“的字结构”，但“的”字是在形容词之后。

4.6.1.5 侗语形容词与名词的语序

侗语形容词修饰限制名词的语序有两种：“名词+形容词”和“形容词+名词”。“名词+形容词”的情况。例如：

nəm^{4}liat^{1} 冷水②　　əu^{4}lai^{5} 热饭

水　冷　　饭 热

pjəum$^{5'}$ kau^{3}nəum^{5} 黑头发　　ʔəŋ$^{5'}$ waŋ^{2}məi^{1} 新房间

发　　头　黑　　间　房　新

taŋ^{5}woŋ^{2}ɕiau$^{2'}$ jai^{2} 长的番薯藤　　jan^{2}məi^{4}paŋ$^{1'}$ 高的木头房子

藤　番　薯　长　　房子 木 高

这种语序中，形容词是名词的修饰成分。侗语形容词的重叠式修饰名词时，语序也是“名词+形容词重叠式”，但重叠的形容词后面一般要有一个“ȶa^{33}”“ti^{33}”或“li^{33}”，相当于汉语的“的”。例如：

① “白的、近的、重的”这三例引自韦学纯《水语描写研究》，上海师范大学2011届博士学位论文，第260页。

② “冷水、热饭、黑头发、新房间、长的番薯藤、高的木头房子”均引自龙景科《侗语“形名”组合的主项位移功能分析》，贵州民族研究，2009年第4期。

na^{323}ja^{453}ja^{453} ȶa^{33} 红红的脸　　　　nɐm^{31}lu^{35}lu^{35} ti^{33} 清清的水

脸 红 红 的　　　　水 清 清 的

z̧ou^{33} ʔai^{55} lau^{31} lau^{31} li^{33} 一窝大大的鸡

窝 鸡 大 大 的

wəi^{31} tuk^{33} məi^{25} məi^{25} li^{33} 一件新新的衣服

件 衣服 新 新 的

另一种语序是“形容词+名词”。例如：

lai^{1}ja$^{3'}$ lwi^{3} ʔu$^{3'}$ 好看的衣服　　　　nəum^{5}ʔəum$^{5'}$ lwi^{3}pjəum$^{5'}$ kau^{3} 乌黑的头发

好看 的 衣服　　　　乌 黑 的 发 头

pa$^{5'}$ pən^{1}lwi^{3}ʔu^{1} 雪白的裤子　　　　sjan$^{3'}$ pən^{1}lwi^{3}ʔəŋ$^{5'}$ waŋ^{2} 干净的房间①

雪白 的 裤子　　　　干 净 的 间 房

据龙耀宏（2003：17-18）侗语的定语性修饰成分在中心词之后；但这种形式正在发生改变，北部方言表示领属关系的人称代词已经不能后置，一定要放在中心词之前。其他修饰成分仍然可以后置，也可以前置。如“ȶau^{35}（我）noŋ^{31}（弟）——我的弟弟”。这种现象已经扩展到南部方言；但仍以固有形式为主。也就是说，侗语的形容词修饰名词时，其优势语序是“名词+形容词”；但这种优势语序已经受到“形容词+名词”语序的销蚀。

4.6.1.6　布依语形容词与名词的语序

布依语形容词修饰名词时的语序是“名词+形容词”。例如：

pu^{6} ɣaːu^{1} 白衣服　　　　zaːn^{2} mo^{5} 新房子

衣服 白　　　　房子 新

据喻翠容（1980：25），当形容词修饰有指称作用的量词时，其语序也是位于这样的量词之后。例如：

ko^{1}saːŋ^{1} 高的那棵　　　　dan^{1}laːu^{4} 大的那个

棵 高　　　　个 大

其中原因在于，布依语的修饰词组，如果以名词为中心，修饰成分一般在名词之后；数量短语（除“一”以外）时例外，它的语序位于名词中心语之前（喻翠容，1980：42）。

① “好看的衣服”“乌黑的头发”“雪白的裤子”“干净的房间”这四条语料均引自龙景科（2009）。

布依语的形容词和名词也可以构成“形容词+名词”这样的语序，但这种语序中，形容词是在陈述，而不是在修饰名词。例如：

$tum^{6}pu^{6}$ ma^{4} lu^{3} tai^{2}. （细雨）打湿衣服，路又滑。

湿 衣服 助 路 滑

$vuan^{2}ti^{1}$ $saɯ^{1}$ $tsa^{1}tsa^{2}mi^{2}vuan^{4}$. 今天她洗碗干净不脏。

天 她 干净 土碗 不 黑

对于这样的结构，吴启禄（1992：112）认为，其中的名词是作形容词的补语。

4.6.1.7 仡佬语形容词与名词的语序

仡佬语形容词修饰名词的语序是“名词+形容词”。例如：

$ɯ^{55}plu^{55}$ 酸汤	$mpɑu^{33}$ $laŋ^{31}$ 黑狗
水 酸	狗 黑
$qɛ^{33}zɑu^{21}$ 野鸡	$kɛ^{33}ȵɒ^{55}$ 小屋
鸡 野	房 小
$lei^{21}lɛ^{55}ɒ^{33}$ 好孩子	$tɕhi^{55}sɑu^{55}$ 坏人
孩 子 好	人 坏

据张济民（1993：109），有的仡佬语点上，“好”“坏”等少数形容词也可以放在名词的前面来修饰名词。当名词修饰名词时，一般情况下修饰性名词在中心性名词的后面，与形容词修饰名词的语序相同。例如：

$ɕi^{33}tɛ^{33}$ 树根	$tsu^{33}lɒ^{55}$ 碗柜
根 树	柜 碗

名词修饰名词时，修饰语也有在前面的情况。例如：

$pɛ^{33}zɑu^{55}$ 鞭炮	$lei^{21}zɑu^{55}$ 耳垂
火 龙	儿 耳

据张济民（1993：110），动词也可以修饰名词，其位置在名词之后。例如：

$mpə^{21}ɑ^{13}$ 米饭	$mpə^{21}taŋ^{13}$ 稀饭
饭 蒸	饭 煮

仡佬语形容词的重叠式也可以修饰名词，其语序也是在名词之后。例如：

ve^{13}pei^{33}pai^{13}əɯ^{55}ʁei^{31}ʁei^{31}tia^{33}mi ^{33}za^{13}zʅ^{31}zʅ^{31}.① 他搓了一根长长的绳子。

他 搓 助词 一 根 绳子 助词 长 后附

4.6.2 形容词与名词的语序共性

上面所描写的七种语言中，形容词修饰名词时的语序表现出明显的不同。我们还不能找到一种共性语序。因为苗语、彝语、水语、侗语、布依语、仡佬语的形容词修饰名词时，其语序为“名词+形容词”，而汉语形容词修饰名词是的语序为“形容词+名词”。汉语的“名词+形容词”的语序一般表现为一种陈述关系，即形容词在陈述名词的特征或状态；苗语、水语、布依语的“形容词+名词”语序中，名词则是形容词所指称的特征或状态的支配对象。

4.7 副词与动词的语序

4.7.1 副词与动词的语序表现

4.7.1.1 汉语副词与动词的语序

汉语副词和动词的语序有两种。一种是“副词+动词”，其语义关系为副词修饰动词。例如：

才来　　刚走　　经常哭

的确是　　忽然变热　　正在调查

另一种语序是“动词+副词”。汉语普通话中副词位于动词之后的情况，一般需要加助词“得”，有时候还需要在副词后加助词“的”。例如：

好得很　　慢得很　　受益多多

江里的船晚走两天便给冻得死死的，比抛锚还稳当。（冯骥才《市井人物》）

“动词+副词”语序在汉语方言中也能见到，如关中方言的“美得太太”“好得很”。粤语中这种现象也很典型。刘丹青（2001）指出，粤语的“先”“添”“多”“少”等副词能够位于动词后作状语。例如：

你走先　　人客食先，主人再食

① 该语料引自袁善来《仡佬语形容词重叠式初探》，重庆三峡学院学报，2011 年第 1 期。

你食碗添　　　　　　　　写一张添就够了

你要识多几个朋友

刘丹青（2001）认为，汉语的状语是修饰限制动词语义的，在语用上没有特殊功能；动补结构在语用上却以补语为主要信息。如普通话的“多吃一碗”和“吃多了一碗”，前者重点是确认“吃”，后者则强调的是“吃的结果”。粤语的“你食碗添”正和普通话的“多吃一碗”一样，重点在“吃”，而不是“吃的结果”。

4.7.1.2　苗语副词与动词的语序

苗语副词和动词的语序有两种。一种是“副词+动词”，其语义关系为副词修饰动词。例如：

ʐa^{35} lɔ^{22}tɕu^{22} 又来了

又 来 了

wu^{44} n̥^{h}e^{35,31} n̥^{h}e^{35}tei^{54} muŋ^{22} zɑŋ^{42} tɤ^{44}. 他总是天天去打柴。

他 天 天 总 去 伐 柴

另一种是“动词+副词”，其语义关系也是副词修饰动词。例如：

wu^{44} hwe^{54} mlɑŋ^{42,31} mlɑŋ^{42} muŋ^{22} tɕu^{22}. 他懒洋洋地走去了。

他 走 懒洋洋状 去 了

4.7.1.3　彝语副词与动词的语序

彝语副词和动词的语序比较复杂。一种是“动词+副词”，其语义关系为副词修饰动词。如盘县方言：

hɪ^{55}pɪ^{51} 喜欢说　　　　　　ŋɯ^{33}pɪ^{51} 爱哭

说 很　　　　　　　　　哭 很

sɯ^{22}pɪ^{51} 喜欢走　　　　　　dzu^{22}pɪ^{51} 爱吃

走 很　　　　　　　　　吃 很

一种情况是“副词+动词”，其语义关系也是副词修饰动词。如三官寨彝语[①]：

① 这里有关三官寨彝语的语料均来自翟会峰《三官寨彝语参考语法》，中央民族大学 2011 届博士学位论文，第 92-96 页。

ŋʊ^{21}tha^{21}ɕi^{21}dʐʊ^{553}li^{21}. 我立刻就来。

我　立　刻 就 来

na^{21}ʊ^{33}tha^{55}kʊ^{21} ŋʊ^{21}dʊ^{21}me^{33}li^{21}. 你先走我随后来。

你　先　走　我 随 后 来

不过三官寨彝语也有“动词+副词”的语序，其中的副词是修饰动词的。例如：

tʂaŋ^{55}miŋ^{13}nʊ^{21}ʥo^{33}dʊ^{33}m̩^{33}dʐa^{33}. 张明大概生病了。

张　　明　病　 生 完整大概

na^{21} tʂaŋ^{55}miŋ^{13}bu^{33} xɯ^{33} ɖu^{21}mɤ^{21} zi^{33} tha^{21}tɕho^{33} bu^{33} ɕi^{33}.

你　张　明　 画　描写　 样子　对象　一 次画 再

你照张明画的样子再画一遍。

pe^{21}tɕiŋ^{55}ŋʊ^{21}thei^{33} ma^{21} ŋʊ^{55} ɕi^{33} lei^{33}. 北京我还没有去过呢。

北 京　我 去　 否定 完成 还 陈述

彝语副词修饰动词的优势语序应该是“动词+副词”。据翟会峰（2011：95），彝语中有四个“又”，po^{33}、ʑʊ^{55}、ʑʊ^{35}、ʑo^{55}；po^{33} 是彝语固有词，ʑʊ^{55}、ʑʊ^{35}、ʑo^{55} 是汉语借词。po^{33} 修饰动词时语序是“动词+副词”，ʑʊ^{55}、ʑʊ^{35}、ʑo^{55} 修饰动词时语序是“副词+动词”。例如：

tɕhy^{33}ȵi^{33}nei^{13}ɕi^{33}bo^{55}khɯ^{33}po^{33}. 狼又扑到右边。

狼　　　扑　右边　格位 又

tʂaŋ^{55}miŋ^{13}tha^{21}ɕi^{21} li^{21} kao^{33}，ʑo^{55}kʊ^{21}dʊ^{33}. 张明来了一会儿又走了。

张　明　 一会儿 来 完成　　又 走 完整

hiẽ^{21} a^{55} lɤ^{33}ʑʊ^{55}m̩^{33}ʑʊ^{55}ɣe^{33}. 那房子又高又大。

房子 那个 又 高 又 大

na^{21}ʑʊ^{35}li^{21}dʊ^{33}. 你又来了。

你 又 来 完整

这种情况说明，彝语副词修饰动词的优势语序，或固有语序是“动词+副词”；随着语言的发展变化或者是语言接触，又出现了“副词+动词”的语序。

4.7.1.4 水语副词与动词的语序

水语副词和动词的语序有两种。一种是“副词+动词”。例如：

sui^{3} pən^{3} ^{ʔ}ja：i^{3} ɣon^{2} n̥on^{2} faŋ^{2} ^{ʔ}nja^{1}. 水族和布依族一起住在河边上。

水族 和 布依族 共同 住 边 河

ja^{1} pən^{3} ɕti^{7} tik^{7} ɣe^{3} nu^{2} tsən^{2}. 山坡上布满茅草和芭芒。

茅草 和 芭芒 满 布 山 山坡

pu^{4}man^{1}taŋ^{1}ljeu^{2}，tsa^{5}man^{1}si^{3} lju^{1}. 他父亲来了，他才醒。

父 他 来 了 那 他 才 醒

tui^{1} tsa:ŋ^{6}jam^{1}man^{1} taŋ^{1}，ja^{6} man^{1}qo^{3}taŋ^{1}ljeu^{2}. 队长请他来，于是他就来了。

队 长 请 他 来 这样 他 就 来 了

另一种是“动词+副词”。例如：

ju^{2}lau^{4} po^{4} na:i^{6}taŋ^{1}kon^{5}. 我先把这只牛赶回来。

我 赶 黄牛这 来 先

n̥a^{2}pa:i^{1}sa:i^{3} ni^{4} ^{n}diu^{1} ai^{5}. 你再去问问我母亲。

你 去 问 母亲 我们 再

水语副词最突出的语法特征是作状语，大部分水语的副词一般放在动词、形容词之前，修饰动词、形容词（韦学纯，2011：285）。但是水语动词的前后都有副词。据张均如（1980：47），水语两个词义相同或相关的副词可以同时出现在一个单句中，分别位于谓词的前后，表示强调；语序在前面的副词，往往是汉语借词。例如：

n̥a^{2}sjen^{3}fan^{2}ha:i^{1}man^{1}kon^{5}. 你先告诉他吧。

你 先 说 给 他 先

nu^{4}tsa:i^{1} ju^{5} ai^{5}. 弟弟又喊起来了。

弟 再 叫 再

man^{1}naŋ^{6} ljək^{8} ɕo^{3}. 他非常有力。

他 很 有力 很

4.7.1.5 侗语副词与动词的语序

侗语副词修饰动词的语序是“副词+动词”。例如：

lai^{35} lai^{35} li^{33} to^{13} le^{22}. 好好地读书。

好　好　地　读　书

jau^{212} kop^{323} kop^{323} ma^{35}. 我刚刚来。

我　　刚　　刚　　来

侗语中也有副词在动词后的情况，即“动词+副词”。例如：

ke^{212}pai^{55}sau^{453} 从来不去　　　　　ȶe^{35}tok^{31} 独吃

不　去 很　　　　　　　　　　　　吃 独

ȵa^{2}pa:i^{1}un^{5}.① 你先去。

你 去 先

但是对于这种语序中的副词，梁敏（1980：54）认为是充当补语。

侗语中也有副词同时出现在动词前后的情况，即存在“副词+动词+副词”的语序。例如：

jau^{212}pən^{323}lau^{13}wo^{31}təm^{323}tak^{323}tok^{21}tok^{21}. 我只会织布。

我　　只　仅仅 会　织　　布　　独　　独

龙耀宏（2003：131）认为，侗语北部方言否定副词和借自汉语的副词要放在动词或形容词之前作状语外，其他副词一般放在动词或形容词之后作补语。

4.7.1.6　布依语副词与动词的语序

布依语副词和动词的语序有三种。一种是“副词+动词”。例如：

ba:n^{4} zau^{2} za:n^{2} za:n^{2} tu^{5} tsɯ:ŋ^{4} mu^{1}. 我们寨子家家都养猪。

寨子 咱们 家　　家　　都　　养　　猪

tsai^{2} tsai^{2} tɕi^{1} vu:n^{1} ni^{4} tso^{5} ta:k^{7}. 慢慢推出这首歌来唱。

慢　　慢　　推　　歌　　这 在　　晒

za:n^{2} za:n^{2} ka^{6} zo^{4} tsɯ^{1} ɣan^{1}. 家家只会心急。

家　　家　只 会　心　　急

一种是“动词+副词”。例如：

mɯŋ^{2} kɯn^{1} tsa^{1} diau^{1} tiam^{5}. 你再吃一碗。

① 该语料引自梁敏《侗语简志》，民族出版社，1980 年，第 54 页。

你　吃　碗　一　再

ɣaɯ^{3}ti^{1}pai^{1}kuan^{5}. 让他先去。

让　他 去 先

还有一种是“副词+动词+副词”。例如：

zau^{2}　ɕiːn^{5} pai^{1} kuan^{5}. 咱们先去。

咱们 先　去　先

zaːn^{2}ku^{1} ka^{6}　li^{4}　tu^{2}　ni^{4}tuak^{8}. 我家只有这一只。

家　我 只 有 只 这 独

4.7.1.7　仡佬语副词与动词的语序

仡佬语副词修饰动词的语序有三种。一种是“副词+动词”。例如：

su^{33} u^{42} tsɿ^{33} sɛ^{55} sɿ^{33} xen^{33} tɕhi^{55}. 他只认识一个人。

他　只　认　一　位　人

ɑ^{33}　phɒ^{55}li^{33}tsei^{55}su^{33}i^{42} tshɑ^{55}tsɯ^{21}ȵɒ^{55} tsɿ^{55} pɒ^{13} ə^{42}.

发语词　父 的 钱　　我　和 弟　小　全　得　不

父亲的钱我和弟弟都未得。

su^{33} sɑ^{33} li^{33} pɯ^{33}　ʑi^{21}　tin^{13} mɛ^{21} thɑ^{55} ɒ^{33}. 我们的工作一定要做好。

我们　的 活路　一　定　要　做　好

如果副词是否定性的，语序则是“动词+副词”。例如：

qu^{33} qei^{42} ȵe^{55} ȵtɕə^{55} ə^{42}！我家没有食盐了！

家　我　有　盐　不

qhɛ^{13}　ɑ^{33}　qu^{42}　ŋkɑ^{42}　qu^{13}　ntə^{42}. 他家的客人还没睡觉。

客　家 他　睡觉　未

比较特殊的情况是，还会出现动词的前后都有否定副词出现的情况，即“副词+动词+副词”。例如：

a^{33}　lei^{21} ni^{21} tsɿ^{55}ŋuŋ^{55}ə^{42}！这孩子别闹！

发语词 孩 这 勿　闹 不

su^{33}u^{42}zɛ^{21}ŋkɑ^{33}，tsɿ^{55}vu^{42} lɛ^{21} u^{42} ə^{42}. 他病了，不要去找他。

他　病 了，勿 去 找 他 不

据张济民（1993：160），tsɿ^{55}（勿）的独立性较差，必须与 ə^{42}（不）组

成联合结构才能修饰中心词。使用否定否词 tsɿ⁵⁵（勿）的句子，感情色彩浓厚，往往带有命令或斥责的口气，因此这类句子都是祈使句；tsɿ⁵⁵（勿）的位置永远处于动词的前面，且不能修饰形容词。

4.7.2　副词与动词的语序共性

上面的描写能够反映出，汉语、苗语、彝语、水语、侗语、布依语、仡佬语七种语言中，副词和动词的语序共有三种序列："副词+动词""动词+副词""副词+动词+副词"。其中：

"动词+副词"和"副词+动词"是七种语言都有的语序序列。梁敏（1986）曾指出，壮侗语族中，以名词、形容词、动词或各类词组作修饰成分的，修饰成分一般在中心词之后。副词和动词的这种语序特征在一定的范围内印证了梁敏（1986）的观点。因此，在某种意义上说，壮侗语族的"动词+副词"语序和汉语的"副词+动词"可以看作是一种共性语序。

"副词+动词+副词"序列在侗语、布依语、仡佬语中同时存在。上文的有关研究表明，这种序列一般表示的语气程度都很强。但对其语序成因目前还很少有研究涉及。

4.8　副词与形容词的语序

4.8.1　副词与形容词的语序表现

4.8.1.1　汉语副词与形容词的语序

汉语副词修饰形容词时，其语序有两种。一种是"副词+形容词"，有时会有结构助词"的"出现在副词和形容词之间。例如：

很好　　　太长　　　最高

非常无奈　　极度疲惫　　特别优秀

非常的无奈　　极度的疲惫　　特别的优秀

另一种是"形容词+副词"，这种序列下，形容词和副词之间有时候需要结构助词"得"的出现。例如：

好极　　　恨死　　　伤透

好得很　　　　疼得厉害　　　甜得腻歪

4.8.1.2　苗语副词与形容词的语序

苗语副词修饰限制形容词的语序有两种。一种是“副词+形容词”。例如：

sa^{54} ʈɑŋ^{44} 都肥　　　　　　　　ʐu^{54} ta^{44} tɕu^{22} 好极了

都　肥　　　　　　　　　　　好 极 了

tɕe^{31}tɕɑŋ^{22} 不甜　　　　　　　ɭɔ^{31} ta^{44} tɕu^{22} 真大极了

不　　甜　　　　　　　　　　大 极 了

另一种是“形容词+副词”。例如：

qwen^{44}tʰɯ^{35} 宽得很　　　　　　ʐu^{54} ta^{54} 真好

宽　　很　　　　　　　　　　好 真

nɛ^{44}ljen^{13}ȵoŋ^{55} 很多①　　　　　ɭɔ^{31} ta^{54} 真大

多　　极　　　　　　　　　　大 真

4.8.1.3　彝语副词与形容词的语序

彝语副词修饰形容词语序有两种。一种是“副词+形容词”。例如：

ʑo^{21}ʑo^{33}na^{33}　ma^{55}　dʊ^{21}　xɯ^{33}　ʔʊ^{55}tsho^{33}ʔa^{55}ge^{21}，②

自己　　看 否定　助词　描写　　　人　　那些

tʂaŋ^{55}miŋ^{13}dɣ^{21}dɣ^{21} nei^{33}ʥo^{33}.

张　明　　特别 讨厌

那些看不起自己的人，张明特别讨厌。

tʂaŋ^{55}san^{55}tcho^{21}m̩^{33}，li^{33}sʅ^{13}ɣɯ^{13}tɕho^{21}m̩^{33}.　张三高，李四更高。

张　三　　　高，　　李四 更　　高

一种是“形容词+副词”。例如：

tʂaŋ^{55}san^{55}tcho^{21}m̩^{33}，li^{33}sʅ^{13} tɕho^{21}m̩^{33} nʥu^{33}.　张三高，李四更高。

张　　三　　高，　　李 四　　高　　更

tʂaŋ^{55}miŋ^{21}nei^{33}go^{33}ɣo^{33}.　张明很聪明。

张　　明　聪明　　很

tɕhy^{33}ȵi^{33}nei^{33}tshʊ^{33}nʥu^{33}.　狼很着急。

---

① “很多”引自王辅世《苗语简志》，民族出版社，1985 年，第 64 页。

② 彝语副词与形容词语序的语料例分别引自翟会峰《三官寨彝语参考语法》，中央民族大学 2011 届博士学位论文，第 85 页、第 89 页、第 100 页、第 101 页。

狼　话题　着急　很

彝语中还有一种形容词前后都有副词来修饰的语序，即“副词+形容词+副词”，例如：

tʂaŋ^{55}miŋ^{21}ɣɯ^{21}li^{33} lʊ^{21}ʂʅ^{33} ɣo^{33}，thi^{21}li^{33}ʔao^{55}dʊ^{55}ɖo^{55}mo^{55}?

张　明　一 向　老实　很　他 连 都 话 谎 疑问

张明一向很老实，连他都说谎吗?

4.8.1.4　水语副词与形容词的语序

水语副词修饰形容词的语序有两种。一种是“形容词+副词”。例如：

ȵa^{2} laːk^{8}ti^{3}ɕo^{3}.

你　小孩 很

你太幼稚。

lam^{1}nu^{2}tsa^{5}vaːŋ^{1}ɕo^{3}.

座　山 那 高 很

那座山很高。

另一种是“副词+形容词”。例如：

le^{11}naːi^{24}naŋ^{24}ɗaːi^{11}！①

书　这　很 好

这本书很好!

ʨen^{11}naːu^{55}ŋə^{31} ljeu^{53} ɗaːi^{11}！

电　脑　你 实在 好

你的电脑实在好!

4.8.1.5　侗语副词与形容词的语序

梁敏（1980：54）认为，侗语多数副词只能放在动词或形容词前面作修饰语；少数副词 laːu^{4}ho^{6}（极了）、ɕi$^{5'}$（极）khan$^{5'}$或 ɕi$^{5'}$ɕi$^{5'}$（极、得很）等只能放在动词、形容词后面作补语；还有一些 un^{5}（先）、ȵaŋ^{2}（真、极）等可前可后。龙耀宏（2003：129）也观察到，侗语的副词，有些只能放在动

① “这本书很好”“你的电脑实在好”这两例引自韦学纯《水语描写研究》，上海师范大学 2011 届博士学位论文，第 285 页。

词和形容词之前作状语，有些副词只能置于动词和形容词之后作补语，有些副词则可前置也可后置。

这里，我们把侗语副词修饰形容词的语序归纳为三种。一种是“形容词+副词”。例如：

ja[31]khɐn[453] 最坏　　　　ni[53]ɕi[453] 极小
坏 极　　　　小极

一种是“副词+形容词”。例如：

pu[33]lai[55] 很好　　　　lət[35]khwan[35] 都甜
很 好　　　　全甜

还有一种是“副词+形容词+副词”。例如：

kwe[212]lai[55]sau[453] 很不好
不 好 极

kwe[212]lai[55]sau[453]sau[453] 很不好
不 好 极 极

ȵɐŋ[212]taŋ[55]ȵɐŋ[212] 真香极了
真 香 真

ʔɐu[31]nai[33]ȵɐŋ[212]lai[55] kuŋ[212]ʔo[31]. 这稻子真好啊。
稻 这 真 好 多 啊

4.8.1.6 布依语副词与形容词的语序

布依语副词修饰形容词的语序有三种。一种是“副词+形容词”。例如：

tsui[3]saːŋ[1] 最高　　　　xɯn[6] di[1] 很好
最 高　　　　很 好

一种是“形容词+副词”。例如：

zai[2] te[4] zaːi[4] 真长　　　　na[1]laːi[1] 很厚
长 真的　　　　厚 很

还有一种是“副词+形容词+副词”。例如：

tsaːŋ[6] sin[6] aːŋ[5] ke[4]naːi[4]. 木匠很高兴。
木匠 尽 高兴 情状

吴启禄（1992：123）指出，布依语的摹状拟声副词一般在中心词后，少数在中心词前。上面的 ke^{4}naːi^{4}（情状）就是描摹高兴的情状。也有摹状副词在动词前的情况，例如：

koŋ^{5}pi^{4}nuːŋ^{4}vu^{3}tu^{2} jiau^{6} ɣaːi^{5}. 兄弟们呜呼地叫喊。

兄弟们　　响声　叫 喊

这一例的 vu^{3}tu^{2}（响声）虽然在中心词 jiau^{6}ɣaːi^{5}（叫喊）之前，但 jiau^{6}ɣaːi^{5}（叫喊）并非形容词，而是动词。

4.8.1.7　仡佬语副词与形容词的语序

仡佬语副词修饰形容词的语序有三种。一种是“副词+形容词”。例如：

pε^{55} pε^{55} zə^{21} li^{33} qen^{33} qɯ^{33} tsɿ^{55} ɒ^{33}. 所有的庄稼都好。

丘丘　田　的　庄稼　都 好

sen^{33} ni^{21} ŋkɑu^{21} ŋkɑu^{21}tsen^{21}. 今天真正冷。

日　这　真　真　冷

tsɒ^{21} mpə^{21} ni^{21} kɯ^{21} ɒ^{33}. 这顿饭很好。

顿　饭　这　满　好

一种是“形容词+副词”。例如：

sɿ^{33}mɒ^{21}thɑu^{55}nu^{42}ȵɒ^{55}ə^{42}. 那只船不小。

一　只　船　那 小　不

sɑn^{33}luŋ^{55}ni^{21}ȵɒ^{55}ŋkɑu^{21}. 这件衣服太小。

件　衣　这　小　真

还有一种是“副词+形容词+副词”。例如：

pa^{33} lie^{21} sɑu^{33} kɯ^{21}. 都很穷。

一　齐　穷　很

tshe^{55} tshɑ^{55} mpei^{13} su^{33} u^{42} pɑ^{55} lie^{21} lɑu^{55} ə^{42}. 挑和扛他都不怕。

挑　和　扛　他　一 齐　怕　不

təɯ^{13}zɔ^{33}tiaŋ^{31}ta^{33}thai^{13}laŋ^{31}tsai^{33}.① 山中森林十分幽深。

个　山　森林　太　深　很

① 该语料引自李霞《比工仡佬语参考语法》，中央民族大学 2009 届博士学位论文，第 147 页。

4.8.2 副词与形容词的语序共性

上面的描写反映出，汉语、苗语、彝语、水语、侗语、布依语、仡佬语这七种语言的副词修饰形容词时，语序共有三种：“副词+形容词”“形容词+副词”“副词+形容词+副词”。其中：

七种语言中都有“副词+形容词”和“形容词+副词”这两种语序，因此这两种语序可以看作是共性语序。但是有一点不同之处需要特别指出，即汉语的“形容词+副词”这样语序中，形容词的后面一般需要助词“得”的出现才能形成一个合格的结构，而其他几种语言的形容词后面不需要助词的出现就可以直接出现副词。

“副词+形容词+副词”的语序存在于彝语、侗语、布依语、仡佬语这四种语言中；在我们所考察的语料中，汉语、苗语、水语这三种语言中没有发现形容词的前后都出现副词进行修饰、限制的情况。关于这种语序的产生原因，目前的研究还少有关注。

4.9 指示代词与数量结构的语序

4.9.1 指示代词与数量结构的语序表现

4.9.1.1 汉语指示代词与数量结构的语序

汉语指示代词与数量结构的语序是“指示代词+数词+量词+名词/动词”。例如：

这一本书　　那三碗水　　这四座楼　　那三张纸

这一次打击　那两趟出差　这一阵吹嘘　那几回奔波

指示代词和动量词的数量结构还有一种语序结构，即“动词+指示代词+数词+量词”。例如：

一生只准堕落这一次。(《中国北漂艺人生存实录》)

就干这一次，了却那桩心愿。(袁鸢《超越世俗的真诚》)

看在她多年操持这个家的分上，饶了她这一次。(刘军《张伯驹和陈毅的交往》)

听说我摔了那一次，聪明了不少。（林清玄《在梦的远方》）

就叫俺给爹再捶这一回，再捶这一回……（张一弓《赵镢头的遗嘱》）

从语义的结合紧密程度来看，汉语的语序结构中，指示代词总是和数量结构结合得较紧密。因为没有名词、动词和数词（或数词为“一”）时，指示代词和量词的语序为“指示代词+量词”。例如：

这本　　那张　　这座　　那根　　这条　　那支

这回　　那次　　这下　　那趟　　这拳　　那脚

4.9.1.2 苗语指示代词与数量结构的语序

苗语指示代词与数量结构的语序是“数词+量词+名词+指示代词”。例如：

a^{44} le^{35} te^{35} $nts^{h}ei^{44}$ nen^{44} $z̧u^{54}$ $ʑaŋ^{42}$.　这个小伙漂亮。

一 个 小 伙 这 好 模样

a^{44} men^{22} ne^{31} $qɔ^{54}$ nen^{44}. 这位老人。

一 位 人 老 这

a^{44} le^{35} ne^{31} $ʑi^{35}$. 那一个人。

一 个 人 那

其中的名词也可以省略，形成“数词+量词+指示代词”。例如：

a^{44} $plɯ^{44}$ $ʑi^{35}$ 那一家　　　　a^{44} $plɯ^{44}$ nen^{44} 这一家

一 家 那　　　　　　　　一 家 这

如果数量结构中没有数词，可以有这样的语序，即“量词+名词+指示代词”。例如（王辅世，1985：50）：

$lɛ^{33}$ $ti^{44}noŋ^{35}$ 这个碗

个 碗 这

苗语中还有一种相关的语序是“指示代词+量词+名词+数词”。例如：

$a^{44}ntu^{54}wu^{35}a^{44}na^{42}mæ^{22}qwen^{44}a^{44}$！那一条河那么宽啊！

那 条 河 一 那 么 宽 啊

如果数量结构中没有数词、名词或动词，量词和指示代词的语序是“量词+指示代词”。例如（王辅世，1985：50）：

$lɛ^{33}noŋ^{35}$ 这个

个 这

在合成词中，苗语中的指示词“这”“那”也是语序居后。例如：

ka^{22} nen^{44} 这里　　　　ka^{22} ʑi^{35} 那里

里　这　　　　里 那

qɔ^{54} nen^{44} 这里　　　　qɔ^{54} ʑi^{35} 那里

里　这　　　　里　那

ta^{44} nen^{44} 这里　　　　ta^{44} ʑi^{35} 那里

里　这　　　　里 那

罗安源（2003：76）认为，苗语的指示词可以直接与表示处所的语素结合，构成“处所指示词”。表示处所的语素有两种：一种是自由语素，如 ka^{22} 和 qɔ^{54}（都是“里”“边”的意思）；一种是黏附处所语素，如 ta^{44}（也是“里”“边”的意思）。指示词作为限制成分，置于处所语素之后，构成处所指示词。

4.9.1.3　彝语指示代词与数量结构的语序

彝语指示代词与数量结构的语序比较复杂。一种是“名词+指示代词+数词+量词”。例如：

piŋ^{21}ko^{33}na^{55}sʅ^{33}mʊ^{33} 那三个苹果①

苹果　　那 三 个

hũ^{33}ȵʥi^{33}tʊ^{13}tʂhʅ^{21}tha^{21}lɤ^{33} 这一个皮箱

皮箱　　　　这 一　个

ʥu^{33}the^{33}tʂhʅ^{21}sʅ^{21}ʈhu^{55} 这三张桌子

桌子　　这　三　张

xei^{33}ʈho^{33}ʔa^{55}ȵi^{55}ʈhi^{21} 那两件棉袄

棉袄　　那 两 件

还有一种是“名词+数词+量词+指示代词”。例如：

su^{33}p‘ei^{21}sɯ^{33}p‘ei^{21}tʂ‘ʅ^{21}na^{21}bu^{13}ŋɯ^{21}. ②　这三本书是你的。

书　　　三　本　这 你 的 是

还有“指示代词+（数词）+量词+名词”的语序结构。例如：

---

① “‘彝语指示代词与数量结构’的语序”中的语料，如未有特别标注，则均引自翟会峰《三官寨彝语参考语法》，中央民族大学 2011 届博士学位论文，第 46 页、第 61 页、第 62 页。

② “这三本书是你的”“这本书拿给他”“我买那本”这三例引自丁椿寿《彝语通论》，贵州民族出版社，1985 年，第 254 页、第 252 页、第 253 页。

tʂhʅ^{21}ʑo^{55}vʊ^{55}ʥi^{33}ko^{33}，ʈho^{13}ʈhi^{21}ʈhi^{21}ʔao^{55}ʂʅ^{55}la^{13} bi^{55}nei^{13}xɯ^{33}.

这 个 商 店 里 衣服 件 件 都 是 手工具 缝 陈述

这个商店里，衣服件件都是手缝的。

数量结构省略数词时，其语序为“名词+指示代词+量词”。例如：

su^{33}p‘ei^{21} tʂ‘ʅ^{21}p‘ei^{21}ʑu^{21}t‘i^{21}bi^{55}. 这本书拿给他。

书 这 本 拿 他 给

如果没名词，其语序为“指示代词+量词”。例如：

ŋu^{21}ʔɯ^{55}p‘ei^{21}ve^{21}. 我买那本。

我 那 本 买

动量词的情况稍有不同，指示代词在整个数量结构之前，即“指示代词+（数词）+量词+动词”，例如：

tʂhʅ^{21}tɕho^{13}ŋgʊ^{21}do^{33}，dʊ^{13} li^{33}ȵi^{55}tɕhie^{33}tʊ^{33}vei^{33}.

这 次 门 出 箱子 重 两 只 拿 助动

这次出门，要带两只重箱子。

也可以是只有指示代词和量词，其语序是“指示代词+量词”。例如：

tʂhʅ^{21}tɕho^{33}tɕhy^{33}ŋi^{33}ŋʊ^{21}thei^{33}. 这次狗和我去。

这 次 狗 并列 我 去

彝语中指示代词组成的合成词中，指示代词语序居前。例如：

ʔa^{55}p'a^{22} 这儿　ʔu^{55}p'a^{22} 那儿（近指）ʔu^{21}p'ɑ^{22} 那儿（远指）

这 方 那 方 那 方

4.9.1.4　水语指示代词与数量结构的语序

水语指示代词与数量结构的语序是“数词+量词+名词+指示代词”。例如：

ɣa^{2} to^{2} ni^{4}fa^{2} na:i^{6} 这两只母羊　　qa^{3} to^{2}m̥u^{5} na:i^{6} 这些只猪

二 只 母羊 这　　些 只 猪 这

如果数量结构中没有数词而只有量词，指示代词还是位于量词和名词，或量词之后，其语序为“量词+名词+指示代词”。例如：

^{n}dju^{1} tai^{2} va^{5} ba^{3} na:i^{6}pa:i^{1}qau^{5}. 我们拿这张刺绣去看。

我们拿 张 刺绣 这 去 看

^{m}bjeŋ^{5}to^{2}m̥u^{5}na:i^{6}. 像只猪似的。

像　只 猪 这

量词也可以直接和指示代词结合，这时的语序是“量词+指示代词”，其中的指示代词修饰量词。例如：

tsau^{6}tsa^{5}me^{2} to^{2} ju^{2}. 那双不是我的。

双 那 不　的 我

水语中，指示代词的语序总是在体词性成分的后面，例如：

^{n}djoŋ^{3}na:i^{6}^{ʔ}ȵit^{7}ço^{3}. 这里很冷。

处　这 很 冷

ɣa^{2}pek^{7}na:i^{6} 这二百　　ha:m^{1}çen^{1}tsa^{5} 那三千

两 百 这　　　　　三　千 那

qa^{3}　to^{2} na:i^{6}　这些　　qa^{3}　to^{2} nu^{4}　tsa^{5} 弟弟的那些

若干 的 这　　　　若干 的 弟弟 那

^{n}djoŋ^{3}na:i^{6} 这里　　　le^{1}na:i^{6} 这本书

处　这　　　　　　书 这

^{ʔ}ma^{1}qa:t^{7}na:i^{6}m̥a:n^{3}ljeu^{2}. 这芥菜黄了。

芥　菜 这　黄　了

ɣa^{2} ai^{3} man^{1} tu^{3} ȵun^{2} ^{m}bjeŋ^{5} vi^{1} kap^{7} nam^{3} na:i^{6}.

两 位 他　相 恨　像　火　和　水　这

他俩相互仇视，水火不相容。

4.9.1.5　侗语指示代词与数量结构的语序

侗语指示代词与数量结构的语序比较复杂。一种情况是“数词+量词+名词+指示代词”。例如：

ji^{35}wu^{25}wu^{25}ʔau^{31}nai^{44}kwe^{22}ten^{35}ȶe^{35}.

一 口 口　饭　这　不　够 吃

这一小口饭不够吃。

ji^{35}ji^{31} ji^{31}nəm^{31}nai^{44}nan^{11}saŋ^{31}ja^{55}.

一 滴滴　水　这 难　养 田

这一小点点水样养不了田。

如果数量结构中没有数词，那么语序结构为“量词+名词+指示代词”。

例如：

ʈɐk[21] ȵən[212] nai[33] 这个人　　　muŋ[31] ȵən[212] ʈa[53] 那个人

个 人 这　　　个 人 那

pən[323] le[212] nai[323] jau[212] nu[453] khwən[35] ljeu[31]. 这本书我看完了。

本 书 这 我 看 完 了

如果数量结构中没有数词，也没有名词，而仅有量词时，指示代词在量词的后边，即语序为“量词+代词”。例如：

nɐn[55] nai[33] nɐn[55] ȵa[212]，nɐn[55] ʈa[53] nɐn[55] jau[212].

个 这 个 你 个 那 个 我

这个是你的，那个是我的。

toi[35] nai[44] ɣau[35] ɕi[55] ȵa[22] li[33]. 这堆全是你的。

堆 这 全 是 你 的

pu[35] nai[44] ɕi[55] nəu[11] we[31]？这位是谁？

位 这 是 谁 也

ʔai[44] mja[22] məi[31] nai[44]. 这儿栽这棵。

这 栽 棵 这

tu[212] nai[33] tɐŋ[33] tu[212] ʈa[33]. 这只和那只。

只 这 和 只 那

因此，总体而言，侗语中指示代词一般位于体词性词语的后边。例如：

ȵan[55] nai[33] ȵɐŋ[212] jun[323] ma[55] ȵɐŋ[212]. 这个月蔬菜真少。

月 这 真 少 菜 真

ma[55] nai[33] kwe[212] jim[212]. 这菜没盐。

菜 这 没 盐

ȵin[212] ʈa[55] ȵa[212] nɐŋ[55] ʔun[323]. 那年你还小。

年 那 你 还 小

mɐn[55] nai[33] mɐn[55] maŋ[212]？今天是什么日子？

天 这 天 什么

4.9.1.6　布依语指示代词与数量结构的语序

布依语指示代词与数量结构的语序有三种。如果数词是“一”，则数词

“一”不出现，这时有两种语序，一种是“量词+名词+指示代词”。例如：

dan^{1} lɯːŋ^{3} ni^{4} 这把伞

个 伞 这

tsoŋ^{3} ^{ʔ}jiu^{5} ɣɯn^{3} dan^{1} duai^{1} ni^{4} tɯŋ^{6}？怎样才能上这座山坡？

怎样 上 个 山坡 这 助

ku^{1} suan^{1} mɯŋ^{2} dan^{1} sɯ^{1} ti^{4}. 我教你那个字。

我 教 你 个 字 那

ku^{1} mi^{2} dai^{4} suan^{1} mɯŋ^{2} dan^{1} sɯ^{1} ni^{4} ma. 我没有教过你这个字吗？

我 不 得 教 你 个 字 这 助

一种是“量词+指示代词”，例如：

zaːn^{2} ku^{1} ka^{6} li^{4} tu^{2} ni^{4} tuak^{8}. 我家只有这一只。

家 我 只 有 只 这 独

zaːp^{7} ni^{4} nak^{7} mi^{2} nak^{7}？这挑重不重？

挑 这 重 不 重

tu^{2} ni^{4} mo？这只吗？

只 这 助

zaːn^{2} ni^{4} tsɯːŋ^{4} ti^{1} pai^{1} ko^{4} sɯ^{1}. 这家培养他读书。

家 这 养 他 去 读 书

如果数词不是“一”，则语序为“数词+量词+名词+指示代词”，例如：

ku^{24}tɕai^{11}soŋ^{24}tuə^{11}tɕin^{33}ji^{31}ni^{35}ne^{31}.① 我喜欢这两条金鱼。

我 喜欢 两 条 金鱼 小 这

mɯŋ^{11}zaːi^{11}saːm^{24}ɕon^{11}haːu^{35}te^{24}ʔo^{35}ma^{24}. 你把那三句话写下来。

你 写 三 句 话 那 出

可见，布依语数量短语和指示代词的语序受数词“一”的影响很明显。曹广衢（1994）已经发现，布依语指示代词的前面有数词的时候，如果数词是 deu^{24}（一），则 deu^{24} 不出现；要是 deu^{24} 作为数字“一”的意义特别显著，不能省略，这时就不能用指示代词；如果数词不是 deu^{24} 时，则没有这个限制，指示代词就可以出现在数量短语的后边。

① 布依语的“我喜欢这两条小金鱼”和“你把那三句话写下来”引自曹广衢《布依语指示代词的弱化用法和语法功能上的特点》，《贵州民族研究》，1994 年第 2 期。

但在整体上，布依语中指示代词一般位于体词性成分的后面。例如：

vai^{3} kue^{4} pu^{4} vun^{2} taŋ^{2} pɯːŋ^{2} ni^{4} tsi^{4} aːŋ^{5}.

外　国　　　人　到　地方 这 就 高兴

外国人到这地方就高兴。

baːn^{4} zau^{2}　li^{4} paːk^{7}laːi^{1}zaːn^{2}，kai^{2}ni^{4}taŋ^{2} tɕe^{4}pau^{3}li^{4} zok^{7}li^{6}zan^{1}.

寨子 咱们有百　多　家　　里这 到　花溪 有 六 里 路

我们寨子有一百多户人家，这里到花溪有六里路。

tsai^{2}tsai^{2}tɕi^{1}vuːn^{1}ni^{4}tso^{5}taːk^{7}.

慢　慢 推 歌 这 在 晒

慢慢推出这首歌来唱。

4.9.1.7　仡佬语指示代词与数量结构的语序

仡佬语指示代词与数量结构的语序是“数词+量词+名词+指示代词”。例如：

su^{33}sɑn^{33}mpɑ^{33}ȵɒ^{55}ni^{21}tshu^{55}tu^{33}li^{33}，su^{33}sɑn^{33}mpɑ^{33}ȵɒ^{55}nu^{42}tshu^{55}sɛ^{55}li^{33}.

二 个　猪　小 这 是　喂 的　 二 个　猪　小　那 是　卖 的

这两头小猪是喂的，那两头小猪是卖的。

sɿ^{33}qhɛ^{13}ɯ^{55}mpɑ^{33}nu^{42}tɑŋ^{13}lɑn^{33}ɴqɑ^{13}.

一 锅　水 猪　 那 煮　得　熟

那一锅猪食煮得熟。

sɿ^{55}hɑŋ^{13}mɑ^{33}lɯ^{31} ntiɑ^{33}nɑŋ^{31}ʑɯ^{33}nen^{55}pu^{55}mu^{55}.

一　个　　船　　小　这　是　的　朋 友

这只小船是朋友的。

su^{33}sɑn^{13}luŋ^{55}nu^{42}mɒ^{21}en^{55}sen^{33}ni^{21}pi^{55}lɑn^{33} ɒ^{33}.

二 件　衣　那　　　妹　日　这 补 得 好

那两件衣服，妹妹今日补得好（完成）。

tɑ^{33} mɒ^{21} thɑu^{33} nu^{42} nu^{32} thei^{13} hen^{55}.

三 个　刀　　那　都　锋利　很

那三把刀都很锋利。

如果数词是“一”，这个“一”可以省略，其语序为“量词+名词+指示代词”。例如：

sɑn^{33}luŋ^{55}ni^{21}ȵɒ^{55}ŋkɑu^{21}，mɒ^{21}en^{55} lɛ^{21}pɒ^{13}ti^{21}ə^{42}.

件 衣 这 小 真 妹 穿 得 成 不

这件衣服太小，妹妹穿不上。

phɑn^{13} sɯ^{33} lɒ^{21} ni^{21} ȵen^{21} lɑn^{33} plɒ^{13}.

匹 布 麻 这 染 得 红

这批麻布染得红。

如果没有数词、名词时，其语序结构为“量词+指示代词”。例如：

nen^{33} ni^{21} ɒ^{33}，nen^{33} nu^{42} ɒ^{33} ə^{24}。

个 这 好 个 那 好 不

这个好，那个不好。

仡佬语的指示代词一般位于体词性词语的后面。例如：

lei^{21} lɛ^{55} ni^{21} vɑŋ^{55} lɒ^{55} tshɿ^{13} ŋkə^{42}.

孩子 这 打 碗 碎 了

这孩子打碎碗了。

lei^{21} lɛ^{55} nu^{42} tei^{42} hɑu^{13} sɿ^{33} thi^{33} thi^{33}.

孩子 那 少 拿 一 些 些

那孩子少拿一点。

动量词的语序有这样几种情况。一种是“数词+量词+指示代词”。例如：

sɿ^{33} kuɑn^{13} ni^{21} pu^{33} xen^{33} tɕhi^{55} pɑ^{55} lie^{21} mu^{33}.

一 趟 这 四 位 人 一齐 来

这一趟四个人一齐来。

su^{33} vu^{55} nu^{42} lei^{21} lɛ^{55} tsɿ^{55} ŋkɛ^{21} vɑŋ^{55} ŋkɑ^{33}!

二 次 那 孩 子 全 着 打 了

那两回孩子都被打了。

如果没有数词，其语序结构为“量词+指示代词”。例如：

vɑn^{21} nu^{42} su^{33} u^{42} vu^{42}，i^{42} vu^{42} ntə^{42}.

次 那 他 去 我 去 未

那次他去了，我没去。

4.9.2　指示代词与数量结构的语序共性

本书所比较的汉语、苗语、彝语、水语、侗语、布依语、仡佬语七种语言中，指示代词和数量结构的语序情况相当复杂。我们能够看到的语序种类有十一种："指示代词+数词+量词+名词/动词""动词+指示代词+数词+量词""指示代词+量词""数词+量词+名词+指示代词""数词+量词+指示代词""指示代词+量词+名词+数词""名词+指示代词+数词+量词""名词+数词+量词+指示代词""名词+指示代词+量词""量词+名词+指示代词""量词+指示代词"。

很有意思的是，虽然数词、量词、名词或动词语序中我们能够发现一些共有的语序，即"数词+量词+名词"和"动词+数词+量词"；但是在指示代词和数量结构的组合中，我们却没有发现一种语序共存于七种语言中。虽然如此，我们还是能够发现五种语序具有局部一致性：

数词+量词+名词+指示代词	苗语、水语、侗语、布依语、仡佬语
量词+名词+指示代词	苗语、水语、侗语、布依语、仡佬语
量词+指示代词	苗语、水语、侗语、布依语、仡佬语
指示代词+数词+量词+名词	汉语、彝语
指示代词+数词+量词+动词	汉语、彝语

其他的六种语序仅存于某一种语言中：

动词+指示代词+数词+量词	汉语
数词+量词+指示代词	苗语
指示代词+量词+名词+数词	苗语
名词+指示代词+数词+量词	彝语
名词+数词+量词+指示代词	彝语
名词+指示代词+量词	彝语

这种情况的存在，可能是由于语言的独特性所致，也可能是我们的观察范围所限。但从总体上来看，当涉及指示词的问题时，语序的变化明显要比前面的几种情况复杂得多。

第 5 章　量范畴的功能类型学研究

5.1　量词的句法功能

5.1.1　汉语量词的句法功能

一般而言，我们可以将汉语的量词划分为两种，一种是名量词，另一种是动量词。也有将汉语的量词分为三种的，即名量词，动量词，时量词。这一点我们下文还将论及，此处暂且按照名量词、动量词二分法的模式来进行下文的讨论。

从句法功能的角度看，语法学中一般所说的六种句法成分，汉语量词都能够充当。

5.1.1.1　汉语名量词的句法功能

1. 充当主语

关老爷喝酒上脸，三杯下肚就真成了关公了。(汪曾祺《关老爷》)

事情，一件挨着一件。(老舍《骆驼祥子》第 22 章)

2. 充当谓语

有一个时期我为《时事晚报》写社论，每天一篇。(张容《一言难尽乔冠华》)

一年三百六十日，都是草炉烧饼，一人两个。(汪曾祺《八千岁》)

3. 充当宾语

诸作家的文章在会议期间只发表两篇。(《1994 年报刊精选》)

我们就罚他两杯，好不好？（钱锺书《围城》第 3 章)

4. 充当定语

馆里买了四个蒸馍，又要去河边的一块辣子地里偷摘几个辣子，没想

一只狗就撵上了他。(贾平凹《乡党王盛华》)

几位弟兄奔到正殿，后面还在撕打。(老舍《火葬》)

5. 充当状语

被风吹的那些花瓣一片一片的颤动，射散着清香。(老舍《老张的哲学》)

白嘉轩在铡墩前蹲下来，把青草一把一把扯过来，在膝头下捋码整齐再塞到铡口里去。(陈忠实《白鹿原》)

6. 充当补语

将半截灵芝剖成两片。(金庸《神雕侠侣》)

用手轻轻一掰，松木断裂成三截。(路远《白罂粟》)

5.1.1.2　汉语动量词的句法功能

1. 充当主语

我们是头一遍参观，二遍答题，三遍对卷。(《1994 年报刊精选》)

这一下更引起村里人的脾气来。(赵树理《李家庄的变迁》)

2. 充当谓语

这边脸上又一下，登时小丫头子两腮紫胀起来。(《红楼梦》第 44 回)

这个招翻了他，给他们一人一脚。(老舍《骆驼祥子》)

3. 充当宾语

作为中国科学院院士大会，这是第一次。(《1994 年报刊精选》)

他想，人来献祭，这还是第一次。(钱锺书《上帝的梦》)

4. 充当定语

紫鹃笑道："这一回的劲大，姑娘来放罢。"(《红楼梦》)

他这一次的话倒说得很坚决。(赵树理《三里湾》)

5. 充当状语

说不清这是他一年中第几次去上海了。(《新华社 2004 年新闻稿》)

江月蓉今天第一次叫他"海鹏"，让他感到开端良好。(柳建伟《突出重围》)

6. 充当补语

有个人自己出路费，来了三次。(《1994 年报刊精选》)

穗珠气的，恨不得咬穆青几口。(张欣《掘金时代》)

5.1.2 苗语量词的句法功能

5.1.2.1 苗语名量词的句法功能

1. 充当主语

ŋuŋ^{22}ŋuŋ^{22}sa^{54}ʈɑŋ^{44}.

只　　只　都　肥

只只都肥。

n̥^{h}æ^{35}n̥^{h}æ^{35}sa^{54}ɕæ^{35}.

件　　件　都　新

件件都新。

o^{33} lɛ^{55}moŋ^{11}qa^{55}qo^{44}ʑaŋ^{55}.①

二位　去　　就　够　了

两个人去就够了。

2. 充当谓语

məŋ^{31}a$^{44/21}$do^{35}，we^{44}a$^{44/21}$do^{35}.②

你　　一　句　　我　一　句

你一句，我一句。

ma^{31}dʑi^{35}a$^{44/21}$ʐu^{31}，ma^{31}ljəŋ^{44}a$^{44/21}$ʐu^{31}.

助　　红　一　堆　　助　绿　　一　堆

红的一堆，绿的一堆。

3. 充当宾语

nuŋ^{31}a^{44} le^{35}.

吃　一　个

吃一个。

pɑŋ^{44}a^{44}ŋuŋ^{22}.

射　一　只

射一只。

---

① 这一例引自王辅世《苗语简志》，北京：民族出版社，1985 年，第 76 页。

② 充当谓语的两例引自余金枝《矮寨苗语参考语法》，中央民族大学 2010 届博士学位论文，第 252，299 页。

4. 充当定语

a^{44} le^{35}plɯ^{44}.

一　个屋

一所房子。

a^{44} ɕɯ^{35}nɑŋ^{44}qɑ^{44}lɑ^{31}.

一　身　的　泥　巴

一身的泥巴。

5. 充当状语

moŋ^{55}tsa^{33}lɛ^{33}tsa^{33}lɛ^{33}xhə^{35}.①

你　五　个　五　个　数

你五个五个地数。

to^{11}fhu^{35}ki^{35}noŋ^{35}noŋ^{35}i^{33}tɕen^{13} i^{33}tɕen^{13}ɛ^{44}.②

些　事情　这　要　一　件　一　件　做

这些事情要一件一件地办。

6. 充当补语

te^{53}te^{53}　ŋ̊əŋ^{22}ma^{35}a$^{44/21}$ʂei^{35}ʈaŋ^{22}ʈhu^{22}a$^{44/53}$du^{31}.③

小孩子和　父亲　一　样　胖　做　一　坨

孩子跟爸爸一样胖墩墩的。

5.1.2.2　苗语动量词的句法功能

1. 充当主语

a^{44}the^{44}pu^{53}khwɛ^{44}.④

一　顿　三　块

一顿三块。

a$^{44/21}$to^{35}nəŋ^{44}qa^{53}ɢə^{31}ʐu^{35}.⑤

一　次　这　更　唱　好

① 这一例引自王辅世《苗语简志》，北京：民族出版社，1985 年，第 90 页。

② 这一例引自王辅世《苗语简志》，北京：民族出版社，1985 年，第 92 页。

③ 这一例引自余金枝《矮寨苗语参考语法》，中央民族大学 2010 届博士学位论文，第 347 页。

④ 这一例引自余金枝《矮寨苗语参考语法》，中央民族大学 2010 届博士学位论文，第 248 页。

⑤ 这一例引自余金枝《矮寨苗语参考语法》，中央民族大学 2010 届博士学位论文，第 352 页。

这一次唱得好一些。

2. 充当谓语

nenx ait nend ob bib dias，nenx ghax maix nenk qit yangx.[1]

他　那么　二　三　次，他　就　有　点 儿　气　了

他那么二三次，他就有点儿生气了。

3. 充当定语

hnɑib nongl hmangt gos dax ib gangx nongs hlieb lins niongx.[2]

昨天　　　傍晚　下 一　阵　雨　大　极

昨天傍晚下的一阵雨大极了。

4. 充当状语

nenx ib dias ghangt ib bat jangb.[3]

他　一 次　挑　一　百 斤

他一次挑一百斤。

tɕəŋ^{35}qa^{35}qa^{31}ləŋ^{35}a$^{44/21}$χɯ^{44}ɢə^{35}ʑa^{44}.[4]

放　到　嘴　　一　口 吞　了

放到嘴里一口吞了。

5. 充当补语

ʈ^{h}u^{44}a^{44}tɔ^{35}.

做　一　次

做一次。

lɔ^{22}a^{44} wa^{31}.

来　一　趟

来一趟。

moŋ^{55}moŋ^{11}i^{33} ȶɑ^{13}！[5]

你　　去　一　次

你去一次！

---

① 这一例引自王春德《苗语语法（黔东方言）》，光明日报出版社，1986 年，第 192 页。
② 这一例引自王春德《苗语语法（黔东方言）》，光明日报出版社，1986 年，第 135 页。
③ 这一例引自王春德《苗语语法（黔东方言）》，光明日报出版社，1986 年，第 145 页。
④ 这一例引自余金枝（2010：397）。
⑤ 这一例引自王辅世《苗语简志》，北京：民族出版社，1985 年，第 83 页。

5.1.3　彝语量词的句法功能

5.1.3.1　彝语名量词的句法功能

1. 充当主语

mʊ^{33}，khʊ^{21} thu^{55} vei^{13}xɯ^{33}.①

只 停顿 什么 时候 买 陈述

（这）只什么时候买的？.

tʂaŋ^{55}san^{33}bo^{55}bu^{13}ʔa^{33}ŋa^{33}thai^{35}lɤ^{33}，lɤ^{33}lɤ^{33}ʔao^{55}so^{33}ɣe^{33}khao^{33}ʂaŋ^{13}dʊ^{33}.②

张 三 家 领属 孩子 几 个 个 个 都 学 大 考 上 完整

张三家的几个孩子，个个都考上大学了。

tʂhʅ^{21}tɕhie^{33}ʔa^{21}ȵi^{21}ve^{21}xɯ^{33}ŋɯ^{33}.③

这 支 昨天 买 描写 是

这支是昨天买的。

2. 充当谓语

ts‘o^{33}t‘a^{21}ʑo^{21}ȵʅ^{55}lɯ^{33}.④

人 一 个 两 个

一个人两个。

3. 充当宾语

ŋʊ^{21}a^{21}ȵie^{13}ve^{21}xɯ^{33} a^{55}ʥe^{33}nʥu^{33}.⑤

我 刚 买 描写 那 匹 喜欢

我喜欢新买的那匹。

4. 充当定语

ʔʊ^{33}tsho^{33}tha^{21}ʑo^{21} la^{33}，lo^{33}m̩^{21}tʂhʅ^{21}mʊ^{33}tʂhʅ^{55}lʊ^{33}ma^{21}dʊ^{33}.⑥

人 一 个 话题 石头 这 块 搬 动 否定 助动

一个人啊，可搬不动这块石头。

---

① 这一例引自翟会峰《三官寨彝语参考语法》，中央民族大学 2011 届博士学位论文，第 62 页。
② 这一例引自翟会峰《三官寨彝语参考语法》，中央民族大学 2011 届博士学位论文，第 62 页。
③ 这一例引自翟会峰《三官寨彝语参考语法》，中央民族大学 2011 届博士学位论文，第 182 页。
④ 这一例引自丁椿寿《彝语通论》，贵州民族出版社，1985 年，第 147 页。
⑤ 这一例引自翟会峰《三官寨彝语参考语法》，中央民族大学 2011 届博士学位论文，第 189 页。
⑥ 这一例引自翟会峰《三官寨彝语参考语法》，中央民族大学 2011 届博士学位论文，第 45 页。

piŋ^{21}ko^{33}na^{55}sɿ^{33}mʊ^{33} ŋʊ^{21}ve^{21}ma^{55}ndʑu^{33}.①

苹果 那 三 个 我 买 否定 想

那三个苹果我不想买。

tɕo^{55}hũ^{33}ȵdʑi^{33}tʊ^{13}tʂhʅ^{21}tha^{21}lɤ^{33} ke^{33}tʂaŋ^{55}miŋ^{21}bi^{55}！②

快 皮箱 这 一 个 受格 张 明 目标

快把这一个皮箱给张明！

5. 充当状语

dʑa^{33}dʑu^{33}gu^{21}，su^{33}ʑye^{55}ge^{21}tha^{21}ʑo^{21}tha^{21}ʑo^{21} m̩^{21} kʊ^{21}thei^{33}dʊ^{33}.③

饭 吃 完 客 人 们 一 个 一 个 状助 离 开 完整

吃完饭，客人们一个一个地离开了。

6. 充当补语

thi^{21}tɕye^{33}tha^{21}khʊ^{21} m̩^{33} de^{33}ʑei^{13}po^{33}.④

它 蜷 一 团 状助 倒 躺 又

它又躺下来蜷成一团。

5.1.3.2 彝语动量词的句法功能

1. 充当主语

vu^{33}，kʊ^{21}de^{33}ŋʊ^{21}thi^{55}ɣo^{33}.⑤

趟 停顿 走 补助 我 累 很

（这）趟走得我很累。

2. 充当谓语

tʂaŋ^{55}miŋ^{21}ba^{33}dɤ^{21}pe^{21}tɕiŋ^{55}ma^{55}lɤ^{21}，tha^{21}kho^{33}ȵi^{55}sɿ^{33}tɕho^{21}sɿ^{55}dʐa^{33}.⑥

张 明 经常 北京 否定 去 一 年 两 三 次 大概

张明不经常去北京，一年大概两三次。

tʂaŋ^{55}miŋ^{21}ba^{33}dɤ^{21}pe^{21}tɕiŋ^{55}ma^{55}lɤ^{21}，tha^{21}kho^{33}ʔa^{21}lʊ^{21}ȵi^{55}sɿ^{33}tɕho^{21}.⑦

---

① 这一例引自翟会峰《三官寨彝语参考语法》，中央民族大学 2011 届博士学位论文，第 46 页。
② 这一例引自翟会峰《三官寨彝语参考语法》，中央民族大学 2011 届博士学位论文，第 46 页。
③ 这一例引自翟会峰《三官寨彝语参考语法》，中央民族大学 2011 届博士学位论文，第 63 页。
④ 这一例引自翟会峰《三官寨彝语参考语法》，中央民族大学 2011 届博士学位论文，第 95 页。
⑤ 这一例引自翟会峰《三官寨彝语参考语法》，中央民族大学 2011 届博士学位论文，第 62 页。
⑥ 这一例引自翟会峰《三官寨彝语参考语法》，中央民族大学 2011 届博士学位论文，第 92 页。
⑦ 这一例引自翟会峰《三官寨彝语参考语法》，中央民族大学 2011 届博士学位论文，第 92 页。

张　明　经常　北京　否定 去　一 年　大概 两 三 次

张明不经常去北京，一年大概两三次。

3. 充当定语

pe^{21}tɕiŋ^{55}vu^{33}kʊ^{13}de^{33}ŋʊ^{21}thi^{55}ɣo^{33}.①

北京　趟　走补助 我 累 很

这趟北京走得我很累。

4. 充当状语

tʂaŋ^{55}miŋ^{21}tha^{21}tɕho^{21}ȵie^{33}kuaŋ^{33}hʂɤ^{55}lɤ^{55}ŋʊ^{55}，kuaŋ^{33}toŋ^{55}dʊ^{55}hɤ̃^{55}kʊ^{13}mo^{55}？②

张　明　一　次　才　广州　去 完成　广东　话 说 助动 疑问

张明才去一次广州，会说广东话吗？

na^{21} tʂaŋ^{55}miŋ^{13}bu^{33}xɯ^{33}ɖu^{21}mɤ^{21}zi^{33} tha^{21}tɕho^{33}bu^{33}ɕi^{33}.③

你　张　明　画 描写 样子　对象 一 次　画 再

你照张明画的样子再画一遍。

tɕo^{55}gɯ^{55}phu^{55}mʊ^{21}tʂho^{55}tha^{21}khu^{33}hɤ̃^{55}.④

快　去　父 母　伴随　一　声 说

快去跟父母说一声。

ŋʊ^{21}ȵi^{33}tha^{21}tɕho^{21}tʂʅ^{55}na^{21} bi^{55} vei^{33}.⑤

我　也 一　次　制 你 目标 助动

我也要制你一次。

5. 充当补语

ʔa^{55}sʅ^{21}di^{55}no^{33}，ŋʊ^{21}gɯ^{55}tha^{21}ɕi^{33}na^{33} ma^{55}de^{33}ɕi^{33}？⑥

那样　话题　我 去　一　下　看 否定 及 还

那我还不如去看一下？

ŋa^{33} khɯ^{33} ɕi^{55} tshɿ^{21} lɔ^{33} bɿ^{44} o^{44}.⑦

我 狗　咬 一 下 给 了

---

① 这一例引自翟会峰《三官寨彝语参考语法》，中央民族大学 2011 届博士学位论文，第 104 页。
② 这一例引自翟会峰《三官寨彝语参考语法》，中央民族大学 2011 届博士学位论文，第 91 页。
③ 这一例引自翟会峰《三官寨彝语参考语法》，中央民族大学 2011 届博士学位论文，第 92 页。
④ 这一例引自翟会峰《三官寨彝语参考语法》，中央民族大学 2011 届博士学位论文，第 104 页。
⑤ 这一例引自翟会峰《三官寨彝语参考语法》，中央民族大学 2011 届博士学位论文，第 135 页。
⑥ 这一例引自翟会峰《三官寨彝语参考语法》，中央民族大学 2011 届博士学位论文，第 103 页。
⑦ 该语料引自陈士林等《彝语简志》，北京：民族出版社，1985 年，第 119 页。

我被狗咬了一口。

5.1.4 水语量词的句法功能

5.1.4.1 水语名量词的句法功能

1. 充当主语

ai^{3} ti^{3} lam^{1}.

位 一 个

每人一个。

la:m^{11}ha:n^{33}，la:m^{11}ȶhu^{11}.①

件 红 件 绿

有红有绿。

ai^{3} ŋ̥u^{1}taŋ^{1}kon^{5}，ai^{3} tsa^{5}he^{4}kon^{5}.

位 哪 来 先 位那 做 先

谁先来，谁先做。

2. 充当谓语

ai^{3} ti^{3} lam^{1}.

位 一 个

每人一个

luŋ^{2} ti^{3} lam^{1}，pa^{3} ti^{3} lam^{1}.

伯父一 个 伯母 一 个

伯父一个，伯母一个。

3. 充当宾语

ni^{4} to^{5} ni^{4}.

位（女）教 位

一个教一个。

la:u^{6}suŋ^{1n}dun^{3}ta^{6} ȶi^{3}ɣa:n^{2}.

老 宋 串 过 几 家

老宋串过几家。

---

① 该语料引自韦学纯《水语描写研究》，上海师范大学 2011 届博士学位论文，第 322 页。

ni^{4} bja:k^{7} ni^{4} ha:ŋ^{4} ti^{3} to^{2}.

位 妇女 位 养 一 只

妇女们一人养一只。

4. 充当定语

^{m}bjeŋ^{5} to^{2} m̥u^{5}na:i^{6}.

像 只 猪 这

像只猪似的。

tai^{2} ti^{3} tiu^{2} mai^{4} taŋ^{1}.

拿 一 条 棍子 来

拿一条棍子来。

ɣa^{2} to^{2} po^{4} la:u^{4} tsa^{5} ljək^{8} ɕo^{3}.

两 只黄牛 大 那 力 很

那两只大黄牛很壮。

5. 充当状语

ha:m^{1}van^{1}qoŋ^{1}ɣa^{2} van^{1} he^{4}pjen^{3}.①

三 天 工 两 天 做 完

三天工两天做完。

5.1.4.2　水语动量词的句法功能

1. 充当状语

man^{1}phja^{3}ta:p^{7}dai^{3}pek^{7}ʈən^{2}.

他 次 挑 得 百 斤

他一次能挑一百斤。

man^{11}ti^{33}lan^{35}tsjə^{11}ti^{33}ʈən^{31}.②

他 一 顿 吃 一 斤

他一顿吃一斤。

2. 充当补语

pa:i^{1} ti^{3} phja^{3}.

---

① 这一例引自张均如《水语简志》，北京：民族出版社，1980 年，第 33 页。

② 这一例引自韦学纯《水语描写研究》，上海师范大学 2011 届博士学位论文，第 278 页。

去　一 次

去一次。

ne²phja³ˀnjam⁵phja³

嫲 次　 跟　次

一次接一次地嫲

saːm³ȶaːŋ⁶haːp⁷ȶaːŋ⁶

走　 步　接　步

一步接一步走

5.1.5 侗语量词的句法功能

5.1.5.1 侗语名量词的句法功能

1. 充当主语

jan²¹²tu²¹²jan²¹²tu²¹².

家　 只　家　只

一家一只。

wou³⁵ȶe³⁵zən¹¹ .

个　 吃 个

一人吃一个。

muŋ⁴ȶak⁸muŋ⁴ȶak⁸.[①]

位　 个　位 个

每人一个。

2. 充当谓语

jan²¹²tu²¹²jan²¹²tu²¹².

家　 只　家　只

一家一只。

muŋ⁴ȶak⁸muŋ⁴ȶak⁸.[②]

位　 个　位 个

① 该语料引自梁敏《侗语简志》，民族出版社，1980 年，第 64 页。
② 该语料引自梁敏《侗语简志》，民族出版社，1980 年，第 64 页。

每人一个。

3. 充当宾语

ʔai^{44} mja^{22} məi^{31} nai^{44}.

这　　栽　　棵　　这

这儿栽这棵。

ja:u^{2}ta:p^{9} i^{1} ta:p^{9}，ma:u^{6}ta:p ^{9}ja^{2} ta:p^{9}.[①]

我　挑　一　挑　　他　挑　两　挑

我挑了一挑，他挑了两挑。

4. 充当定语

kɐm^{55} ka^{3} ^{1}ȶaŋ^{323} ʔi^{55} jan^{212}ȵən^{212}.

侗族　汉族　是　一　家　人

侗族和汉族是一家人。

jau^{22}me^{22}ji^{22}wa^{33}kwan^{35}.

我　有　一　把　斧头

我有一把斧头。

jau^{22}me^{22}wa^{33}kwan^{35}.

我　有　把　斧头

我有一把斧头。

5.1.5.2　侗语动量词的句法功能

1. 充当主语

ja:u^{11}pa:i^{55}sa:m^{35}ta:u^{53}，ta:u^{53}ta:u^{53}tu^{55}sup^{24}ma:u^{33}.[②]

我　去　三　次　　次　次　都　遇　他

我去三次，每次都遇到他。

2. 充当补语

to^{323}ʔi^{55}ɕon^{33}mau^{212}ʔɐi^{323}ta^{33}phəi^{453}ʔi^{55}ɕon^{33}.

施　一　次　肥　　不　比　犁　一　次

多施一次肥，不比多耙一次田。

---

① 该语料引自梁敏《侗语简志》，民族出版社，1980 年，第 64 页。

② 该语料引自梁敏《侗语简志》，民族出版社，1980 年，第 38 页。

pən³le²na:i⁶ja:u²nu⁵ ta⁶ ja² ta:u⁵ la⁴. ①
本 书 这 我 看 过 两 次 了
这本书我看过两次了。
a:i⁵jan¹sa:m^{1/}ta:u⁵ la⁴。②
鸡 啼 三 次 了
鸡叫三遍了。

5.1.6 布依语量词的句法功能

5.1.6.1 布依语名量词的句法功能

1. 充当主语

vaŋ⁶sa:ŋ¹vaŋ⁶tam⁵.
个 高 个 矮
一个高，一个矮。
ko³pa³pa:k⁸mi²au¹.
棵 雷 劈 不 要
雷劈的那棵不要。
ka:i⁵tiam¹ka:i⁵pan²tsai²tsi⁴pɯ:n⁴.
件 和 件 成 齐 整整
一件一件齐整整。
ba:n⁴ zau² za:n²za:n² tu⁵ tsɯ:ŋ⁴mu¹.
寨子 咱们 家 家 都 养 猪
我们寨子家家都养猪。
vaŋ⁶vaŋ⁶tu⁵a:ŋ⁵.
个 个 都 高兴
个个都高兴。

2. 充当谓语

tɕin²diau¹tsip⁸li:ŋ⁴.

① 该语料引自梁敏《侗语简志》，民族出版社，1980 年，第 60 页。
② 这一例引自梁敏《侗语简志》，民族出版社，1980 年，第 69 页.

斤　一　十 两

一斤是十两。

ti¹sa:m¹pi¹.

他 三 岁

他三岁。

pu⁴dan¹pu⁴dan¹.①

个 个 个 个

一人一个。

3. 充当宾语

tu²ɣap³tu².

只 咬 只

一只咬一只。

mɯŋ² kɯn¹ tsa¹ diau¹ tiam⁵.

你　吃　碗　一　再

你再吃一碗。

ti¹tsɯ⁴suaŋ¹tɕoŋ⁵.

他 买 两　件

他买两件。

4. 充当定语

za:p⁷za:p⁷zam⁴diau¹

挑　挑 水 一

挑一担水

5. 充当状语

zam⁴ ta¹ ku¹ lum³ zam⁴ za:i² tsak⁷ diau¹ tsak⁷ diau¹ ti⁵ tok⁷ mɯ¹ la³.

眼泪　我 像　露水　滴　一　滴　一　的　落 下 来

我的眼泪像露珠一样一滴一滴地掉下来。

6. 充当补语

au¹laɯ⁵ɣuaŋ⁵zuak⁸ ko⁴ jiŋ².

---

① 这一例引自吴启禄《布依语量词概略》，《贵州民族研究》，1983 年第 3 期。

拿　搁　　堂屋　　做　堆

搁在堂屋成了堆。

5.1.6.2　布依语动量词的句法功能

1. 充当主语

taːu^{5}du^{4} mi^{2}tɯk^{8}.

次　首　不　　中

第一次没中。

taːu^{5}taːu^{5}dai^{4}xuŋ^{4}tɕhi^{4}.

回　　回　得　　红　旗

回回得红旗。

2. 充当谓语

pu^{4}taːu^{5}pu^{4}taːu^{5}.[1]

个　回　个　回

一人一次。

3. 充当状语

pai^{4}ˀdiau^{1} ku^{3} kə^{6} suaŋ^{1} tai^{6}.[2]

回　　一　我　　扛　两　袋

我一回扛两袋。

taːu^{5}deu^{1}ɟo^{5}θaːm^{1}pai^{2}la^{2}.[3]

次　　一　敲　　三　下　锣

一次打三下锣。

4. 充当补语

ji^{3} za^{5} om^{1} ku^{1} ziu^{4} mɯŋ^{2} ˀjaːm^{5}.

歇　阵　汗　　我　　和　　你　　跨

擦一下汗我和你走。

tsim^{1} tsim^{1} pai^{2} diau^{1}.

---

① 这一例引自吴启禄《布依语量词概略》，《贵州民族研究》，1983 年第 3 期。

② 这一例引自王文艺《布依语与汉语量词比较》，贵州省布依学会、安顺地区民委编，《布依学研究》，贵州民族出版社，2004 年。

③ 这一例引自吴启禄《布依语量词概略》，《贵州民族研究》，1983 年第 3 期。

想　　想　　下 一

想一想。

jin^{5}vui^{3}mɯŋ^{2}tso^{5}zaːn^{2}vuan^{2}diau^{1}kɯn^{1}si^{5} ɣa^{3} tan^{3}.

因 为　你　在　家 天　一　吃　四 五 顿

因为你在家一天吃四五顿。

ku^{1}pai^{1}　ȵi^{1}　pai^{2}　diau^{1}. ①

我　去　听　次　一

我去听一次。

ŋuan^{4}ˀdiau^{1} paːi^{3} suaŋ^{1} lak^{8}. ②

天　　一　　走　两　趟

一天走两趟。

5.1.7　仡佬语量词的句法功能

5.1.7.1　仡佬语名量词的句法功能

1. 充当主语

xen^{33}nɑ^{21}mu^{33}mei^{33}?

位　何　来 了

谁来了?

pei^{21}phɛ^{33}ni^{21}ɛ^{13}，pei^{21}phɛ^{33}nu^{42}tei^{42}.

半　块 这 多，半　块　那 少

这半块多，那半块少。

men^{55}xen^{33}thɑ^{55}，men^{55}xen^{33}xɒ^{33}.

各　位　做　各　位　吃

各人做，各人吃。

2. 充当谓语

di^{33}to^{31}vu^{33}blai^{35}lo^{31}mo^{35}，tsɿ^{33}kan^{33}tsɿ^{33}wa^{31}. ③

---

① 这一例引自喻翠容《布依语简志》，民族出版社，1980 年，第 32 页。

② 这一例引自王文艺《布依语与汉语量词比较》，贵州省布依学会、安顺地区民委编，《布依学研究》，贵州民族出版社，2004 年。

③ “我们去挑柴，一个一担”和“我们大家来分果，一人一个”这两例引自康忠德《居都仡佬语参考语法》，中央民族大学 2009 届博士学位论文，第 168 页。

我们　去 挑　 柴　　一 个 一 担

我们去挑柴，一个一担。

di^{33}to^{31}tei^{35}tɕhi^{31}do^{31}fei^{31}ma^{35}，tsɿ^{33}kan^{33}tsɿ^{33}dʑau^{33}.

我们　大家　来 分 果　　一 个 一 个

我们大家来分果，一人一个。

3. 充当宾语

mei^{55} tu^{33} tshu^{55}tɑ^{33}sɑn^{33}ni^{21}，mei^{55} sɛ^{55} tshu^{55}tɑ^{33}sɑn^{33}nu^{42}.

的　喂养 是　三 只 这，　的　出卖 是 三 只　那

喂养的是这三头，出卖的是那三头。

tɕhen^{55}su^{33}sɑ^{33}xɒ^{33} sɿ^{33} lɒ^{55}tshɑn^{33}.

请　　你们　吃 一 碗　再

请你们再吃一碗。

4. 充当定语

zuɛ^{31} phɑ^{55} ɣɯ^{31} nɑŋ^{31} ʑɯ^{33} nen^{55} mu^{31}.

双　　鞋　　　这　是　的　你

这双鞋是你的。

sen^{33} ntsɯ^{31} lɛ^{13} nɑŋ^{31} ʑɯ^{33} nen^{55} ʔin^{55}.

件　衣　红　这　是　的　妹

这件红衣服是妹妹的。

so^{55} neŋ^{55} tɯ^{33} nu^{53} khɯ^{55} pɑŋ^{55} tɕɒ^{13}.

二　个　纽　襻　扣　得　不

两个纽襻扣不上。

5. 充当状语

tɑ^{33}xen^{33}tɕhi^{55}sɿ^{33}xen^{33}sɿ^{33}xen^{33}li^{33} ʑu^{21}.

三　位　人　一 位　一 位 地 说

三个人一个一个地说。

5.1.7.2　仡佬语动量词的句法功能

1. 充当主语

vɑn^{21}nu^{42} su^{33} u^{42} vu^{42}，i^{42} vu^{42} ntə^{42}.

次 那 他去 我去未

那次他去了，我没去。

sɿ^{33} kuan^{13} ni^{21} pu^{33} xen^{33} tɕhi^{55} pa^{55} lie^{21} mu^{33}.

一 趟 这 四 位 人 一齐 来

这一趟四个人一齐来。

su^{33} vu^{55} nu^{42} lei^{21} lɛ^{55} tsɿ^{55} ŋkɛ^{21} vaŋ^{55} ŋka^{33}!

二 次 那 孩 子 全 着 打 了

那两回孩子都被打了。

2. 充当宾语

mɒ^{21}en^{55}mu^{33} na^{33}ni^{21} tshu^{55} ti^{13} ta^{33} van^{21} ŋkə^{42}!

妹 来 处 这 是 第 三 次 了

妹妹来这里是第三次了！

3. 充当定语

tsɒ^{21}mpə^{21}ni^{21}kɯ^{21}ɒ^{33}.

顿 饭 这 满 好

这顿饭很好。

4. 充当状语

su^{33}u^{42}sɿ^{33}tsɒ^{21}xɒ^{33}su^{33}lɒ^{55}n̥ɒ^{55}mpə^{21}.

他 一 顿 吃 二 碗 小 饭

他一顿吃两小碗饭。

i^{42} sɿ^{33} van^{21} vu^{42} pɒ^{13} ntə^{42}.

我 一 次 去 得 未

我一次没有去过。

a^{33} qha^{55} tɕo^{21} ni^{21}sɿ^{21}van^{21}tshe^{55}sɿ^{33} tɕen^{55}mpu^{33}pau^{33}tsɿ^{12}.

发语词 青年 这 一 次 挑 一 百 五 十 斤

这个小伙子一次挑一百五十斤。

5. 充当补语

i^{42} vu^{42} pɒ^{13} sɿ^{33} van^{21} ntə^{42}.

我 去 得 一 次 未

我没有去过一次。

tɑ¹³tɕa³³mu³³lu³³mɒ⁵⁵thɯ⁵⁵thɑ⁵⁵sɿ³³men²¹sɿ³³.

大 家 来 里 村 歇 做 一 晚上

大家来村里休息一晚。

（tɑ¹³ tɕɑ³³） thɯ⁵⁵ thɑ⁵⁵ sɿ³³ hɑn¹³ tsɛ¹³ xɒ⁵⁵ mpə²¹.

（大家） 歇 做 一 下 再 吃 饭

休息一下再吃饭。

su³³u⁴²ŋkɛ²¹phɒ⁵⁵ u⁴²vɑŋ⁵⁵sɿ³³tsɒ²¹ !

他 被 父 他 打 一 顿

他被他父亲打了一顿。

zɑ³³ tau³³ vɛ⁵⁵ kə²¹ tɑ³³ vɑn²¹ ŋkɑ³³.

老师 唱 完 三 遍 了

老师唱完三遍了。

5.2 量词句法功能的共性特征

5.2.1 量词句法功能的共性表现

对于本书所研究的七种语言来说，其量词的句法功能表现并不完全一致。为了更清楚地对各语言中量词句法功能的共性特征做以说明，我们将这些语言中量词的句法功能列表如下，表中的“+”表示具有该句法功能，空白则表示没有该句法功能。

各语言名量词的句法功能如表 5.1 所示：

表 5.1 名量词的句法功能在七种语言中的分布

名量词的句法功能	主语	谓语	宾语	定语	状语	补语
汉语	+	+	+	+	+	+
苗语	+	+	+	+	+	+
彝语	+	+	+	+	+	+
水语	+	+	+	+	+	
侗语	+	+	+	+		
布依语	+	+	+	+	+	+
仡佬语	+	+	+	+	+	

通过表 5.1 的分布特征能够清楚发现，就本书所比较的七种语言来看，名量词充当主语、谓语、宾语、定语的功能在七种语言中都能看到。充当状语的功能在六种语言中能够看到，侗语中目前还没有发现名量词充当状语的情况。充当补语的情况在水语、侗语、仡佬语中还没有看到，而汉语、苗语、彝语、布依语中都能够看到这样功能。

如果就名量词在单一语言中的表现来看，我们则会发现，汉语、苗语、彝语、布依语这四种语言中名量词的句法功能最强，能够充当目前所知的所有句法成分。水语和仡佬语名量词的句法功能较弱，能够充当主语、谓语、宾语、定语和状语，不能够充当补语。侗语名量词的句法功能则相对最弱，能够充当主语、谓语、宾语、定语四种句法功能，不能充当状语和补语。各语言动量词的句法功能如表 5.2 所示。

表 5.2　动量词的句法功能在七种语言中的分布

	主语	谓语	宾语	定语	状语	补语
汉语	+	+	+	+	+	+
苗语	+	+		+	+	+
彝语	+	+		+	+	+
水语					+	+
侗语	+					+
布依语	+	+			+	+
仡佬语	+		+	+	+	+

表 5.2 的分布情况能够表明，动量词最典型的特点是充当补语，这种功能在我们考察的七种语言中都能看到。充当状语和主语也是动量词很普遍的功能，但是充当状语的功能在侗语中目前还没有看到，充当主语的功能在水语中还没有看到。动量词充当谓语和定语的功能也比较普遍，充当谓语的功能在汉语、苗语、彝语、布依语中都能够看到，但在水语、侗语、仡佬语中还没有见到这类用法；而充当定语的功能则能够在汉语、苗语、彝语和仡佬语中看到，但在水语、侗语、布依语中还没有看到这种功能。动量词充当宾语的功能最弱，仅能够在汉语和仡佬语中看到，苗语、彝语、水语、侗语、布依语中都还没有见到这样的用法。

就动量词的句法功能在单一语言中的情况来看，汉语动量词的句法功能表现最强，能够充当目前所知的六种句法功能。苗语、彝语、仡佬语中动量词的句法功能较强，能充当五种功能，但表现并不一致；苗语和彝语的动量词没有发现有充当宾语的用法，而仡佬语的动量词则还没有发现有充当谓语的用法。布依语动量词的句法功能较弱，能够充当主语、谓语、状语和补语四种句法功能，没有发现其充当宾语和定语的情况。水语和侗语中动量词的句法功能相对最弱，水语的动量词只能充当状语和补语，其他用法目前还未发现；而侗语的动量词只能充当主语和补语，充当其他句法功能的情况则还没有发现。

5.2.2 量词句法功能共性表现的语序动力

上一节的分析能够发现，我们所研究的七种语言中，其量词的句法功能表现并不一致。这种不同有着基本语序上的制约因素。我们可以将这些语法功能和基本语序的匹配关系通过表 5.3 和表 5.4 做以比较。

表 5.3 基本语序与名量词的句法功能分布

	基本语序	主语	谓语	宾语	定语	状语	补语
汉语	SVO、SOV、OSV	+	+	+	+	+	+
苗语	SVO	+	+	+	+	+	+
彝语	SOV	+	+	+	+	+	+
水语	SVO	+	+	+	+	+	
侗语	SVO	+	+	+	+		
布依语	SVO	+	+	+	+	+	+
仡佬语	SVO、SOV	+	+	+	+	+	

表 5.4 基本语序与动量词的句法功能分布

	基本语序	主语	谓语	宾语	定语	状语	补语
汉语	SVO、SOV、OSV	+	+	+	+	+	+
苗语	SVO	+	+		+	+	+
彝语	SOV	+	+		+	+	+
水语	SVO					+	+
侗语	SVO	+					+
布依语	SVO	+	+			+	+
仡佬语	SVO、SOV	+		+	+	+	+

语言的基本语序对各语法成分的句法功能的表现有着明显的制约。4.1.1 节我们已经谈到，如果仅从现代汉语的层面看，汉语言语现实中反映出的

语序特征是多语序的，有三种基本语序：SVO、SOV 和 OSV。就基本语序结构而言，苗语、彝语、水语、侗语、布依语和仡佬语的基本语序类型都能够在汉语中找到；与此呼应的是，苗语、彝语、水语、侗语、布依语和仡佬语中量词所具有的句法功能，我们都能在汉语中找到。

换一种角度看，汉语量词之所以能够充当所有的六种句法功能，是因为汉语的多语序结构给量词这样句法成分提供了语序上的可能性，这种可能性已经具体化为汉语量词与数词、名词、动词结构中的双语序。即：

名词+数词+量词　　　数词+量词+名词

动词+数词+量词　　　数词+量词+动词

一直以来，语言学界都认为汉语量词是汉语的句法特色，但是这种特色往往也能够在其他语言中发现。然而，在量词的句法功能上，汉语量词表现出了自己独有的特色。

然而，汉语量词的句法功能并非从来如此，而是有一个逐渐演变的过程。惠红军（2008/2011：131-133）研究表明，最晚在明代，汉语名量词的句法功能就形成了这样一个语法等级优势序列：

定语 ＞ 宾语 ＞ 主语 ＞ 谓语 ＞ 状语 ＞ 补语

这一等级序列已经与现代汉语已经基本相同了。而且，名量词结构句法功能的语法等级，从古至今发生了一个非常大的变化，其早期的主要句法功能是充当谓语，而在现代汉语中则是充当定语。

惠红军（2008/2011：191-192）还研究了汉语动量词句法功能的历史变化；研究表明，汉语动量词句法功能语法等级在明清时期就已经呈现出如下的序列：

补语 ＞ 状语 ＞ 定语 ＞ 主语 ＞ 宾语 ＞ 谓语

而这一语法等级序列已经与现代汉语动量词的语法等级序列基本相同了。但汉语动量词句法功能的语法等级序列，从《世说新语》到现代汉语，基本没有发生变化，都是以充当补语、状语和定语为主，而且都表现出“补语＞状语＞定语”的等级序列。

在汉语量词句法功能演变的历时过程中，名量词、动量词能够充当各种句法功能的现象在唐五代时期的文献中才完全表现出来；而在唐五代之前，名量词还不能充当补语和状语，动量词也仅仅能够充当补语和状语。

这种状况的出现应该与汉语语序类型的发展变化有密切的关系。

结合现代共时层面下苗语、彝语、水语、侗语、布依语和仡佬语的情况来看，虽然这些语言量词的句法功能没有汉语量词的句法功能那么强大，但是由于语言发展和接触的关系，各种语言中都已经出现了一些衍生语序结构。如布依语动量词的语序有三种，“动词+数词+量词”“量词＋数词＋动词”“动词+量词+数词”；这三种语序中，“动词+数词+量词”的适应面最广，“量词＋数词＋动词”非常少见，“动词+量词+数词”则是当数词为“一”时才采用的一种语序。因此，我们可以得出一个肯定的结论：随着语言的发展演变，这些语言的基本语序完全有可能给某些词类更多的句法位置，从而使这些词类产生更多的句法功能。

5.3　量词句法功能的扭结①

5.3.1　汉语的时间性量词短语

现代汉语中的“动词＋量词＋名词”结构中有一些“量词”能够表示一定的时间概念，如“进一趟城”“读三年书”等，其中的“一趟”“三年”就能够表示时间观念。对于这类“量词”的语义指向，朱德熙（1982）已经提到，“有的动量词跟名量词一样，可以修饰名词。例如：进了一趟城/看了一次电影/念一遍生字。从意义上说，‘一趟、一次、一遍’表示动作的次数，可是从结构上说，却是修饰后边的名词。”周刚（1998）分析了“状语、补语、定语、谓语中的动词等句法成分的静态语义指向，认为动态语义指向常用于副词的语义指向分析”。秦洪武（2002）认为“时量短语有两种可能的所指——动作持续的时间和行为终止后的状态持续的时间，其所指的确定取决于基于时间透视的界性的确定”，并且“时量短语的数值范围、时量短语与真宾语的结构关系也可能导致时量短语有歧义所指”。贾红霞（2003）认为“表动词特征的时量短语却与名词性 NP 组合起来，形成一种似乎违背普通逻辑思维的语法结构”，并从 NP 的语义类型和语义特征、时量短语的时间涵义类型对这一现象进行了分析。但是，周刚（1984）、秦洪

① 本小节内容曾以《时间性量词短语的语义双指》为题发表于《语言教学与研究》2012 年第 1 期。

武（2002）、贾红霞（2003）等的论述只涉及了“年、月、天、小时”等时间名词借用作时间性量词的情况，没有涉及“场、阵”等同样具有时间性的专用动量词，对于这些时间性量词短语的语义指向的论述并不完善。因此，有必要对时间性量词短语的语义指向作进一步的深入研究，这既有助于揭示该类量词共同的语义特征，也可以为量词的再分类提供一定的参考。

5.3.2　汉语时间性量词短语的语义指向

5.3.2.1　汉语的时间性量词及其构成的短语

依据现代汉语中的量词对时间概念的表述程度，我们把下列 A、B 两组量词均称为时间性量词：

A 组：阵、场、顿、通、趟、遍、回

B 组：年、月、天（日）、昼夜、晌、上午、下午、小时、分钟、秒钟、季、周、代、世、世纪、辈、辈子、会（儿）

A 组的时间性量词都是一般而言的专用动量词。对于这类动量词，有的划归名量词，有的划归动量词。如“一阵雨”的“阵”，刘世儒（1965）认为是名量词，邵敬敏（2000）认为是动量词；“一顿饭”的“顿”，刘世儒（1965）划归名量词，邵敬敏（2000）则划归动量词。A 组的时间性量词，虽然其表达的时段的确切长度目前还无法确定，但是其表现动作或事物持续了一定时段的意义却是很明显的。而其他专用动量词，如“下”“次”，比较而言，则不表示动作或事物持续的时间长度，主要是表达一个时点，表达动作在某一时点是否相对完成。B 组的时间性量词大都是一般而言的时间名词，都兼有名词性，也具有一定的开放性；作为时间性量词，表示动作或事物延续的一定时间长度。这两组词共同的语义特点是都表达一定的时段。由以上这些时间性量词和基数词、约数词等表数的词所组成的数量短语，我们称之为时间性量词短语。例如：

A 组：一阵　两场　几顿　一通　五趟　三遍　两回

B 组：半年　三月　七天（日）几昼夜　半晌　一上午　一下午　二十四小时　三十分钟　几秒钟　一周　几代　一世　半世纪　几辈　半辈子　三届　一会　一会儿

5.3.2.2 汉语时间性量词短语的语义双指现象

（1）单位允许她休半年病假。

（2）一晚上看三场电影。[1]

以上两例中，就静态的语言单位而言，时间性量词短语的语义指向都有明显的不确定现象。如（1）中的时间性量词短语“半年”既可以指向动作“休”，称量“休”这一动作持续的时间；也可以指向“病假”，称量“病假”这一现象存续的时间。虽然无论“半年”指向“休”还是指向“病假”，这句话的语义基本保持不变，但是受语言交际功能的影响，每一个言语交际单位都必然地依存于一定的具体的语境，都具有现实的交际目的。因此，对于以上例句应该还可以从语用的角度来分析其语义指向。对于（1）我们可以假设这样一次言语行为：

问：单位允许她休多长时间病假？

答语有以下几种可能性：

答：休半年。/半年病假。

这两种答语在现实生活中都是可能发生的，同时也反映出交际双方对“半年”的语义指向的两可态度，它可以指向“休”，也可以指向“病假”。

对于上面的问题还可能存在这样的回答：

答：半年。/休半年病假。/单位允许她休半年病假。

这三种答语在现实生活中也是可能存在的。但是，我们无法通过这三种答语来确定“半年”到底是指向动词“休”，还是指向名词“病假”。实际上，“半年”的语义在这里呈现出一种双指现象：既指向“休”，也指向“病假”。对（2）我们也可进行类似的分析，“三场”的语义既可以指向动作“看”，也可以指向事物“电影”，呈现一种双指现象。鉴于例句（1）、（2）是我们内省的例句，我们又进一步在线检索了北京大学汉语语言学研究中心《现代汉语语料库》（CCL 语料库），得到了一些典型例句，现选录如下：

（3）到东亚地区去做一趟演讲旅行。

（4）昨夜下了一场大雨。

① 这两例是本书作者内省的例句。

(5) 杨清民连提也没敢再提，回来跟王玉芳好发了一顿脾气。

(6) 工商部长韦尔内克与阿根廷外长迪特利亚十二日就这一问题举行了数小时谈判。

(7) 党委副书记胡衍国近半年来一直奋战在工地，没休过一天假。

和我们内省获得的例句不完全相同的是，以上例句中，除（3）外，动词后都有体助词“了”或“过”。但是，这并没有改变时间性量词短语语义双指的特点。例句中的“一趟”“一场”“一顿”“数小时”“一天”等，其语义依然是双指的，其语义分别指向它前面的动词“做”“下”“发”“举行”“休”和它后面的名词“演讲旅行”“大雨”“脾气”“谈判”“假”。

有时候时间性量词短语后面有结构助词“的”。例如：

(8) 侯赛因国王立即与他进行了约半小时的会晤。

(9) 当地市政部门有组织地放了近三十分钟的焰火。

(10) 来京参赛前刚做了不到一周的训练。

(11) 好比白娘娘，吃了一世的苦。

这些有结构助词“的”的用例，主要是出现在 B 组量词之后，但在 A 组量词中我们也检索到了用例：

(12) 兴奋得脸上放光的县委书记韦志鹏，主持了每场的庆典。

虽然“的”的出现，从句法结构上增加了时间性量词短语和后面的名词结合的紧密度，但是在其语义指向上依然呈现出双指的特点，既指向它前面的动词，又指向它后面的名词。我们可以对（8）至（12）进行语义的平行变换①：

(8a) ?侯赛因国王立即与他进行会晤进行了约半小时。

(9a) ?当地市政部门有组织地放焰火放了近三十分钟。

(10a) 来京参赛前刚做训练做了不到一周。

(11a) 好比白娘娘，吃苦吃了一世。

(12a) ?兴奋得脸上放光的县委书记韦志鹏主持庆典，主持了每场。

① 由于不同语句可以指称相同的客观事件，但却具有不同的主观意图，因此这里的平行变换指语句的客观指称相同。

(8b) 侯赛因国王立即与他进行会晤约半小时。

(9b) 当地市政部门有组织地放焰火近三十分钟。

(10b) 来京参赛前刚做训练不到一周。

(11b) 好比白娘娘，吃苦一世。

(12b) ? 兴奋得脸上放光的县委书记韦志鹏主持庆典每场。

变换所得的五个a类例句中，时间性量词短语都作了句中动词的补语，补充说明动作持续的时间，其语义明显指向动词；但经过变换后，(8a)、(9a)、(12a)的表达能否成立还存在疑问。变换所得的五个b类例句中，除了(12b)的说法存在疑问外，其余四例均可接受；其中的时间性量词短语都作了动名短语的补语，其语义都指向动名短语，而不是指向动词，或者是指向名词，即其语义指向了动作和事物构成的事件，而不是指向动作，或者是事物。但是在实际的言语活动过程中，a、b两类例子实际代表了不同的语义侧重：a类侧重于动作，而b类则侧重于动作和事物共同构成的那一件事。

5.3.3 汉语时间性量词短语语义双指的动因

5.3.3.1 汉语时间性量词短语语义双指的动因是多方面的

徐通锵（2004）认为，“语言是现实的编码体系，是人类最重要的交际工具，它的本质是一种非线性结构，线性只是其中的一种局部情况”。我们的理解是，语言的非线性结构是语义结构的特点，线性结构则是句法结构的特点；线性的句法结构只反映了非线性的语义结构的部分情况，其他情况则成为一种潜在的信息，隐含在线性的句法结构中。我们只有通过分析这种线性的句法结构和非线性的语义结构之间的不平衡状态，才能对问题有更深刻的认识。同时，语言作为一个系统，在发挥其现实的具体的交际功能时，它对进入自身系统的每一个因素都会有所选择；反过来看，进入语言系统的每一个要素也都会对语言系统的表现和功能产生相应的制约。因此，我们也可以通过分析与语言系统中（这里具体表现为“动词＋量词＋名词”结构）相关的名词性成分、动词性成分、量词的语义特点和它们之间在语义上的制约关系来解释这一现象。

5.3.3.2　事件是一种特殊的认知对象

邵敬敏（2000：35-70）对名词、动词和量词之间的语义关系和双向选择已经作了深入的分析，认为当动词表示具体动作，名词表示具体事物时，句子只有一种分析；当动词为抽象的动词，名词具有动作行为的含义时，句子可有多种切分。但这一结论还没有完全解释诸如（4）“下了一场大雨”，（9）“放了近三十分钟的焰火”，（10）“做了不到一周的训练”，（11）“吃了一世的苦”这类语言现象。

我们认为，时间性量词短语之所以会出现语义双指，主要原因在于其称量的对象是“事件”。事件或事件范畴（event category）是一种特殊的认知对象，它涉及动作、事物在时间上的持续互动，既有动词性的一面，又有名词性的一面。“在活动范畴中，事物、动作呈共现特征。在对活动进行描述的语言中，那些共现的名词和动词是可以互相定义的，所以名词和动词之间具有很强的认知依赖性。由此又可以组成事件范畴。”（赵艳芳，2001：67）在具体的言语交际过程中，事件是在语言的表层结构上形成的一种特殊的语法关系。“在语言使用时，说话人往往并不是单纯地要表达语言成分或符号单位的静态意义，因此受话人通常要通过一系列心理推断，去理解说话人的交际意图，因此语言就交际的目的而言，在量的方面常显不足。”（熊学亮，1999：2）这种“不足”表现在称量“事件”时，人们总是采用“动词（＋数词）＋量词＋名词”的结构，而不采用“动词＋名词＋拷贝动词（＋数词）＋量词”的结构。后一种结构在信息量上表现得更充分，因而时间性量词短语不会产生语义指向的歧义，如（10a）、（11a）。前者则是采用了一种压缩结构，把两类信息压缩在一种结构中，因此产生了语义的双指现象。我们试举例说明：

（13）辽宁兴城市东山住宅小区内响起了一阵鞭炮声。

包含两类信息：

（13a）辽宁兴城市东山住宅小区内响起了鞭炮声。

（13b）鞭炮声在辽宁兴城市东山住宅小区内响了一阵。

（13c）辽宁兴城市东山住宅小区内鞭炮声响了一阵。

（13a）代表了一类信息，（13b）、（13c）代表了一类信息。虽然（13b）

和（13c）中“鞭炮声”的句法位置不同，但是我们依然可以把两者看成同一类信息结构，具体原因下文会做进一步说明。刘丹青、徐烈炯（1998）认为，汉语的自然焦点一般都位于句子末端。徐烈炯（2005）进一步指出，焦点的基本位置在句末，汉语的新信息放在焦点基本位置最合适。据此我们可以认为，（13a）焦点信息是名词宾语“鞭炮声”，而（13b）、（13c）焦点信息则是数量短语“一阵”。由于时间范畴和动作范畴的密不可分的关系，（13b）、（13c）的“一阵”必然地和动词“响”联系起来，使其进入焦点范围，从而“一阵”的语义明显指向动词“响”。至于（13b）、（13c）的“鞭炮声”，按徐烈炯（2005）的说法，（13b）“鞭炮声”处于主话题位置，（13c）“鞭炮声”则处于次话题位置，因此两者存在共同之处。还需要说明的是，虽然从语义的非线性结构来说，（13b）、（13c）的“一阵”和“鞭炮声”也有必然的关联，但是由于句法结构的线性特点的限制，“鞭炮声”并没有进入焦点范围，因而不会形成显性的语义双指，而是形成一种隐性的语义双指，这也正是语义结构的非线性特点的反映。如果采用（13），这种隐性的语义双指就会转化为显性的语义双指。据徐杰、李英哲（1993），数量成分是重要的焦点标记；又刘丹青、徐烈炯（1998）指出，数量成分是自然焦点，反映信息强度的相对程度。因此在（13）中，数量短语“一阵”特殊的句法位置，使位于它前面的动词“响”和位于其后的名词“鞭炮声”都进入了焦点范围，这就为隐性的语义双指向显性的语义双指的转化提供了句法上的可能，从而形成语义双指。也就是说，（13）同时表达了（13a）和（13b），或者是（13a）和（13c）两类语义结构，我们可以把这种情况理解为一种信息压缩。在这种压缩结构中，时间性量词短语的语义指向会呈现出语义双指。

在上面所分析的其他例句中，动词和名词都可以构成一个事件，例如：“休病假、看电影、做演讲旅行、下大雨、发脾气、举行谈判、休假、进行会晤、放焰火、做训练、吃苦”等，它们都包含这种特殊的语义关系。这类事件在汉语中非常普遍，如“生病”“刮风”“游泳”“洗澡”“跳舞”等，如果采用“动词（＋数词）＋量词＋名词”的结构，而不采用“动词＋名词＋拷贝动词（＋数词）＋量词”的结构，就会形成时间性量词短语的语义双指。由于“动词＋名词＋拷贝动词（＋数词）＋量词”结构中的时间性量词语义指向是确定的，只是对事件中部分内容的表达，而“动词（＋数词）＋量词

＋名词”结构则由于时间量词的作用使得动词和名词都进入了焦点范围，是对事件的整体表达；因此汉语使用者侧重表达对事件的整体性认知时，这种语义双指的“动词（＋数词）＋量词＋名词”结构就有了用武之地。

5.3.3.3　汉语时间性量词和动词、名词的语义特征的交互影响

时间性量词短语之所以会形成语义双指，还受到能够构成事件的动词和名词的共有语义特征的影响。在我们所描写的时间性量词短语所修饰的事件中，如“响起了一阵鞭炮声”“下了一场大雨”“发了一顿脾气”“举行了数小时谈判”“做了不到一周的训练”等，无论动词指称的动作是否表示具体动作，都具有持续性；无论名词所指称的事物是否具有动作行为的含义，都具有明显的变化性，变化也是具有持续性的。时间是事物变化、存续，以及事件和动作发生、延续都必然涉及的因素。因此时间性量词短语、延续性动词、变化性名词都具有共同的语义特征[＋延续]。在“动词＋时间性量词短语＋名词”这一结构体中，由于语义特征[＋延续]的存在，时间性量词短语向前可以指向动词，作为动词的补语，同时向后可以指向名词，作为名词的定语，从而形成双指的语义现象，同时称量动作和事物延续的时间长度。

但是，对于时间性量词短语还存在一种和 5.3.2.2 节同构异质的情况：

(14) 因家庭窘困，只读了四年半书。

(15) 法国虽然输掉一场战斗，但没有输掉战争。

和我们在 5.3.2.2 节所描写的事件不同的是，在（14）“读了四年半书”这一事件中，虽然“读”是一种可持续进行的动作，具有[＋延续]的语义特征，但是“书”却不具有变化性，不具有[＋延续]的语义特征，所以，受时间性量词短语[＋延续]的语义特征的约束，“四年半”只能向前指向“读”，而不能同时向后指向“书”。类似的事件还有“打三年算盘”“洗一天脸”“找一阵东西”等。在（15）“输掉一场战斗”这一事件中，虽然“战斗”是一种变化性的事物，具有[＋延续]的语义特征，但是“输掉”却是瞬间完成的动作，不具有[+延续]的语义特征，所以由于语义特征的限制，时间性量词短语“一场”只能向后指向“战斗”，而不能同时向前指向“输掉”。类似事件还有“毁掉一场比赛”“引发一阵骚乱”等。

因此说，时间性量词短语语义双指的原因并不在于动词所指动作的具体

与抽象，也并不在于名词是否表示具体事物或具有动作行为性，而在于动词和名词是否具有的[＋延续]语义特征，这一语义特征对时间性量词是否修饰动词、名词，或者是同时修饰动词和名词有着根本性的制约。同时，对句子结构而言，并不能笼统地说是可有多种切分，而应该说是单指或双指的问题。至于因时间性量词短语的双指而造成的句法成分的归属问题，这里暂不讨论。

5.3.4 汉语的事件类量词

对于时间性量词短语的词类归属大致有四种完全不同的看法：（一）动词说。贾红霞（2003）认为，时间性量词所具有的时间性一般认为是动词的特征。（二）名词说。姚双云、储泽祥（2004）认为，名量、时量、动量成分都是名词性成分。（三）兼类说。何杰（2001）认为“场、阵”既表名量，又表动量，兼有量词内部的两种词性。（四）语用说。马庆株（1990）认为，量词的意义往往须在量词与它前面成分组合的时候，或者在数量结构与后面的成分组合的时候才能充分地显示出来。邢福义（1993）也持此说，他在谈到“段正淳沉思半晌”中的“半晌”一词时认为，“晌”尽管不是物量词，但也不是一般的动量词；严格地说，它是一个时量词。

从上文的分析中我们可以看到，“场”“阵”“顿”“年”“天”“小时”等在称量事件时的表现基本是一致的，因此把它们合称为时间性量词是完全可以的。很显然，由于这类量词都是表达时间变化的，就量词本身的语义特点来说，可以称之为时间量词，或时量词。但我们也可以从称量对象的角度再进行考量。从称量对象的特点来看，这类量词称量的都是事件，因而我们也可以将这类量词称作事件类量词，或事件量词。

5.3.5 量词短语的语义多指特征

上文所讨论的汉语量词短语的语义多指特征，在其他语言中我们也能够发现类似现象。如苗语中量词的语义多指：

ʈhu^{22}a$^{44/21}$the^{44}l̥e^{35}tsʅ^{31}məŋ^{22}ʑa^{44}？①

煮　一　顿 饭 就　累　了

煮一顿饭就累了？

① 这一例引自余金枝《矮寨苗语参考语法》，中央民族大学2010届博士学位论文，第354页。

彝语中也能够发现这类量词的语义多指现象，例如：

tʂaŋ^{55}miŋ^{21}li^{33}sɿ^{21}　ȵi^{33} ti^{55}dʑie^{21}tha^{21}khu^{33}ti^{55}kao^{33}.①

张　明　　李　四　向格　痰　清　一　口　吐　完成

张明朝李四吐了一口唾沫。

m̩u^{33}ha^{33}ki^{55}dʑi^{21}o^{44}.②

雨　　　阵　下　了

下了一阵雨。

水语中也能够发现这类量词的语义多指现象。例如：

tsjə^{11}ti^{33}lan^{35}ʔau^{53}.③

吃　一　顿　饭

吃一顿饭。

侗语中也能够发现这种量词的语义多指现象。如梁敏（1980：36）中描写了侗语中多重定语修饰名词的情况：

we^{31} ja^{11}man^{55}oŋ^{55}.

做　两　天　工

做两天工作。

这里描写的语言现象所反映的语言共性特征还是比较明显的，即量词的语义多指现象能够在不同的语言中都有所表现。这至少说明，在汉藏语系的不同语支中都存在这样一类量词，这些量词能够作为汉藏语系量词的一种语义参数，也能够为汉藏语系的系属特征提供更具体的量化指标。

5.4　量词的指称功能

5.4.1　量词指称功能的表现

5.4.1.1　汉语量词的指称功能

汉语的量词有一定的指称功能。在某种意义上，汉语的量词能够起到

① 这一例引自翟会峰《三官寨彝语参考语法》，中央民族大学2011届博士学位论文，第137页。

② 这一例引自陈士林等《彝语简志》，民族出版社，1985年，第118页。

③ 这一例引自韦学纯《水语描写研究》，上海师范大学2011届博士学位论文，第315页。

指示代词的作用，它所构成的“量词+名词”结构能够确定地指称某个对象。这种情况在汉语方言中大量存在。例如：

陕西关中方言：个人咋是个？（这人怎么是这样？）

吴语苏州方言：支钢笔是啥人个？（这支钢笔是谁的？）①

粤语广州方言：食埋支烟走人。（抽完这支烟就走。）②

闽语澄海方言：个钟头就够。（一个小时就够了。）③

桂南平话：个手机 o^{33} 电池冇有点 ɐk^{213}，冇冇得。（这个手机电池没电了，用不了。）④

汉语普通话中的量词也有定指现象。如“个中滋味”一词中的“个”：

“家”既不是家，又是个家，或者说它没有家的资格却有着家的性质，个中滋味一言难尽。（莫怀戚《透支时代》）

这里的“个”就是一个明证。但这个“个”可能是古诗词中的方言现象，并由此进入共同语的书面语层面。《现代汉语词典》（第六版）第 441 页：“【个中】〈书〉名其中：个中滋味。”“个中”在古诗词中的使用情况例如：

若得个中意，纵横处处通。（[唐]《寒山诗》之二五五）

个中有佳处，袖手看人忙。（[宋]陆游《春残》）

今夜里弹他几操，博个相逢。若见花容，平生的学识，今夜个中用。（[金]董解元《西厢记诸宫调》卷四）

个中吟啸亦难事，眼外阴晴皆好秋。（[清]曹寅《题堂前竹》）

汉语量词的定指功能是汉语量词指称功能的进一步表现，因为汉语的“数词+量词”和“指示代词+量词”结构都能够称代其所修饰的名词或动作。例如：

诸作家的文章在会议期间只发表两篇。（《1994 年报刊精选》）

我们就罚他两杯，好不好？（钱锺书《围城》第 3 章）

事情，一件挨着一件。（老舍《骆驼祥子》第 22 章）

这一下更引起村里人的脾气来。（赵树理《李家庄的变迁》第 12 章）

他想，人来献祭，这还是第一次。（钱锺书《上帝的梦》）

---

① 这一例引自潘悟云、陶寰《吴语的代词》，载李如龙、张双庆主编，《代词》（中国东南部方言比较研究丛书第四辑），暨南大学出版社，1999 年。

② 这一例引自施其生《广州方言的“量+名”组合》，《方言》，1996 年第 2 期。

③ 这一例引自陈凡凡、林伦伦《广东澄海闽方言量词的语法特点》，《汕头大学学报》，2003 年增刊。

④ 这一例引自步连增《南方汉语中量词定指现象来源初探——以桂南平话为例》，《语言研究》，2011 年第 3 期。

“两篇”是指“两篇文章”，“两杯”是指“两杯酒”，“一件”是指“一件事情”，“这一下”指的是“把公文转回李家庄”这件事情发生，“第一次”是指“献祭”。可见，在具体的语境中，这些缺少名词和动词的数量结构能够非常准确清晰地指称其所修饰名词和动词，反映出量词的定指功能。

5.4.1.2　苗语量词的指称功能

苗语的量词能够指称名词，具有指称功能。如

lɛ^{33}ȶi^{44}ȵaŋ^{33}haŋ^{33}noŋ^{35}.①

个 碗 在　这里

碗在这里。

lɛ^{33} n̥hɛ^{33}ta^{55}ʑaŋ^{55}。②

个太阳 来 了

太阳出来了。

lɛ^{33} l̥ha^{44} l̥en^{55}ʑaŋ^{55}.③

个 月亮 圆 了

月亮圆了。

lɛ^{33}qhaŋ^{35}ki^{35}ȵaŋ^{13}tsə^{53}poŋ^{44}va^{44}.④

个 洞　 里 面　暗 很

洞里很暗。

to^{11}nɛ^{55}tu^{33}ta^{55}ʑaŋ^{55}.⑤

些 人 都 来 了

人们都来了。

王辅世（1985：56）指出，名量词可以修饰名词和代名词 qei^{55}ɕi^{35}（什么）；修饰时，量词在名词和代名词 qei^{55}ɕi^{35}（什么）的前面；这样的修饰词组可以不受指示代词修饰而进入句子。这种用法的名量词颇似印欧语的确定冠词；在译为汉语时，除去表示不定多数的量词（些）的意思可以表示

① 该例引自王辅世《苗语简志》，民族出版社，1985 年，第 56 页。
② 该例引自王辅世《苗语简志》，民族出版社，1985 年，第 88 页。
③ 该例引自王辅世《苗语简志》，民族出版社，1985 年，第 87 页。
④ 该例引自王辅世《苗语简志》，民族出版社，1985 年，第 88 页。
⑤ 该例引自王辅世《苗语简志》，民族出版社，1985 年，第 56 页。

出来以外，在其他场合这种量词的意思无法表达，只能略而不译。

我们认为，“lɛ³³ʈi⁴⁴ɳaŋ³³haŋ³³noŋ³⁵.碗在这里。”这样的句子隐含着“你要的这个碗”，因此“ʈi⁴⁴ 碗”是确定的；“lɛ³³ɳhɛ³³ta⁵⁵ʑaŋ⁵⁵. 太阳出来了。”中的“ɳhɛ³³ 太阳”“lɛ³³ l̥ha⁴⁴ l̥en⁵⁵ʑaŋ⁵⁵. 月亮圆了。”中的“l̥ha⁴⁴ 月亮”因为其唯一性，因而也是确定的；所以说，这里的“ʈi⁴⁴ 碗”“ɳhɛ³³ 太阳”“l̥ha⁴⁴ 月亮”都是确定的对象，因而要使用 lɛ³³ 作为定指标记。其他例句可以此类推。

这一点和汉语的“人来了”和“来人了”颇为相似。汉语因为缺乏形态，因而语序特别重要，当说话人说出“人来了”时，其中“人”是谁，说话人大体知道，或者确切地知道这个“人”是出于什么目的来的。但是当说出“来人了”这样的语句时，说话人并不知道来人是谁，也不知道来人是干什么的。从语篇交际的角度看，“人来了”的“人”是旧信息，“来”才是新信息，因而这样的句子也可以省略为“来了!”。“来人了”的“人”是新信息，这样的句子则可以省略为“人!”。

苗语中还有一种“量词+形容词”的结构。这种结构也能够有一定的指称作用。如王辅世（1985：60）：

tɛ¹¹ʑu⁴⁴ 小的（指动物）

只 小

lɛ³³ɕo⁵³ 红的（指无生物）

个 红

tɕo⁵⁵ta³⁵ 长的（指条状物）

条 长

“量词+形容词”这样的结构能够指称一定的对象，但是其指称有一定的区别。这种区别主要来自充当量词的词语的原初意义，或者来自量词与名词结合时逐渐获得的一种语义特征。当它和指示代词同时出现时，其指称意义还存在，而且也具有一定的定指功能，但是定指功能主要来自指示代词。例如：

moŋ⁵⁵naŋ⁵⁵lɛ³³l̥jhə³³noŋ³⁵. ①

你 吃 个 大 这

你吃这个大的。

① 该例引自王辅世《苗语简志》，民族出版社，1985 年，第 82 页。

5.4.1.3　彝语量词的指称功能

彝语的量词能够组成“量词+名词”结构，其中的量词具有定指作用。据翟会峰（2011：61），在三官寨彝语中，光杆量词在句中可以修饰名词，表示定指，例如：

tsho^{33}ʑo^{21}ŋuei^{13} ma^{55} ɖʊ^{21}.

人　个　我　否定　喜欢

这个人我不喜欢。

ʑi^{21}tʂo^{33}gʊ^{21}ʔa^{21}ȵie^{21}hã^{21}，ndo^{21} ma^{55} de^{33} ɕi^{33}.

水锅　刚　开　喝　否定　助词　还

这锅水刚开，还不能喝。

na^{21}ʥu^{33}thɤ^{33}ʈhu^{33} ka^{33} ʈhʅ^{33}dɤ^{33}ʔa^{21}dɤ^{33}ko^{33}kao^{33}？

你　桌子　张　受格　搬　介　哪儿　完成

你把桌子搬哪儿?

量词的使用，都能够使相应的名词与某一确定的对象联系起来，其作用与指示代词“这”“那”等相似。例如：

tʂaŋ^{55}miŋ^{21}dʐo^{13}phu^{33} ȵi^{55}hiõ^{21}phu^{55} ke^{33} tsho^{21}tʂhʅ^{13} bi^{55}. ①

张　明　钱　两　百　块　受格　人　这　目标

张明把两百块给这人。

tʂaŋ^{55}miŋ^{21}dʐo^{13}phu^{33} ȵi^{55}hiõ^{21}phu^{55} ke^{33} tsho^{21} ʔa^{55} bi^{55}.

张　明　钱　两百　块　受格　人　那　目标

张明把两百块给那人。

可以看出，彝语的 tsho^{33}ʑo^{21}（人个——这个人）与 tsho^{21}tʂhʅ^{13}（人这——这个人）、tsho^{21} ʔa^{55}（人那——那个人）都能够表达定指的作用。因此，彝语的量词与指示代词具有同样的语法作用，具有定指功能。

彝语的其他方言区，如凉山彝语的量词也有定指功能。不同的是，其语序并不相同。据丁椿寿（1991：189），凉山彝语名量词后边加助词 su^{33} 可以构成有定式；这种有定式有别于没有加助词 su^{33} 的泛指结构，可以指一

① “张明把两百块给这人”和“张明把两百块给那人”两例引自翟会峰《三官寨彝语参考语法》，中央民族大学 2011 届博士学位论文，第 46 页。

个特定的人或其他事物；而且定指结构所指的，必须是上文已经提到或说听双方都可以意会的人或事物，因此助词 su^{33} 前边的单音节量词是中平调的，还要变为次高调。例如：

泛指结构	定指结构
m̥a^{55}mo^{21}ma^{33} 一个老师	m̥a^{55}mo^{21}ma^{44}su^{33} 那个老师
师 老 个	师 老 个 助
ɔ^{21}lu̠^{33}ma^{33} 一顶帽子	ɔ^{21}lu̠^{33}ma^{33}su^{33} 那顶帽子
帽子 个	帽子 个 助

5.4.1.4 水语量词的指称功能

水语的量词能够指代名词。例如：

lam^{1} to^{2}man^{1}.

个 的 他

他的那个。

tiu^{2} to^{2} he^{1}.

条 的 人家

人家的那条。

lam^{1}ha:n^{3} 红的那个	to^{2} pja:u^{5} 跑的那只
个 红	只 跑

lam^{11}la:u^{53} 大个（的果子）①

个 大

韦学纯（2011：277）发现，水语的量词和名词可以直接结合，形成和名词相关的名词短语，这个名词短语和名词原来的意义有联系，但是其意义更加具体，或者有区别类别的意义。如 mai^{53}fuŋ^{33} 有“钥匙和锁”的意思，le^{11} 有“书和字”的意思，使用量词后，意义更加明确。例如：

tjeu^{31}mai^{53}fuŋ^{33} 钥匙	lam^{11} mai^{53}fuŋ^{33} 锁
条	个
pən^{55} le^{11} 书	lam^{11}le^{11} 字
本	个

① “大个（的果子）”引自韦学纯（2011：278）。

很明显，量词 tjeu^{31}（条）、lam^{11}（个）、pən^{55}（本）分别使 mai^{53}fuŋ^{33}（钥匙和锁）和 le^{11}（书和字）从多种指称中分离出来，形成的结构 tjeu^{31}mai^{53}fuŋ^{33}、lam^{11} mai^{53}fuŋ^{33}、pən^{55} le^{11}、lam^{11}le^{11} 只有一个指称对象，这正是量词的定指作用的表现。因此水语量词的具有指称作用。

5.4.1.5　侗语量词的指称功能

侗语的量词具有指称作用。如在天柱石洞话的单音节动物名词一般要在前面加上一个量词 to^{22}（个），起类别化作用。to^{22} 也可以看成是虚化了的词缀（龙耀宏，2003：77-78）：

to^{22}ljai^{13} 麻雀　　　　to^{22}ʔai^{53} 鸡

to^{22}pət^{35} 鸭子　　　　to^{22}ta^{35} 鱼

实际上，这里的量词 to^{22}（个）的作用就是量词的指称作用，因而使其后的名词都有了确定的指称。类似用法在侗语的谚语中也有很典型的表现。例如：

lo^{22}ni^{22}wa^{55} lau^{35}ma^{35}.

只 虫 脏　锅 菜

一只虫弄脏一锅菜。

to^{22}mət^{35}jim^{11}to^{22}nəi^{22}.

个 跳蚤 嫌 个 虱子

跳蚤嫌虱子。

这两例中的 lo^{22}ni^{22}（一只虫）和 lau^{35}ma^{35}（一锅菜）、to^{22}mət^{35}（跳蚤）和 to^{22}nəi^{22}（虱子）中，量词 lo^{22}（只、个）、lau^{35}（锅）其作用也是定指。虽然在相应的汉语对译的语句中我们没有发现类似“这”“那”之类的定指标志，但在实际的语境中，这类谚语的指称对象都是确定无疑的。即“一只虫”指称“搞砸了某件事的那个人”，“一锅菜”指称“某件事”，而“跳蚤”和“虱子”则具体指称互相指责或挑剔对方的双方。因而，侗语量词的定指作用很典型。这种定指作用和量词与其他词类形成的结构都能指代具体事物，二者在认知上具有一致性。例如：

tu^{212}pən^{323}phaŋ^{35} ȶa^{33} ȶaŋ^{323}tu^{212}mak^{323}.

只　飞　高　　那　是　个 大

飞得高的那只是只大的。

nɐn^{55}man^{13}lai^{33}，nɐn^{55}su^{35}kwe^{212}lai^{55}.

个　黄　好　个　青　不　好

黄的那个好，青的那个不好。

侗语的量词不仅可以指称、指代普通名词，而且还能够修饰限制人称代词。石林（1986）发现，侗语的单数第一人称、第三人称可以受量词的修饰：

peu^{1}jau^{2}ljaŋ^{1}ˊpan^{4}ɕu^{6} toi^{5}ɕən^{1}ˊljən^{2}jaŋ^{2} ɕo^{2} ȶo^{1} ȶo^{1} ja^{5} jaŋ^{6} hin^{3}.

个　我　想　伴　就　像　清　明　阳　雀　声　声　那　样　鸣

我想朋友就像阳雀在清明时声声都那样叫。

ʐa^{2}mau^{6}pai^{1} əu^{1}ˊ kən^{1}ˊo？

个　他　去　哪儿　了

他到哪儿去了？

这种情况是量词指称功能的又一种典型体现。但并非所有的“量词+名词”结构中的量词都有定指功能。因为这种结构还可能是“数词+量词+名词”的结构中省略了“数词”而形成的。例如：

jau^{22}me^{22}wa^{33}kwan^{35}.

我　有　把　斧头

我有一把斧头。

5.4.1.6　布依语量词的指称功能

布依语的量词具有指代作用。喻翠容（1980：19）认为，布依语表示事物名称的名词前往往要冠上一个与它相适应的量词。例如：

dan^{1}taŋ^{5}taŋ^{3} pa:^{ʔ7} tu^{1}. ①

个　凳　立　门　口

凳子放在门口。

ko^{1}vai^{4} mi^{2} sa:ŋ^{1}. ②

棵　树　不　高

树不高。

① 该例引自喻翠容《布依语简志》，民族出版社，1980年，第19页。

② 该例引自喻翠容《布依语简志》，民族出版社，1980年，第19页。

tu² ma¹ taɯ² zaːn². ①

只 狗 看守 家

狗看家。

喻翠容（1980）并没有认为布依语的这种“量词+名词”结构中的量词具有定指作用。不过我们如果换一个角度，从言语交际的实际语境分析，则会发现这类“量词+名词”结构是具有定指作用的。如“dan¹taŋ⁵taŋ³ paː²⁷ tu¹. 凳子放在门口。”可以看成一句答语，其相应的问语可能是“凳子在哪里？”，也可能是“这里的凳子呢？”但是无论是哪种问语，对话的双方都已经明确地知道是“那条凳子”，即“只凳子”在这里是确定的指称，而非词库中的一个抽象指称。同样，“ko¹vai⁴ mi² saːŋ¹. 树不高。”和“tu² ma¹ taɯ² zaːn². 狗看家。”中的“ko¹vai⁴ 棵树”和“tu² ma¹ 只狗”都应该进行这样的分析，因而“ko¹vai⁴ 树”和“tu² ma¹ 狗”都表示定指，都确定指称具体语境中的具体对象。类似的“量词+名词”结构还能够出现在布依语诗句中。如吴启禄（1993：115）：

za¹ jiŋ¹ ɣaːu⁵ xui³ miːn³ mi² li⁴.

找 句 话 会面 没有

找不到一句会面的话。

布依语量词的定指功能应该来自这些量词的称代作用，因为在布依语中量词能够称代它所修饰的名词事物。例如：

vaŋ⁶ tsaːŋ⁶ ɣaːu⁵ sɿ³ mɯŋ² lo⁴ maŋ³.

个 善于 话 是 你 助词 亲家

善于说话的是你呀，亲家。

li⁴ pu⁴zɯt⁷ta⁶，li⁴ pu⁴zaŋ⁶zu².

有 个 游泳 有个 坐 船

有的游泳，有的坐船。

ko³pa³paːk⁸mi²au¹.

棵 雷 劈 不 要

雷劈的那棵不要。

① 该例引自喻翠容《布依语简志》，民族出版社，1980 年，第 19 页。

koŋ^{5}naŋ^{1} 皮的那件　　　　tu^{2}ta:i^{1} 死的那只
件　皮　　　　只　死
ko^{3}sa:ŋ^{1} 高的那棵　　　　vaŋ^{4ʔ}jam^{5}vu:n^{1} 唱歌的那个
棵　高　　　　个　唱　歌

5.4.1.7　仡佬语量词的指称功能

仡佬语中的“量词+名词”能够表示定指。例如：

nen^{33}mei^{21}plɑŋ^{33}tshuŋ^{21}hu^{55}tɛ^{33}tuŋ^{13}tsɯ^{65}thɯ^{33}ŋko^{33}.
个　果　桃　从　上　树　落　下　出　了
桃子从树上落下来了。

xen^{33}qhɑ^{55}tɕo^{21}sɛ^{55} thɯ^{55}thɑ^{55}ə^{42}.
位　青年　知　歇做　不
这小伙子不知道休息。

sɑn^{33}ɒ^{55}lɑu^{55}ei^{55}mpɑ^{21}qu^{55}　xen^{55}.
只　肉　鱼　鲤　臭　腥状　很
这条鲤鱼腥乎乎的。

正如我们上面分析的一样，仡佬语中的这种现象也都隐含着它们的具体语境，在这些具体的语境中，量词的定指功能非常典型。李霞（2009：103）指出，量名结构在句中充当主语或宾语时，有的语言是定指，有的语言是无定的，或者表示一个单位；而侗台语量词在与名词结合时具有定指性，所关涉的事物是固定的，比工仡佬语也是如此，量词在名词前能够起定指作用。

同样，仡佬语量词的定指功能与仡佬语量词的称代作用密切相关。例如：

xen^{33}nɑ^{21}mu^{33}mei^{33}?
位　何　来　了
谁来了？

5.4.2　量词指称功能的共性特征

可以发现，我们这里所讨论的七种语言中，其量词和名词结合在一起都有定指作用，而且这种定指作用与量词的称代作用密切相关。定指是事物从众多的同类事物中得以区别，而量词作为对事物的称量方式，必须先对这些事物进行有界化，即先使这些事物从诸多的同类事物中区别开来。

沈家煊（1995）指出，句法组合中的光杆普通名词，多数是通指性的，不指称个体事物，因而是无界的，作宾语时尤其如此。有界名词的本质是它所指的事物的个体性和可数性，无界名词的本质是它所指事物的非个体性和不可数性。惠红军（2006：69）分析认为，名量词所修饰的对象一般是无界名词，量词所起的修饰作用是使其所修饰的对象在无界名词的指称序列中“有界化”，使其和其他的同类对象相区别。这种有界化也被认为是量词的个体化。量词的个体化功能的观点是大河内康宪（1993）首先提出的。张军（2005）进一步指出，名量词的作用都是把非个体事物个体化，然后针对个体进行计数；这是量词产生的认知基础，也是量词表示数量意义的语言机制。惠红军（2011：227）则认为，不光名量词存在个体化功能，动量词同样存在着个体化的功能。这种个体化功能，一方面是通过动量词的原形式（主要是一些动词）的完结语义特征来实现；另一方面，则是通过动量词的原形式（主要是名词）的语义角色来实现的。

就汉藏语的共性来说，语言接触对汉藏语名量词的制约主要表现在量词内部不同类别受接触影响的程度不同；其中，标准度量衡词的借用最常见，在大多数汉藏语中，这类词语都是借自汉语的（蒋颖，2006：162-163），名量词和动量词虽偶有借用，但更多的是本族语的自发成分；而且，类似于汉语量词（包括名量词和动量词）对名词、动词的有界化和个体化过程也同样存在于苗语、彝语、水语、侗语、布依语和仡佬语中，即这些语言的量词都存在着有界化和个体化的功能。这两种功能的存在，使量词和其修饰的对象具有极高的关联性，并进一步引发了量词的指称功能和定指功能。

因此，我们所讨论的汉语、苗语、彝语、水语、侗语、布依语和仡佬语这七种语言的量词所表现出的典型的指称功能和定指作用应该是汉藏语系语言量词的一个词类特征，也应该是汉藏语系的一个语系特征。

第 6 章　量范畴的语义类型学研究

6.1　量词的语义原型研究

6.1.1　量词的语义原型

要研究量词的语义原型，就必须研究量词的产生过程。关于汉语量词的产生，王力（1957/1980：236–237）指出，汉语的单位词起源很早，在殷虚卜辞中就已经能够看到，如“丙”（“马五十丙”）、“朋”（“贝十朋”）等，但这些单位词只限于度量衡单位、容器单位和集体单位，还没有出现天然单位，如“匹”“张”等。天然单位的单位词在先秦已经萌芽了，但真正的发达还是在汉代以后。关于量词的来源，王力（1957/1980：240）认为，一般说来，单位词是由普通名词演变而成的，并且它们的语法意义就是由它们的本来意义引申来的。例如“颗”的本义是“小头”，后来用作单位词，就指称小而圆的东西。

量词的起源和产生，还有一个句法制约的问题。李讷、石毓智（1998）认为古汉语句子的中心动词与其宾语之后仍有一个句法位置，可以容纳另外一个谓词性成分；随着语言的发展，这个句法位置慢慢地消失了，用于其中的谓词性成分发生了重要的语序变化，由此给汉语的句法结构带来了重要的影响；这种变化促使了量词的语法化。但是汉语能够充当谓词的成分不仅有动词，还有名词、形容词、数词等。因此，李讷、石毓智（1998）的观点是从语言机制的层面肯定了王力（1957/1980）中的基本判断，单位词是由普通名词演变来的。李宇明（2000a）则从拷贝型量词的角度对汉语量词的产生问题做了探讨。李宇明所说的拷贝型量词是指甲骨文中“人十有六人”这样的结构。这类结构中的量词，管燮初（1981：179）称为临时量词，桥本万太郎（2008：102）称为反响型量词（亦可参见胡竹安、余志鸿 1981）；詹姆斯·马提索夫称作“自动型类别词”（桥本万太郎，2008：102）。反响型量词是一个非常重要的现象，李宇明（2000a）还从缅语支彝语支以及藏缅语族中一些语支未定的语言中找了大量的拷贝型量词的语料，认为从名词到量词是一个语法化的过程，拷贝型量词是最原始的个体量词，是量词语法化的第一步，也标志着名量词词类开始建立；拷贝型量词被通用的个体量词代替，是量词语法化过程的完成，标志着量词发展的成熟。反响型量词的观点也倾向于认为汉语的量词是从名词逐渐发展演变而来的。

Lakoff（1983）详细研究了日语的量词“本”。能与这个量词搭配的最常见的名词是指细长物体的词，如棍子、手杖、铅笔、蜡烛、树、死蛇、干鱼等。然而这个量词还可以与以下这些不含细长特征的名词性成分搭配：①以剑、棍进行的武术比赛，②棒球的安全打，③篮球的投篮、排球的发球、乒乓球的对打，④柔道比赛，⑤禅宗师徒之间以心印禅语难住对方的比赛，⑥成卷的带子，⑦一通电话，⑧一封信，⑨一个广播电视节目，⑩一部电影，⑪一次注射打针。这些现象表面差异如此之大，应该承认是约定俗成的结果。然而分析发现，它又不是全然任意的，范畴的扩展是通过有动因的规约（motivated convention）来实现的。这里的动因可以从四个方面探讨，即转喻、隐喻、意象图式转换、规约的心灵意象。（张敏 1998：71-72）

惠红军（2011）对汉语量词的产生问题进行了系统研究，其研究表明汉语量词的语义原型都与某种可以明确感知到的实体相关。如用作名量词的词语的语义原型涉及四种实体：动作实体、物品实体、形状、结构。具体如表 6. 1（惠红军，2011：106）所示：

惠红军（2011）对表 6. 1 中词语语义的历时考察表明，这些产生了名量词用法的词语，在其名量词用法产生之前，其语义或指称某种动作，如“乘”“束”“封”等；或指称某种物品，如“堵”“位”“枚”等；或指称某种形状，如“粒”“条”“行”等；或指称某种结构，如“双”“匹”“口”等。因而其语义原型或为动作，或为物品，或为特征，表现出语义原型的多样性。

表 6.1　汉语名量词的语义原型

名量词		先秦	两汉	魏晋	隋唐及其以后
实体型名量词	动作实体	乘、束、封、具、卷₂	张、处、撮、阙、把	句、剂、服、件、部	架、包、挂、卷₁、批
	物品实体	堵、位、枚、个、家	户、声、篇、所、只	杯、门、梃、尊、册	床、盒、路、盘、扇、盏、样、台、宗
形状型名量词	二维形状		条、行、片、节、枝	道、段、面、方	队、截、绺、缕、丝、串、股、串、支
	三维形状	粒	丸、块	点、颗、朵、幢、管	丛、簇、堆、团、锭
结构型名量词	整体结构	双		副、沓	对、叠、套、伙
	部分结构	匹、口、领、辆（两）	本、根、株、头、首、间	层、重、幅、味、座、叠	份、轴、栋、杆、瓣、尾、顶

用作动量词的词语的语义原型则主要涉及动作实体、物品实体、没有形状和结构特征的因素，具体如表 6.2（惠红军，2009/2011：169）所示：

表 6.2　汉语动量词的语义原型

动量词		先秦	两汉	魏晋	隋唐及其以后
实体型动量词	动作实体		次、顿、通、下	遍、度、番、回、合	趟、巡、遭
	物品实体				场、阵、口、脚、掌

惠红军（2011）对表 6.2 中词语语义发展的历时考察表明，这些产生了动量词用法的词语，在其动量词用法产生之前，其语义或指称某种动作，如“次”“顿”“通”等；或指称某种物品，如“场”“阵”“口”等；因而其语义原型或为动作，或为物品，语义原型呈现多样化的特征。

因此，我们可以得出这样的结论，汉语量词的语义原型为名词和动词。

目前已有研究涉及苗语量词的来源问题。王辅世（1985：56-57）指出，有一些名词、动词可以借用为名量词和动量词。例如：

pi^{33}kaŋ^{31}ə^{33} 三盆水　　　o^{33} vi^{11} ka^{35} 两锅饭

三 盆 水　　　两 锅 饭

i^{33} pe^{13} tu^{11} 一抱柴　　　o^{33} qaŋ^{44} zaŋ^{55} 两挑草

一 抱 柴　　　二 挑 草

ȶi^{33} o^{33} lju^{11} 打两拳　　　　　　tei^{44} i^{33} tei^{44} 踢一脚

打　二　拳　　　　　　　　　　踢　一　踢

王春德（1986）、余金枝（2010）等都有同样观点，即从词源上看，名词和动词在一定的语言环境里可以用作量词。余金枝（2010：127）还进一步指出，总体上看，名量词来自名词的多于来自动词的。例如：

a$^{44/53}$　nu^{31}　də^{44} 一页纸①　　　　　a$^{44/53}$thəŋ^{35}dzo^{35} 一桶米

一　树叶　纸　　　　　　　　　一　　桶　米

a$^{44/21}$n̥ɛ^{35}kɯ^{44} 一里路　　　　　　a$^{44/21}$ɢa^{22}tə^{44} 一抱柴

一　喊　路　　　　　　　　　　一　抱　柴

余金枝（2010：128）还发现，矮寨苗语的度量衡大多是借用汉语的，正说明苗语原先缺少这类词语。

彝语量词的产生与名词有着重要的渊源。据丁椿寿（1985/1993：229），彝语中有些合成式名词是用自身的词根作量词的。例如：

su^{33}p‘ei^{21} 书

su^{33}p‘ei^{21}　t‘a^{21}　p‘ei^{21} 一本书

书　　　一　本

su^{33}na^{33} 字

su^{33}na^{33}　t‘a^{21}　na^{33} 一个字

字　　一　个

na^{33}ɳɖie^{33} 眼泪

na^{33}ɳɖie^{33}　t‘a^{21}　na^{33} 一滴眼泪

眼泪　　　一　滴

这种情况或许可以说明，彝语的量词曾经经历过拷贝型量词的阶段，名量词的语义原型中有名词成分。曲木铁西（1994）认为，藏缅语的量词大都起源于名词和动词已基本成为定论，彝语的量词也是如此，不过在量词产生的过程中大致存在以下层次：最早产生的是利用人体部位表长短的单位量词，其次是集合类量词，然后是借用人周围事物名词作个体量词，利用容器制品作量词是出现最晚的。翟会峰（2011：59-60）认为，彝语的

① "一页纸""一桶米""一里路""一抱柴"四例引自余金枝《矮寨苗语参考语法》，中央民族大学 2010 届博士学位论文，第 127-128 页。

名量词来源于名词或动词；彝语的动量词除专用的 tɕho^{21}（次、回）、ȡʅ^{21}（顿）、ɕi^{21}（下）外，其余的如 tɕhi^{33}tɕa^{33}（脚）、khu^{33}（口）大都来自名词。

水语的名量词一部分来自名词，如通用量词 lam^{11}（个），本义是果子，如 lam^{11}mai^{53}（树的果子），经过语法化后变成量词，度量衡单位词大都来自汉语（韦学纯，2011：274-275）。

侗语的量词也大都来自名词和动词。梁敏（1980：37-38）认为，侗语的量词ȵin^{2}（年）、ȵaːn^{1}（月）、man^{1}（日）是用时间名词“年”“月”“日”来表示时间量，taːp^{9}（挑）是用动词“挑”来表示物量，təi^{6}（袋）是用一般名词“袋”来表示物量），ta^{1}（眼）是用人体器官名称表示动作的量，mja^{4}（刀）是用工具表示动作的量。

布依语中的量词有的也是由名词、动词兼用的（吴启禄，1992），因此也可以说是由名词和动词演变而来的。例如：

baɯ^{1} 叶子　　　　baɯ^{1} sa^{1} diau^{1} 一张纸
　　　　　　　　　张　纸　一

toŋ^{3} 桶　　　　si^{5} toŋ^{3} zam^{4} 四桶水
　　　　　　　　　四　桶　水

taːu^{5} 返转　　　　mɯ^{1}suaŋ^{1}taːu^{5} 来了两趟
　　　　　　　　　来　两　趟

zaːp^{7} 挑　　　　zaːp^{7} zaːp^{7}zam^{4}diau^{1} 挑了一担水
　　　　　　　　　挑　挑　水　一

布依语的个体量词 tu^{2}（只）也能够说明布依语的早期名量词来自名词。龙海燕（2010）认为 tu^{2}能够充当名量词来称量名词，能作为动物名词的首音节，还能够重叠表示动物，因此，最初就是一个表动物类别的名词。例如：

作量词

saːm^{1}tu^{2}vaːi^{2} 三头水牛　　　　soŋ^{1} tu^{2} pia^{1} 两条鱼
三　头　水牛　　　　两　条　鱼

作首音节

tu^{2}non^{1} 蛆　　　　tu^{2}faːŋ^{2} 鬼　　　　tu^{2}xun^{2} 人

重叠表示动物

tu^{2} tu^{2} 动物

但是关于这个 tu² （只）还有明显不同的看法。喻世长（1956：72）认为，tu² 是量词，因为对于可以一个一个地数的名词，它们经常和量词结合在一起，凡说名词时，即使不标明数目，没有数词，名词前面也总要带着量词，如 pi¹po¹（山）、dan¹zaːn²（房子）、ko¹fai⁴（树木）。《布依语语法概要》和吴启禄（1983）认为，tu² 是附加成分。吴启禄（1983）认为，到目前为止，布依语的量词只有单音节单纯词，有些量词还虚化为名词的前加形式，例如：

pu⁴——pu⁴vɯn² 人　　pu⁴ a³ 汉族
人　　汉族

tu²——tu²kuk⁷ 老虎　　tu²ɟok⁸ 鸟
虎　　鸟

ko¹——ko¹ȵa¹ 草　　ko¹taːu² 桃树
草　　桃子

fa⁶——fa⁶mip⁸ 刀子　　fa⁶liam² 镰刀
小刀　　镰刀

同为壮侗语族的壮语中也存在类似情况。覃晓航（2005）认为，壮语量词“词头化”后，失去表示实物单位的意义，只表示事物的类属；壮语量词分化出词头后，两者便分道扬镳，各行其道。也就是说，词头是从量词演变而来的，而不是相反，即量词不是从词头成分分离出来的。矮寨苗语中还有一种特殊现象，就是名量词加上前缀 qo⁵³ 后，实现名词化，具有名词的功能（余金枝，2010：140-141）：

qo⁵³ ta²² 台阶　　qo⁵³ ʈəŋ⁵³ 扫把
前缀 级　　前缀 扫帚

qo⁵³phjɛ²¹ 片状物　　qo⁵³ ka²² 块状物
前缀 片　　前缀 块

类似现象汉语中也存在。如汉语的“匹”“辆”“本”“张”“口”“次”等量词可以进一步与相应的名词组成合成词。如量词“匹”可以组成“一匹马”“一匹布”这样的数量结构，也有“马匹”“布匹”这样的合成词；量词“辆”可以有“一辆车”“一辆坦克”，也有“车辆”这样的合成词；由量词组成的类似的合成词还有“书本”“纸张”“人口”“牲口”“车次”

等。而且量词和量词也可以再次复合成词，如“个把”“课本”“篇章”“颗粒”“等次”“斤两”等。

但汉语发展史表明，汉语量词词汇化的特点是名词或动词先语法化出量词的用法，然后是量词作为合成词的一部分出现。对于汉语量词的这种词汇化现象，汉语学界已经做了一定的研究，如董秀芳（2002），李宗江（2004），刘晓然（2006）等。因此布依语的 tu²（只）是从词头演变出量词的用法，还是由量词发展出词头的用法还需要进一步的深入研究。但我们倾向于认为，布依语的 tu²（只）是由量词发展出词头的用法的。同时，我们还可以得到另一个肯定的结论，即布依语的量词 tu²（只）是来自名词。

仡佬语的量词中有来自名词和动词的。例如：

luŋ³³zau⁵⁵ 桶	sɿ³³ luŋ⁵⁵zau⁵⁵ ɯ⁵⁵ 一桶水 一 桶 水
tɛ³³ 树	sɿ³³ tɛ³³ mei²¹ sɛ⁵⁵ 一树梨 一 树 果 梨
tshe⁵⁵ 挑	pu³³ tshe³³ ɯ⁵⁵ 四挑水 四 挑 水
plei⁴² 抱	su³³ plei⁴² xaŋ³³ 两抱草 二 抱 草
ŋku³³ 嘴	tshaŋ⁵⁵ sɿ³³ ŋku³³ 尝一口 尝 一 嘴
qɒ¹³ 脚	ȵɒ²¹ sɿ³³qɒ¹³ 踩一脚 踩 一 脚

仡佬语的量词也能够进一步词汇化，与名词组成一个合成词。李霞（2009：101）发现，仡佬语的量词能充当构词语素，与名词构成合成词，这些合成词结合紧密，一般不省略，也没有相应的名词可以取代他们。例如：

təɯ³³na³³ 牛 头 牛	ma⁵⁵ŋɔ³¹ 门 扇 门
ma⁵⁵sai³³ 头发 根 头发	pha¹³kəɯ³³ 手镯 只 镯

但有观点认为，类似仡佬语的这种“量词+名词”结构，其中的量词才

是中心语，而名词则是修饰语（薄文泽，2003）。我们的看法是，整个“量词+名词”结构还是以名词作为中心语，量词还是修饰成分。例如：

təm^{33}ŋəɯ^{31} ma^{31} ʑəu^{31}məɯ^{31}　ə^{33}，jəu^{13}vluei^{31}ua^{13}pha^{13}pi^{31}.①

个　狗 否定词下　来　否定词 又　扇　几　腮颊

狗没下来，又扇几耳光。

ve^{13}ja^{31}təɯ^{33}nu^{31}veɯ^{13}tai^{55} mai^{13}zi^{31}，wa^{31}hu^{13}məɯ^{31}　ke^{33}　zaŋ^{31}：

她 拿 只　鸟 去　埋 已行体助词　丈夫　来　语气词 问

她拿鸟去埋了，丈夫来了问：

“ke^{33}　təɯ^{33}nu^{31}　ni^{33}？”

语气词 个　鸟 语气词

“鸟呢？”

在具体的语境中，例句中的 təm^{33}ŋəɯ^{31}（狗）和 təɯ^{33}nu^{31}（鸟）都能够指称具体的对象，因而和在词库层面的语义还有所不同，即这里的指称都是定指性的，确定地指称现实世界的某个具体对象。还有一点特别重要，仡佬语的指示代词和名词的语序是“名词+指示代词”，量词和名词构成合成词的语序是“量词+名词”；两者语序刚好相反。汉语的量词作为构词语素，与名词构成的合成词时，如“车辆”“纸张”等，其语序是“名词+量词”；因为汉语方言中有大量的“量词+名词”表示定指的结构，如 5.4.1.1 中提到的“个人”“支钢笔”“支烟”“个钟头”等；“车辆”“纸张”等“名词+量词”是词汇化的形式，“个人”“支烟”等“量词+名词”是句法结构；可见汉语中的这两种语序也相反。从基本语序的角度看，汉语的基本语序是 SVO、SOV 和 OSV，仡佬语的基本语 SVO 是 SOV，二者都是多基本语序。汉语和仡佬语的这种对应现象说明，两种语言中的两类语序结构也可能表达同样的语义结构。另一个佐证是，由于量词有指称作用，因而能够和形容词构成偏正结构。在这样的结构中，量词是中心词，形容词则是修饰成分。如刘丹青（2012）分析了壮语中量词的名词化倾向：

pou^{4}ɕo^{6} 年轻人　　tu:^{2}pi:^{2} 肥的（动物）ko^{2}he:n^{3} 黄的（植物）

个　年轻　　只 肥　　棵 黄

① “狗没下来”和“她拿鸟去埋了”这两例引自李霞《比工仡佬语参考语法》，中央民族大学 2009 届博士学位论文，第 102 页。

因此我们认为，仡佬语的“量词+名词”结构中名词是中心语，量词是修饰语。而且这种结构也是仡佬语中合成词的重要形式，是仡佬语历时发展过程中的词汇化和语法化的重要表现。

6.1.2 量词语义原型的共性特征

本书所研究的七种语言均属汉藏语系，也都有量词这一词类。但是这些语言中的量词的语义原型是否一致，即这些语言量词的语义是否来自同一种语言现象，目前还研究得很少。

上文的研究表明，汉、苗、彝、水、侗、布依、仡佬这七种语言中量词的语义原型，能够找到语源的，皆来自名词或动词，没有其他词类。除汉语外，其他六种语言的量词的语义探源研究相对较少，因而对于这六种语言中的量词，一般研究较少涉及其语义原型。但根据我们上文的基本梳理，我们认为这些量词的源头依然是来自名词或动词。

各语言的量词均来源于名词和动词，这与语言中的两大范畴密切相关：时间范畴和空间范畴。因为名词指称意义的转变实际上受到时间和空间的极大制约，同时，名词的各种形体、形态等也都是一种空间概念；动词所指称的动作也同时涉及时间和空间的概念。因此时间范畴和空间范畴实际上是对量范畴的不同分类。现有研究在此方面已经有所发现。如张军（2005）认为，汉藏语量词的丰富和发展，可能与名词指称意义的转变有关。吴安琪（2005）认为，量词发展比较充分的语言通常有两类不同的名量词。一类是度量衡单位量词，另一类是用来表示各种名词代表的事物的状态和形式的量词。两类量词有类似的构词功能。各种语言都有度量衡、货币等单位词，表名词的状态和形式的量词在分析型语言中比较发达，而状态和形式则是空间范畴的重要概念。

另一种可能则是语言的接触和相互影响。Norman & Coblin（1995）曾经有过这样的分析，中国南方地区被认为最初是非汉语居民居住区，但从很早的时期开始，汉语随着群落的拓展，他们的农耕方式也从北向南推移到这片区域。又随着秦汉王朝的统一事业，开始了第一次大规模的南下移民潮。我们假定这种最初的渗透把北方地区的汉语注入到了以前从未说过汉语的南方地区。但是，以后的每一次移民都会给该地区带来北方话的新形式，并与已经建立起来的早期形式接触。这个过程经历了数个世纪，而其前沿也不断推进到新的区域。（孙宏开，江荻，1999）在民族接触和融合的过程中，语言之间的接触和影响是不可避免的。

在语言的机制上，这种语义共性也是因为借助于一种共同的语言机制。李宇明（2000a）研究表明，就汉语、侗台语族和苗瑶语族诸语言的情况来说，名量词这一词类建立起来以后，在语序上还有一次重要的发展变化，即数量词语作为名词的修饰语，语序由名词之后转移到名词之前。这种语序转移，有些语言发生得早些，有些语言发生得晚些，有些语言正处在转移的过程中。李宇明（2000a）将汉藏语系个体量词发展的整个历程构拟如图 6. 1：

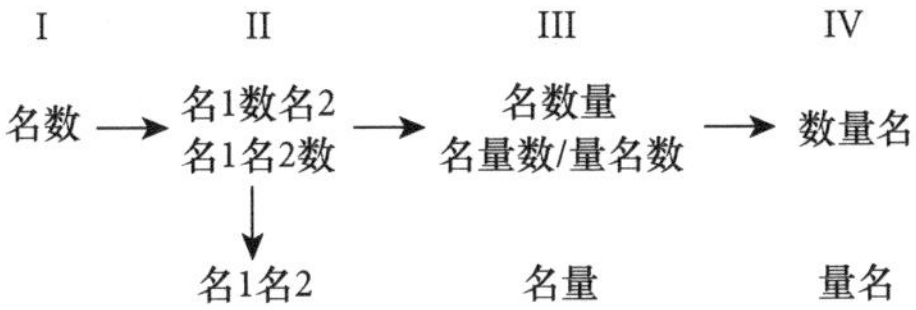

图 6. 1　汉藏语系个体量词的发展历程

李宇明（2000a）认为，图 6. 1 中，阶段 I 是个体量词尚未产生的阶段，是原始汉藏语所处的阶段，藏语支、羌语支、景颇语支的一些语言基本上还处于这一阶段；阶段 II 是拷贝量词阶段；阶段 III 是个体量词的成熟阶段，先秦汉语、藏缅语族、侗台语族、苗瑶语族的一些语言正处在此阶段，而彝语支、缅语支的一些语言正从阶段 II 向阶段 III 过渡；阶段 IV 是语序转移完成阶段，现代汉语是这一阶段的典型代表。

可以这样认为，汉藏语系的语言，能够不约而同的从名词和动词的范畴产生出量词这一范畴，既有语系上的共性特征，也有语言接触上的外部因素，还有语言结构上的形式类推，因此其中涉及的方面既复杂，又不乏系统性，还需要进一步的深入研究。

6.2　量词的语法分类

6.2.1　量词语法分类的表现

量词的语法分类是指根据量词在句法结构中所修饰的词语进行的分类。一般对量词的分类首先是语法分类，其次才是在语法分类之下的语义分类。

汉语量词的语法分类讨论得很多。如王力（1957/1980：234）将汉语量词称为单位词，认为单位词主要有两种。第一种是度量衡单位词，如“尺”“寸”“斗”“升”“斤”“两”等；第二种是天然单位，如“个”“只”“次”“回”等。第一种是一般语言都具备的，第二种是东方语言所特有的，特别是汉藏语系所特有的。就与其他词类配合的情况来说，单位词可以分为两种，一种是指称事物单位的，如“个”“只”等，与名词配合；另一种是指称行为单位的，如“次”“回”等，与动词配合。其后汉语量词的分类基本上就是划分为两大次类：名量词、动量词。邢福义（1993）中提出了一种量词划分的新类型，即时量词。他在谈及“段正淳沉思半晌”中的“半晌”时认为，“晌”尽管不是物量词，但也不是一般的动量词；严格地说，它是一个时量词。何杰（2001：206-208）则认为“场、阵”既表名量，又表动量，兼有量词内部的两种词性，是一种兼类量词。在 5.3.4 节，我们分析认为，这类时间性量词由于其指称对象的独特性，也可以被认为是事件量词。

苗、彝、水、侗、布依语这五种语言量词的语法分类也基本保持着名量词、动量词的两分法（王辅世，1985；罗安源，2005；丁椿寿等，1991；柳远超，2009；张均如，1980；韦学纯，2011；梁敏，1980；龙耀宏，2003；吴启禄，1992）。仡佬语量词的分类，有分为名量词和动量词两类的（张济民，1993），但也有划分为名量词、动量词、时量词、准量词、兼职量词五种类型的（李霞，2009）。但是我们能够发现，在这些语言中都很显然存在着一类事件量词（参看 5.3.5）。这类事件量词一方面联系着动词，一方面又联系着名词，一身同时兼具名量词、动量词两类量词的功能和性质。

6.2.2 量词语法分类的共性

从七种语言的量词在句法结构层面的修饰对象看，量词的修饰对象确实只有两种词类，即名词和动词；因而七种语言都能够分出名量词和动量词来。但语言的实际情况是，各语言中也确实存在着既能够修饰名词，也能够修饰动词的情况；同时还有能够修饰动词和名词构成的事件这样的量词。因此我们认为，量词的语法分类可以分为三类：名量词、动量词、兼类量词。

6.3　量词的语义分类

6.3.1　量词语义分类的复杂性

量词的语义分类一般都是在语法分类的基础上进行的，即在名量词、动量词、兼类量词这样的基础上，再根据量词所修饰的名词、动词，或事件的某些方面的特征来确定量词的次类。在此基础上，各语言的量词都可以进行次类的划分。如汉语的名量词可以分为个体量词、集体量词、事件量词、度量衡量词等。仡佬语的名量词可以分为专职量词、泛用量词、集合量词、部分量词、借用量词、临时量词、度量衡单位词、种类量词、形状量词（李霞，2009）。

事实上，我们还可以从量词语义原型的角度对量词进行更细致的类型划分。惠红军（2011：16）中已经根据量词的语义原型将汉语量词做了如下划分，如表 6.3：

表 6.3　汉语量词的语义原型分类

<table>
<tr><td rowspan="8">量词</td><td rowspan="6">名量词</td><td rowspan="2">实体型</td><td>物品实体型</td></tr>
<tr><td>动作实体型</td></tr>
<tr><td rowspan="2">形状型</td><td>二维形状型</td></tr>
<tr><td>三维形状型</td></tr>
<tr><td rowspan="2">结构型</td><td>整体结构型</td></tr>
<tr><td>部分结构型</td></tr>
<tr><td rowspan="2">动量词</td><td rowspan="2">实体型</td><td>物品实体型</td></tr>
<tr><td>动作实体型</td></tr>
</table>

这个分类标准是按照汉语量词的语义原型进行分类的。如“乘”是动作实体型名量词，其在现代汉语中所称量的对象主要是“车辆、马匹、轿子”三类。它们的共同特点是“可以乘坐”，是“交通工具”。例如：

只见通往镇子的官道上一拉溜停着好几乘轿子。（尤凤伟《金龟》第 2 章）

听得马蹄声响，又有两乘马驰来。（金庸《神雕侠侣》第 10 回）

但“乘”的语义原型是动词。“乘”本作“椉”，《说文解字·桀部》：“椉，覆也。”清段玉裁《说文解字注》：“加其上曰椉，人乘车是其一端也。”“乘”

与“交通工具”之间是一种高认知相关，并由此产生了名量词用法。同时发生变化的还有它的语音形式，而这则是汉语中的常见现象。

再如名量词“篇”。现代汉语中，“篇”的称量对象是“语言文字的不同表现形式”。例如：

只消加上“说胡萝卜”的标题，就是一篇时髦的散文。（张爱玲《说胡萝卜》）

在这里先记一篇帐罢。（田仲济《盐之故乡巡礼》）

“篇”的本义是“书”。据《说文解字·竹部》：“篇，书也。” 清段玉裁《说文解字注》：“书，箸也。箸于简牍者也，亦谓之篇。古曰篇，汉人亦曰卷。”朱骏声《说文通训定声》：“篇，谓书于简册可编者也。”我国在纸发明之前，书籍的主要载体是竹帛和缣帛。从书籍的计数单位而言，竹简多用“篇”，缣帛多用“卷”。而汉代竹帛并行，所以“卷”“篇”并称（顾廷龙、王世伟，1990：9）。因此，“篇”与“文字的记载形式”之间是一种高认知相关，并由此产生了名量词用法。但惠红军（2011）中的语义分类还过于粗疏，还可以进行更为精细的语义划分。

其他语言中对量词的次类划分也有以语义为标准进行的情况。如贺又宁、胥奇（2013）对苗语中部方言量词的语义分类。贺又宁、胥奇（2013）将苗语中部方言量词分为单义、多义、杂义三种类型。单义量词指一个词形只存在一个量义项；多义量词可分为两种情况，一种是一个词形包含多个义项，一种是一个词形虽包含多个义项，但量义项只是其中一部分。杂义量词的特征尤为明显，是在量义项中包含着非量义素，如量词 gongb[koŋ^{1}] 在量义素“把”之外还有“少”“散”的形状义素。

这种杂义量词现象吴平（1983）已经有初步论述，吴平（1983）将其称为情状量词，因为这类个体量词能够表达情感或状态。例如：

qɛ^{3} ʑu^{6} moŋ^{2} tɕu^{6}tei^{2} ɣu^{5}qa^{7}！

个 汉子 那 真 好玩

那个汉子可真逗人！

hɛ^{6} mɛ^{6} qo^{2} qaŋ^{3} po^{7}tɕo^{7} ȵaŋ^{1} moŋ^{2}！

嗨 妈 个 蛤蟆 癞 在 那

妈呀，有个癞蛤蟆在那儿！

po¹ tɛ¹ noŋ³ ɣa⁶ va⁵ lei⁸!

个 孩子 这 聪明 很 哩

这孩子很聪明哩!

王春德（1986：51-52）还提到，苗语黔东方言中有褒贬物量词；在使用这类量词时，能够表达一定的褒贬感情色彩，如 tongf[t'oŋ⁸]和 gheis[qei⁶]是有时带褒义，有时带贬义；而 ghox[qo²]、nal[na⁴]等则是纯粹带有贬义的。这类褒贬物量词在古代苗语中是不带附加意义的一般物量词。事实上，苗语中的这类物量词在各个方言点的演变并不一致。如在现代苗语黔东北方言北部土语区的贵州省台江县排羊一带，正常情况下还是使用 ghox[qo²]来作一些用具的计量单位，丝毫没有任何褒贬的附加意义。

彝语量词也能够进行语义分类。如翟会峰（2011）将彝语的名量词按名词的语义特征分成了个体类别量词、集体单位量词、度量衡量词、不定量单位量词、时间单位量词。仡佬语量词也可以按照语义标准进行划分。如仡佬语的名量词一般可以分为三小类：表示度量衡的，表示个体事物的，表示集体事物的（张济民，1993：128）；或者分为度量衡量词、个体量词（类别量词、性状量词、通用量词）、集体量词、借贷式量词（康忠德，2009：119）。

6.3.2　量词语义分类的标准

可见，量词的语义分类标准多种多样，分出来的次类也不尽一致。个中原因大致有三：一是分类的复杂性。因为分类的角度很多，从不同的角度出发，就会得出不同的，甚至大相径庭的分类结果。Lakoff（1983）曾对此有过精彩的论述。Lakoff 认为，许多范畴都是无意识的，只有当它成为一个问题时我们才会发觉到它的存在；我们会自动地对人、动物、自然和人工的有形物体进行分类，这在一定程度上导致这样的看法：我们只是在按照事物的本来样子在分类。但实际上很大一部分，也许是绝大部分事物根本不是它所属的类别。上文讨论的量词分类正是如此，虽然从量词所修饰的名词和动词的角度，或者是从量词的语义原型的角度都是可以接受的分类角度，但是却会由此带来不同的分类结果。

另一个原因是语义的复杂性。语义非常复杂，语言研究中只要涉及语义，往往就会出现各执一词的状况。正因为如此，索绪尔才说，我们是给事物下定义，而不是给词下定义，因此，我们所确立的区别不必因为各种语言有某些意义不尽相符的含糊术语而觉得有什么可怕。例如德语的sprache是“语言”和“言语活动”的意思；rede大致相当于“言语”，但要加上“谈话”的特殊意味。拉丁语的sermo是指“言语活动”和“言语”，而lingua却是“语言”的意思，如此等等。没有一个词跟上面所确定的任何一个概念完全相当。因此，对词下任何定义都是徒劳的；从词出发给事物下定义是一个要不得的办法。（索绪尔，1999：36）如汉语的“嘴脸”“面目”“脸面”三个词语，布依语却是：

na^3 $da\eta^1$ 脸面

脸 鼻

不过由于脸部在整个面部器官中占据着主要的地位，因而它在整个认知过程中所具有的重要性却是一致的。如布依语的“认知”一词就是：

zo^4 na^3 认识

知道 脸

因此对于量词进行语义分类，就必须对语义的复杂性给予足够的重视。

第三个原因则是因为研究者的个体因素。由于研究者研究的独创性、不同的研究背景、不同的研究目的、不同的研究视角，每个研究者在进行分类时都会表现出一定的差异，这也导致了量词次类划分的多样性。

因此确立量词的语义分类的标准非常关键。因为量词的修饰限制对象主要是名词、动词以及由名词和动词构成的事件，因此需要从这三个角度出发，去寻找恰当的语义分类标准。陈平（1988）指出，典型的事物一般都占有一定的空间，并随具体事物类型而表现出大小、高低、厚薄等特征；名词的各种形态变化所表现出的语法意义一般与空间位置相关。李宇明（2000b：2）也指出，名词不是一个匀质的词类集合，其内部存在着各种差异；就空间性的强弱而论，大致存在三个不等式：

个体名词 ＞ 集体名词

有形名词 ＞ 无形名词

具体名词 ＞ 抽象名词

李宇明（2000b：2-3）还认为，能够同个体量词（如个、头、匹、根、条……）组合的，具有最强的空间性；不能同个体量词组合的，则具有较弱的空间性；只能同种类量词（例如：种、类）组合的，空间性最弱。一旦名词不能同量词组合，其性质也要随之发生变化，因此可以用量词组合来测定名词空间性的强弱有无；而且名词作属性定语后则不再具有空间性。例如：

这所学院的风格　　　　　　那个儿童的服装

我们认为，名词作属性定语时，其所蕴涵的空间性语义依然存在，只不过是从显性的空间语义转变为隐性的空间语义，即“学院”“儿童”这类名词所具有的空间性依然隐性存在，而且正是由于这种隐性的空间性语义特征，才能够使“风格”和“服装”的内涵得以准确界定。

Aikhenvald（2000：81）认为，在名词短语中，类别词独立于这一结构中的其他成分，它们的辖域是整个名词短语；类别词是一类不具有一致性关系的范畴，它们的选择是基于词汇选择，而不是匹配于名词短语中的其他结构成分。此外，名词的类别词还有这样的特征[①]：

（i）选择一个名词的类别词是基于语义的，一种语言中的每一个名词都不必然地有一个类别词；

（ii）各语言都允许一个名词短语中同时出现几个类别词；

（iii）一个名词可以使用不同的类别词，但是意义会发生变化；

（iv）名词的类别词可以从一个小的封闭的集发展为一个大的开放的集，因此，名词的类别词会有不同的语法化结果。

（v）名词的类别词能够指称；它们可以语法化为一种句法功能的标记。

因此，英语实际也是有分类词的。据 Allan（1977），英语的词素 one 和 thing 也具有分类词的特征。例如：

I met someone who is an anthropologist.

I saw something which was a mouse.

someone 和 something 由于分别带有 one 和 thing，而使 some 分别指称“human（人）”和“non-human（非人，即物）”；因此，one 和 thing 可以

① 在国际语言学界，汉语的量词一般被认为是类别词的一种。因此，Aikhenvald（2000）所讨论的分类词的许多现象也都适用于汉语量词，如“选择一个名词的类别词是基于语义的，一种语言中的每一个名词都不必然地有一个类别词”；汉语名词和量词的之间的关系也是如此，如“一本书、一册书、一部书、一页书”。但有些结论则并不适用，如“各语言都允许一个名词短语中同时出现几个类别词”，因为在汉语的“数词+量词+名词”和“名词+数词+量词”这两类结构中，都只能有一个量词。

分别看作是“人”和“物”的分类词。

Aikhenvald（2000：149）还考察了动词的类别词，认为动词类别词伴随动词出现，根据动词论元的形状、浓度、尺寸、结构、位置、生命度对这些论元进行范畴化。动词类别词经常涉及谓词的论元，并且和它同时出现。它们的选择主要是语义的，而不是语言的一致性。动词类别词虽然是一个非一致性名词范畴化机制的次类，但它的使用却往往受动词的一些语义制约。

分类词限定了基于诸如生命度、形状和功能等维度的分类系统（Adams & Conklin，1973; Dixon，1986）。在承认这一假设的前提下，Srinivasan（2010）进行了一项实验，让受试者从混杂着错误对象的视频显示中找出正确的量词搭配，但是这些错误选项与正确选项之间可能有同样的量词，也可能没有。实验显示，汉语普通话使用者从错误选项中选择时所受到的干扰比母语为俄语或英语的使用者大。这项实验的结果表明，汉语量词范畴可能影响了认知过程，也可能对语言使用者在日常生活中执行认知任务有潜在的影响。

据 Friedrich（1970），Tarascan 语（塔拉斯坎语，一种墨西哥印第安语——本书作者注）的量词既能够出现在名词短语中，也能够出现在动词短语中；因此，Allan（1977）认为 Tarascan 语是一种既属于名词分类语言，也属于动词分类词的语言。按照 Allan（1977）的观点，我们也可以说汉语既属于名词分类词的语言，也属于动词分类词的语言。

上面的论述足以说明，对量词的语义认知虽然看似纷繁芜杂，但实际上始终围绕着量词作为一种分类词这样的问题在不断变化。因此，本书这里分析量词语义构成时坚持中心词标准，即坚持以量词所修饰的对象为标准。虽然量词在产生的过程中涉及很多认知因素，但是其最终的认知动因在于对所修饰的对象，即名词、动词以及事件的量范畴的表达。名词、动词、事件都是语言现象，自然界并不存在这样的概念，它们是我们意识中的东西。正如索绪尔所说的，词语形象和跟它联结在一起的概念都是心理现象。[①]要以名词、动词、事件为标准对量词的语义构成进

① 费尔迪南·德·索绪尔著，高名凯译，岑麒祥、叶蜚声校注，《普通语言学教程》，商务印书馆，1999 年，第 34 页。

行分析，就必须对名词、动词、事件所指称的自然界存在的物质实体和非物质实体，人类制造的物质实体和非物质实体，自然界中存在的各种各样的运动，以及人类所产生的各种各样的动作所可能涉及的方面进行梳理，在此基础上才能够对量词可能的语义构成进行基于统一标准的语义分析。

6.3.3　量词语义分类的参数

关于量词的语义参数，国外学者已有研究，比较典型的是 Allan（1977）和 Aikhenvald（2000）。Allan（1977）认为，虽然量词型语言的量词数量差别很大，但是其中有七种分类参数具有很大的共性：（i）材料（material），（ii）形状（shape），（iii）一致性（consistency），（iv）大小（size），（v）处所（location），（vi）排列（arrangement），（vii）份额（quanta）。Aikhenvald（2000）则总结出了 25 种语义参数：生命度（animacy），结构（arrangement/configuration），有界性（boundedness），完全包含（complete involvement），一致性（consistency），维度（dimensionality），方向性（directionality），延展性（extendedness），功能（function），人类（humanness），内部一致性（interioricity），亲属关系（kinship），阳性（masculine gender），自然性别（natural gender/sex），非人类（non-human），方向（orientation），位置（position），份额（quanta），形状（shape），性（sex），尺寸（size），社会地位（social statue），结构（structure），价值（value），可视性（visibility）。

Allan（1977）和 Aikhenvald（2000）所研究的是分类词，虽然汉藏语系的量词是分类词的一种，但正如我们已经指出的那样，汉藏语系的量词是分类词中具有特殊性的一种，如汉藏语系的量词的指称功能和定指功能，量词能够重叠等。同时，Allan（1977）和 Aikhenvald（2000）对汉藏语系的量词的关注还远远不够，他们的语义参数也并不完全适用于分析汉藏语系的量词。因此，汉藏语系的量词在其语义构成上具有哪些语义成分，或者说我们应该设置哪些语义参数来考察汉藏语系量词的语义构成，这是认识汉藏语系量词的一个重要环节。在这样的研究背景下，我们参考 Allan（1977）和 Aikhenvald（2000）的分类词参数设置，重新设定了以下十三种语义参数，并用它们来考察本书的七种语言中量词的语义。

6.3.3.1 实体

实体是指能够在视觉上可见、触觉上可感，占据了一定空间的事物。实体可以分为有生命实体和无生命实体两类。在现实世界，这类事物很多，但是并不是每个这样的物体能够用来表达物体的数量；而且即使被用来表达数量，不同的语言中，所选择的对象也并不完全相同。

1. 有生命实体

有些量词主要修饰限制有生命的实体这样的对象。如汉语的量词“位”“匹”“头”“只”等量词都以称量有生命的实体为主，苗语中的量词 le^{35}（个）、men^{22}（位）、le^{35}（只）也能够称量有生命的实体，但是这种修饰限制有一定的区别，用于动物的量词不能用于人，但用于人的却可以用于动物和植物。如果把用于动物的量词用于人，那则是一种超常搭配。例如：

他知道娶来一位母夜叉。（老舍《骆驼祥子》第 15 章）

不幸，自从发觉了他那“头”或者说那“匹”妻子的短处后，他懊丧得至于信了宗教以求一些精神的安慰。（老舍《赵子曰》第 1 章）

我是一匹来自北方的狼。（歌曲《北方的狼》）

半斤一张的大饼，包着大块肥肉的包子，再要几头大蒜，一块还没腌变色的老白菜帮子。（藏克家《野店》）

苗语中松桃苗话有一种“鄙语”的表达方式，就是把“指人的量词”改换为“指动物的量词”。这和汉语的“那头妻子”“那匹妻子”属于同一类型。例如：

a^{44} le^{35} ne^{31} qɔ^{54} nen^{44}　这个老人

一　个　人　老　这

a^{44} men^{22} ne^{31} qɔ^{54} nen^{44}　这位老人

一　位　人　老　这

a^{44} ŋuŋ^{22} ne^{31} qɔ^{54} nen^{44}　这个老东西

一　只　人　老　这

再比如矮寨苗语中，ʈu^{22}（棵）用于计量形状高大茂盛的树木，而 ko^{44}（棵）则计量蔬菜、树木类，ŋəŋ^{44}（头、条、只、匹）则往往通用于所有动物（余金枝，2010：129）。

布依语称量有生命实体的量词也有明显区别。据喻翠容（1980/2009：118），布依语量词 pu^{4}、vaŋ^{6} 都是“个” 的意思，但是它们只能用于计量不分性别的人；laːu^{4}、pau^{5} 都是“位”的意思，含有敬意，这两个量词只能用于指年龄较大的男性，例如：

ma^{1} suaŋ^{1} laːu^{4}（或 pau^{5}）jia^{ʔ7}.

来　两　位　　位　　客人

来了两位（男性）客人。

据喻翠容（1980/2009：118），布依语的量词 zuai^{6} 也是“位、个”的意思，它只能用于青年妇女，例如：

zuai^{6} paɯ^{4} diau^{1} 一个媳妇

个　媳妇　一

saːm^{1} zuai^{6} bɯ^{ʔ7} ^{ʔ}jui^{4} 三个布依族姑娘

三　　个　布依　姑娘

据喻翠容（1980/2009：118），布依语计量动物要用 tu^{2}（只、条、尾、匹），例如：

saːm^{1} tu^{2} kai^{5} 三只鸡

三　只　鸡

tu^{2} nuan^{1} diau^{1} 一条虫

只　虫　一

suaŋ^{1} tu^{2} pja^{1} 两尾鱼

两　只　鱼

ɣa^{3} tu^{2} ma^{4} 五匹马

五　只　马

据喻翠容（1980/2009：118），“棵”只用于植物计量，例如：

ko^{1} vai^{4} taːu^{2} diau^{1} 一棵桃树

棵　树　桃　一

saːm^{1} ko^{1} pja^{ʔ7}ɣaːu^{1} 三棵白菜

三　棵　　白菜

这种情况在其他几种语言中也同样存在。如彝语的量词 ʐo^{21}（个）主要只用于人，不用于物；而 lɤ^{33}（个）则可以用于人，也可用于物（翟会峰，2011：57）。水语量词 ai^{33}（个）专用于人，to^{31}（匹、头、只）用于人之外的动物，而 ni^{53}（个、根、棵、缕、只）则可以用于人、植物和已经产子的雌性动物（韦学纯，2011：273-274）。侗语的 muŋ^{31}（位、个）用于人，tu^{212}（只、个）用于动物，ʔoŋ^{53}（棵、条）用于植物，ȶək^{31}（个、只、根、条）则可以用于包括人、物在内的较广泛的事物（龙耀宏，2003：86）。仡佬语的 kan^{33}（个）用于大人，

saŋ³³（个）用于小孩，而 dɯ³⁵（个、只、头、条）和 ma³³（个、只、头、条）都可以表示人或动物，但 dɯ³⁵ 常用于成年男性或雄性动物，ma³³ 常用于成年女性或雌性动物，phɯ³¹ 主要用于植物（康忠德，2009：120-121）。

有生命的实体在很多有关分类词（classifier）的研究中，往往被归入生命度（animacy）这样一个参数，或者归入材料（materials）这样的参数，如 Allan（1977），Aikhenvald（2000）。但是这种分化并非绝对的，Burusphat（2007）研究表明，在傣语（Tai language）中语态选择（register choice）、年龄、亲属关系、性别、社会地位、社会态度等社会因素影响是傣语中动物量词使用中的决定性因素，这些因素又会进一步范畴化为用于人和非人的量词（classifiers）。

2. 无生命实体

汉语中能够修饰无生命实体的量词很多。上文所提到的能够修饰称量动物、植物的量词大都能够修饰称量无生命的实体，如“只”“头”“匹”等：

大门道五六只缎鞋，教员们是光着袜底逃跑的。（老舍《赵子曰》第 4 章）

她从兜里摸出一只盛擦脸油的小盒放进去。（铁凝《哦，香雪》）

我母亲每次都会拿着一只空碗出来。（余华《在细雨中呼喊》第 3 章）

四个人八只手把一桌牌抹得稀里哗啦。（王朔《无人喝采》第 12 章）

小黄米又上前一步，伸出两只胳膊挽住老白的脖子。（铁凝《小黄米的故事》）

兰仙对于这头亲事便洗手不管了。（张爱玲《金锁记》）

他们也许只给你三匹布，而配上两打雨伞。（老舍《四世同堂》第 38 章）

此外还有主要称量无生命实体的量词，如“座”“张”“块”“片”“篇”“顶”“弯”“泓”“颗”“丝”“团”“锭”“杯”“碗”“桌”等：

刚刚升起的太阳，照耀着这座山坡。（孙犁《风云初记》）

舞厅摆有六张大沙发和许多软垫靠背椅。（权延赤《红墙内外》）

他自己倒无所谓，冲一杯炼乳，啃一块面包就可以。（陆文夫《人之窝》）

“鸽子”望着手里还沾着几片茶叶的空杯子。（石言《漆黑的羽毛》）

在这里先记一篇帐罢。（田仲济《盐之故乡巡礼》）

打发了一顶红轿把林姑娘运了来。（老舍《也是三角》）

在白色区域内有一弯浅蓝色的新月。（《新华社 2004 年新闻稿》）

树前一弯小溪。（《人民日报》1994 年）

湖的那边，淡淡地托起一弯青灰的岗峦。(《人民日报》1995 年)

古老的客船始终泊在那一弯心灵的港口。(《人民日报》1995 年)

有时它像美丽的一弯彩虹，给人的只是无数美丽的童话般的遐想。(《人民日报》1995 年)

一弯碧水蜿蜒流淌，林木苍翠，绿树婆娑。(《人民日报》1995 年)

一弯巨大的红色的飞去来器构成了运动员的跨越的双腿。(《人民日报》1996 年)

有些量词则在称量无生命实体和有生命实体的之间出现了不断反复的情况，如“条”“枚”：

纮一条，属两端于武。(《周礼·夏官司马·弁师》郑注)

何曾见有一条蛇。(《敦煌变文校注·维摩诘经讲经文（二)》)

血如豆比五六枚。(《史记·扁鹊仓公列传》) ①

因下玉镜台一枚。(《世说新语·假谲》)

一枚太尉，翻为阴陵失路之人。(《水浒传》第 78 回)

虽然“条”用于有生命实体的用法在现代汉语中还经常可以见到，但“枚”的这种用法却逐渐消失，现代汉语中已经很少或者完全看不到了。②

无生命实体的量词在其他六种语言中也普遍存在。但是对于能够通用于所有实体的名词，各语言稍有不同。苗语有生命实体和无生命实体的量词也有通用的情况。如黔东方言的 tɛ^{11}（个、只、棵、次）可以指人，指动物，指树，指雨，洪水等，而 qei^{13}（个、条)、thoŋ^{31}（个)、na^{11}（个、块）等几个则可以修饰任何名词（王辅世，1985：55)；矮寨苗语中的通用量词 le^{53}（个）可以修饰限制所有的名词（余金枝，2010：133)。

彝语的量词 lɯ^{33}（个）是一个用途十分广泛的量词，即使有特定量词的事物，有时也可以使用（丁椿寿，1985/1993：229-230)：

bɯ^{21}t‘a^{21}lɯ^{33}	一个山	ɖu^{21}mɯ^{21}t‘a^{21}lɯ^{33}	一个表现
山　一　个		表现　一　个	

① 《汉语大词典》卷 9 第 1340 页：“豆比，小豆、豆粒。”但也有看法认为：《史记》中“血如豆比五六枚”中的“豆比”非词。(参见阚绪良《说“豆比”》，第十二届全国近代汉语学术研讨会暨近代官话研究国际学术研讨会论文）本书此处依从《汉语大词典》之说。

② “枚”作为量词在现代汉语的网络语言中往往会用来称量人，如“一枚男子”“一枚女子”“女汉子一枚”等，然而网络文学的潮流词汇总是“其兴也勃焉，其亡也忽焉”，因而对这种语言现象还需经过更长时间的观察。

三官寨彝语的量词 lɤ^{33}（个）既可以用于人，也可用于物（翟会峰，2011：57），因此 lɯ^{33}（个）和 lɤ^{33}（个）都是彝语中的通用量词。

水语中有一个几乎相当于汉语“个”的量词 lam^{11}（个）。据韦学纯（2011：274），水语中的 lam^{11}（个）最初是作为圆形或球形东西的量词，后来也能够称量块状的动词，并有了通用化的倾向，能够和它结合的名词越来越多，几乎相当于汉语的“个”。侗语的通用量词南北方言略有差异，南部方言有些地方话的ȶɐk^{31}（个、只、根、条），北部方言石洞话的 ta^{22}/ʐa̡^{22}（个），都能够用于较广泛的事物（龙耀宏，2003：86）。布依语 dan^{1}（个）的应用范围较广，除人、动物、植物之外，其他事物大都能够用它计量，而且还能够用于抽象事物的计量（喻翠容，1980：31）。仡佬语中的 təɯ^{33}（位、个、条、只、匹、座、口、架、辆）、ɭe^{31}（颗、粒、座、件、根、口、个、滴）、ma^{55}（棵、根、把、架、件、条、枝、张、床、座），其所指范围较宽，一般都能够与好多个体名词搭配，是通用的量词（李霞，2009：98）。

6.3.3.2 身份

身份是指以对象所处的特殊社会地位为手段来修饰限制对象。似乎身份不能被用作量词，但是实际上，汉语的“尊”“位”就是这样的量词。例如：

拆那堵界墙时候，从墙基发现了一尊小铜菩萨。（老舍《赵子曰》第 1 章）

铺柜中坐了白发皤然老妇人，庄严沉默如一尊古佛。（沈从文《老伴》）

同乡一位庸医是他邻居。（钱锺书《围城》第 4 章）

他知道娶来一位母夜叉。（老舍《骆驼祥子》第 15 章）

对量词“位”的尊称义目前还有不同看法。一种认为“位”是表示尊称的。如刘世儒（1965：165）认为，现代汉语中“位”是对人的敬称，但在南北朝时期并非如此。金易生（1995）、翁璇庆（1997）等认为，“位”是敬辞，用“位”称“罪犯”之流，显然是误用。也有持不同意见者，他们认为“位”不表尊称是很正常的现象。如沈怀兴（2001）认为，“位”的泛用是词的泛用，也是社会发展与人之思想观念变化的必然产物。冷新吾（2006）也认为，“位”的泛化是语言发展的必然趋势。周旋、李柏令（2006）认为，敬辞的泛化符合语用学上的礼貌性原则特征，也符合语言发展的经济原则。我们认为，“位”本身并没有表达所谓的尊称义，而是由于处于一定位置的人物总是认知中的重要角色，所以给人形成一种错觉——名量词“位”可以表达尊称义。可以说，“位”从来就没有表达过所谓的“尊称”义，如果有“尊称”义，那则是受其所修饰的名词的影响。

其他语言中用身份作量词的情况也能见到，但相对较少。如布依语表示现实中的“人”使用的量词是 pu^{31}（个、位）；如果现实中的“人”是低于布依族社会普遍认同的心理标准的消极对象，那么通常不用量词 pu^{31}，而是用专属于动物的量词 tuə^{11} 来表示（刘朝华，2012：105）。苗语、彝语、水语、侗语、仡佬语中的这种量词很少见。

6.3.3.3　维度

1. 一维维度

一维维度是指量词在修饰限制对象时，主要关注被称量对象在一个维度上延展而产生的线性特征。汉语的“丝”“缕”“绺”“线”“条”“根”等就是这类量词。例如：

几丝头发从头巾里挂落出来，软绵绵地荡在她脸的两侧。（余华《祖先》）

水中有几根芦苇，几片浮萍，几缕绿藻。（刘绍棠《狼烟》第 7 章）

还批上一两条意见，让相关的部门拿去传阅。（李佩甫《羊的门》第 4 章）

苗语也有这类主要关注一维维度的量词。例如：

qɯ^{35}——表示细长的事物（罗安源，2005：66）

a^{44} qɯ^{35}tsei^{31} 一根线　　　　a^{44} qɯ^{35}pi^{35} 一根毛

一　根　线　　　　一　根　毛

a^{44} qɯ^{35} ʐei^{35} 一根草

一　根 草

ɳu^{31} 表示条状事物（罗安源，2005：63）

a^{44} ɳu^{31} ne^{44} kɯ^{44} 一条路　　　　a^{44} ɳu^{31} ɕi^{44} mpæ^{35} 一条带子

一 条　路　　　　一　条　带子

a^{44} ɳu^{31}l̥^{h}a^{54}　一条绳子

一 条 绳子

彝语中一维维度的量词例如：

mo^{33} t'a^{21}tse^{13} 一截竹子（丁椿寿，1985：224）

竹子 一 截

ʑi^{21}t'a^{21}tɕ'ie^{33} 一条河（丁椿寿，1985：229）

河 一 条

水语中一维维度量词例如：

ɣa^{2} iu^{3} fa:n^{6} 两缕线　　ɣa^{2} tiu^{2}la:k^{7} 两条绳

二 缕 线　　二 条 绳

侗语中的一维维度量词例如：

ȶiu^{212}（条）用于长条形的物体（龙耀宏，2003：86）

ʔi^{55} ȶiu^{212} ȵa^{55} 一条河　　si^{453} ȶiu^{212} mɐi^{31} 四棵树

一 根 河　　四 条 树

布依语中的一维维度量词例如：

zoi^{53}（串、根）（刘朝华，2012：109-110）

xa^{53}zoi^{53}cuŋ^{35}sa^{24} 五串鞭炮　　sa:m^{24}san^{53} ˀoi^{31} 三根甘蔗

五 串 鞭炮　　三 根 甘蔗

仡佬语中的一维维度量词例如：

dɯ^{35}（根、枝、条），表示线状或条状的事物（康忠德，2009：122）

tsɿ^{33}dɯ^{35}ʌ^{31}suŋ^{31} 一根头发　　tsɿ^{33}dɯ^{35}sa^{35} 一根绳

一 根 头发　　一 根 绳

2. 二维维度

二维维度是指量词在修饰限制对象时，主要关注被称量对象在两个维度延展而形成的平面特征。汉语的二维维度量词如“张”“面”“片”等：

一阵风来，吹得八张画飘然而动。（刘绍棠《狼烟》第 18 章）

他在客室门外，悬起一面小木牌。（老舍《民主世界》）

“鸽子”望着手里还沾着几片茶叶的空杯子。（石言《漆黑的羽毛》）

苗语的二维维度量词例如：

pʰɑŋ^{35}——表示平展的物件（罗安源，2005：63）

a^{44} pʰɑŋ^{35} se^{44} 一把伞　　a^{44} pʰɑŋ^{35} ku^{44} 一顶斗笠

一 把 伞　　一 顶 斗笠

a^{44} pʰɑŋ^{35} ɕɑŋ^{54} 一条毛巾　　a^{44} pʰɑŋ^{35} lɯ^{44} 一领席子

一　条　毛巾　　　　　　　　　一　领　席子

ci⁴⁴——表示片状的物件（罗安源，2005：66）

a⁴⁴ ci⁴⁴ mpe⁵⁴ 一片雪　　　　　　a⁴⁴ ci⁴⁴ tɯ³⁵ 一块土

一　片　雪　　　　　　　　　　一　块　土

彝语的二维维度量词例如：

va³³fu³³t'a²¹mbu³³ 一片猪肉（丁椿寿，1985/1993：225）

猪肉　一　片

dzɯ³³t'ɯ³³t'a²¹ʈ'u³³ 一张桌子（丁椿寿，1985/1993：228）

桌子　　一　张

水语的二维维度量词例如：

ti³³ va³⁵ mai⁵³ 一片叶子（韦学纯，2011：277）

一　张　叶子

ti³³ vjen³⁵ ɣa³⁵ 一片稻田（韦学纯，2011：277）

一　片　田

侗语的二维维度量词例如：

ŋo³¹ ljo³¹ 五张　　　　　　　ji³³ʐo³¹ 一张

布依语的二维维度量词例如：

baɯ¹sa¹ diau¹ 一张纸　　　　　xa⁵³ˀbaɯ²⁴paːi¹¹ 五张牌①

张　纸　一　　　　　　　　　五　张　牌

saːm²⁴liəp³³naŋ²⁴ 三层皮②

三　层　皮

仡佬语的二维维度量词有 huəɯ³³ 张（脸）、块（手表）、页（纸），ple³³ 片（肉），这些量词都是表示薄片状的量词（李霞，2009：99）。

3. 三维维度

三维维度是指量词在修饰限制对象时，主要关注被称量对象在三个维度延展而形成的立体特征。汉语三维维度量词如“团”“块”“堆”“簇”“从”等：

找两团棉花塞在耳朵里。（钱锺书《围城》第 9 章）

树色一例是阴阴的，乍看像一团烟雾。（朱自清《荷塘月色》）

---

① 该语料引自刘朝华《布依语汉语名量词对比研究》，中央民族大学 2012 届博士学位论文，第 110 页。

② 该语料引自刘朝华《布依语汉语名量词对比研究》，中央民族大学 2012 届博士学位论文，第 110 页。

她花五毛钱买了一块带皮猪肉。（铁凝《大浴女》第3章）

他慢吞吞地走到两堆人中间。（余华《一个地主的死》第2章）

轻缀其中的几簇残星虽然也依旧熠熠闪亮。（张承志《黑骏马》）

苗语的三维维度量词例如：

tɯ⁴⁴表示苞朵状的物件（罗安源，2005：65）

a⁴⁴ tɯ⁴⁴ pen³¹ 一朵花　　a⁴⁴ tɯ⁴⁴ tu⁵⁴ 一朵云

一 朵 花　　一 朵 云

a⁴⁴ tɯ⁴⁴ ʂæ³⁵ 一叶肝　　a⁴⁴ tɯ⁴⁴ mlɤ⁵⁴ 一叶肺

一 叶 肝　　一 叶 肺

ʂu⁴⁴表示瓣状的物件（罗安源，2005：66）

a⁴⁴ ʂu⁴⁴ pi⁴⁴ qwɑŋ²² 一瓣蒜　　a⁴⁴ ʂu⁴⁴ pi⁴⁴ zɔ⁴² 一瓣栗子

一 瓣 蒜　　一 瓣 栗子

a⁴⁴ ʂu⁴⁴ pi⁴⁴ ɻɯ⁴² 一瓣橘子

一 瓣 橘子

彝语的三维维度量词例如：

dzʊ²¹ t'a²¹ bɯ²¹ 一堆米（丁椿寿，1985/1993：224）

米 一 堆

fu³³ t'a²¹ dzʊ³³ 一块肉（丁椿寿，1985/1993：227）

肉 一 块

水语的三维维度量词例如：

haːm¹hum⁶dwa¹ 三堆盐

三 堆 盐

侗语的三维维度量词例如：

i¹ kwɑːi⁵' tɑ³məi⁴ 一片森林①

一 块 森林

布依语的三维维度量词例如：

xa⁵³tuən³¹mau³¹ɕiən²⁴ 五团毛线②　　si³³ ˀdak³⁵fai³¹ 四块木头③

① 该语料引自中央民族学院少数民族语言研究所第五研究室编《壮侗语族语言文学资料集》，四川民族出版社，1983，第220页。

② 该语料引自刘朝华《布依语汉语名量词对比研究》，中央民族大学2012届博士学位论文，第110页。

③ 该语料引自刘朝华《布依语汉语名量词对比研究》，中央民族大学2012届博士学位论文，第110页。

五　团　毛线　　　　　四　块 木头

仡佬语的三维维度量词有 pəɯ^{31}（堆、叠），tsa^{31}（扎）、lau^{31}（捆、捧）、kaŋ^{31}（把）等（李霞，2009：99）；但有时候三维和二维似乎并不容易分得很清楚，如 bja^{35}（片、块）表示成片状或块状的事物，面积一般比较大（康忠德，2009：121）：

tsɿ^{33}bja^{35}tin^{31} 一块木板　　　　tsɿ^{33}bja^{35}tʂuan^{33} 一块砖

一　块 木板　　　　一　块　砖

tsɿ^{33}bja^{35}ʌ^{31ʔ}leŋ^{31} 一块冰　　　　tsɿ^{33}bja^{35}mlɯ^{31}mlɯ^{31} 一片纸

一　块　冰　　　　一 片　　纸

6.3.3.4　形状

形状是指量词所修饰事物的空间维度所形成的一种几何形式。形状和维度在分类上似乎有些重叠。但是维度从局部、从某个或某几个维度来关注事物的特征，是一种非完形视角。形状是从整体的角度关注事物，是一种完形视角。因此，维度和形状之间的观察差异，或者说认知差异，主要来自认知主体的认知视角。汉语的形状量词有“点、条、面、片、块、团、堆、坨、弯、孔、缕、绺、节、截、段”等。

苗语松桃话的形状量词有 ɕi^{44}（片）、ɳu^{31}（条）、ka^{22}（块）、ʂu^{44}（瓣）、ŋkɑŋ^{54}/ɴqu^{54}（串）等（罗安源，2005：64-67），矮寨苗语的形状量词有 ɕəŋ^{53}/qɯ^{53}（根、条）、ɳu^{31}（根）、te^{44}（根）、dəŋ^{22}（节、截、段）、ka^{22}（块）、pu^{44}/du^{31}（坨）、nu^{31}（片、张）、ʈu^{44}（朵）（余金枝，2010：130-133）。

彝语的形状量词也很丰富，盘县彝语的形状量词有 mʊ^{33}（粒）、k‘ð^{22}（砣）、tɯ^{21}（段）、tɕ‘ð^{33}（根、只）、tsɒ^{21}（条）、ɕɪ^{22}（瓣）、bʊ^{21}（堆）、ȵʥð^{21}（串）（柳远超，2009：129）；三官寨彝语的形状量词有 khe^{33}（块）、na^{21}（块）、nʥu^{21}（串）、tɕhie^{33}（条）、ʈu^{33}（张、片）、bu^{33}（朵）（翟会峰，2011：59）。

水语的形状量词也非常丰富，如 ɓa^{11}（块、条、张）、qu^{53}（颗、团、块）、tom^{35}（滴）、va^{35}（张）、mjeu^{24}（堆）、nu^{31}（堆）、ƫhaŋ^{35}（节、截、段）、paːŋ^{31}（片）（韦学纯，2011：273）。

侗语也有很多形状量词，如 ji^{31}（滴）、ƫɐk^{31}（根、条）、mən^{55}/wən^{55}（片）、kwai^{25}/wai^{25}（块）、kwaŋ^{22}/waŋ^{22}（股）、mju^{44}/wju^{44}（行）（龙耀宏，2003：

86-91）。

布依语的形状量词也很丰富，如ˀbauɯ^{24}（片）、ˀdo^{53}（朵）、nat^{33}（颗）、ˀdak^{35}（块）、tiau^{31}（条）、san^{53}（根）、mɯn^{33}（粒）、ja^{33}（滴）、tɕeu^{24}（根）、tɕep^{35}（块）、liəp^{33}（瓣）、juəŋ^{33}（瓣）、pɯn^{35}（片）、xo^{33}（节）、sai^{24}（丝）、ɕoŋ^{33}（道）、zoŋ^{11}（道）、tuən^{33}（段）、zoi^{53}（串）、mau^{33}（堆）、moŋ^{53}（堆）、pəŋ^{53}（堆）等（刘朝华，2012：16）。

仡佬语的形状量词也很丰富。例如：

dɯ^{35} 表示条状或线状（康忠德，2009：122）

tsɿ^{33}dɯ^{35}lʌ^{35}zu^{35} 一根棍子	tsɿ^{33}dɯ^{35}vu^{31}tsuo^{35} 一根柱子
一　根　棍子	一　根　　柱子

dʑau^{33}/duŋ^{31}（个、粒、颗），表示圆形的或粒状的事物（康忠德，2009：122）

tshei^{33}dun^{31}ʌ^{31}duŋ^{31}qɛ^{31} 十个鸡蛋

十　个　　蛋　　鸡

tsɿ^{33}dʑau^{33}səɯ^{31}duŋ^{31}ma^{35} 个把两个果子

一　个　　两　个　果

6.3.3.5　形态

形态是指事物在认知主体的主观情感上的一种特殊形式。它与形状有很大的相似度，但形状的辨识不涉及认知主体的情感参与，而形态则具有非常突出的认知主体的情感参与。而在人类社会中，情感是分类中非常重要的影响因素。汉语的形态量词主要有"泓""弯"等。现代汉语的情况例如：

在白色区域内有一弯浅蓝色的新月。　（《新华社 2004 年新闻稿》）

树前一弯小溪。(《人民日报》1994 年)

湖的那边，淡淡地托起一弯青灰的岗峦。(《人民日报》1995 年)

古老的客船始终泊在那一弯心灵的港口。(《人民日报》1995 年)

有时它像美丽的一弯彩虹。(《人民日报》1995 年)

一弯碧水蜿蜒流淌，林木苍翠，绿树婆娑，与畦畦农田交相辉映。(《人民日报》1995 年)

一弯巨大的红色的飞去来器构成了运动员的跨越的双腿。(《人民日报》

1996 年）

站着的一个，烫了发，耳后荡起浅浅的一弯波浪。（《读书》）

只因为我们已登山，并且结庐于一弯溪谷。（《读者（合订本）》）

惨淡经营的小桥，是一弯残红，还是一道怪圈？（《读者（合订本）》）

看见一弯哗哗的渠水正被老汉用铁锹引导着，淌进一片小青杨林。（张承志《北方的河》）

我举起杯，任一弯晶莹的思绪，在杯底悄悄沉淀，深深地祝福你快乐！（《春节祝福短信汇总》）

月牙死后变成了一泓美丽的清泉。（《新华社 2004 年新闻稿》）

但这位老共产党员、老司法工作者带着一泓血泪和满腔热情，仍义无返顾地重新奔走在这片土地上。（《人民日报》1994 年）

凝结出一泓美好的真情、一片灿烂的世界。（《人民日报》1996 年）

乍见到眼生辉的一泓满月。（俞平伯《眠月》）

这种情况在近代汉语中就已经大量出现，而且同样具有明显的情感参与。例如：

譬如一泓清水，有少许砂土便见。（《朱子语类》）

几点青山，一泓素月，满地丹枫。（《全元曲》）

罗袜一弯，金莲三寸。（《金瓶梅》）

只见山凹里一弯红草坡。（《西游记》）

眉分柳叶一弯翠，脸带桃花两朵春。（《三宝太监西洋记》）

树十围，皮如蟒，桥一弯，背如驼。（《啁啾漫记》）

只见板桥几曲，流水一弯，树底残红，春魂狼藉。（《九尾龟》）

把一弯玉臂当作枕头。（《九尾龟》）

这类量词在其他六种语言中极少见到。

6.3.3.6　结构

结构作为一种语义分类参数，是指虽然量词的语源意义仅指称物体的某一构成部分，但其量词用法却实际上转喻了整个事物。汉语中这样的量词有“顶”“领”“把”“座”“层”“朵”“节”等。例如：

还多给了我几领袈裟御寒。（冯苓植《雪驹》）

取出一把雕花沉香骨的女用折扇。（钱锺书《围城》第 3 章）

刚刚升起的太阳，照耀着这座山坡。（孙犁《风云初记》）

苗语的结构量词如 ʈəŋ^{53}（把）、tɯ^{44}（把）、dəŋ^{22}（节、截、段）、phaŋ^{53}（顶、把）（余金枝，2010：130-132）等。

彝语的结构量词有 ʈhi^{21}（把）、tsei^{33}（段）、tsho^{21}（把）、ʥie^{33}（棵）、bu^{33}（朵）、tsei^{13}（节）、ti^{21}（层）（翟会峰，2011：57-58）等。

水语的结构量词如 paːk^{35}（把）、pup^{55}（朵）、lam^{11}（座、辆）、kak^{31}（层）、faːn^{33}（扇）、ȶhaŋ^{35}（节、截、段）、ni^{53}（株、根、棵）（韦学纯，2011：273-274）。

侗语的结构量词有 kwaŋ^{22}（股）、waŋ^{22}（股）、wa^{33}（把）等（龙耀宏，2003：91-93）。

布依语的结构量词有 pan^{53}（把）、soi^{24}（股）、sɯn^{31}（层）、liəp^{33}（层）、ɕan^{35}（层）、mau^{31}（座）、va^{24}（扇）、liəp^{33}（瓣）等（刘朝华，2012：16）。

仡佬语的结构量词有 ɭəɯ^{13}（根）、kaŋ^{31}（把）、ŋɤu^{55}（朵）、zʅ^{13}（行）、pa^{13}（片）、ɭa^{31}（缕）等（李霞，2009：99）。

6.3.3.7 关系

关系是指量词修饰限制的名词会与同类的名词存在某种关系，这种关系的不同，也会引起所使用的量词的不同。因为量词的使用往往会随着情境或说话者所关注到的物体的不同方面而变化，这也显示出量词的差异往往是一种普通的认知策略差异化（a general strategu of cognitive differentiation）的问题，而不是一个整合（integration）的问题（Denny，1979）。汉语中的“副”“套”“队”“双”“对”“位”“尊”“种”等就是如此：

她赌气洗着一副扑克牌。（王朔《空中小姐》）

手拿一块醒木或一副竹板。（《中国儿童百科全书》）

蓝小山换了一副玳瑁边的赭色眼镜。（老舍《老张的哲学》第 45 章）

咱们屯子五副担架，四十个人都回来了。（周立波《暴风骤雨》第 25 章）

这是一万零二年的一套石碗。（老舍《猫城记》第 20 章）

一队兵，一队团丁，一队警察，五个侦探。（鲁迅《阿 Q 正传》）

忽然发现五双酒杯。（古龙《小李飞刀》第 13 章）

一双灰色斑鸠从头上飞过。（沈从文《绿魇》）

苗语的关系量词例如：

hɔ^{54}/ŋuŋ^{22}——表示对偶的物体（罗安源，2005：64）

a^{44} hɔ^{54} lɤ^{44} qe^{35} 一对眼睛　　　　a^{44} hɔ^{54} ʈuŋ^{31} mlɯ^{31} 一对耳朵

一 对 眼睛　　　　一　对　耳朵

a^{44} hɔ^{54} ntɕ^{h}a^{44} 一对水桶　　　　a^{44} ŋuŋ^{22} ʈɯ^{42} 一双筷子

一 对 水桶　　　　一 双　筷子

苗语中这类量词也有一些是借自汉语，如 ku^{44}（股）、tsəŋ^{44}（种）、tho^{35}（套）、ʑaŋ^{35}（样）等都是借自当地汉语（余金枝，2010：128）。

彝语的关系量词有 ʥʅ^{21}（对）、ʥʊ^{21}（排）、fa^{33}（批）、xo^{13}（盒）、ndi^{21}（群）、ti^{33}（套）等（翟会峰，2011：58-59）。

水语的关系量词有 qam^{33}（副）、tsau^{24}（对、双）、ɣui^{31}（排、行）、paːi^{31}（排）、ʈən^{11}（群）、tau^{31}（群、帮）等（韦学纯，2011：273，276）。

侗语的关系量词有 ʑei^{55}（双）、ʈɐu^{33}（双）、toi^{53}（队）、tɐu^{31}/ho^{13}（群、伙）、kɐu^{44}（串）等（龙耀宏，2003：86）。

布依语的关系量词有 zuəŋ^{31}（行）、po^{11}（伙）、tɕɔŋ^{33}（群）、fu^{35}（副）、ku^{33}（对）、ɕaɯ^{24}（队）、paːi^{31}（排）（刘朝华，2012：16）。

仡佬语的关系量词有 thau^{13}（套）、phu^{33}（副）、χei^{13}（双、对）等（李霞，2009：98），例如：

sʅ^{55} χei^{13} nu^{31}miau^{31} 一对猫头鹰①

一　对　猫头鹰

6.3.3.8　处所

处所作为一种语义分类参数，是以对象所存在的处所来修饰限制所修饰的对象的。这样的量词具有极强的开放性，只要有语境上的可能性，就可能会被用作量词。如汉语中“山”“树”“房子”等的量词用法都是这样产生的：

万安县阳坑小流域经过几年治理，已是一山树一山果，植被覆盖由 30% 提高到 80%。(《1994 年报刊精选》)

黄土筑墙茅盖屋，门前一树紫荆花。(《1994 年报刊精选》)

有一个小小的庭院，种着两树高大的梧桐，三四棵矮小的黄杨，一株

① 该语料引自李霞《比工仡佬语参考语法》，中央民族大学 2009 届博士学位论文，第 105 页。

望春花。(柯灵《望春》)

我定一定神，一房子乔家的人。(梁凤仪《豪门惊梦》)

苗语的处所量词如 pʐɯ^{44}（屋）、ʐɯ^{44}（窝）、ʑo^{31}（窑）、ʐe^{44}（仓）、ʈɛ^{22}（平坝）等（余金枝，2010：137）；彝语的处所量词如 kɯ^{51}（窝）、k‘a^{51}dɒ^{22}（全村）、hǒ^{21}（房子）等（柳远超，2009：129-130）；水语的处所量词如 ɣa:n^{31}（房子）、tshau^{33}tsha:ŋ^{53}（操场）、huŋ^{53}（房间）、qa:i^{11}（街上）等（韦学纯，2011：275）；侗语的处所量词如 jiu^{22}ja^{35}（丘田）（龙耀宏，2003：107）；布依语的处所量词如 ɕian^{1}（县）、ɵɯ^{1}（市）、sen^{6}（省）等（王文艺，2004）；仡佬语的处所量词如 zue^{21} tshɑ^{55}（坡）（张济民，1993：128）。

6.3.3.9 数

数是指把事物的计数结果作为一种语义分类参数来修饰限制事物。汉语中这类量词中最典型的是“双”“对”，此外还有 “副”“套”“群”“堆”，借用的量词“打”，以及“年”“月”“日”时间名词等。

苗语用数作为量词的情况。例如：

hɔ^{54}/ŋuŋ^{22}——表示对偶的物体（罗安源，2005：64）

a^{44} hɔ^{54} lɣ^{44} qe^{35} 一对眼睛

一 对 眼睛

a^{44} hɔ^{54} ʈuŋ^{31} mlɯ^{31} 一对耳朵

一 对 耳朵

a^{44} hɔ^{54} ntɕʰa^{44} 一对水桶

一 对 水桶

a^{44} ŋuŋ^{22} ʈɯ^{42} 一双筷子

一 双 筷子

kɯ^{22}——表示对偶的物体（罗安源，2005：64）

a^{44} kɯ^{22} tɯ^{22} 一双手

一 双 手

a^{44} kɯ^{22} l̥ʰɔ^{35} 一双脚

一 双 脚

ntɕɔ^{44}/ntsʰɑ^{54}——表示成群结队的人或物（罗安源，2005：65）

a^{44} ntɕɔ^{44} mla^{31} qʰa^{54} 一群客人

一 群 客人

a^{44}ntsʰɑ^{54} tsɔ^{42} 一群人

一 群 人

a^{44}ntsʰɑ^{54}ʑuŋ^{31} 一群羊

一 群 羊

a^{44}ntsʰɑ^{54}ʐu^{22} 一群黄牛

一 群 黄牛

彝语用数作量词的如 dzɯ^{21}（对、双）、ɕi^{51}（打）（柳远超，2009：129）。

水语用数作量词的如 tsau^{24}（对、双）、qam^{33}（副）、fu^{35}（副）、ta^{55}（打）

（韦学纯，2011：273，276）。

侗语用数作为量词的如 ʈɐu³³（双）、ʐei⁵⁵（双），用以计量成双成对的事物（龙耀宏，2003：86）。

布依语计量成双成对的事物时用 ku⁶（喻翠容，1980：31）。例如：

ku⁶ tɯ⁶ diau¹ 一双筷子　　　　tɕi³ ku⁶ zoʔ⁸ zau¹ 几对斑鸠

双　箸　一　　　　　　　　　几　对　斑鸠

仡佬语用数作量词的有 qaŋ¹³（双、对）、ɛ¹³（群）、thi³³（些），例如大方仡佬语：

zuɛ³¹　pha⁵⁵ ɣɯ³¹　naŋ³¹ ʑɯ³³ nen⁵⁵ mu³¹.

双　　鞋　　　这　是　的　你

这双鞋是你的。

再如，六枝牛坡仡佬语：

sɯ³¹ qɛ³⁵ tɕhi³¹ ȵi³⁵ bɯ³⁵ aɯ³¹ ti⁵⁵ mɯ³¹.

二　双　鞋　　　那　是　的　你

那两双鞋是你的。

6.3.3.10　动作

动作被认为是一种语义分类参数，是指把某种动作看成一种计量标准来修饰限制其他动作。关于由动词发展而来的动量词，惠红军（2011）认为，使动量词从原词类非范畴化为动量词的机制是转喻和隐喻。其中，转喻机制使动量词的原形式（名词或动词）的指称对象发生了变化，从指称一种实体，转喻指称一种量的概念形式。分析显示，动量词用法的产生只涉及实体转喻。隐喻机制使动量词原形式中所蕴涵的量范畴，隐喻了它作为动量词所修饰的动作的量范畴。这种蕴涵的量范畴有两种相似的表现：动作的完结性语义特征；名词的完形认知特征。在认知系统中，完结与完形都表示一个完整的认知，都属于隐喻认知模式。在动量词用法的产生过程中，转喻机制与隐喻机制作用都是在一种重构的认知场景中完成的。在重构的认知场景中，最关键的因素是认知的目的性。这一目的性干涉是转喻机制和隐喻机制发生的原动力。而从语义特征的角度来看，用作动量词的动词都具有完结的语义特征，用作动量词的名词都具有完形的认知特征。这样，实际上是把不同时段发生的同质化动作进行了个体化处理，便于对它们进行计量。（具体请参看惠红军，2011 中 4. 1 节和 4. 2 节）。汉语的“次”“下”“回”“遭”“趟”“顿”“番”“觉”等动量词都属于这样的量词。例如：

尼姑们看准了霓喜气数已尽，几次三番示意叫她找房子搬家。（张爱玲《连环套》）

什么地方的钟在寂静中清脆地响了五下。（曾卓《悲歌》）

两年之中，除了挨过大老婆几回打，被拧过一回屁股，其余时间锅小巧都兴高采烈的。（刘震云《故乡天下黄花》第 1 章）

笨重的喜鹊盘旋了几遭，又落在白杨枝头。（刘绍棠《运河的桨声》）

当他往返四五趟饮完牲口以后，他觉得沉寂下去的那种诱惑又潮溢起来。（陈忠实《白鹿原》第 9 章）

她无泪可落，而是想骂谁一顿，出出闷气。（老舍《骆驼祥子》第 17 章）

就说是休息不够，睡两觉就好了。（王朔《永失我爱》）

翟会峰（2011：59）明确指出，彝语的动量词除专用的 tɕho^{21}（次、回）、ɖʅ^{21}（顿）、ɕi^{21}（下）外，其余如 tɕhi^{33}tɕa^{33}（脚）、khu^{33}（口）大都来自名词。至于苗语、水语、侗语、布依语、仡佬语这五种语言中的专用动量词的语源何在，一般的研究较少涉及。不过上文我们已经发现，我们所讨论的七种语言的量词的语源不是名词，就是动词；因此我们认为，苗语、水语、侗语、布依语、仡佬语这几种语言的专用动量词应该大都源自动词。

苗语中来自动词的专用动量词例如：

tɔ^{35} 趟　　hwe^{54} a^{44} tɔ^{35} 走一趟

　　走　一　趟

p^{h}a^{31} 回　　p^{h}u^{44} a^{44} p^{h}a^{31} 说一回

　　说　一　回

wa^{31} 次　　lɔ^{22} a^{44} wa^{31} 来一次

　　来　一　次

水语来自动词的动量词有 lan^{35}（顿、次、回）、phja^{33}（遍、次、回、番、趟）、thaːŋ^{11}（趟）、pai^{31}（次）等（韦学纯，2011：277）：

paːi^{11}ti^{33}phja^{33} 去一次　　paːi^{11}ti^{33}lan^{35} 去一回

去　一　次　　去　一　回

侗语来自动词的动量词如 ɕon^{33}（次、趟）、tau^{53}（次）、mat^{323}（次）、ha^{35}（次）、ɕən^{33}（阵、次）、ʑau^{55}（次）：

pai^{55}sam^{35}ɕon^{33} 去了三趟　　　　pai^{55}ja^{212}ɕon^{33} 去两次

去　三　次　　　　去　两　次

布依语来自动词的专用动量词的有 pai^{2}（次、趟）、taːu^{5}（次、回）、tan^{5}（顿）等。例如（喻翠容，1980/2009：119）：

ȵi^{1} pai^{2}diau^{1} 听一次　　　　ti^{2} tan^{5} diau^{1} 打一顿

听　次　一　　　　打　顿　一

仡佬语来自动词的专用动量词有 vɑn^{21}（次、趟）、vu^{55}（回）、kuɑn^{13}（趟、转）、tsɒ^{21}（顿）、vie^{31} 等：

vɑŋ^{55} sɿ^{33} tsɒ^{21}　打一顿　　　　χia^{33}sɿ^{55}vie^{31} 走一趟①

打　一　顿　　　　走一趟

6.3.3.11　工具

工具作为量词语义分类的参数，是指用动作发生时所凭借的物体作为量词来修饰限制动作。动作的发生总会涉及一定的对象，这些对象就是语义格。C. J. 菲尔墨（2005：32）指出，格的概念包括一整套带普遍性的，可以假定是内在的概念，相当于人类对在其周围发生的事情所能作出的某些类型的判断，诸如谁做了这件事情，这件事情发生在谁身上，什么东西发生了变化这类事情的判断。菲尔墨还将深层语义分成施事、感受、工具、客体、处所、与格、受益等 13 种格。惠红军（2011：161）认为，动作的完成不是单一的问题，它涉及诸多的语义角色，即语义格；有些语义角色的使用会使动词“有界化”，把不同时段发生的同质化动作进行异质化切分，从而实现对动作的计量以及对动量的表达。这样的语义角色包括处所、时间和工具等。但是，它们对动作有界化的具体方式并不相同。如果动作在某一场所发生一次，就可以说是该动作完成了一次，从而在认知主体看来就是一个相对独立的动作。如果在一定的时间域考察某种动作，在考察的时段内，该动作达到了某种效果，就可以认为该动作完成或实现了一次。如果某种动作涉及使用某种工具，那么使用该工具一次，就意味着该动作

① 该例引自李霞《比工仡佬语参考语法》，中央民族大学 2009 届博士学位论文，第 144 页。

完成一次，从而也意味着动作有了某种终结点。因此，处所、时间和工具等语义角色也可以起到有界化动作，进而表达动量的作用。正是在这个意义上，才有观点说，在数量词语言中，量词是一种计算单位（Emeneau，1951：93；Greenberg，1972：7）。

汉语的工具动量词有“口”“脚”“掌”“刀”“棍”等。例如：

穗珠气的，恨不得咬穆青几口。（张欣《掘金时代》）

马老先生在汽车后面干跺了几脚，眼看着叫汽车跑了。（老舍《二马》第 4 章）

孙毛旦抢过驴骑上，狠狠打了驴屁股两掌，一溜烟就朝县城跑了。（刘震云《故乡天下黄花》第 2 章）

马建军被刺中了两刀。（《人民日报》1994 年）

骷髅上绷着一层枯黄的干皮，打上一棍就会散成一堆白骨。（杨绛《老王》）

苗语的工具动量词例如：

hɯ^{44} 口　　　　qa^{35} a^{44} hɯ^{44} 咬一口

　　　　　　　　咬　一　口

me^{42} 眼　　　　en^{44} a^{44} me^{42} 看一眼

　　　　　　　　看　一　眼

彝语的工具作动量词如 khu^{33}（声）、tɕhi^{33}tɕa^{33}（脚）、khu^{33}（口）、xɯ^{21}（刀）等（翟会峰，2011：60-61）：

tha^{21}xɯ^{21}tho^{33} 砍一刀　　　　tha^{21}khu^{33}ʔɣ^{21} 喊一声①

一　刀 砍　　　　一　声　喊

水语的工具动量词例如（韦学纯，2011：277）：

ˀniŋ^{35}ti^{33}ⁿda^{11} 看一眼　　　　tek^{55} ti^{33} tin^{11} 踢一脚

看　一　眼　　　　踢　一　脚

qui^{35} ti^{33} mjə^{11} 打一拳　　　　peŋ^{35} ti^{33} tsuŋ^{35} 开一枪

打　一　手　　　　开　一　枪

侗语的工具动量词。例如：

nu^{53} ʔi^{35} ta^{55} 看一眼　　　　ʈhik^{13} ʔi^{35} tin^{55} 踢一脚

① “砍一刀”“喊一声”引自翟会峰（2011：61）。

看一眼　　　　　　　　踢一脚

te^{53} ʔi^{35} mja^{31} 砍一刀

砍一刀

布依语的工具动量词有 ta^{1}（眼）、pa:^{ʔ7}（口）等。例如：

ɣap^{8} pa:^{ʔ7} diau^{1} 咬一口　　　　ŋoŋ^{6} suaŋ^{1} ta^{1} 看两眼

咬　口　一　　　　　　看　两　眼

仡佬语的工具动量词有：

tshɑŋ^{55} sɿ^{33} ŋku^{33} 尝一口　　　　tɛ^{55} tɑ^{33} thɑu^{55} 砍三刀

尝　一　嘴　　　　　　砍　三　刀

6.3.3.12　时间

时间作为量词语义分类的参数，是指用时间来计量动作和事物。汉语中除“阵”“下”等用来表示时间的动量词外，还大量借用时间名词“天”“月”“年”等来作量词修饰限制动作的时间。例如：

县长把汗手抽了出去，楞了一下，转身就走。（老舍《火葬》第 9 章）

骂一阵、劝一阵，永远叫他不得安心。（赵树理《三里湾》第 26 章）

结果她整整走了一天半。（冯德英《苦菜花》第 8 章）

这么干一月赚个六七千元还是“小意思”。（《市场报》1994 年）

只要哪个憨大买去一件，该店坐吃一年也够了。（《人民日报》1994 年）

过去总觉得七天假期很无聊。（《新华社 2004 年新闻稿》）

用时间名词来作量词在其他六种语言中非常普遍。如苗语 təŋ^{44}（阵）、tɕhi^{35}（阵）、tɕu^{35}（年）、l̥a^{35}（月）、n̥e^{53}（天）、ta^{35}（早上）、sei^{31}（一会儿）（余金枝，2010：137-138）；彝语的ȵi^{21}（天）、hiã^{13}（夜）、hũ^{21}（月）、kho^{13}（年、岁）、tha^{21}ɕi^{21}（一会儿）（翟会峰，2011：58）；水语^{m}be^{11}（年）、njen^{31}（月）、van^{11}（日）、si^{31}（时辰）、fən^{33}tsuŋ^{33}（分钟）、mjeu^{55}（秒）（韦学纯，2011：276）；布依语 pi^{1}（年）、ŋuan^{2}（天）、soŋ^{3}tou^{4}（钟头、小时）（王文艺，2004）。

侗语的时间动量词。例如：

ȵau^{33} ʔi^{35} ȵin^{212} 住一年　　　　we^{31} sam^{35} ȵan^{55} 做三个月

住　一　年　　　　　　做　三　月

仡佬语的时间动量词。例如：

ε^{13} ɑn^{33} su^{33} sen^{33}.

多　住　二　日

多住两天！

thɯ^{33} thɑ^{55} sɿ^{33} men^{21} sɿ^{33}.

歇　做　一　晚上

休息一晚。

6.3.3.13　频次

频次作为量词语义分类的参数，是指以动作发生的频率作为量词来限制、计量动作。动作完成一次，就计作一个频率。但是这个标准并非物理学里的频率，而是一种语言学范畴的频率。因此还涉及一个计量标准，即以什么作为标准来计量动作的频次。以汉语为例，动作发生的频次往往是一个心理标准，涉及对动作的有界化。沈家煊（1995）指出，句法组合中的光杆普通名词，多数是通指性的，不指称个体事物，因而是无界的，作宾语时尤其如此。有界名词的本质是它所指的事物的个体性和可数性，无界名词的本质是它所指事物的非个体性和不可数性。实际上，动词也同样存在有界化的问题，即将一个抽象的动作如何具象的问题；而使用动量词就是对动词有界化的一个策略。惠红军（2011：152-158）认为，就动量词用法的产生而言，它作为一个标记，表示动作完成一次的动量概念，实际上反映了人们对动作的“有界化”的认识，它标记了认知成果中性质相同，但发生在不同时段的同质化动作。在动量词用法的产生过程中，动量词的原形式具有的[完结]的语义特征在客观上把发生在不同时段的同质化动作进行了“有界化”，使它们成为某种意义上的不同动作。正是在这个意义上，动量词与动作具有了高认知相关性，触发了指称的转喻，实现了对动量概念的表达。汉语、苗语、彝语、水语、侗语、布依语、仡佬语等语言中一般所说的专用动量词基本都是以这样的方式来计量动作的。

6.4　量词语义类型的共性

根据上文对量词语义参数的分析，我们发现，在我们的考察范围内，所有量词都会涉及最少两种以上的语义参数，如“次”“下”“回”等动量词，它们既是动作动量词，也是频度动量词；“手”“脚”“刀”等，既是工具动量词，又是事物名量词；“双”“对”“副”等，既是数类名量词，也是关系类名量词；“朵”“层”“片”“堆”等既是结构型名量词，也是形状型名量词；“年”“月”“日”等，既是时间型名量词，也是时间型动量词，还是时间性事件量词。我们还发现一些量词蕴涵着更多的语义参数，如“块”“堆”“团”等属于三维维度型量词、形状型量词、结构型量词、生命度量词，其中蕴涵了四种语义参数。相应的，我们没有发现只蕴涵一种语义参数的量词。从这个角度看，我们考查范围内的量词都可以称作复合语义型量词。这种复合语义可以称为我们考察的几种语言的量词语义类型的共性。这也说明，在汉藏语系内，能否作为量词的认知角度是多样化的；而这种多样化的认知，则导致了各语言中量词与名词、动词等搭配的多样性。

第 7 章　量范畴的认知类型学研究

7.1　量词的认知类型特征

量词是汉藏语系的语法特色之一。诚如孙宏开（2011）指出的那样，没有哪个语系的语言有汉藏语那么丰富的量词，量词在大部分汉藏语系语言里有重要的语法作用。同样，量词在汉语中也具有极其重要的地位，而且在有些语境中，没有量词就完全无法表达。正因为如此，汉语量词引起了研究者的极大兴趣。

汉语学界最早对量词进行研究的是《马氏文通》。该书作者马建忠认为，量词是“非表词而后者，必所数者可不言而喻。故凡物之公名有别称以记数者，如车乘马匹之类，必先之”。①吕叔湘、王海棻在《马氏文通读本》中解释说，“别称即今所称量词”。② 对汉语量词的研究，有些方面已经取得了共识。如王力（1957/1980：279）指出，一般说来，单位词是由普通名词演变而成的，并且它们的语法意义就是由它们的本来意义引申来的。这一点研究者已然认可，而且还有所补充，因为有些量词还是从动词演变而来（刘世儒，1965；惠红军，2011）。但是，名词和动词是如何演变为量词的，其演变机制和过程却依然众说纷纭。如游顺钊（1988）认为，临时量词的产生是源于语言上的记忆需要；合体量词（也称作“集体量词”或“群体量词”——本书作者注）的出现，却是由于合体量词与所结合的名词结构的数量精确化的需要；这一精确化功能构成了区分合体量词、临时量词以及个体量词的语义标准。叶桂郴（2005）认为，不同的量词的产生机制不同，集合量词产生于记数的需要，并且产生时间最早；个体量词产生于

① 马建忠《马氏文通》，商务印书馆，1983 年，第 122 页。

② 吕叔湘、王海棻《马氏文通读本》，上海教育出版社，2001 年 7 月第 2 版，第 215 页。

表形的需要；动量词产生于先秦，它是为了区别名量词而产生的。惠红军（2011）认为量词的产生涉及转喻和隐喻两种机制，转喻机制使量词的原形式与名词或动词建立称量关系，隐喻机制则把量词原形式中所蕴涵的量映射为其所修饰的名词或动词的量。

汉语量词研究中意见分歧较大的还有量词与名词、动词的搭配问题。在汉语发展过程中，量词与名词、动词的搭配情况非常复杂。以名量词和名词“梯子”的搭配情况为例：

等到更阑，掮了一张梯子，直到潘家楼下。(《醒世恒言》卷 16)

掇条梯子上墙打一看时，只见华阴县尉在马上。(《水浒传》第 2 回)

话说当时宋太公掇个梯子上墙头来看时……。(《水浒传》第 36 回)

又像从天上挂下一架石梯子似的。(《老残游记续》第 2 回)

擂台两侧还有两架木梯子。(《雍正剑侠图》第 8 回)

再以动量词“上”和动词搭配为例：

学者做工夫，当忘寝食做一上，使得些入处，自后方滋味接续。(《朱子语类》卷 8)

禅学后来学者摸索一上，无可摸索，自会转去。(《朱子语类》卷 121)

子在此多年，装束了却来，为子说一上佛法。(《五灯会元》卷 4)

僧三十年前至定山，被他热谩一上，不同小小。(《五灯会元》卷 19)

戴宗正饥又渴，一上把酒和豆腐都吃了。(《水浒传》第 39 回)

以上两例可以使人窥见汉语史上量词与名词、动词搭配情况复杂之一斑。如果将眼光聚焦于现代汉语方言量词的时候，我们将会发现，现代汉语方言中量词的使用情况也极为复杂。如量词“块”，山东青岛可说“一块电影、一块戏”，福建厦门可说“一块厝（房子）”，福建永春则说“一块桌”，广东东莞清溪“三块纸”（许宝华、宫田一郎主编《汉语方言大词典》第 2403 页，以下简称《汉语方言大词典》）。如量词“张”，太原可说“一张铁锨”，广州可说“一张刀”，云南玉溪可说“一张汽车”，江西宜春可说“一张山”，山东长岛说“一张橹”（《汉语方言大词典》第 2954 页）。如量词“部”，普通话、吴语区都有“一部书”的说法，但吴语区还可以说“两部火车、一部胡梯、一部桥、一部腻黍（一穗玉米）”（《汉语方言大词典》第 5110 页）。量词“只”，在湖北通城方言中的用法极其广泛，类似于普通话的“个”，“一只人、一只车、一只水库、一只黄瓜、一只彩虹、一只围巾、一只马、一只嘴巴”等等用法都属于其常规用法（万献初，2003）。量词“口”在湖北安陆方言中有“一口砖（一块砖）、一口瓦（一片瓦）”之类的用法（盛银花，2005）。量词“条”在广东揭阳方言可以说“一条歌（一首歌曲）、讲条古（讲个故事）、二条题（两道题目）、者条数（这笔帐）”（谢润姿，2008）。

关于量词与名词、动词搭配的内在规律，现有研究也给予了大量关注。如罗日新（1986），他将名量词分为条状、块状和颗粒状三类，将名量搭配关系分为相似关系、相关关系和相联关系三种，对名词与名量词之间形状与语义关系进行了系统分析。邵敬敏（1993）认为，不同的量词实质上是人们从不同的角度按不同的方式来观察事物的结果；名词与量词组合时，名词总是处于主导的制约地位，它的存在决定了对量词的选择；反之，量词也对名词起到反制约作用；而言语环境、说话人心理上的强调点、上下文的制约等因素都在起作用。邵敬敏（1996）认为，并不是所有动词都可以跟动量词组合，只有含有动量内涵的动词才有资格跟动量词组合；动词与动量词之间的选择关系首先取决于动词内部的各个小类，也依赖于动量词本身的语义特征，还涉及动词的有关对象。樊中元（2003）以一名多量为研究对象，系统研究了现代汉语中的一名多量现象，认为一名异义、一名异体、一名异形是制约名词对量词选择的主要因素。

周芍（2006）则认为，名词与量词的组合不是所谓“约定俗成”的，而是在语义一致性原则的基础上进行的相互选择；名词在名量组合中起主导作用；影响名词与量词组合的因素很复杂，但始终围绕名词的意义从某个角度进行量的限定；一个词能够成为量词，通常是某个名词事物的凸显特征，或者通过某种特定联想与事物建立“量”的联系。如果将方言现象纳入进来，周芍（2006）的语义一致性原则的解释力似乎远远不够。方寅、张福成（2007）指出，现代汉语中能与动量词搭配的动词总是“有界动词”，从动作所占时间段是可重复的角度，能得出动词与动量词各次类之间的对应搭配规律；动词过程结构三要素（起点、终点、续断）的强度差异最终决定了其后能否带动量词。能带动量短语的动词一定是双限动词；部分“有界动词”后无动量词，则是因为信息缺省等机制的内在作用所造成。周娟（2007）认为，动词和动量词的组合，既跟动词的语义特征（包括界性特征）

密切相关，也跟动量词的表意功能有密切联系；从动态的角度看，句子和话语层面的句法和语用因素对动词和动量词的组配也产生了重大影响。

事实上，汉语量词使用中的规律还有待于进一步挖掘，目前的研究结论对汉语量词与名词、动词的搭配现象的解释还不够充分，因为我们很容易对现有研究中的一些规律提出反例。惠红军（2011/2012a）尝试从概念网络层次的角度对汉语量词与名词、动词的搭配进行研究，认为量词和名词、动词的搭配主要是受到这些词类在概念网络层次中的位置的影响，如果它们在概念网络中有交叉，那么就会产生搭配修饰的可能性。其中虽然涉及量词的概念结构，但研究还远远不够。我们这里的研究目的，是希望从概念结构的角度对汉语量词进行研究，对汉语量词与名词、动词的搭配现象做出认知类型学的解释。

7.2 概 念 结 构

7.2.1 概念是语言认知研究的重要环节

语言是人类最重要的交际工具，也是人类认知世界的最重要的工具。语言承载着人类认知世界的结果。对语言研究而言，语言中的种种迷局必须经由文化和认知的方式才能最终解开。石毓智（2005）指出，自然语言是一个民族在长期的历史过程中形成的，主要是为了交际而创建的，任何个人都无法为其创造或者制定规则，其中的概念和规则是十分复杂的，同时也是一个开放的系统。在一个共时时期，一种语言的语法是高度稳定的、一致的，根本不存在明显的个人差别。

因此，对语言的描写必须参照人的一般认知规律，对句法的分析不能脱离语义；而对语义的描写又必须参照开放的、无限度的知识系统。[①]在语言的认知研究中，非常重要的一个环节是对概念的研究。黑格尔曾经以十分思辨的方式指出，一切事物都是概念，科学赖以存在的东西就是概念自身的运动，并且，概念或纯概念（客观精神）是“范畴之网”。[②]在日常生活中，一个看似简单的常识问题可能会涉及很多复杂的概念关联，而这些

① 参见沈家煊《R.W.Langacker 的“认知语法”》，《国外语言学》1994 年第 1 期。
② 参见蒋谦《基于网络的概念结构与概念变化》，《江汉论坛》2010 年第 12 期。

概念以及概念间的关联是在人的认知发展过程中不断获得的。一个小孩在其认知发展过程中，不断地获取新概念，并且找到它与已有概念之间的各种依赖关系，通过这样一个漫长的积累过程，孩子的概念结构逐渐变得复杂和完备。每个孩子共同经历的认知发展过程足以证明，人的知识体系是以概念为核心的（贺文、危辉，2010）。

在本质上说，人类认知世界是从概念的确立开始的。在儿童习得语言的过程中，真正通过语言来表达意义的环节是独词句阶段，而这一阶段正是儿童建立概念结构的阶段。因为儿童所说的一个一个的词语所关联的正是语言中的一个一个的概念，而这些概念又连接着丰富的外部世界。儿童正是通过确立一个一个的概念逐渐获得所有的语言知识，进而认知整个外部世界。然而，概念和概念所反映的外部世界之间是有距离的。概念是人类认知世界的结果，是一种相互依赖的思维形式，不存在和其他概念没有关系的概念。它存在于人的认知系统中，是人的知识的组成部分；这种认知随着人类认知外部世界的能力而不断发展变化。我们甚至可以说，从来就没有一个绝对不变的概念。其原因在于，一方面，概念所反映的外部世界随时随地都在发生着变化，另一方面，某一概念所能够指称的每一个体都有其个性特征，因而当反映外部世界的概念进入现实语境时必然有其独特的具体化，并从而使概念总是处于某种变化之中。

在这样的条件下，要对语言进行认知研究，概念研究应该获得应有的重视。换句话说，对概念研究的系统深入，必将有助于语言研究的系统和深入。

7.2.2 概念结构的研究

关于概念结构，Jackendoff（1983：6）认为，它是存在于语言信息和心理信息（视觉、听觉、味觉、动觉等）之间的两种信息共存的层次；而且概念结构还包括一套普遍和先天的概念合格规则（conceptual well-formedness rules）；所以，概念结构是语言的心理体现，是把语言理论和认知理论联系起来的重要一环。在概念结构研究中，Jackendoff（1983：17）提出了一个假设。他认为，概念结构必须能和语言系统中的其他子系统，如句法、语音等子系统连接，而且还必须能够连接其他非语言的认知系统，如

系统，如视觉系统、听觉系统、运动系统等，使之成为思维的句法，成为推理、启发的输出和输入。程琪龙（1996a）则对此提出批评，认为目前的研究水平和成果还很难证明这一假设的全部内容；可望而又可及的近期目标应该是建立一个能和句法、语音等语言子系统连接的概念系统（包括概念结构），使概念系统能作为事实推理的输出和输入，并进一步探索概念结构和常识的关系；与此同时，概念结构也应考虑它和其他认知系统，尤其和视觉系统连接的可行性。蒋谦（2010）认为，概念间的关系并非线性的、原子式的，而是相互作用和网络化的，或者说，概念的产生和变化只能是在作为整体的概念网络内发生。

程琪龙（1995）对语言的基本概念结构做了分析，认为基本概念结构有两个：时空关系概念结构和指向关系概念结构。同时，基本概念结构有三个条件：①它解释的是概念及其结构的异同，而不是表层句法结构的异同；②它是有普遍意义的，不存在没有具体语言倾向的概念结构；③它可以延伸到具体概念结构，并最终体现成句法结构。据程琪龙（1997），Jackendoff 延伸了 Chomsky 的语言天生说，并认为概念结构有一部分也是天生的；语义制约在先，句法制约随后，人们一旦习得语言，句法分布便自动获得；在早期语言习得中，天生语义部分在发展句法中起了很大作用。

Jackendoff（1990）用形式化的语言描述内在概念的空间关系，他的概念结构相当于语义结构，与句法和音系结构并行；认为这三个层次都是自主的结构，都具有同等的创造性，不存在从一个层次到另一个层次的派生，它们之间是对应关系而非派生关系，由对应规则（correspondence rules）联系起来（夏晓蓉，2007）。虽然 Jackendoff（1990）认为概念结构和“句法结构”是各自独立自主的系统，互相不影响，而形式结构与概念结构之间的投射（mapping）是任意的（arbitrary），而且概念系统是语言共同的，不会受到文化及经验的影响；然而汉语的实例证明，“概念结构”会深入影响“句法结构”。“概念结构”既然会受到文化经验的影响，“句法结构”也会受到文化经验的影响（戴浩一，2002）。

上述讨论使我们很容易得到这样的观点：语义制约是在变化的，没有一种语义永远不变，这种变化了的语义又进而制约与之相关的其他语言单位。这一点，已有学者明确阐明。郭锐（1993）就明确指出，词类的语法功能是参差不齐的，几乎没有一个语法功能是某个词类的所有成员都具备的，属于同一词类的词的语法功能，也多多少少存在差异，通常使用频率高的词的语法功能更多。从另一角度来看，正如罗劲、应小萍（2005）所认为的那样，在普遍意义上谈论“思维”是否依赖于“语言”是不恰当的，思维过程在何种程度上依赖于语言活动与思维的具体内容有关，即使是同一种类的思维过程，所涉及的内容不同，其对语言过程的依赖程度也会有所不同。

贺文、危辉（2010）认为，概念与概念之间是相互依赖、相互关联的，因此概念结构具有依赖性；由于概念之间是相互关联的，所以通过一个概念可以联想到其他的概念，概念结构具有可联想性；人的知识系统是由大量的概念以及它们之间各种复杂关系组成，所以概念结构一定是丰富的；人能够灵活地运用知识进行问题求解，说明人的概念系统组织得非常合理，具有相当好的结构性；人在不断学习的过程中，概念结构也随之日益丰富和复杂，所以概念结构是不断发展的；与此同时，这也要求概念结构必须是开放的，能够不断接受新概念的加入，并能与该新概念产生各种关联；人只凭借一个知识系统就可以解决很多不同领域的问题，这说明概念结构具有完备性，同时也说明概念结构在任何领域都是存在的，具有普适性。贺文、危辉（2010）的论述可以理解为，概念结构具有依赖性、可联想性、丰富性、结构性、可变性、开放性、完备性、普适性。

7.2.3 概念结构的文化制约

概念是一种思维形式，因而概念是有结构的。概念结构可以从两个方面来理解。一方面，是概念本身的结构，如“人”这一概念具有什么样的结构，或者说，“人”这一概念包含哪些概念要素，这些要素之间是什么样的关系。我们将概念本身的结构称为概念的内部结构，这是语义学要研究的内容。另一方面，是概念与概念之间的关系，如“爱”和“人”这两个概念，它们之间是什么关系，或者说它们之间可以有哪些关系。在汉语中，“爱”和“人”这两个概念可以构成“爱人”这样的结构，也可以构成“人爱”这样的结构。我们将概念与概念之间的关系称为概念的外部结构，这是句法学要研究的内容。

然而，正如 Walker（2010：2）所说的那样，解释存在于读者的文化之中。因此，概念结构在根本上受认知主体的影响。这一点，我们可以通过宋代大词人苏轼的诗《题西林壁》来形象化地理解。诗中写到：“横看成岭侧成峰，远近高低各不同。不识庐山真面目，只缘身在此山中。”此诗意境丰厚，用来说明概念结构在受到不同个体的可能影响时所发生的变化极为贴切。根据诗的意境，我们可以说“岭”就是“峰”，“峰”就是“岭”，因为虽然观察角度不同，但二者所指对象相同；我们也可以说“岭”不是“峰”，“峰”也不是“岭”，因为二者观察角度不同，因而看到的景象不同。正如对美的认识各不相同一样，对于人的面部的认识也因人而异，廉•冯•洪堡特用了一个形象的比喻来说明认知的这种独特性。他说：“脸型的独特性取决于所有部位的总和，同时也取决于每一个人的眼光。正因为这样，同一张脸才对每一个人都显得不一样。”① Jackendoff（1983：23-26）则利用对四个不同图形的认知过程来说明真实世界（The Real World）和投射世界（The Projected World）的不同：

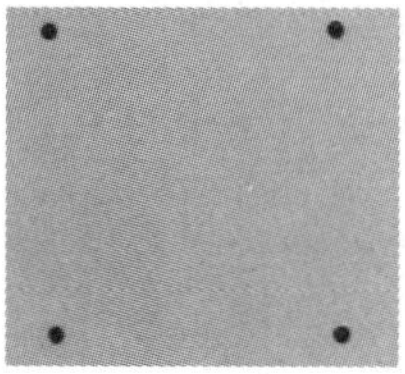

图 7.1　四点正方形

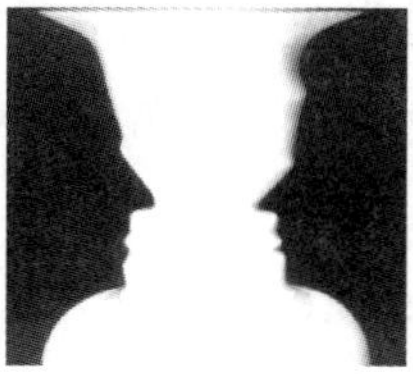

图 7.2　黑白异象图

图 7.3　鸭兔同像图

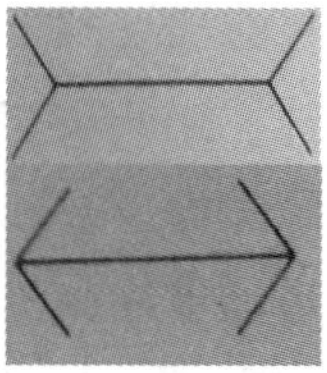

图 7.4　箭头线段图

对于图 7.1 而言，其中的四个点虽然没有连线，但是人们会自然地将它们看成一个正方形。对图 7.2 而言，如果关注其中的白色部分，图像就可以看成是一只花瓶；如果关注其中的黑色部分，图像则可以看成面对面的两张人脸。对图 7.3 而言，既可以看成一只鸭子，也可以看成一只兔子。在图 7.4 中，对于本来一般长短的两根线段，由于在它们两端分别加上了方向相反的箭头，因此这两根线段看起来并不等长。正是利用这些生动的例子，Jackendoff（1983：26）才认为，人并不能感知真实世界的本来面目。

在本质上讲，Jackendoff（1983）中所谓的投射世界就是我们所说的语言构建的世界，即概念构建的世界。很显然，因为概念构建的世界加入了

---

① 威廉•冯•洪堡特《论人类语言结构的差异及其对人类精神发展的影响》，姚小平译，商务印书馆，1999，第 59 页。

主体的认知成分，所以它和现实世界并不完全相同。虽然概念世界和现实世界有一定的不同，但是二者毕竟同源，就像“岭”和“峰”的关系一样。比如汉语中具有大量的名动同形词，如“介绍、导演、建议、表演、教导、通知、评论、批评、领导、解释、翻译、考试、开关、交流、座谈、研究、处理、画、上、下、前、后……”，它们既可以指称一种动作，也可以指称一种事物，这种同源关系正如庐山美景一样。只有当我们既在庐山之内游览了庐山，又在庐山之外欣赏了庐山的时候，我们才会恍然大悟，才会知道我们无法仅仅从一个角度去体验庐山之美。在这个意义上说，文化的独特性对语言的深入理解意义重大。正如 Bruner 所说，文化是意义的基础，语言不仅可以传播信息，它还可以创造或构建知识或现实（转引自 Walker，2010：5）。

对于概念结构来说，某种文化的所有认知主体的认知结果都可能影响到它，但事实上我们却无法获得某种文化的所有认知主体的认知结果。我们也无法从自发的语篇中获得有关意义的充足信息（Matthewson，2004），而只能通过归纳或演绎的方法来获得有关意义的充足信息，并进一步获得某种文化的认知共性。这种认知共性涵盖了个性化的认知，而个性化的认知则体现了共性认知的某些独特性。因此，概念结构实际上是外部世界在内部世界（即人的认知所构建的世界）中的建构。在这个建构过程中，认知主体是将实体空间构建为心理空间。概念结构就是在这种心理空间中来表达实体空间中的种种关系。因而，Fauconnier（1994/2008：16）指出，心理空间明显不同于语言结构，但却建构在以语言表达为导向的任何一次交谈中；它可以被描述为有一定结构的，可以扩展的某种集合，以及该集合中的元素所形成的某种关系；而且，新的元素也可以增加进来，并与原有的元素建立新的关系。我们可以这样理解，在汉语量词概念结构的形成过程中，在汉语使用者的心理空间中的某些集合中不断地加入了一些新的元素，从而引起了原有概念结构的改变。因为概念网络中不断有新颖而动态的结构呈现（Fauconnier，2005），所以只有考察汉语语法因反映汉族人如何从观念上看待现实而呈现出的独有特点，才能对汉语语法里的巨大说明力做出重要的概括（戴浩一，1994）。

文化对语言的影响是巨大的。正如 Walker & Noda（2010：24）所说的，文化规范行为，同时为我们提供认知特定世界里事件和事物的方法；就个人而言，这意味着，文化是个人的行为，该行为在特定情境中被自己和他人理解。因此，语言的形式和语义的搭配无法离开文化及历史演变的“约定俗成”的基本限制。换句话说，语言是心智的表征，但是语言为了有效地传达信息，不能完全是个人的心理表征，它的形式和语义都要受制于语言作为传达工具的有效度。语言作为传达工具，就无法离开社会、文化与历史（戴浩一，2002）。汉语量词是一种富有特色的语言单位，其使用中有着种种或大或小的差别，这些差别的根本原因就在于不同事物在不同的个体看来会有不同的认知，进而会形成带有一定特色的概念结构。但这种特色在其他语言中则可能会有所不同。如英语世界中，对不同的动物所形成的群落，人们习惯上是使用不同的名词（或者可以称为分类词）来称呼它们，例如：

a herd of antelope　一群羚羊　　　an army of ant　一群蚂蚁

a swarm of bees　一群蜜蜂　　　a rag of colts　一群小马

可以看出，英语分别使用 herd、army、swarm、rag 来定义 antelope（羚羊）、ant（蚂蚁）、bee（蜜蜂）、colt（小马）所组成的不同的“群”，而汉语则只使用“群”一个量词来说明“羚羊、蚂蚁、蜜蜂、小马”等所组成的群。这说明，英语世界和汉语世界在这个方面存在着不同的概念化，而这个概念化必然和人们对这些动物本身的认知相关。因而，汉语量词与名词和动词的搭配能够反映出汉语使用者独特的概念结构。

7.3　汉语的形象化表意策略

汉语是一种倾向于形象化表达的语言。[①]这一点在汉字的表意策略、汉语词的表意策略、中国画的表意策略，以及汉语对时间和空间概念的表达策略等方面都有着鲜明的表现。而在量范畴的表达上，汉语的形象化表达策略是把认知范畴中抽象的量范畴，通过各种具体而形象的手段表达出来，因此是一种形象化的认知语言。我们也可以把这种形象化认知称为汉语的

① 不同的语言都有自己独特的形象性。本书认为“汉语是一种倾向于形象化表达的语言”是就汉语表达策略上的形象化而言，并非暗示其他语言无此特征。

认知类型特征。

7.3.1 汉字的表意策略

汉语在概念化的过程中往往会选择不同的形象作为某种概念的标记，这种形象化的标记最终会抽象化为一个纯粹的标记，而不再受制于原有的具体形象。这样的概念化过程影响了汉语的概念结构。这一点可以通过汉字的形体演变过程得到形象的说明。

目前可以看到的有关汉字的最早的文献资料是甲骨文。①从现有的甲骨文单字看，早期汉字的象形成分较多（范毓周，1986：22）；而且，这种象形成分具有多样性。也就是说，在使用甲骨文来表达某种概念的时候，甲骨文中往往会出现几个不同的字形，而这几个不同的字形则代表着实体世界的不同形象。

以“擒”“首”“雷”和“腋”几个汉字的发展演变为例。“擒”的本字为“禽”，“扌”是后加的，“禽”和“擒”是古今字的关系。据徐中舒（1989：1531-1532），“禽”在甲骨文中有以下四种写法：

徐中舒（1989：1532）认为：“（禽）象长柄有网以覆鸟兽之狩猎工具，为字亦即毕字初文。卜辞用为禽获之禽，后讹为小篆之，由此甲骨文（離）讹为小篆可知。后加声符，今遂为《说文》篆文之禽字。禽本动词，后名所获为禽，遂为名词，后于禽字增手旁作擒以表其初义。” 虽然“禽”字的四种不同写法具有明显的共同特征，但差异也同样鲜明，即字符的上半部分和下半部分或有交叉，或无交叉。这种差异，既可能是由于工具本身的形体差异，也可能反映了造字者对这一工具在概念化过程中的不同关注。

据于省吾（1999：1010-1011），在甲骨文中，“首”字的写法有如下七种：

① 楔形文字、古埃及的圣书字、以及美洲的马亚文（即“玛雅文”——本书作者注），和汉字的内在结构如出一辙。（周有光《世界文字发展史·序言》，上海教育出版社，1997 年。）但是这些文字已经消亡了，只有汉字还在继续使用。世界历史上曾经出现过的象形文字系统中，目前继续使用的还有云南纳西族的东巴文和水族的水书，二者也是象形文字，但是这两种文字功用和汉字还有明显不同，它们更多的是作为传诵经典或用于宗教祭祀。因而，东巴文和水书还处于文字的“幼儿”时期（周有光《世界文字发展史》，上海教育出版社，1997 年，第 38 页，第 46 页）。

“首”的本义是“头”。段玉裁《说文解字注》：“首……象人头之侧面也，左向前，右向后。”按段玉裁的意思，“首”是“人的头”。但据许慎《说文解字·首部》：“首，古文　　也。”又《百部》：“百，头也。”又《頁部》：“頭，首也。”可以推知，许慎并未明确“首”是指“人的头”还是指“动物的头”。因为《说文解字》中如果要对“人”和“动物”进行区别，那么这种区别会比较鲜明。如《说文解字·口部》：“口，人所以言食也”；“喙，口也”；“味，鸟口也”；“啄，鸟食也”；又“咳，小儿笑也”；“吠，犬鸣”；“哮，豕惊声也”；“喈，鸟鸣声也”；“嘤，鸟鸣也”；“唬，虎声也”；“呦，鹿鸣声也”。据此我们认为，甲骨文中的“首”字在字形上的复杂表现，正说明了在造字之初，“首”字的不同字形正是因为取自不同动物的头所致，而并非特指人头。这一点也可以从汉语词义的发展上得到印证，因为从甲骨文时期到许慎所生活的时代，一直到现代汉语中，“首”字都可以通指人和其他动物的“头”，如“首饰”的“首”就指的是“人的头”，而“圆明园十二生肖兽首”中的“首”则表示“动物的头”。

甲骨文中，“雷”有三种不同字形（于省吾，1999：1172）：

“雷”的本义是“云层放电时发出的响声”。《说文解字·雨部》：“靁，阴阳薄动生物者也。从雨，畾象回转形。”“靁”就是“雷”。段玉裁《说文解字注》：“阴阳迫动，即谓雷也。迫动下文所谓回转也，所以回生万物者也。许书有畕无畾。凡积三则为众。众则盛，盛则必回转。二月阳盛，雷发声；故以畾象其回转之形，非三田也。” 应该说，许慎和段玉裁对“雷”字中的“田”做出了“回转形”（即“雷声在天上隆隆滚动”）这样的解释还是很有道理的。实际上，这里的“田”正是代表了雷声。据徐中舒（1989：1241）：“（雷）从，即电。”对于闪电，古人的认知似乎并无明显差异，因为“雷”字中代表闪电的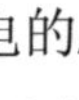差别很小。但对于那种从天而降的巨大声响的认识就没那么一致了，因为巨大的声响本身是一个模糊的概念，因此甲骨文在字形上采用了“圈、点、田”三种不同的形状，这正表示人们对这种模糊的巨大声响的不同认知。对形象和声音的不同认知还有另一种原因：闪电的形状是可见的，而雷声则不是可见的；而人们对可见的事物描摹的一致程度总是高于对非可见的事物描摹的一致性；因此在甲骨文中，对闪电的文字表达差异很小，而对雷声的文字表达差异较大。这正是汉字形象化表意的生动表现。

“腋”的本字是“亦”，“亦”和“腋”是古今字关系。《说文解字·亦部》：“亦，人之臂亦也。从大，象两亦之形。” 徐灏《说文解字注笺》：“隶变作‘亦’，即古‘腋’字，从大，左右作点，指事。”后来这一意义的“亦”加了一个“月”旁来和“人云亦云”的“亦”相区别，而且声符也发生了变化，用“夜”作为声符。甲骨文中，“亦”字有四种不同字形（于省吾，1999：233-236）：

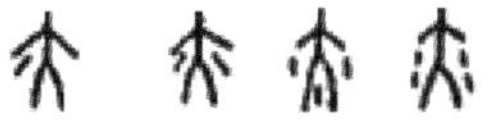

从字形上看，甲骨文中对“腋”这一身体部位的指示，所使用的标志有“一个点、两个点、三个点、四个点”。这同样反映了造字之初人们对于形象的不同关注，反映了汉字造字的形象化策略。

虽然汉字形体已经发生了很大的变化，但现代汉字系统中依然能够很容易地观察到汉字作为象形字的意味和特征，如“日、月、人、口、刀、山、水、马、牛、羊”等象形字依然能够看到其象形特征；而指事字、会意字等也具有极强的可解释性，如“刃、本、末、休、间、旦”中的指示和会意特征就是建立在象形字的基础之上的，因而具有很强的可解释性。据陈世辉、汤余惠（1988：20-21），《甲骨文编》中所见的当时的基本词汇中，用于表示宗教性质、政事、生产、生活、动物、植物、人体、自然界等的，共有 140 余字；这些字都是看图识字性的文字，都是用事物的形象直接记录语言的，而且这些字大多仍然是现代汉语的基本词汇。现代汉字中占据绝大多数的形声字与实体世界的关系也都是形象的，可解释的。据目前的研究，可识别的甲骨文中，象形字、指事字、会意字约占 57%，形声字约占 27%，其他字约占 16%；到《说文解字》时，形声字已占到约 80%；现代汉字的形声字则有 90%以上（苏培成，1994：76）。形声字中都有能够直接和真实世界的形象联系起来表意符号，如“木、女、车、辶、彳、艹、目、门、忄、氵、亻、纟”等，它们都直接联系着实体世界的对象，而这些符号在造字之初都是象形的。因而当代汉字系统在本质上依然是象形的，依然秉承汉语形象化的表意策略。

唐兰（1949/2001：2）曾指出："中国的文字是特殊的，在一切进化的民族都用拼音文字的时期，她却独自应用一种本来含有义符的注音文字。"汉字是表意符号的混合，在汉字系统中，每一个汉字都使用一个符号去表达一个精确的意思（Shi，2003：前言）。虽然在汉字演变过程中，甲骨文的那种象形意味在逐渐消失，并且从隶书开始，汉字基本摆脱了具有象形意味的图画特征，转变为以线条为主的书写特征；但是汉字表意的形象化策略并未改变。这种表意策略也影响了汉语词义的引申，使汉语的词义引申总是沿着从具体到抽象的轨迹，绝无例外。

事实上，我们现在还无法推知汉语为什么会选择汉字作为自己的文字形式，但是我们可以确定，汉字是采用了形象化的表意策略。这一点许慎在《说文解字•叙》中曾有过形象的描述："古者庖犠氏之王天下也，仰则观象于天，俯则观法于地，视鸟兽之文与地之宜，近取诸身，远取诸物，于是始作易、八卦，以垂宪象。"也就是说，汉字的产生正是植根于对天文、地理、鸟兽、人类自身以及周围事物的观察和描摹，是对客观世界的一种直观而形象的表达。虽然我们都知道汉字并非庖犠氏一人独创，但汉字在创制过程中对真实世界的形象化表达则是确定无疑的。

7.3.2　汉语词的表意策略

汉语中有一些非常抽象的概念，对于这些抽象概念的表达，汉语往往采用将几个能够指称具体事物的名词组合起来的方法，通过这几个具体名词之间的关系来隐喻那些抽象的概念。如"阴阳"一词。由于中国地处北半球，山之北或水之南较少见到阳光，故谓之"阴"；山之南或水之北则常年能够见到阳光，故谓之阳。可见，"阴"和"阳"在汉语中是非常具体的概念，同时又具有互相对立的意义。但是，汉语中将这两个极为常见而又非常具体的概念组合起来，用以表示宇宙间普遍存在的两大对立面。《易・系辞上》："阴阳不测之谓神。"又如"矛盾"一词中，"矛"和"盾"本来是中国古代用于攻守的两种兵器，汉语将这两个词组合在一起，隐喻了事物发展过程中相互对立的一组关系。又如"江山"一词，"江"和"山"本义是自然界中的两类景物，然而它们的组合却表示"国家"这样的概念，而且还带有浓郁的情感色彩。这一类词语还有很多，如"骨肉、江湖、左右、上下、前后、东西、山水、爪牙、鹰犬、笔墨、丹青、喉舌、手足、耳目、弦外之音、高山流水、阳春白雪、下里巴人……”，这些词语往往并非字面意思，而是另有所指。这类词语从其产生之初，一直到现代，都活跃在汉语使用者的日常生活中。

汉语词的另一种形象化表达方式是使用具体的事物或动作来形象化地指称另一种事物或动作。如用“知音”来表示双方彼此完全了解对方。这种表达策略儒家经典中经常可以见到，而且早在诗经时期就已经蔚然成风。先看《诗经》中的例子：

关关雎鸠，在河之洲。窈窕淑女，君子好逑。

参差荇菜，左右流之。窈窕淑女，寤寐求之。

求之不得，寤寐思服。悠哉悠哉，辗转反侧。

《诗经•周南•关雎》中借助雎鸠鸟的求偶场景来起兴，形象化地表达男女求爱的场景。而在男女求爱的过程中，男主人公内心世界的焦虑，则是借助“寤寐”和“辗转反侧”这些具体的动作来表达的。而这些具体的动作则使读者通过自己所体验过的类似动作来感受作品中人物的内心世界。这样很容易达到感同身受的境界，增强作品的表现力。“雎鸠”“淑女”“君子”和“好逑”这些名词的组合，表达了人物之间的关系，而“寤寐”和“辗转反侧”则通过具体的动作来形象化表达人物内心的复杂活动。所以朱熹在《诗集传》中说：“兴者，先言他物以引起所言之辞。比者，以彼物比此物也。赋者，敷陈其事，而直言之者也。” 这种叙事风格和表达方式正是汉语形象化表达的反映。《诗经》在中国古代社会具有极其重要的作用，正如孔子所说的那样：“小子，何莫学夫《诗》？《诗》可以兴，可以观，可以群，可以怨；迩之事父，远之事君；多识于鸟兽草木之名。”（《论语•阳货》）因而这种形象化的表达已经成为一种模因（meme），对后世的表达风格影响深远。模因是大脑里的信息单位，是存在于大脑中的一个复制因子（谢朝群、陈新仁，2007：130）。模因也是社会实践的产物，它经常与具体的社会事件紧密联系在一起（谢朝群、陈新仁，2007：162）。它由英国学者道金斯（Richard Dawkins）在他的《自私的基因》一书中首次提出，此后引起了语言研究者的浓厚兴趣，提出了语言模因论。语言模因论认为，语言本身就是模因，这不但包括语言行为本身，也指隐藏在表层语言行为背后的东西，诸如概念、预设、情感、意义、思想、意图、信念或知识等（谢朝群、陈新仁，2007：152-153）。

汉语早期经典著作中的这种形象化表达正是以语言模因的形态持续不断影响着后世的言语表达策略。《论语》中诸多的形象化表达可谓对《诗经》形象化传统精神的继承。如“逝者如斯夫，不舍昼夜”（《论语•子罕》），是用河水的昼夜奔流来隐喻时光流逝的永不停息；“岁寒知松柏之后凋也”（《论语•子罕》），是用松柏的四季常青来隐喻君子品质的始终如一；“八佾舞于庭，是可忍，孰不可忍”（《论语•八佾》），是用不和礼制的娱乐活动来隐喻社会秩序的混乱；“君子不器”（《论语•为政》），则是用是否具有具体的功用来阐述对君子的见解，君子要博学多才，不要局限于某一方面的才能。由于《诗经》《论语》等儒家经典在中国文化中的独特地位，其哲学思想在影响中国文化的同时，其表达策略也在潜移默化地影响着汉语的表达，流播至今。

元代马致远的《天净沙•秋思》一直被认为是形象化表达的典范之作：

枯藤老树昏鸦，
小桥流水人家，
古道西风瘦马。
夕阳西下，
断肠人在天涯。

全曲前三句完全是列举景物，后两句白描式写景。曲中列举了十二种景物，“枯藤、老树、昏鸦、小桥、流水、人家、古道、西风、瘦马、夕阳、断肠人、天涯”，全曲不着一个“秋”字，然而却勾勒出一幅蕴涵丰厚的“秋”之意境；不着一个“思”字，然而思绪却扑面而来。作者通过这一意境来隐喻一种浓浓的忧思和哀愁，至于这忧思和哀愁到底为何物，则只有个人在体味这种意境之后才能够有所体会，而且体会必然各不相同。

现代小说中这种形象化表达也俯拾皆是。如鲁迅的小说《孔乙己》：

我从十二岁起，便在镇口的咸亨酒店里当伙计，掌柜说，样子太傻，怕侍候不了长衫主顾，就在外面做点事罢。外面的短衣主顾，虽然容易说话，但唠唠叨叨缠夹不清的也很不少……孔乙己是站着喝酒而穿长衫的唯一的人。

在二十世纪初期的中国，穿长衫是读书人的标志，也是有身份的标志；而穿短衫则是农民和身份较低者的标志。这种标志在中国存在了相当长的时期。对有身份的人来说，喝酒是要坐着的。然而孔乙己作为穿长衫的有身份的人却只能站着喝酒，这种矛盾的境遇已经隐喻着他的窘迫状况。然而鲁迅并没有使用“窘迫”这种比较抽象的概念，而是使用了富有形象性的具体事物“长衫”，以及具体的动作“站着喝酒”这一组矛盾的形象来突显孔乙己的“窘迫”生活。

当代汉语中还有一些现象，也能极好地说明汉语倾向于形象化表达。如“指桑骂槐”，如“小葱拌豆腐—— 一清二白”这样的歇后语。再如汉语中对于“吃”的看法，以及通过与“吃”相关的动作来表达一些抽象然而又极其重要的概念。儒家文化对于“吃”的重视程度似乎已经被人们忘却，但这种重视程度却渗透在汉语中，令人无法回避。从《尚书•洪范》中的“八政：一曰食，二曰货，三曰祀，四曰司空，五曰司徒，六曰司寇，七曰宾，八曰师”，到《左传•庄公十年》中的“肉食者谋之，又何间焉”，到《礼记•礼运》中的“饮食男女，人之大欲存焉”，到《孟子•告子上》中的“食色，性也”，到《汉书 • 郦食其传》中的“民以食为天”，再到今天的“饭碗；糊口；混饭；吃得开；吃得香；吃不开；吃香的，喝辣的；吃老本；吃亏；吃醋；吃不准；吃不消；吃干饭；吃饱了撑的；吃不了兜着走；打破铁饭碗；嫁汉嫁汉，穿衣吃饭……”，这条主线充分反映了汉语中“吃”的重要性。这当然无可厚非，因为“吃”是生命延续中必不可少的极其重要的环节。但是，对于生活中的很多抽象概念，汉语都选择了与“吃”有关的词语来表现，如用“饭碗”来隐喻“工作”，用“吃干饭”表示光吃饭不干活，用“打破铁饭碗”来隐喻“打破终身制的工作关系”。凡此种种，不一而足。这些表达不但十分妥帖，而且极为形象，充分反映了汉语词的形象化的表达策略。

7.3.3 中国画的表意策略

以带有鲜明主观色彩的形象来表达个体认知的另一个突出领域是中国画。中国画讲求意味，重在表达胸臆；因而在造型上，无论是工笔画还是写意画，都不拘泥于形象的相似，更不追求逼真，而是追求“似与不似之间”

和“不似之似”的境界。中国画无论所画之物是山水、鸟兽、虫鱼，还是人物，皆以其能够传达出作者所追求的“意味”为旨趣，因而往往不是立足于某个固定的时空，而是以灵活的方式，打破时空的限制，把处于不同时空中的物象，依照画家的主观感受，重新布置，构造出一种画家心目中的时空境界和心理空间。正如沈括《梦溪笔谈》卷一七所云：“书画之妙，当以神会，难可能形器求也。世之观画者，多能指摘其间形像、位置、彩色瑕疵而已，至于奥理冥造者，罕见其人。如彦远《画评》言：王维画物，多不问四时，如画花往往以桃、杏、芙蓉、莲花同画一景。余家所藏摩诘画《袁安卧雪图》，有雪中芭蕉，此乃得心应手，意到便成，故其理入神，迥得天意。” 因此，中国画的构图可以摆脱时空、自然物象属性的局限，临见妙裁，唯意而取（张玉学，2013：I）。

中国画以形象取胜，以意味取胜，通过形象性来表达人的主观认知。关羽的《风雨竹》应该是一个极为典型的例子，见图 7.5①：

图 7.5　风雨竹

《风雨竹》是一幅由汉字组成的画，但画面又极其生动形象。画分左右两幅。右边一幅竹叶下垂，称为“雨竹”。画面由下而上，从右至左，有两句诗：“不谢东君意，丹青独立名。”左边一幅为“风竹”，画面上竹叶随风倾斜。画面由下而上，从右至左也有两句诗：“莫嫌孤叶淡，终久不凋零。”这首隐藏在画中的诗在体裁上是唐五代以后的五言绝句（吕文平，2011），因而“风雨竹”也被认为是汉语中的一种异形诗（黄凌，1998），这幅诗画

① 《风雨竹》的版本不一，有碑刻，有拓本；地方来源不同，画面亦有不同。本书这里选择的是河北涿县汉昭烈帝（刘备）庙中发现正德七年（公元 1512 年）重修昭烈庙时所刻“风雨竹碑”的拓本。

不排除后人以竹为题而托名关羽，附会仿笔；但从表意策略上看，整幅画面以竹叶为笔画聚叶成字，进而组字成诗，可谓“诗中有画，画中有诗”，传承的是中华文化“诗画一体”的审美传统和表意策略。

中国画的旨趣是通过画面的形象来表达的。它利用赋、比、兴等修辞手法，赋予对象各种象征寓意，从而表达出作者的宇宙观、自然观和人生观（范彦婷，2012：I）。但这种形象表达却必须通过汉语词汇的形象化表意作为中介。从表象上看，中国画的“梅、兰、竹、菊、莲、松、柏、山、水、舟、亭、扇、鱼、鹤、鹿、虎”等构图元素都蕴涵着作者的创作旨趣，但实际上是这些构图元素所对应的词汇单位都蕴涵着那些独特的概念信息或价值取向。如“风雨竹”是通过风雨中的竹子来形象表达关羽“身在曹营心在汉”的忠贞和义气；而“竹”这一事物则一直是人们所推崇的高尚情感和美好品质的一种价值象征。诚如赵孟頫《修竹赋》所言：“不卉不蔓，非草非木。操挺特以高世，姿潇洒以拔俗……至于虚其心，实其节，贯四时而不改，柯易叶则，吾以是观君子之德。”正因为如此，人们才往往会通过描画竹子来形象化地表达自己的精神操守和价值取向。

绘画的形成和发展深受一个民族哲学思想的影响（毛丽丹，2009）。在一般生活语境下，人们很可能忽略这些事物的文化意蕴，以及其中蕴涵的价值取向，然而在某种特定的语境下，比如在欣赏绘画作品时，人们就会将这些事物与某种品质或某种价值取向联系起来；而这种联系则是汉语形象化表意策略在中国画领域的独特体现。因此可以这样理解，中国画的构图要素要经过两次符号转换才能表现出作者的创作旨趣。第一次符号转换是将各种构图要素转换为该形象所对应的语言符号，如将“梅、兰、竹、菊、莲、松、柏、山、水、舟、亭、扇、鱼、鹤、鹿、虎”等客观形象转换为指称它们的语言符号。第二次符号转换则是将这些指称具体事物的语言符号转换为它们所对应的用以指称某种品质或价值取向的语言符号，如“梅、兰、竹、菊”这些语言符号所对应的用以指称某种品质或价值取向的语言符号是 “君子”；而“莲”这一语言符号所对应的指称价值取向的语言符号则是“出污泥而不染”，或者说是“品质高洁”。因此，只有通过第二次符号转换才能真正领会到中国画的构图要素所要表达的真实意图。在这两次符号转换的过程中，汉语词汇的不同概念意义之间的形象性关联是符号转换的唯一纽带。

7.3.4　汉语时空概念的表意策略

我们始终处在时间和空间都在不断发生变化的世界中。对于时间变化的一维性，孔子已经做了形象的表达，“逝者如斯夫，不舍昼夜”（《论语•子罕》）。从过去到现在，从现在到将来，时间变化的这种一维性令人无限感慨，因为在事实上人们无法回到过去。Tai（1985）曾经对时间的一维性做了研究，并提出了时间顺序原则，即两个句法单位的相对语序决定于他们在概念领域里所表达的情状的时间顺序。例如：

小伙子在马背上跳。

小伙子跳在马背上。

Tai（1985）认为，“在马背上跳”是先“在马背上”，然后再“跳”，“在马背上”发生的时间早，所以先说；“跳”发生的时间“晚”，所以后说。而“跳在马背上”则刚好相反，“跳”的动作在先，所以先说；“在马背上”是“跳”的结果，是后发生的，所以后说。

但是，在语言结构中，人们可以改变事件发生的时间顺序，人们可以把先发生的事情后说，或者把后发生的事情先说。比如因果关系中，先有原因，后有结果。按照时间顺序原则，应该先说原因，再说结果。但是我们经常能看到因果关系倒置的情况。例如：

走路你走大路，不要走小路；大路上的人儿多，拿话解忧愁。（山西民歌《走西口》）

之所以要“走大路”而“不要走小路”的原因，是因为“大路上的人儿多”，可以“拿话解忧愁”。在民歌中，表示结果的话先说，而表示原因的话语则是后说出来的。这里并没有依照事件发生的时间顺序，而是依照主观性时间制约。所谓主观性时间制约，就是认知主体在认知过程中首先关注到的，或者是认为有必要先说的，而不考虑事件发生的逻辑顺序或客观的时间顺序。因此，主观性时间顺序在语言结构中会呈现出一种和客观性时间一维性相悖的现象，时间的实际序列会发生逆转。现代汉语中类似的表达方式还有很多，例如：

干啥去呀，你？

怎么了，我？

还没走呀？几点了，都！

汉语对时空观念的表达同样具有鲜明的形象化策略。在时间观念的表达上，汉语具有极强的形象性；因为汉语中与时间有关的基本词汇，大都能够与自然界的某种事物、形象或事件联系起来。如《尔雅·释天》："载，岁也。夏曰岁，商曰祀，周曰年，唐虞曰载。""载、岁、祀、年"都是今天所说的"一年一度"的"年"的意思，但是这些不同称谓都能够和具体的事物联系起来，因而使时间观念显得极为形象。夏朝称"年"为"岁"，晋郭璞《尔雅》注认为："夏曰岁，取岁星行一次。"《汉语大词典》"岁星"条："（岁星）即木星。古人认识到木星约十二年运行一周天，其轨道与黄道相近，因将周天分为十二分，称十二次。木星每年行经一次，即以其所在星次来纪年，故称岁星。"夏用岁星来纪年，故以"岁"称"年"。商朝称"年"为"祀"，郭璞《尔雅》注曰："商曰祀，取四时一终。"宋邢昺疏曰："商曰祀，取四时一终。则以祀者嗣也，取其兴来继往之义。孙炎曰：'取四时祭祀一讫。'《商书》曰：'惟元祀十有二月乙丑，伊尹嗣于先王。'是也。"因此，商称"年"为"祀"，是因为每年都有一次祭祀活动，两次祭祀活动的间隔时间则为一年；这个"年"的时间概念是和祭祀活动这一事件相关联的。周朝称"年"为"年"，郭璞《尔雅》注曰："周曰年，取禾一熟。"邢昺疏曰："周曰年者，取禾一熟也。案《说文》云：'年，谷熟也。从禾千声。《春秋》曰："大有年。"'然则年者禾熟之名。每岁一熟，故以为岁名。"因而，周朝的"年"的观念是和谷物成熟这一事件相关联的。唐虞时期称"年"为"载"，郭璞《尔雅》注："唐虞曰载，取物终更始。"邢昺疏曰："唐虞曰载。载，始也；取物终更始。"即唐虞时期的"年"是以万物复苏为标志，因为一年之内，冬为终，万物萧索；春为始，万物复苏。因而，汉语中"年"这一时间观念始终都联系着自然界或人类社会中那些周期性出现的具体事物或事件，表现出鲜明的形象性。

除"年"这一时间观念外，"月"的时间观念和"月亮"的运行相关，"日"则和"太阳"运行相关，二者也都表现出鲜明的形象性。《尚书·洪范》："一曰岁，二曰月，三曰日。" 唐孔颖达疏："二曰月，从朔至晦大月三十日，小月二十九日，所以纪一月也。三曰日，从夜半以至明日夜半，周十二辰为一日，所以纪一日也。”这就是说计时单位“月”“日”是根据月亮和太阳的运行而来的。《诗经·唐风·葛生》：“夏之日，冬之夜，百岁之后，归于其居。”这里的“日”指的是有太阳的时间，“夜”则指的是没有太阳的时间；二者都是以太阳为参照来形象地表达时间观念的。

对时间观念的形象表达不仅表现在计时单位上，也表现在节气和历法上。中国古代历法将一年划分为二十四个节气，其名称依次为立春、雨水、惊蛰、春分、清明、谷雨、立夏、小满、芒种、夏至、小暑、大暑、立秋、处暑、白露、秋分、寒露、霜降、立冬、小雪、大雪、冬至、小寒、大寒。汉司马迁《史记·太史公自序》：“夫阴阳四时、八位、十二度、二十四节各有教令。” 可见，二十四节气在汉代就已经是基本常识。据清赵翼《陔余丛考·二十四节气名》：“二十四节气名，其全见于《淮南子·天文篇》及《汉书·历志》。三代以上，《尧典》但有二分二至，其余多不经见，惟《汲冢周书·时训解》，始有二十四节名。其序云：‘周公辨二十四气之应，以顺天时，作《时训解》。’则其名盖定于周公。”二十四节气表明气候的规律性变化，在农业生产上有重要的意义，其命名并非周公一人为之，而是出自众人。虽然它们并非同时被人认识到，但是人们已经认识到每个节气都与某种自然现象或事物密切相关，如雨水、谷雨、惊蛰、小雪、大雪等，使得抽象的节气获得了形象的表达。这种形象化表达在后世的农谚中也有着众多直接而鲜明的表现，如“雨水前后，植树插柳”；“清明麻谷雨花，立夏点豆种芝麻”；“谷雨前后，点瓜种豆”；“小暑种芝麻，头顶一盆花”；“小雪地不封，大雪还能耕”等；这些农谚都是借助特殊事件或事物对节气特征的形象表达。

对时间观念的形象表达还表现在汉民族的传统节日和其他风俗中。汉民族的传统节日，如除夕、春节、元宵节、清明节、端午节、中秋节等都与一个特定的日期相关。在这个特定日期内，则有着具体、明确，但又明显不同的标志性事件或事物，如除夕的守岁，春节的拜年，元宵节的灯笼，清明节的扫墓，端午节的粽子，中秋节的月饼。在陕西关中农村，除夕的风俗中还有一项是“请先人”。“先人”即“祖先”，“请先人”即“请祖先”，就是在大年三十的下午或傍晚到已经过世的父母、祖父母、曾祖父母等“先人”的坟墓前祭祀，并于家中摆设他们的灵位，焚香祭祀，共度春节。虽然这些风俗并非同时形成，但其共性特征非常鲜明，即它们都有着特定的日期，特定的事件，特定的事物，因而对这些节日的表达是具体而形象的。

汉语对空间概念的表达也同样秉持形象化策略，在表达空间概念时总是能够和某种具体的事物联系起来。以“东”“西”“南”“北”四个方向为例。“东”即“东方”。许慎《说文解字·东部》：“东，动也。从木。官溥说，从日在木中。”可见“东”就是“太阳升起的方向”，能够和“太阳”这一具体事物联系起来。“西”的本义是“鸟在巢上”。许慎《说文解字·西部》：“西，鸟在巢上也，象形。日在西方而鸟西，故因以为东西之西。”段玉裁《说文解字注》认为：“古本无东西之西，寄托与鸟在巢上之西字为之。”许慎《说文解字·西部》“西”字条还说道：“棲，西或从木妻。”即“棲”是“西”的或体，专用于表示“鸟在巢上”之义。而段玉裁《说文解字注》则认为这个“棲”字是：“盖从木妻声也。从妻为声，盖制此篆之时已分别西为东西，棲为鸟在巢，而其音则近妻矣。”也就是说，“东西南北”的“西”其本义是“鸟在巢上”，即到晚上鸟儿归巢之义，因而被借用作表示方位的“西”，而表示“鸟儿归巢栖息”的“西”后来则写成了“棲”字。因此可以认为，方向“西”的表达也具有鲜明的形象性，即“太阳落下之处”。“南”和“北”也与太阳有关。许慎《说文解字·𣎵部》：“南，草木至南方有枝任也。从𣎵羊声。”段玉裁《说文解字注》：“此亦脱误。当云：‘南任也。’与‘东，动也’一例。下乃云草木至南方有枝任也，发明从𣎵之意。《汉·律历志》曰：‘大阳者，南方。南，任也。阳气任养物，于时为夏。’”这说明，“南”指阳光充足之时及阳光充足之处。据许慎《说文解字·北部》：“北，乖也。”段玉裁《说文解字注》：“又引申之为北方。《尚书大传》《白虎通》《汉·律历志》皆言北方，伏方也；阳气在下，万物伏藏。亦乖之义也。”这说明“北”是指阳光不足之时及阳光不足之处。由于中国地处北半球，在同一时间，同一处所，其南方总是阳光充足，其北方总是阳光不足。因而“南”和“北”的形象性亦是极为鲜明的。很明显，“东、西、南、北”四个方向的确定都与“太阳”紧密相关而表现出鲜明的形象性。

汉语的时间空间概念又往往结合在一起，形成一个整体的时空概念。在这种整体时空概念的表达中也能够看到汉语形象化的表达策略。“宇宙”一词便是一个典型。《说文解字·宀部》：“宇，屋边也。”段玉裁《说文解字注》："陆德明曰：'屋四垂为宇。'……宇者，言其边，故引申之义又为大。《文子》及《三仓》曰：'上下四方曰宇，古往今来曰宙。'"其中的"宙"，据《说文解字·宀部》："宙，舟舆所极覆也。从宀由声。"即"宙"的意思是车船从一个地方到另一个地方后又返回来。但是段玉裁认为，"宙"的本义并不在此。段玉裁《说文解字注》："《淮南·览冥训》：'燕雀以为凤皇不能与争于宇宙之间。'高注：'宇，屋檐也。宙，栋梁也。'引《易》：'上栋下宇'。然则宙之本义为栋，一演之为舟舆所极覆，再演之为往古来今。则从宀，为天地矣。" 根据段玉裁的说法，"宙"的本义是栋，即房屋的正梁；并由这一语义引申出舟舆所极覆之义，进而又引申出表示往古今来这一表示时间的意义。因此可以肯定，"宇"和"宙"这一对概念都联系着具体的事物，并由此发展为一个时空结合的整体概念。《庄子·庚桑楚》中也有对"宇宙"这一时空整体概念的形象表达："有实而无乎处者，宇也。有长而无本剽者，宙也。"也就是说，庄子认为，"宇宙"在空间上无边无际，在时间上无始无终。

实际上，把时空两个概念作为一个整体并同具体的事物联系起来的这种观念在专门的辞书中也能够看到，如《尔雅》中就有把时空概念结合起来解释的典型例子。《尔雅·释天》："穹苍，苍天也。春为苍天，夏为昊天，秋为旻天，冬为上天。四时。春为青阳，夏为朱明，秋为白藏，冬为玄英。四气和谓之玉烛。春为发生，夏为长嬴，秋为收成，冬为安宁。四时和为通正，谓之景风。"春、夏、秋、冬四时的变化一定伴随着自然界景物的变化，正如郭璞、邢昺在注疏《尔雅》时所说的那样，春天万物萌发，因此是"苍天"；夏天天气炎热，因此是"昊天"；秋天天时肃杀，万物可瞥，因而是"旻天"；冬天万物闭藏，唯天为上，故为"上天"。可见《尔雅》对春、夏、秋、冬概念的解释是联系气候和自然景物的特点来描述的，既有时间的特殊性，又有空间的特殊性，因而具有时空结合而呈现出的鲜明形象性。

由于时间的一维性，人们不可能在同一时间同时存在于两个不同的空间，也不能在同一时间同时呈现两个不同的空间。对于这一点，明清时期的章回小说中有一种极其生动的表达，即"花开两朵，各表一枝"。这种表达方式是通过实体空间的两朵不同的花朵，将发生在同一时间、不同空间的不同事件巧妙地隐喻出来。而这种隐喻式的呈现正是形象表达了在同一时间认知主体只能存在于一个空间，也只能呈现一个空间。对时空关系的这一特征的观察在先秦时期的文献中就有典型的表现，如《荀子·劝学》中的“目不能两视而明，耳不能两听而聪”即是如此。

从另一个角度看，对同一空间结构从不同的时间去感知，人们所得到的空间认知亦会有所不同。正如苏轼《题西林壁》中写到的那样：“横看成岭侧成峰，远近高低各不同。不识庐山真面目，只缘身在此山中。”这里的“横”和“侧”，我们可以将其视为不同的时点，是在不同时间点对同一空间结构进行观察，因而会有“横看成岭侧成峰”的不同观察结果；而“远近高低各不同”也可以看成是在不同的时点对同一空间结构的不同观察结果。如果不能够认识时空关系的这种特殊性，那么将难以发现空间结构的诸多不同，那就只能“不识庐山真面目”了。实际上，无论人们是将眼前的山看成“峰”，还是看成“岭”，山的空间结构依然故我，并没有发生逆转。而之所以“横看成岭侧成峰”，正是由于对同一空间结构在不同时间点进行观察所致；抽象地说，是时间的一维性制约了对空间的多维性的观察。因此，多维空间结构中的认知主体只能依据时间的一维性来先关注空间结构中的一个维度或一个部分，逐渐完成对该空间结构中其他维度或部分的观察或表述，并形成对同一空间结构的不同描述。

可以说，汉语时空表达的形象化策略实际上是空间结构在时间结构中呈现时所形成的特点，也是时间结构和空间结构在认知过程中的凸显反映。虽然汉语社团中的不同个体对某一时间、空间或整体的时空概念的认知结果并不完全相同，但形象化却是汉语的一种共同表达策略。

7.3.5 汉语的形象化表意策略

“语言的差别取决于其形式，而形式与民族精神禀赋，与那种在创造或改造之际渗入它之中的精神力量关系极为密切。”[①]作为文化的体现，汉语的形象化表意策略正是中华民族灿烂文化的一种生动体现。这种表意策略在汉字创制、汉语词汇形成、中国画的创造、汉语的时空概念表达上都有

① 洪堡特《论人类语言结构的差异及其对人类精神发展的影响》第 62 页，姚小平译，商务印书馆，1997 年 5 月第 1 版。

鲜明的体现；而汉字创制时期的形象化表意策略已经逐渐积淀为一种民族无意识，成为汉语表意的基本策略。实际上，这种形象化的表意策略也在汉语的句法结构中有鲜明的体现，因而汉语中会有“男男女女”“山山水水”“吃吃喝喝”“打打闹闹”“漂漂亮亮”“精精神神”这样独特的短语结构，也会有“莺莺燕燕翠翠红红处处融融洽洽，雨雨风风花花叶叶年年暮暮朝朝”，以及“海水朝朝朝朝朝朝朝落，浮云长长长长长长长消”这样绝妙的话语结构。换个角度看，汉语中诸多抽象的语法现象都可以从汉语形象化表意策略的角度去寻找其形成和演变的认知动因。

这里，我们可以把汉语的形象化表达策略理解为，在语言世界（或者说概念世界），即前文所说的由人的认知所构建的内部世界，汉语倾向于使用维度较多的对象去表示维度较少的对象，即倾向于使用“三维/立体”去表现“二维/平面”或“一维/标记”，而“三维/立体”也可能由此最终成为一种意义的“标记”。因此，我们认为，汉语的形象化表达策略可理解为维度递减策略，并最终使某种实体发展为一种语法标记。如图 7.6 所示：

图 7.6　汉语的维度递减策略

我们有理由相信，汉语量词的使用也同样受到了汉语形象化表达策略的影响。它不但影响了汉语量词的产生，影响着汉语量词的概念结构，也影响着汉语量词的功能扩张或衰微。

7.4　汉语量词概念的内部结构

7.4.1　汉语的形象性表达策略影响汉语的量范畴表达

汉语的形象化表达策略，反映出汉语在范畴的认知上倾向于使用一种更常见的范畴去表达一种抽象的、难以具体描述或计量的范畴。[①]对于事物的量的表达就是这样。语言中的量是一种极其抽象的范畴；对于这种抽象范畴，不同的语言都有自己独有的表达方式，甚至在数字的表达上也会表

① 应该说，这种认知倾向是一种认知共性。但是，这种认知共性在不同的文化背景下，具有不同的表现。

现出不同。比如，表达数字时，汉语对十以上的数字是以“十”的倍数为基准进行计算的，即“十、百、千、万、十万、百万、千万、亿、十亿……”；英语则是以“千”的倍数为基准来计算的，即“千、百万、十亿”。①因而，说汉语的人和说英语的人往往会难以计算对方语言中的数字。同样，汉语使用者往往会搞错英语中的单复数变化，而英语使用者则往往困惑于汉语量词的用法。

汉语的形象性表达策略同样影响到汉语对量的表达上，其典型表现是拷贝型（或称“反响型”）量词的使用。拷贝型量词是汉语量词的早期形式。据李宇明（2000a），汉语量词的产生和发展是一个语法化过程，拷贝型量词是最原始的个体量词，是量词语法化的第一步；拷贝型量词被通用的个体量词代替，是量词语法化过程的完成，标志着名量词发展的成熟。据黄载君（1964）、李若晖（2000）、张桂光（2009），在殷商时期汉语已经产生了名量词。虽然殷商时期的名量词也有“俘马百四匹、俘车卅两”（小盂鼎）这样的非拷贝型（或称“非反响型”）的情况，但却以“俘人万三千八十一人、俘牛三百五十五牛、羊廿八羊”（小盂鼎）这类拷贝型量词为主。拷贝型量词是以复制所要计量的名词作为计量的单位，这就是一种形象化的表达，或者也可以说是一种表量方式的创新表达。②这一点，与上文所提到的甲骨文时期汉语用不同的字形来表示相同的概念反映了同样的表达策略。③如名量词“人”。虽然对量词“人”目前还有不同的看法（王绍新，1992，2005；范崇高，2003；宋成吉、张继梅，2010），但是“人”的量词性质却是确定的。因为“人”作为量词，不仅有“人万三千八十一人”这样的拷贝型结构，还有非拷贝型结构。例如：

---

① 东汉时期《数术记遗》记载，中国古代亿以上大数的表述有三种方法：一种是上法，万万为亿，亿亿为兆，兆兆为京。这种自乘系统，希腊的阿基米德也曾采用过。二是中法，万、亿、兆、京、垓、秭、壤、媾、涧、正、载，都以万递进。三是下法，万、亿、兆、京、垓、秭，都以十递进。（参见向熹《简明汉语史》（下），高等教育出版社，1993 年，第 34-35 页。）不过，随着汉语的发展，汉语采用了十进位的计数方法，其他方法基本不再使用，但也有一些遗留的用法。如在二十世纪初期，对中国人口数量的说法，则经常使用“四万万同胞”这样的表达方式。“四万万”即“四亿”，依然采用的是上法。

② 王力先生认为，上古汉语时期，汉语表达数量的方法有三种：数+名；名+数；名+数+量。不过后两种方式比较少见。（王力《汉语史稿》（重排本），中华书局，1980 年，第 234-235 页。）向熹先生则认为，上古时期，汉语数量表达一般不用量词，表达数量有两种方式：数+名，名+数。（向熹《简明汉语史》（下），高等教育出版社，1993 年，第 47-48 页。）因此，采用反响型量词来表达数量的方式，很可能是汉语使用者的一种语言创新。

③ 汉语量词的发展演变与汉字的简化、隶变基本同步。在两汉时期，汉字基本完成隶变。同样，在两汉时期，汉语量词的新规范基本形成，反响型量词基本被个体量词取代，但并未彻底取代，还有一个“人”。就是在今天，汉语量词也在发生着简化和繁化；同样，汉字也在进行着系统的简化和繁化。

须臾，有三四人黄衣小儿至，急唤苍壁人。(《太平广记》卷303“奴苍壁”引《潇湘录》)

有数人少年上楼来，中有一人白衫。(《太平广记》卷303“奴苍壁”引《会昌解颐录》)

这样的计量方法在当代汉语中依然存在，而且相当常见：

全班共有学生十人。

这个体育馆能够容纳观众八万人。

可以肯定，从甲骨文至现代汉语，“人”作为名量词的用法一直都没有改变。实际上，对汉语中常见的量词“人”的有些用法还可以看成是拷贝型量词。拷贝型量词的实质是用一个实体来表达另一个实体的量，是两个实体所蕴涵的量在不同范畴之间的映射。只不过对量词“人”而言，由于词汇的发展演变，“$人_{名}$+数词+$人_{量}$”结构中的通用名词“$人_{名}$”被一些新词汇成员，如“学生”“观众”等替代了。

汉语中的很多名量词都具有鲜明的形象性(罗日新，1986；李先银，2002；沈林，2002；储泽祥、魏红，2005)。就我们目前所知，在汉语史上，曾经作为量词的词语，都具有一定的形象性，这些用作量词的词语的本义都联系着某个具体形象或动作，我们还没有发现抽象的名词或动词被用作名量词或动量词的情况。惠红军（2011：16）依据概念的邻近性，①把量词分为名量词和动量词两类，将其次类分为实体型（动作实体型和物品实体型）、结构型、形状型三大类。这种分类充分考虑到了用作量词的词语的本义的形象性特征。具体分类如表7.1所示：

在这样的分类标准下，所得到的动作实体型名量词有“张、乘、束、等、处、撮、封、具、$卷_{1}$②、阕、句、剂、部、把、滴、餐、件、服、架、

① 概念的临近性是指语言成分在语言结构中能够直接结合的特性，如“拿本书”“过座桥”中，“本”和“座”与动词、名词的距离都很近，但是“本”和“座”只能够直接与名词“书”“桥”结合，而不能够与动词“拿”“过”结合，因而我们称其为名量词。又如“踢（一）次球”“讲（一）遍规则”中，虽然“次”和“场”与动词、名词的距离都很近，但是它们只能和动词“踢”和“讲”结合，而不能和名词“球”和“规则”结合，因而是动量词。但是还有一些量词则既能够和名词结合，也能够和动词结合，形成一种语义双指的局面，如“打一场比赛”“吃一顿饭”中的“场”和“顿”，我们将这类量词称为时间性量词。很显然这类时间性量词既可以说是动量词，也可以说是名量词。时间性量词的语义双指反映了量词与名词、动词在概念网络层次上的复杂关系，也反映了概念结构的复杂性。(请参看拙作《时间性量词短语的语义双指》，《语言教学与研究》2012年第2期）上文我们也将这类量词称为事件量词。

② “$卷_{1}$”是指“一卷报纸”“一卷绳子”中的量词“卷”，“$卷_{2}$”是指“这本书总共有二十卷”这样的“卷”。虽然二者读音不同，但字形上没有差别，因此我们在这里加了下标“1、2”以示区别。

表 7.1　汉语量词的语义原型分类

<table>
<tr><td rowspan="8">量词</td><td rowspan="6">名量词</td><td rowspan="2">实体型</td><td>物品实体型</td></tr>
<tr><td>动作实体型</td></tr>
<tr><td rowspan="2">形状型</td><td>二维形状型</td></tr>
<tr><td>三维形状型</td></tr>
<tr><td rowspan="2">结构型</td><td>整体结构型</td></tr>
<tr><td>部分结构型</td></tr>
<tr><td rowspan="2">动量词</td><td rowspan="2">实体型</td><td>物品实体型</td></tr>
<tr><td>动作实体型</td></tr>
</table>

包、挂、批”等；物品实体型名量词有“堵、位、户、家、枚、个、声、所、只、杯、门、床、挺、盒、路、盘、篇、扇、盏、阵、册、竿、样、帖、宗、笔、台、尊”等（同上：20）；二维形状型名量词有“条、行、道、队、段、节、截、绺、缕、丝、枝、支、棵、串、股、片、面、方”等；三维形状型名量词有“点、粒、颗、丸、丛、簇、堆、朵、卷₂、团、块、锭、幢、管”等（同上：58）。整体结构型名量词如“双、对、副、套、沓、叠、伙”，部分结构型名量词如“层、重、份（分）、匹、幅、间、辆（两）、轴、味、座、栋、本、根、株、杆、瓣、口、头、首、尾、领、顶”则是结构中的一个部分，即部分结构（同上：82）。①所得到的动作实体型动量词有“遍、次、顿、度、番、回、合、趟、通、下、巡、遭”等（同上：169），物品实体型动量词有“场、阵、口、脚、掌”等（同上：169）。这种形象性特征也可以理解为，用作量词的词语，其原形式最早的概念指称都是实体，或者是某种形状或结构。就是现代汉语中新产生的一些量词也具有同样的特征。如刁晏斌（2009）谈到，“款”作为量词，《现代汉语词典》第一版（1978）还没有收“款”的量词义，到了 1996 年第三版，才收了这一义项。这表明，“款”大致是产生于新时期的一个量词。刁晏斌（2009）还谈到，通过语料检索，也证明了这一点：在新时期以前约 500 万字包括多种文体的语料库中，没有检索到“款”作为量词的用例。“款”是一个从港台语言引进的新量词，其量词用法应该和“款式”义相关。

① 结构型名量词中的“份（分）”表示现代汉语中的量词“份”的早期字形是“分”，“辆（两）”表示现代汉语中的量词“辆”的早期字形是“两”。

但是，当代汉语在量词的使用上似乎还存在一个简化的趋势，也就是说，使用个别量词，如用“个”“只”等作为通用量词，而并不计较“一头牛”“一只牛”“一条牛”或者是“一个牛”之间的差别。这种趋势的存在也暗示着量词使用中的另一个特点：量词的使用是作为形象化的“量范畴标记”，而不是作为准确的计量方式。

7.4.2　汉语量词概念的内部结构

汉语不但拥有丰富的传世文献，也拥有极其丰富的方言资料。在研究汉语的过程中，我们应该将现代汉语普通话、汉语方言以及汉语的传世文献三者结合起来，这是汉语研究中一条行之有效的重要途径，即“普方古”的视角。对于汉语量词研究自然也应如此。有关汉语研究的“普方古”结合的观点，邢福义（2002）就已经大力提倡。因此本书将汉语史、现代汉语普通话和汉语方言中的量词用法一起讨论，因为它们都是汉语使用者认知世界的结果；并在此背景下来研究汉语量词的概念结构，希望能够对汉语量词的概念结构有所斩获。① 事实上，汉语有些量词的用法在现代汉语方言中的差异巨大，似乎毫无规律可言。这些量词从产生之初直到现在，基本上已经失去了分类的功能，而主要是计量方式的标记，计量的准确性则主要依据前面的数词。这与汉语量词、名词搭配的整体现状基本吻合。因此我们从上述分类中选择“张、根、条、只、块”这五个搭配对象明显庞杂的名量词作为主要研究对象。②

7.4.2.1　量词“张”的概念结构

“张”的本义是“拉开弓弦”。《说文解字·弓部》：“张，施弓弦也。从弓长声。”段玉裁《说文解字注》：“张弛，本谓弓施弦解弦。引申为作辍之称。”据王力（1957/1980：235），“张”的量词用法先秦已经出现：

子产以幄幕九张行。(《左传·昭公十三年》)

平面的东西可以叫作“张”。“张”字本来是“张弓”的意思，所以弓

---

① 汉语各方言区之间既存在共同的文化特征，又存在各具特色的区域文化特征。汉语量词的方言区差异应该与区域文化特征相关。但是汉语方言的区域文化特征是一个极为复杂的问题，对此本书暂不讨论。

② 本书没有选择量词“个”，主要原因在于“个”称量对象的广泛性已经有目共睹。但是我们会在下文讨论“个”的一些相关问题。

弩也可以用“张”，琴称“张”和弓称“张”有关系，因为琴弦和弓弦有相同之处；而纸称“张”又继承了“幄幕九张”的“张”，因为纸的功用是在它的平面的（王力，1957/1980：239）。王力先生此处的论证所依据的是“张”所称量的名词在形状上的共性，而这一共性是基于“张”的本义“张开”。

我们可以将“张”从先秦直到明清时期的称量对象做以梳理（见附表一）。“张开”这一动作的最突出的特征是“在一个平面上进行扩张”，所以汉语史上，“张”所称量的对象的共同特征是基于其中的“平面”部分的存在，这种平面可能是客观存在的，如“牛皮、纸、板凳、布”等；也可能是主观抽象出来的，如“弓、渔网、梯子”。

有些则是因为其所凭借的物体能够被“张”来称量，所以该事物也可以用“张”来称量，如“字、借据、画”等是写在纸上的，“纸”能够用“张”称量，因此这些附着物也可以用“张”来称量。还有一些是因为同类物体之间的类推，如“弓、弩”可以用“张”，因而和它们同类的“刀、剑、斧”等武器或工具也都可以用“张”。这种情况我们称之为范畴共享。

在现代汉语方言中，我们也发现了“张”的许多比较特殊的用法（参见《汉语方言大词典》第2953-2954页）。例如：

一张门（湖南长沙）

两张树叶（广东广州）

一张信（广东开平赤坎）

一张社论（福建厦门）

但是，这些特殊的搭配也可以用“张开”之义引申而来的“平面”或“平面的扩张”进行较好的解释，因为“门、树叶”都可以在某个角度上有一个较大的“平面”，所以量词“张”能够和这样的名词搭配。“信、社论”虽然没有一个平面，但是它们往往是写在纸上的，而“纸”是可以用“张”的，因此“信、社论”也可以用“张”。

但是也有一些例外的情况，如“风灯”似乎很难找到一个“平面”，不过这种用法的出现已经到了晚清时期。例如：

只见那门技旁面摆了一张方桌，上面点了一张风灯。（《续济公传》第224回）

实际上，这种难以解释的用法在现代汉语方言中非常普遍。如（《汉语方言大辞典》第2953-2954页）：

一张腿（山西汾西）

一张厝（房子）（福建仙游、莆田）

一张车（湖南长沙）

一张汽车（浙江金华岩下）

一张山（江西宜春）

一张拖拉机（江西高安老屋周家）

一张汽车、一张拖拉机（云南玉溪）

我们很难用“平面的扩张”来解释“张”和“腿、厝、车、山”这类名词的搭配。可能的解释有两种，一种是“张”的称量对象中有一些和“腿、厝、车、山”等概念相关，如“腿”和“嘴、面孔”都是身体的一部分，“门”是“厝（房子）”的一部分，“车”和“弓、弩”同属机械装置；因而通过概念联想，或者说是通过范畴共享来使这些名词也可以用“张”来称量。另一种解释是“张”已经和其所称量对象的空间形状无甚关系，其作为量词的功能已经开始泛化，已经是一种计量的标记了。

Tai & Chao（1994）指出，“张、幅、面、片”都可以指称有一个“平面”的物体。其中，“张”用于二维的平面物体，如“皮”和“纸”；或者有一个“平面”，并且和人体有非常密切的互动关系的三维物体，如“桌子”和“椅子”。“幅”用于二维平面的薄的物体，物体表面一般有图画、设计或图案，如“被面”和“画”。“面”用于有一个平面的二维或三维物体，其功用在于其前面或表面的功能，如“镜子”和“鼓”。“片”用于小而薄而且作为某整体的一部分的二维物体，如“一片面包”；或者是二维陆地的扩展，如“草原”和“海面”。而且Tai & Chao（1994）还认为，“柜子”不能用“张”。但是在CCL语料库中，有这样的用例：

父亲在日曾做了一张大柜。（《西游记》第84回）

侧边一张木柜，架着一架天平。七横八竖的，乱排着几张椅机板凳。（《野叟曝言》第14回）

门口没有任何标志，走进去，倒是有几张柜台。（《人民日报》1994年）

屋子里有一张床、一张柜、一张桌。（古龙《小李飞刀》）

事实上，对于“张”的很多特殊的用法，我们倾向于上文提到的第二种解释："张"作为量词的功能已经开始泛化，它从最早的由"形状"相似而引发的联想开始，一直扩展到与事物的形状没有关系，而只是对名词的一种计量的标记，因而与所称量对象的空间形状已无甚关系。[①]由此我们推断出名量词"张"称量对象的扩大是基于如图 7.7 这样的概念联想，即范畴共享：

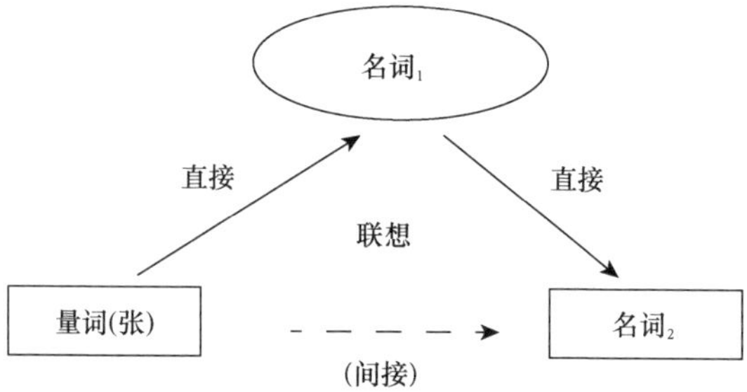

图 7.7　名量词"张"的概念联想

图 7.7 表明，"张"的称量对象的扩大是一种基于概念联想的范畴共享。也就是说，如果名词$_1$和名词$_2$在概念上具有共同特征，诸如二者同属一个类型，或者具有同样的形状，或者具有同样的结构特征，或者具有类似的功能等，那么当一个量词能够称量名词$_1$的时候，它就可以称量名词$_2$。事实上，由于范畴边际的模糊性，很多事物都可以同时属于两个甚至两个以上的不同范畴；在此情况之下，某一范畴的某成员能够被某一量词修饰后，该量词就可以修饰与该成员具有共同范畴特征的其他事物，从而造成量词适用范围的不断扩大。

根据"张"作为量词的发展线索，我们将"张"的概念结构分析如下：

F（张）={[立体][平面][标记]}

我们用大写字母"F"表示概念结构，用"{ }"表示某一概念的概念结构形成的集，用"[]"表示概念结构中的元素。这一概念结构表明，"张"作为量词首先是从动作的[立体]特征开始，借此去形象化地表达一个[平

① 这有点像"寝室夜谈模式"。在我读大学的时代，学生们会在晚上就寝之后躺在床上自由漫谈。由于寝室中有八个人，大家每个人对话题都有自由参加和联想的权利，因而谈话的主题可以自由变换，开始谈话时的主题往往与漫谈结束时的主题已经毫无关系，我们将其称为"寝室夜谈模式"。在名量词称量对象的扩大过程中，由于不断地有新的成员加入，给概念联想不断提供新的联想路径，因而导致联想路径的多样化，并最终导致名词称量对象的多样化。

面]特征。①随着这一用法的逐渐稳定，它也由[平面]意义展开多角度的概念联想，最终使[平面]作为一种形状的特征逐渐淡化，并语法化为一种[标记]，作为汉语量范畴的语法标记。这样的概念结构反映了汉语形象化表达时的维度递减策略，即“三维/立体→二维/平面→一维/标记”。在这种策略的影响下，量词“张”的称量对象逐渐脱离形体的限制而不断扩大，“张”也由此逐渐成为一种量范畴标记。

7.4.2.2　量词“根”的概念结构

现代汉语中，名量词“根”的称量对象非常广泛。同时，“根”也是一个名词，指称植物埋藏于地下用于吸收养分的部分。“根”用作量词，大概始于魏晋南北朝时期。据刘世儒（1965：95-96），南北朝时期，“根”作名量词已经很常见，其常见的称量对象一般是植物，也可以称量“胡须”和“毛发”等物。我们检索了 CCL 语料库中“根”作为量词的情况（见附表二），证明刘世儒（1965）的判断基本正确。

我们所检索到的用例表明，量词“根”的早期搭配对象主要是“植物”之类以及用植物所制造的“木料、木筒”等物品。单纯从外形特征来看，如各种树木的外形特征并非总是“条状”的。例如：

北方种榆九根，宜蚕桑，田谷好。（贾思勰《齐民要术》）

东方种桃九根，宜子孙，除凶祸。（贾思勰《齐民要术》）

路旁有大松树十数根。（《魏书·彭城王传》）

各种植物作为“根”的早期的称量对量，说明“根”作为名量词的用法并非来源于其外形特征，而是来源于其独立的功能，即来源于“根”对植物的重要作用，来源于“根”作为一个实体的功能。惠红军（2011：99）认为，“根”受到认知目的性的干涉而获得突显度，从而触发转喻和隐喻，产生了“量词”用法。“根”的早期称量对象之所以主要是植物，正是由于这样的原因。同样，“根”称量“胡须”和“毛发”也是基于这样的原因。

在“根”称量对象的发展过程中，基本上是沿着概念相关性的轨迹在

---

① 在汉语社团中，我们经常可以见到人们张开双手或双臂来表示某个立体物体的大小，或者是某一平面物体的面积。

扩张。概念的相关性一方面表现在相同物品的不同形式或用途，如“根”称量“木棒、椽、檩、柱”之类，是基于这些物品都是由树木加工而来的，因而称量树木的量词“根”也能够称量它们。进而，几乎所有与植物相关的物品都可以使用“根”作为量词，如“树叶、蔬菜、豆子”等。同样，“毛发”可以用“根”，所以“辫子、羽毛”也可以用“根”。概念的相关性还表现在形状的相似性上。在唐宋以后“根”能够称量的“蜡烛、鼻梁、青筋、针、线、蛇”等物品在形状上与“木棒、毛发”等在外型上相似，因而也能够用“根”称量。

但是还有一些称量对象较难解释，例如：

门旗二根，以豹尾为刃榼，出，居红旗后。(《武经总要》)

有一个老头子，搽了头，穿了一件破布夹袄，一双破鞋，手里提了一根布袋，走到厅前。(《醒世姻缘传》第23回)

怪道上月我烦他打十根蝴蝶结子，过了那些日子才打发人送来。(《红楼梦》第32回)

在现代汉语方言中，“根”也有一些在某些方言区常见而其他方言区的人觉得颇为怪异的用法。如（参见《汉语方言大辞典》第4600页）：

两根单据、这根道（山东寿光、淄博、桓台）

一根板凳（山东青岛、诸城）

一根被子、一根腿（山西太原、榆次、太谷）

一根裤子、三根蛇、一根牛、两根羊、三根树子、几根葱（四川成都）

一根毛巾、一根猪（四川仁寿）

这根人、你的这根朋友、一根问题、两根手、一根眼睛、三根脚（云南蒙自）

那根人、一根船、一根鱼（云南建水）

一根麦子、一根珍珠（山西太原）

一根絮（棉絮）、一根睏簟（睡席）（安徽绩溪）

一根钥匙（江西瑞金）

量词“根”的这些方言用法，有些很好解释。如“三根树子、几根葱、一根麦子、一根板凳、一根船”等，这类用法实际上只是延续了汉语史上量词“根”和植物类名词的搭配惯例而已。“两根单据、一根板凳、一根毛巾、一根絮（棉絮）、一根睏箵”，则是“根”从三维立体特征向二维平面特征的维度递减而产生的新用法。但是对于“一根人、一根牛、一根问题、一根眼睛、一根珍珠”等搭配，则表明名量词“根”完全摆脱了其基本语义或物理形状的限制，成为汉语称量方式的一种纯粹标记。

据此，我们可以将名量词“根”称量对象的扩展规律通过图 7.8 模拟出来：

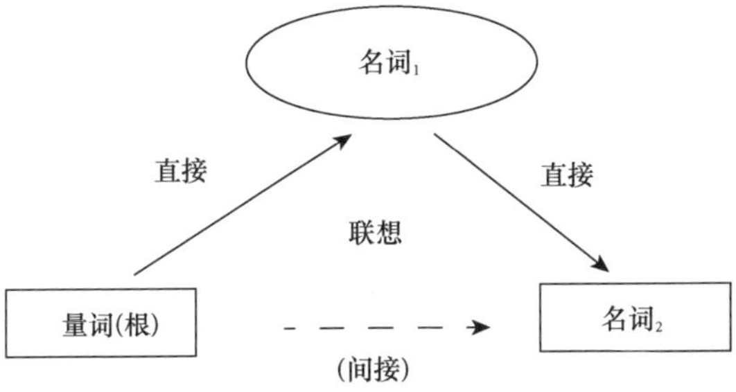

图 7.8　名量词“根”的概念联想

在此基础上，我们也可以得到名量词“根”的概念结构特征：

F（根）={[立体][平面][标记]}

这一概念结构表明，“根”作为量词首先是从物体的[立体]特征开始，借此去形象化地表达另一个[立体]特征的。随着这一特征用法的逐渐稳定，它开始由[立体]特征展开联想，逐渐扩展到具有[平面]特征的对象，并最终语法化为一种[标记]，成为汉语量范畴的语法标记。同样，“根”的概念结构也反映了汉语的形象化表达的维度递减策略，即“三维/立体→二维/平面→一维/标记”。

7.4.2.3　量词“条”的概念结构

“条”的本义是“树枝”。《说文解字・木部》：“条，小枝也。”据黄盛璋（1961），其量词用法最晚在两汉时期就已经产生。例如：

纮一条，属两端于武。(《周礼・夏官司马・弁师》郑玄注)

到了魏晋南北朝时期，“条”的称量对象已经比较复杂，正如刘世儒（1965：101-104）所认为的那样。但它作为量词早已不以称量“树枝”为限了，可以称量的事物有“杨柳、桑叶、花蕊、绳子、玉佩、道路、裙、袈裟、诏书、法（法律条文）、文（文章）、制（制度）、事（事情）、死罪、注（注释）、义例、计（计谋）”。我们摘引了刘世儒（1965）的部分例句：

谨上襚三十五条，以助踊跃之心。(《西京杂记》卷 1)

郁问其五经义例十余条，遵明所答数条而已。(《魏书•李晓伯传》)

蔷薇花开百重叶，杨柳拂地数千条。(王褒《燕歌行》)

屡见有人得两三卷，五六条事，请理尽纸，便入山修用，动积岁月，愈久皆迷。(陶弘景《发真隐诀序》)

“条”的早期称量对象中，黄盛璋（1961）所列举的“纮”（古代冠冕上的带子）和刘世儒（1965）所列举的“襚”（泛指赠送生人的衣物类的物品）似乎和“树枝”并无语义上的关联，而只是存在形状上的相似。关于“条”称量事情的用法，刘世儒（1965：102）认为是魏晋南北朝时期最虚化的用法，其原因在于古人把“事”写成“条文”，他引《广雅•释诂训》四：“条，书也。”又《汉书•循吏传》：“以兴化条。”颜师古注：“凡言条者，一一而疏举之，若木条然。”又《外戚传》：“其条刺史大长秋白之。”注：“谓分条之也。”又《章帝纪》：“吏人条书相告。”注：“事条也。”可见这种用法，其实也还是和“木条”有联系的。刘世儒（1965）中对“条”在魏晋南北朝时期用法的观察和我们在 CCL 语料库中的检索结果（见附表三）大体一致。

但是“条”也能够称量“行事”（事情）、“刑”（刑法条文）、“诏书”等抽象的事物，这在两汉时期的语料中就已经能够见到。例如：

若不闻于陛下，何以免此幽沉，并刺史梁纬行事二十一条，不依法令，一一条奏。(《全汉文》)

又读五条诏书敕，读毕，罢遣。(《全汉文》)

今大辟之刑千有余条，律令烦多。(《全汉文》)

其中原因正如刘世儒（1965）中所陈述的一样，是因为古人把“事”写成“条文”。书写所用之物乃是“木条”“竹条”“棉帛”或“丝帛”之类，而以“木条”“竹条”为常见。[①]因此我们可以推测，“条”的量词用法的产

① 据《后汉书・蔡伦传》:“自古书契多编以竹简，其用缣帛者谓之为纸。缣贵而简重，并不便于人，伦乃造意，用树肤、麻头及敝布、鱼网以为纸。元兴元年奏上之。帝善其能，自是莫不从用焉，故天下咸称‘蔡侯纸’。”又据许慎《说文•纟部》：“纸，絮一箈也。”段玉裁注：“箈各本譌苫，今正。”又服虔《通俗文》：“方絮曰纸。”这说明，两汉时期书写的主要材料还是竹片、木片，即竹简和木简。

生，乃是由于“行事”“诏书”等与记录它们的物品“木条”“竹条”之间的概念联想，即范畴共享。

称量“枝条”等的用法则是基于形状的相似而产生的概念联想，进而又可以由“枝条”联想到“树叶”，所以也可以说“一条树叶”。我们在“条”的早期用例中没有见到“条”称量“树枝”或“枝条”之类的用例。如果事实真的如此，那就能够进一步佐证我们的推断：“条”的量词用法的产生是由于基于概念联想的范畴共享。

在魏晋以后，基于形状的联想，名量词“条”的称量对象中增加了一类对象“蛇”，并由此进一步扩展到称量“人”“人体器官”以及和人体相关的事物，如“大汉、家伙、身子、人命、胳膊、臂膀、腿、喉咙、嗓子、声音、心、心肠、心愿”，也扩展到称量其他动物和动物的器官，如“蚯蚓、蜈蚣、牛、龙、狗、虎、野鸡、毛驴、兽角、尾巴、牛腿、鹿腿、豹腿”等。当然称量“腿、兽角、尾巴、胳膊”等也可能是由于形状的联想而产生的，因为它们的形状与“木条”的形状相似。

在现代汉语方言中（《汉语方言大词典》第 2823-2824 页），我们可以发现一些比较特殊的名量搭配，例如：

一条桥（浙江温州、湖南双峰）

一条山歌（广西宜山）

啯条友仔（那个小家伙）、一条问题、一条帐（广东广州）

一条故事、一条事儿（广东汕头）

一条代志（一件事情）、一条案（一件案件）、一条拖拉机（福建永春）

一条猪（河南洛阳）

一条驴、一条骡子（山西离石）

三条牛（贵州大方）

一条马（福建浦城石坡）

一条床（江苏南京）

一条帐子（浙江湖州双林）

一条树（广东梅县）

这些看似比较特殊的名量搭配，实际在汉语史中都曾经出现过。如“一条树”的说法与“杨柳拂地数千条”同出一源，“一条马、一条猪”之类的用法也与汉语史中“条”称量“蚯蚓、蜈蚣、牛、龙、狗”等同出一源。

但是“条”从古至今都有一些称量对象难以从概念联想的角度来解释。如从唐五代至明清时期的“湖泊、港口、墙壁、城”等；而检索 CCL 语料库后，我们也能在现代汉语中看到类似用法。例如：

当哈利发现他站在前门的石头台阶的时候，他们正面对着那条湖。(《哈利·波特》六)

你要不顺这条气，就当面问问他。(张欣《爱又如何》)

这么一来，我的“怪物”之名，就愈传愈广，我与他们之间的一条墙壁，自然也愈筑愈高了。(郁达夫《孤独者》)

大家住一条村，吃一条水，朝见口、晚见面的，有事好商量。　(欧阳山《苦斗》)

由此可见，量词“条”的搭配对象，已经基本脱离了概念联想，成为一种计量方式的标记。

据此，我们可以将名量词“条”称量对象的扩展规律通过图 7.9 模拟出来：

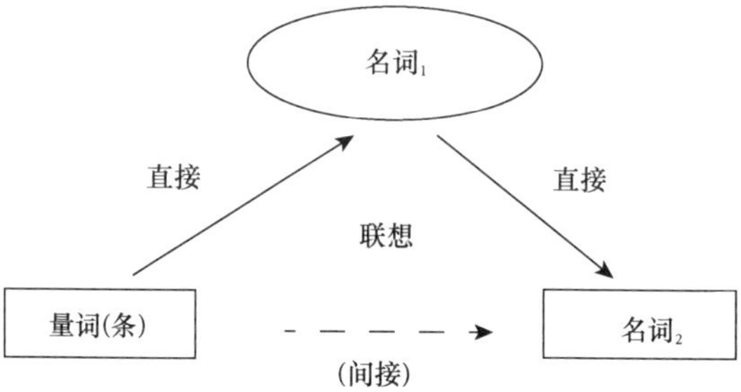

图 7.9　名量词“条”的概念联想

在此基础上，我们也可以得到名量词“条”的概念结构特征：

F（条）={[立体][平面][标记]}

“条”的概念结构也反映了汉语形象化表达时的维度递减策略，即“三维/立体→二维/平面→一维/标记”。即“条”作为量词也是从[立体]的空间结构开始的，并由于概念联想和形状联想，逐渐扩展到二维平面，并进而语法化为一种[标记]，成为汉语量范畴的语法标记。

Tai & Wang（1990）指出，长条形是量词“条”的认知基础，但是许多指称长条形状的名词却不能选择“条”作为量词。“条”从用于三维物体扩展到用于二维和一维物体，而“根”并没有这样。对长形事物而言，其凸显特征更倾向于“条”，而不是“根”。也就是说，“条”凸显了长条形物体的一维形状，而“根”则对长条形状的三维形状尤为敏感。在搭配对象上，“条”也不能被“根”替换。我们这里的研究表明，“条”和“根”都有作为汉语量范畴的语法标记的倾向，有可能在某些方言区已经成为一个通用量词，一种量范畴标记。因此，二者在很多情况下是能够称量同一对象的，如 CCL 语料库可以检索到“一条扁担、一根扁担”“一条树枝、一根树枝”“一条路、一根路”“一条线、一根线”“一条洞、一根洞”等可以互换的用例。

7.4.2.4　量词“只”的概念结构

据黄盛璋（1961）、刘世儒（1965：113），“只”在两汉时期就已经用作量词了，例如：

牛肸一只，母，直六十。（《居延汉简》）

载玉万只。（《穆天子传》）

乃赐奔戎佩玉一只。（《穆天子传》）

“只（隻）”的本义依《说文解字》的说法是“一只鸟”。《说文解字·隹部》：“隻，鸟一枚也。从又持隹，持一隹曰隻，持二隹曰雙。”段玉裁《说文解字注》：“造字之意，‘隻’与‘雙’皆谓在手者，既乃泛谓耳。”关于“只”用作量词的原因，刘世儒（1965：168）认为“只”是一种综合称量法，后来分解就退而专作名量词了；陈颖（2003：140）则认为“只”在南北朝时期常用来量“鸟”，后来发展到一切坚而长的东西都用“只”称量。但实际情况更为复杂。我们检索了 CCL 语料库中“只”的使用情况（见附表四），发现从先秦直到明清时期，“只”的称量对象从早期的“牛肸”“佩玉”“鸟”一直到明清时期的几乎无所不包，其中似乎毫无规律可言。如果将现代汉语方言的情况考虑进来，情况将会变得更为复杂。如（《汉语方言大词典》第 1228 页）：

一只山（四川渡口）

一只棉线、一只蒜（贵州清镇）

一只台盘（桌子）（安徽绩溪）

一只书店（浙江绍兴）

一山、一屋、一国、一庄、一牛马皆曰只。（湖南长沙，乾隆十二年《长沙府志》）

一只树、一只衣衫（湖南双峰）

一只车（江西南昌）

一只米、一只花生米（福建泰宁）

一只屋子（福建建宁）

一只题目（江西瑞金）

一只岭山、一只斗门户（江西上犹社溪）

一只楼、一只月（江西赣州蟠龙、福建永定下洋）

一只人（广东从化吕田）

一只子弹（广东中山南蓢合水、梅县）

一只唱片、一只窗、咁大只字（广东广州）

一只妻子（广东鹤山雅瑶）

一只毛巾、一只客人（福建福州、崇安）

一只人、一只手帕（福建建阳、松溪、建瓯、政和、顺昌洋墩）

一只当官个、一只先生、一只鱼（福建浦城石陂、莆田、宜春）

实际上，名量词“只”在现代汉语中的称量对象极其广泛。据万献初（2003），湖北通城方言中的“只”可以搭配的名词类型有：1）天文、地理、自然类；2）房舍、器物类；3）交通工具与电器类；4）服饰与游艺类；5）植物、果实、瓜菜和食品类；6）人与动物的器官类；7）动物类；8）用于人的称谓前表定指，一般不用数词。姜国平（2005）、邓开初（2008）都详细描写了湘语中的量词“只”，表明在湘语中“只”使用范围极广，缺乏语义的分类功能。严宝刚（2009）认为，吴语史上，通用量词“只”代替“个”约在十九世纪末期。可以看出，现代汉语时期的量词“只”的称量对象几乎涉及汉语中的所有类型的名词。事实上，在一些现代汉语方言中，“只”已经成为一个通用量词（万献初，2003；姜国平，2005；陈泽平、秋谷裕幸，2008；严宝刚，2009）。

实际上，在魏晋六朝时期，“只”的称量对象的类别已经比较广泛了，涉及动物、服饰、器物三大类。其中原因与“只”的本义有很大关系。“只”

的本义是“鸟一枚”，这是一个复合概念。这个复合概念实际表达的是一种立体空间结构，其量词用法来源于这一形象化的立体结构。惠红军（2011：49，51-52）认为，“只”用作量词是由于认知目的性的干涉而使其产生了转喻和隐喻，转喻使其指称抽象的“量”，而隐喻则使其中的三维立体隐喻了物体的量。“只”的量词用法就是在形象化表达策略的影响下而产生的。进而在概念联想的作用下，其称量对象不断扩大，从三维立体逐渐发展到二维平面，这大概就发生在魏晋南北朝时期。由于其扩大的称量对象所引起的概念联想或范畴共享，“只”的称量对象进一步扩大，逐渐失去了其形状上的限制，语法化为汉语量词的语法标记。而且这种语法标记又发生了进一步语法化，又产生了其他标记功能。如在福州方言中，量词“只”就发展演变成一个指示代词（郑宇，2007）。

因此我们认为，名量词“只”称量对象的扩展是基于如图 7.10 这样的概念联想：

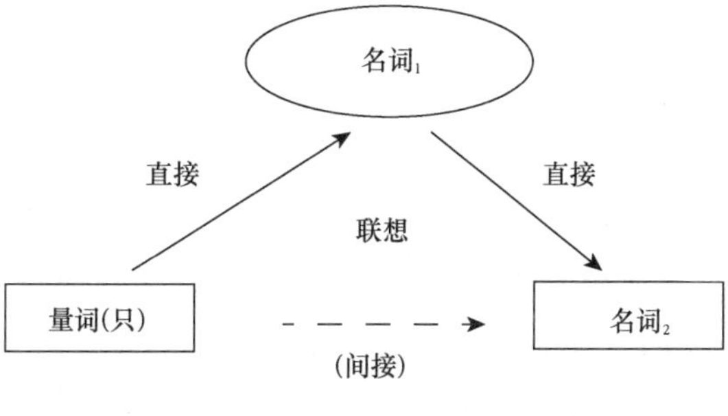

图 7.10　名量词“只”的概念联想

在此基础上，我们可以将名量词“只”的概念结构分析如下：

F（只）={[立体][平面][标记]}

“只”的概念结构显示，其量词用法是从其[立体]的空间结构开始的，并由于概念联想和形状联想，逐渐扩展到二维[平面]，进而语法化为一种[标记]，成为汉语量范畴的语法标记。这一概念结构同样反映了汉语形象化表达的维度递减策略，即“三维/立体→二维/平面→一维/标记”。

7.4.2.5　量词“块”的概念结构

“块”的本义是“土块”。《说文解字·土部》：“凷，墣也。” 段玉裁《说文解字注》："凷之形略方。"又《说文解字·土部》："块，俗凷字。""块"的量词用法始于魏晋南北朝时期，最早是称量与土壤相关的对象。例如：

犹为一块土下雨也。(《说苑》卷6)

戮力破魏，岂得徒劳无一块壤。(《吴志·鲁肃传》注引《吴书》)[①]

虽然"土地"给人的感觉是只能看到它的表面，似乎只是一个平面。但是"土地"在汉语使用者的概念体系中一开始就不是一个平面，而是一个具有无限厚度的立体结构。《周易》就中讲到："地势坤，君子以厚德载物。"《荀子·劝学》也说："故不登高山，不知天之高也；不临深溪，不知地之厚也。"这些观念反映了汉语使用者对土地的立体化认知。为了系统考察"块"称量对象的变化轨迹，我们检索了 CCL 语料库（见附表五）。检索发现，"块"在魏晋南北朝时期产生了量词用法，最早的称量对象与"土地"相关。在唐五代时期，"块"能够称量的对象已经有所扩大，有"骨、肉、元气、白石、紫金丸"等；其中的"骨、肉、白石、紫金丸"等还有具体的形状可言，但"元气"却无法看到，只能是一种感觉，而这种感觉与"块"在完形特征上相似。[②]例如：

结成一块紫金丸，变化飞腾天地久。(《全唐诗》)

冻芋强抽萌，一块元气闭。(《全唐诗》)

到了宋元时期，"块"的称量对象中已经增加了"树叶、布匹、纸张"这类以二维平面为特征的事物。例如：

打捞起块丹枫叶，鸳鸯被半床歇。(《全元曲》)

还有这一块儿红绢，与我女儿做件衣服儿。(《全元曲》)

早是我那婆子着我拿两块油单纸，不是都坏了。(《全元曲》)

在此基础上，"块"的称量对象继续扩大，到明清时期，其称量对象已经扩大到可以称量"房屋""庄园""石壁""山峰""网"等。从其称量对象的形状来看，二维或三维的外形特征已经不是制约因素了。例如：

买了四十亩好地，盖了紧凑凑的一块草房。(《醒世姻缘传》第34回)

傻小子正碰在第八块网上，向下缩了一丈多深。(《三侠剑》第3回)

---

① 这两例有关"块"的例句转引自刘世儒《魏晋南北朝量词研究》，中华书局，1965年6月第一版，第119页。

② 在练气功的过程中，在人的腹部会有一种感觉，觉得腹部有一种东西在聚集。受身体形状的限制，这种"元气"就与"块"的完形特征相似。

在现代汉语方言中，“块”的用法已经变得非常复杂，外形特征的制约已经基本不存在了。如（《汉语方言大词典》第 2403 页）：

看了两块电影、看了一块戏（山东淄博）

一块电影、一块戏（山东青岛、长岛、诸城）

我听俺老的说，在老一辈，有这么一块事。（山东：董均伦《穷神》）

一块衣服（湖南平江）

一块桌、一块椅（福建永春、宁德碗窑、大田前路）

九块衣（福建建安）

方言中“块”称量“桌”“椅”“衣服”等的用法还可以从量词的发展史中找到概念联想的线索；但是称量“电影”“戏”“事”这类对象则基本不受形状的限制了。而且在有些方言区，如陕西洋县，“块”基本上是一个通用量词，几乎无所不能称量。

因此，量词“块”称量对象的发展变化也存在着同样的概念联想，如图 7.11 所示：

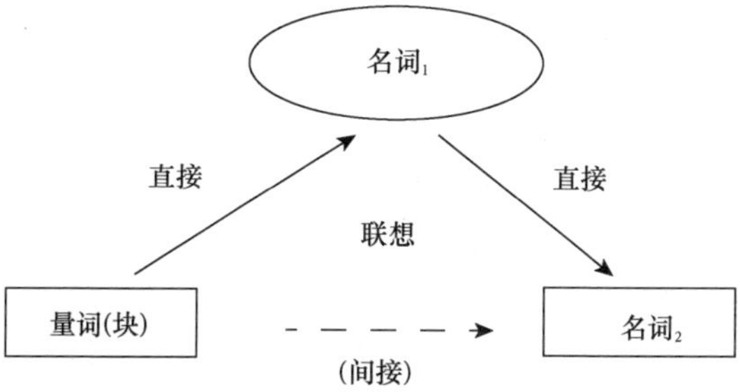

图 7.11　名量词“块”的概念联想

这一联想关系也隐含着“块”的概念结构特征：

F（块）={[立体][平面][标记]}

量词“块”的概念结构也受到了汉语形象化表达的影响，经历了“三维/立体→二维/平面→一维/标记”的维度递减过程，称量对象逐渐摆脱了形状的限制，最终语法化为一个称量[标记]，甚至成为一个通用量词。

7.4.3　汉语量词的维度递减策略

根据对“张”“条”“根”“只”“块”称量对象历时变化过程的考察，

我们认为基于形象化表达策略而产生的维度递减策略使汉语量词概念的内部结构呈现出基本一致的特征。在量词称量对象的扩大过程中，这一特征表现为基于概念相似或形状相似的联想，即范畴共享。如图 7.12 所示：

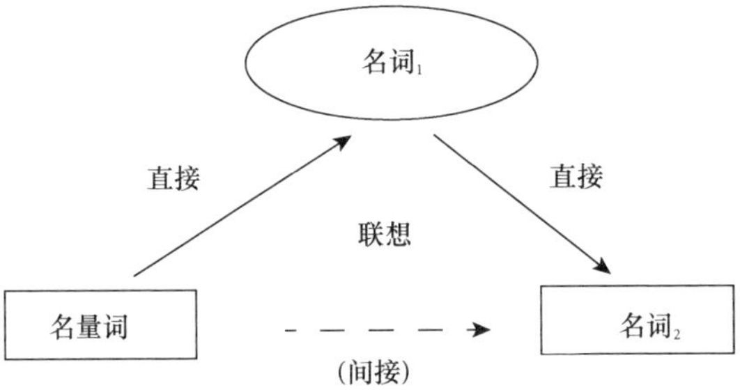

图 7.12　名量词的概念联想

对图 7.12 的理解是，如果一个名量词能够和名词$_1$进行搭配，而名词$_1$和名词$_2$又能够在概念系统中产生某种联系，比如二者属于同类，或者形状相似，或者具有同样的结构特征，或者具有相似的功能等等，那么该量词就可以和名词$_2$搭配。名量词的称量对象基本上就是在这个基础上逐渐展开的，即量词用法的扩展是基于范畴共享而扩展的。

在分析名量词概念的内部结构时，我们发现其中存在着一个维度递减策略。如图 7.13 所示：

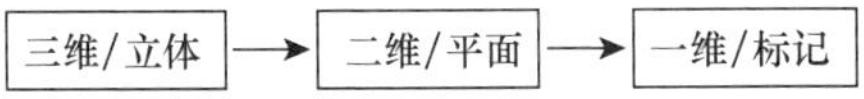

图 7.13　汉语的维度递减策略

而伴随着维度递减过程的则是量词称量对象的扩大过程。在这个过程中，逐渐形成了汉语量词的概念结构：

F（名量词）={[立体][平面][标记]}

我们用大写字母“F”表示概念结构，用“{ }”表示某一概念的概念结构形成的集，用“[]”表示这一概念结构中的元素。这一概念结构表明，一个语言单位能够作为量词，首先是从其[立体]特征开始，并借此形象化地表达另一个[立体]特征，或者是一个[平面]特征。随着这一用法的逐渐稳定，它逐渐由基于概念联想的范畴共享而不断扩张，最终使形状的特征逐渐淡化，并语法化为一种[标记]，成为汉语量词范畴的语法标记。

需要进一步讨论的是，汉语量词“个”是公认的通用量词，“个”称量对象的复杂性也已为人们所熟知；而且还有研究认为，汉语量词有“个化”倾向（戴婉莹，1984；孙汝建，1996；张谊生，2003；薛健，2006）。实际的情况是，量词用法扩大的情况并不限于“个”，在不同的汉语方言区，“张”“根”“只”“条”“块”等的称量对象都有扩大倾向，有发展成为通用量词的倾向，有的还进一步语法化为助词。如“只”在湖北通城方言、湘方言、福州方言已经成为一个通用量词（万献初，2003；姜国平，2005；邓开初，2008；陈泽平、秋谷裕幸，2008）；而且福州话中的“个”，其实是“只”在名词前位置上的弱化形式（陈泽平、秋谷裕幸，2008）。而在吴语中，“只”不但是一个通用量词，而且还进一步虚化成为一个助词“者”（严宝刚，2009）。

根据我们的初步考察，称量对象复杂的量词还有“把”“本”“部”“支”“头”等。这些量词在汉语史及现代汉语方言中的称量对象都比较复杂。以现代汉语方言为例（用例皆来自《汉语方言大词典》）：

量词“把”：江西宜春方言，“一把汽车、一把火车”；广东广州方言，“佢把口好犀利（他张嘴好厉害）”；浙江苍南金乡方言，“一把脚（一只脚）”。

量词“本”：浙江金华岩下方言，“一本戏、一本电影、一本题目、一本镜、一本橱、一本针”；福建仙游方言，“一本锁”。

量词“部”：安徽绩溪方言，“一部房”；上海宝山罗店、宝山双草墩、南汇南浦等方言，“一部桥”；浙江杭州方言，“一部腻黍（一穗玉米）”。

量词“支”：晋语，“一支桌子、一支被子”；闽语，“一支纸、两支皮”；广东汕头，“一支灯、一支琵琶”。

量词“头”：福建泰宁，“一头桌子”；福建仙游，“一头椅、一头桌”；浙江永康，“一头门”；浙江金华岩下，“一头麦、一头笋、一头柱、一头草”。

这种称量复杂的现象都说明，对于一些量词来说，虽然在用法产生之初，它们的三维立体特征对所称量的名词还有一定的限制，但是随着其用法的延续使用，这种限制可能会越来越小，甚至于完全消失，较一致地表现出“三维/立体→二维/平面→一维/标记”的维度递减规律。

在汉语有文献可考的历史中，量词的发展越来越复杂，表现之一就是可以称作量词的词语越来越多，即使是一些临时量词，我们也得承认它们是量词。这些被用作量词的词语之所以会有量词的用法，正是由于它们的形象性。这也是很多研究者认为汉语临时量词具有形象性的主要原因，如赵静贞（1983）、郭先珍（1987）、张爱兰（1998）、何杰（2001）、刘佐艳（2004）等明确指出，汉语的临时量词具有形象性的特征。对于一些长期使用的量词，正如上文所论述的那样，它们的形象性在逐渐消失，甚至完全消失，进而语法化为一种纯粹的语法标记，用于标记一种计量方式。实际上，汉语量词主要是提供了一种计量的手段、方式或标准，而并不涉及具体的数量，计量的准确性来自数量结构中的数词。刘丹青（2002a）认为，汉语说“一本书”和“三本书”，英语说“a/one book”和“three books”，汉语用量词，英语未用，汉语不比英语多任何数量信息；数量信息纯由数词传达，虽然数词在句法上（但不是语义上）必须靠量词的同现才能入句，但量词却可以不跟数词组合（这本书/吃个苹果）就可入名；在粤语中，据有些文本统计显示，个体量词 82%的用例不跟数词同现（Erbaugh，2002）。郭锐（2004：201）也认为，量词本身不包含数量意义，只有与数词结合后才表示数量意义。

惠红军（2011：222-223）认为，汉语量词具有量范畴标记功能，是一种量范畴标记，它的出现是由于汉语使用者用一个事物的量来表达另一事物的量。如“一位学者、三棵树、五只船”等，其中的量词并不能对事物数量进行确切的表达；能够确切表达事物数量的，是数词“一、三、五”等。有些量词似乎能够表达一定的量，如“一群牛”和“三堆草料”中，如果没有“群”和“堆”，单单依靠数词“一”和“三”并不能准确地表达“牛”和“草料”的量。但是“群”和“堆”的数量又难以确定。如“一群幸福的小蚂蚁，三个一堆，五个一群，为一只气球，一个弹珠，从西到东，从东到西，乐此不疲”中，“群”和“堆”的数量就难以确定；而“一群老头去赶集，集上碰到一堆梨，分三个剩两个，分两个剩三个，问有几个老头几个梨”和“一群老头去赶集看见一堆梨，一个人吃三个多三个，一个人吃四个少俩，问几个老头多少个梨”中的“群”和“堆”的数量虽然能够通过计算来确定，但确定出来的数量也不一样。

上文已经论及，受汉语形象化表达策略的影响，汉语量词的使用中蕴涵着“三维/立体→二维/平面→一维/标记”的维度递减策略。王力

（1957/1980：279）指出，名量词都是由名词演变而来的。我们这里需要补充的是，能够用作量词的名词必须得具有三维立体结构，可以看得到、摸得着，而没有三维立体结构的名词不能成为名量词；汉语量词发展史的情况能够充分地说明这一点。我们还需要补充的是，能够用作量词的不仅是名词，而且还有动词，这些用作量词的动词也都是具有空间结构的，即它们必须是富于形象性的动作，没有形象性的动作不能用作量词。这种特色影响了汉语量词的概念结构，使汉语量词的概念结构呈现出“F（量词）={[立体][平面][标记]}”的结构特征；而这种概念结构进一步成为汉语量词用法扩大的认知根源。

汉语量词的概念结构特征也预示了汉语量词的演变结果。对于汉语量词而言，具有完整的概念结构的量词将逐渐成为汉语量词的主要成员，而那些不具备完整的概念结构的量词则逐渐退出量词范畴，或者在逐渐完善其概念结构，并可能成为一个通用量词。换句话说，那些不断扩大称量对象的量词，在概念结构上可能逐渐形成“F（名量词）={[立体][平面] [标记]}”的特征；而那些逐渐退出量词范畴而不再使用的量词，或使用上明显受到形状限制的量词，在概念结构上则不具有“F（名量词）={[立体][平面] [标记]}”的特征。它们由于某种有局限性的形象化表达，没有经历维度递减的过程，因而没有或还没有语法化为一种标记。

但是，具有“F（名量词）={[立体][平面][标记]}”这样的概念结构的量词，也并非总是作为最常用的标记，而是可能发生某种变化。据刘世儒（1965：76），在魏晋南北朝时期，“枚”是“泛用的陪伴词”，即泛用的量词，这类量词的适应能力最强，除了极少数的对象外，几乎是无所不能适应的，而在魏晋南北朝时期，这样的量词只有“枚”和“个”；比较起来，“个”的使用频率、适用范围还远不及“枚”。“枚”的本义是“树干”。《说文解字》：“枚，干也。”“个”的本义是“竹竿”。《说文解字》：“箇，竹枚也。”“箇”就是“个”。它们都具有三维立体结构。根据“枚”和“个”的用法演变的历史，我们可以得出这样的结论，即二者都具有“F（名量词）={[立体][平面][标记]}”这样的概念结构。但在现代汉语中，二者的情况已经逆转，“个”是一个通用量词，而“枚”的适用范围则远不及“个”。而且，在一些汉语方言中，“个”还是一种指示代词或助词（石毓智，2002；张谊生，2003；石毓智、雷玉梅，2004）。虽然“枚”的称量对象有一定程度的缩小，但是其称量对象依然完全不受形体的限制，这表明“枚”依然是一种称量标记。这说明，对于已经具有完备的概念结构的量词，虽然不一定一直作为最常用的标记，但它依然能够保持一定的活力，不受形体因素的限制，广泛地和各类名词搭配。

动量词的概念结构是否和名量词的概念结构完全相同，还需要进一步的研究。但是由于汉语的形象化表达策略对汉语的影响极其深远，名量词中既有来自动词的名量词，也有来自名词的名量词，动量词也是如此。因此我们认为，汉语动量词的概念结构很可能和名量词的概念结构具有一致性。

7.5 量范畴的认知共性

7.5.1 个体量词泛用的认知共性

上文的研究表明，汉语的个体量词“个”“枚”“张”“条”“根”“只”“块”“把”“本”“部”“支”“头”等都有一个称量对象的扩大过程中，并逐渐发展为一种范畴标志。这种现象我们在其他几种语言中也能够发现。

水语的个体量词存在泛用现象。据韦学纯（2011：274-275），水语的通用名量词有 lam[11]（个）、pən[33]（种、类）；其中 lam[11]（个）几乎相当汉语的“个”，可以称量的对象有：

日月星辰：天、日、月、星、球；

身体部位：口、耳、鼻、眼、舌、手、脚、头、心、肺、肝、胆；

日常用品：碗、杯子、床、桌子、椅子、瓶子、锅、箱子、灯、炉、磨子、簸箕、筛子、车、船、飞机；

生产生活资料：田、地、土、钱；

建筑及材料：房子、门、窗、牛圈、房梁、柱子、椽、瓦；

电子产品：电视、电脑、电磁炉、冰箱、电话、手机；

单位：国家、单位、省、州、县、镇、乡、村、组。

仡佬语的个体量词存在泛用现象。李霞（2009：98）指出，仡佬语的泛用量词，相对于专职量词，它们的所指范围较宽：

təɯ^{33}：位（人）、个（碗、脚印）、条（鱼、虫）、只（牛、鸡）、匹（马）、座（山）、口（井）、架（飞机）、辆（车）等；

ɭe^{31}：颗（谷子、星星、子弹）、粒（米）、座（房、楼、庙、山）、件（事）、根（针、刺）、口（棺材）、个（疙瘩）、滴（水）等；

ma^{55}：棵（树）、根（头发、棍、葱）、把（刀、锁、尺、锄头）、架（机器）、件（衣服）、条（裤、裙、河、船）、枝（笔）、张（椅子、网）、床（被子）、座（桥）、盏（灯）等。

苗语个体量词中也有能够通用的量词。余金枝（2010：133）认为，矮寨苗语有一个通用量词 le^{53}（个），它除了用于人物名词以外，还可以用于表示自然景观、建筑物、人体器官、食物、衣物、首饰、日用品、工具、文具、乐器等各类名词，亦可以使用在表示抽象概念的名词上。布依语中也有个体量词的泛用现象。如屯脚布依语的个体量词 kau^{6} 和 ^{ʔ}dan^{1}，它们的应用范围很广，人、动物、植物之外的又没有专用量词的事物都可以用它们来计量（王文艺，2004）。不同语言中的个体量词都有通用或泛用的现象，这种现象说明，量词通用或泛用是量词使用中的一种认知共性表现。

7.5.2　数词“一”的认知共性

数词“一”非常具有认知类型学特点。汉语中，数词“一”能够表达短时概念，构成一个框式副词“一……就……”。如果“一”的后面是动词或形容词，“就”的后面就是一个陈述性结构，用来表示时间之短，动作发生之快。例如：

人家一说你就笑话我们。（刘秀华《1982 年北京话调查资料》）

让我一看就头疼，最怕的语言是看上去每个字母都眼熟。（《新华社 2004 年新闻稿》）

不要因为沙尘暴一少就说生态治理好了，沙尘暴一多又说生态治理不见效了。（《新华社 2004 年新闻稿》）

本来道路就少，这车一多就老堵车。（《1994 年报刊精选》）

我们的“红旗”高级轿车看起来挺神气，可车速一快就飘忽不定，不知它什么时候往哪边跑。（《1994 年报刊精选》）

但“一……就……”也可以用来表示某种量的大或者多；这时，“一”

后面的成分一般只有动词，而“就”的后面则会出现数量结构。例如：

他们把我拉到街边，一讲就是两三个小时。(《新华社 2004 年新闻稿》)

他高中没有毕业就投入银幕生涯，一演就是 50 年。(《新华社 2004 年新闻稿》)

我深深地理解了为何金晨谈冯杰滔滔不绝，一说就是四五个小时。(程鹃《石缝中“挤出”的冯杰》)

汉语“一”的这种用法在其数量结构用法中也有表现，如副词“一把”“一下”等的产生，就与“一”的这种用法密切相关。“一把”的特殊用法，学者已经注意到了。吕叔湘（1980/1999：53）指出，量词“把”可以组成“数+把+动词”，表示动作快而短暂，数词限于“一”。蒋宗福（1995）进一步指出，数量词“一把”用于同手的动作有关的动词之前作特殊状语，其词汇意义已不是“一”与“把”的简单相加，而是产生了别义，并与其他数量词作状语有所不同，值得注意。例如：

宝玉赶上来，一把将他手里的扇子也夺了递与晴雯。(《红楼梦》第 31 回)

（晴雯）忽闻有人唤他，强展星眸，一见是宝玉，又惊又喜，又悲又痛，一把死攥住他的手。哽咽了半日，方说出半句话来。(《红楼梦》第 77 回)

蒋宗福（1995）指出，这里的“一把将他手里的扇子也夺了”，犹“劈手或一下子将扇子夺了”;“一把死攥住他的手”，犹“一下子紧紧攥他的手”。“一把”均是形容出手很快，出人意料。

这种“一把”在现代汉语中也极常见。例如：

她起身想开门逃走，他一把将她抱住，紧紧地将她拥在怀里。(戴婕《寻找新感觉的姑娘》)

她一把打掉手巾，扭过身冲墙站着。(王朔《过把瘾就死》第 4 章)

惠红军（2010a，2010b）研究了汉语副词中的“一下”“一把”“十分”等的产生过程，认为在表达量范畴时，量词和副词具有共同的认知特点，这正是量词非范畴化为副词的认知基础，也是数量结构能够非范畴化为副词的认知基础。发生非范畴化现象的“一把”“一下”和“十分”三个数量结构，存在一个共性特征：其中的数词都是极性数词，而极性数词所表达的是一种程度。“一”是最小的正整数，因此“一把”和“一下”这样的数量结构隐含着量级的最小化；而“十”则是汉语中的一个用于表示完全义的数字。正如清人俞樾《争臣七人五人三人解》所云："数始于一而终于九，至十则复为一矣。"①汉语中用"十"组成的表示完全义的成语如"十全十美、十面埋伏、十恶不赦"等就是一个典型的反映。因此，"十分"这样的数量结构隐含着量级的最大化。

"一"充当副词表达量范畴的用法在其他语言中也能够看到。据张济民（1993：127-128），仡佬语的数词 sɿ^{33}（一）除了表示基数"一"的作用外，还有另外两种用法：sɿ^{33}（一）与副词 tɕu^{13}（就）前后呼应，构成"sɿ^{33}……tɕu^{13}……"的固定形式修饰中心词，其作用相当于一个副词。例如：

xen^{33}tɕh^{55}nu^{42}sɿ^{33}qɛ^{55}tɕu^{13}mu^{33}.

位　人　那　一　喊　就　来

那个人一喊就来。

su^{33}mu^{21}lɛ^{21}zə^{21}sɿ^{33}tsu^{21}tɕu^{13}lɒ^{55}.

你　　犁田　一　看　就　会

你犁田一看就会。

有时有"全""满"等义，对名词起修饰作用，表示事物的数量之大。例如：

ɑ^{33}phɒ^{33}sɿ^{33}tshon^{33}pɑ^{55}lie^{21}tshu^{55}ɯ^{55}ntɑ^{33}.

父　　一　身　一齐　是　水　泥

父亲满身都是泥和水。

ɑ^{33}mɒ^{21}sɿ^{33}sen^{33}thɑ^{55}qɯ^{33}thɯ^{33}thɑ^{55}ə^{42}.

母　一　日　做　事　歇　做　不

母亲整天做事不休息。

仡佬语比工方言的 əɯ^{55}（一）也能够构成副词 əɯ^{55} ɣe^{21}（一样）、əɯ^{55}khuai^{33}（一起）来表示程度。例如：

ma^{55}ma^{55}ʁei^{31}tia^{33}əɯ^{55} ɣe^{21} za^{13}. ②

条　条　　绳　一　样　长

条条绳子都一样长。

i^{33}zaŋ^{13}məɯ^{31}əɯ^{55}khuai^{33}vəɯ^{13}.

我　和　你　一　起　去

① 该语料转引自郭攀《汉语涉数问题研究》，中华书局，2004，第 158 页。

② 这三例仡佬语语料分别引自李霞（2009）第 104 页、第 156 页。

我和你一起去。

səɯ^{31}khuai^{33}zəɯ^{13}əɯ^{13}ɣe^{31}sai^{13}ta^{33}.

两　　个　　人　一　起　锯　树

两个人一起锯树。

彝语的数词 tha^{21}（一）也能够构成一些副词表达量的范畴。例如：

ŋʊ^{21} ȵi^{33} thi^{21}tha^{21}tshʊ^{33}tshu^{33}ʈhu^{33}lʊ^{21}lɤ^{55}. ①

我 并列 他 一　道　北京　　　去

我和他一道去北京。

tʂaŋ^{55}miŋ^{21}phu^{55}mʊ^{21}tʂho^{55}tha^{21}dɤ^{33}ʥu^{33}ndo^{21}ma^{55}nʥu^{33}.

张　　明　父　母 伴随　一　处　生活　否定 想

张明不想跟父母一起生活。

这类副词都能够表达量范畴。仡佬语的 əɯ^{55} ɣe^{21}（一样）往往表示数量相等，仡佬语的 əɯ^{13}ɣe^{31}（一起）和彝语的 tha^{21}tshʊ^{33}（一道）、tha^{21}dɤ^{33}（一起）则因为同时参与人数的增加往往表示数量之大，这是一种表达极性量级的方式。

7.5.3　数量名语序的认知共性

Greenberg（1972）指出了四种可能的数词分类词结构（numeral classifiers construction）：

I）[NUM-CL]-N 例如汉语、越南语、苗语、乌兹别克语、匈牙利语；

II）N-[NUM-CL] 例如泰语、高棉语、马来语；

III）[CL-NUM]-N 例如伊比比奥语（Ibibio）；

IV）N-[CL-NUM]（可能的结构）例如博多语（Bodo，boro）是印度阿萨姆邦的官方语言之一。

Greenberg（1975）指出：第一种和第二种类型比第三种和第四种类型更常用；语言也允许在类型 I 和类型 II 之间的有序转化。

这四种结构即“数词+量词+名词”“名词+数词+量词”“量词+数词+名词”“名词+量词+数词”，其中“数词+量词+名词”“名词+数词+量词”是更常见的语序。在汉语、苗语、彝语、水语、侗语、布依语、仡佬语七种

① 这两例彝语语料引自翟会峰《三官寨彝语参考语法》，中央民族大学 2011 届博士学位论文，第 89 页。

语言中，其数词、量词、名词的语序的共性特征是“数词+量词+名词”。这说明 Greenberg（1972）对数量名语序类型的预测有其准确之处。

然而，我们还发现了 Greenberg（1972）预测之外的语序。因为在苗语和布依语中都有“量词＋名词＋数词”语序，而且二者的数词都是“一”。例如：

苗语的“量词＋名词＋数词”语序：

$a^{44}ntu^{54}wu^{35}a^{44}na^{42}mæ^{22}qwen^{44}a^{44}$！

那 条 河 一 那 么 宽 啊

那一条河那么宽啊！

而苗语还有“数词+量词+名词”语序：

$plei^{35}\ men^{22}\ tsɔ^{42}$ 四位人　　$a^{44}\ ŋuŋ^{22}\ ta^{35}\ qwɯ^{44}$ 一条狗

四 位 人　　一 条 助词 狗

布依语的“量词＋名词＋数词”语序：

$tu^{2}mu^{1}diau^{1}$ 一头猪　　$baɯ^{1}sa^{1}diau^{1}$ 一张纸

只 猪 一　　张 纸 一

而布依语也有“数词+量词+名词”语序：

$si^{5}\ toŋ^{3}\ zam^{4}$ 四桶水　　$ɣa^{3}\ dan^{1}\ tsa^{1}$ 五个碗

四 桶 水　　五 个 碗

可以肯定的是，布依语的“量词+名词+数词”和“数词+量词+名词”两种语序可以有序转换，即当数词为 $diau^{1}$（一）时，其语序为“量词＋名词＋数词”；当数词为 $diau^{1}$（一）以外的其他数词时，其语序为“数词+量词+名词”。

如果按照组合的可能性，名词、数词、量词三者可以形成六种不同的语序结构，“数词+量词+名词”“数词+名词+量词”“名词+数词+量词”“名词+量词+数词”“量词+名词+数词”“量词+数词+名词”。根据目前所掌握的材料，除了 Greenberg（1972）所预测的四种语序之外，我们还能够看到“量词+名词+数词”这种语序，因此数量名的语序类型多于 Greenberg（1972）的预测。这种现象应该是人类语言语序多样性的表现。

同时，我们还发现汉藏语系的数词、量词、名词形成了这样三种语序：“数词+量词+名词”“量词+名词+数词”“名词+数词+量词”。这三种语序中数词、量词、名词的位置很有启发性，因为这三种词类都能够处于这类结构中的任何地方。这应该是汉藏语系语言个性的突出表现，我们也可以把这种现象看作是汉藏语系的认知独特性，并由此进一步去挖掘汉藏语系语言的认知类型。

7.5.4 重叠式表达量范畴的认知共性

重叠现象在人类语言中普遍存在，其语法意义也具有相当明显的一致性。这说明重叠动因是人类语言广泛采用的一种象似机制（Moravcsik，1978；Abbi，1992；张敏，1997）。但是，重叠在各种语言中的表现并不一致。Jakobson（1965）注意到，在各种印欧语言中，表示形容词的原级、比较级、最高级的语素在音素的数目上是依次递增的，如英语中表示形容词的这三级的语素的音节数依次为零、二、三（-0、-er、-est）（张敏，1998：154）。这可以看作是一种重叠，即通过音素的数量叠加来表达形容词在某种特征量上的增加。据王辅世（1985：61），苗语中的形容词有一种增音屈折变化形式，原形式表示比较纯的性质，经过第一式变形，表示驳杂不纯的性质、颜色和味道，例如：

ŋa^{13} 干	ŋu^{13}ŋa^{13} 似干不干状
kə^{53} 硬	ku^{53}kə^{53} 似硬不硬状
zo^{55} 绿	zu^{55}zo^{55} 驳杂不纯之绿色
i^{33} 苦	u^{33}i^{33} 驳杂不纯之苦味

王辅世（1985：61）还指出，能进行第一式变形的形容词中的大多数还可以进行第二式变形；经过第二式变形的形容词表示的意思比第一式又有所加强。例如：

ŋu^{53}ŋa^{13}ŋu^{13}ta^{44} 似干不干状

ku^{53}kə^{53}ku^{53}ta^{44} 似硬不硬状

zu^{31}za^{31}zu^{31}ta^{44} 驳杂不纯之辣味

l̥hu^{44}l̥haŋ^{44}l̥hu^{44}ta^{44} 似滑不滑状

据张敏（1998：185），景颇语里有一种重叠的动作、状态、事物之间的转换。景颇语的形容词重叠式表示性质状态的加深，动词重叠式表示经常性和习惯性的动作行为。若在形容词重叠式和动词重叠式中间插入一个名词化词缀 me，则形成的名词表示“所有……的”的意思。例如：

tin　me　tin 所有跑的　　　koi　me　koi 所有弯曲的

跑　词缀 跑　　　　　　　弯曲　词缀 弯曲

因此说，在一种语言中能够重叠的语言单位，并不意味着在其他语言中也能够同样重叠。但是词语重叠后的词性以及功能上的变化情况会显现出某种共性和成系统的差异性，这则需要根据具体情况进行具体分析。因此，我们对本书研究的七种语言的重叠式表达量范畴的情况进行了梳理统计，统计结果如表 7.2 所示：

表 7.2　重叠式的词性及表达的量范畴

		汉语	苗语	彝语	水语	侗语	布依语	仡佬语
名词	词性	名词 副词	名词 副词	副词	名词	名词	名词 副词	名词
	功能	小量 小称 大量	大量	大量	大量	大量	大量	大量 爱称
动词	词性	动词	动词	副词	动词	动词	动词	动词
	功能	小量 大量	大量	大量	大量	小量 大量	小量 大量	小量 大量
形容词	词性	形容词	形容词	形容词	形容词	形容词	形容词	形容词
	功能	大量	大量	大量	大量	大量	大量	大量
副词	词性	副词	副词	副词	副词	副词		
	功能	大量	大量	大量	大量	大量		
量词	词性	量词	量词	量词	量词	量词	量词	量词
	功能	大量	大量	大量	大量	大量	大量	大量
数词	词性	数词 副词		数词		数词		
	功能	小量 大量		大量		大量		

表 7.2 的统计结果表明，在我们所研究的七种语言中，词语重叠后，词性可能发生变化，也可能不发生变化。重叠式发生词性变化的有名词、动词、数词，重叠式词性不发生变化的有形容词、副词、量词。

表 7.2 的统计还表明，词语重叠式的词性虽然发生变化，但是变化后的词性却都是副词，而且副词的重叠式也是能够表达量范畴的。

从词性变化的角度来看，汉语、苗语、布依语的名词重叠后可能会变成副词，彝语的动词重叠后可以变成副词，汉语的数词重叠后可能变成副词。

从表达功能的角度看，词语重叠以表达大量、量的增加为主要功能，如形容词重叠、量词重叠都是表示大量。也有能够表达小量的情况，如汉语的名词重叠式、动词重叠式、数词重叠式都既可以表示大量，也可以表达小量。侗语的动词重叠式、布依语的动词重叠式都既可以表示大量，也可以表达小量。各种重叠式中，只有汉语和仡佬语的重叠式能表达情感因素，汉语名词重叠式可以表达小称，仡佬语名词重叠式可以表达爱称，而小称和爱称则存在着很大程度上的一致性。

很明显，我们所考察的这七种语言中，重叠的共性特征是表达大量，个别语言会表现出某种独特性，如汉语。这种共性存在着认知上的动因，即重叠象似动因。Sapir（1921）曾提及，重叠含有“不证自明的象征性”。Moravcsik（1978）称之为“形式机制的拟象用法”。Friedrich（1979）则明确指出，重叠式包含一定程度的指引性和象似性。Lakoff & Johnson（1980）举例说，英语的“He ran and ran and ran and ran（他跑啊跑啊跑啊跑）”跟“He ran（他跑了）”相比，前者表示的动作的量更大；“He is very very very tall（他非常非常非常高）”跟“He is very tall（他非常高）”相比，前者表示的性质更强。和英语不同的是，重叠在很多语言里不仅是一种临时组合，而且是一种语法化了的词法或句法机制。Lakoff & Johnson 指出，在相当多的语言里，当重叠出现在名词上时，单数会变为复数，或表集合概念；出现在动词上时，表示动作的持续或完成；出现在形容词上时，表示性质状态的增强。Hiraga（1994）据此将重叠看作数量象似性（quantity iconicity）的一种体现形式。（张敏 1998：178）

语言形式上的重叠反映的是概念领域里事物的重叠。换言之，语言结构上的重叠反映的是认知领域上概念结构的重叠，同时又蕴涵着事物量的重叠。任何语言形式和结构上的不同和变化都有其认知上的动因；这种动因既有整个人类语言层面的抽象性，也有其在某一地理区域上表现出的具体性。因而，对于语言的形式和类型的研究，不仅要考虑其共性特征，还应该将其地理因素考虑进来，这样才能对语言的某种共性做出更深入更系统的认知。

参考文献

贝罗贝．1998．上古、中古汉语量词的历史发展．语言学论丛（第二十一辑）：99-122．

薄文泽．2003．壮语量词的语法双重性．民族语文，（6）：7-12．

步连增．2011．南方汉语中量词定指现象来源初探——以桂南平话为例．语言研究，（3）：95-102．

布龙菲尔德．1997．语言论．袁家桦、赵世开、甘世福译．钱晋华校．北京：商务印书馆．

曹翠云．1961．黔东苗语状词初探．中国语文，（4）：36-42，8．

曹广衢．1994．布依语指示代词的弱化用法和语法功能上的特点．贵州民族研究，（2）：132-142．

陈凡凡、林伦伦．2003．广东澄海闽方言量词的语法特点．汕头大学学报，（S1）：70-76．

陈宏．2009．贵州松桃大兴镇苗语研究．天津：南开大学博士学位论文．

陈平．1988．论现代汉语时间系统的三元结构．中国语文，（6）：401-422．

陈世辉、汤余惠．1988．古文字学概要．长春：吉林大学出版社．

陈士林等．1985．彝语简志．北京：民族出版社．

陈颖．2003．苏轼作品量词研究．成都：巴蜀书社．

陈玉洁．2007．量名结构与量词的定语标记功能．中国语文，（6）：516-530．

陈泽平、秋谷裕幸．2008．福州话的通用量词“隻”与“個”．方言，（4）：312-317．

程工．1999．语言共性论．上海：上海外语教育出版社．

程琪龙．1995．试论语言的基本概念结构．外语与外语教学，（3）：1-5，18．

程琪龙．1996a．“概念结构”探索．语文研究，（1）：19-24．

程琪龙．1996b．语言和人性：述评 Jackendoff 的《心智的组织》．国外语言学，（2）：22-25．

程琪龙．1997．Jackendoff 的概念语义学理论．外语教学与研究，（2）：8-13．

储泽祥、魏红．2005．汉语量词“片”及其自相似性表现．语言科学，（2）：33-38．

储泽祥．2001．“名+数量”语序与注意焦点．中国语文，（5）：411-417．

戴浩一．1988．时间顺序和汉语的语序．黄河译．国外语言学，（1）：10-20．

戴浩一．1989/1994．以认知为基础的汉语功能语法刍议//戴浩一、薛凤生主编．功能主义与汉语语法．叶蜚声译．北京：北京语言学院出版社：187-217．

戴浩一．2002．概念结构与非自主性语法：汉语语法概念系统初探．当代语言学，（1）：1-12．

戴庆厦．2006．汉语与少数民族语言语法比较．北京：民族出版社．

戴庆厦、顾阳．2003．现代语言学理论与中国少数民族语言研究．北京：民族出版社．

戴庆厦、蒋颖．2005．论藏缅语的反响型名量词．中央民族大学学报（哲学社会科学版），

（2）：124-129.
戴婉莹．1984．量词“个化”新议．汉语学习，（1）：37-41，53.
邓开初．2008．长沙话中缺乏语义分类功能的量词“只”．船山学刊，（3）：60-61.
刁晏斌．2009．当代汉语量词的简化和繁化．渭南师范学院学报，（1）：20-22.
丁椿寿．1985．彝语通论．贵阳：贵州民族出版社.
丁椿寿．1993．彝语通论．贵阳：贵州民族出版社.
丁椿寿．1991．黔滇川彝语比较研究．贵阳：贵州民族出版社.
丁椿寿等．1991．现代彝语．北京：中央民族大学出版社.
董秀芳．2002．词汇化：汉语双音词的衍生和发展．成都：四川民族出版社.
董伟光．2004．汉语词义发展基本类型．武汉：华中科技大学出版社.
樊中元．2003．现代汉语一名多量现象研究．长沙：湖南师范大学博士学位论文.
范崇高．2003．名量词“人”示例．中国语文，（3）：281.
范晓．2001a．关于汉语的语序问题（一）．汉语学习，（5）：1-12.
范晓．2001b．关于汉语的语序问题（二）．汉语学习，（6）：18-28.
范彦婷．2012．梅兰竹菊题材在中国画创作中的审美价值．西安：陕西师范大学硕士学位论文.
范毓周．1986．甲骨文．北京：人民出版社.
方寅、张福成．2007．动词与动量词搭配规律的认知分析．徐州师范大学学报，（3）：60-64.
冯杏实．1980．名词的构形重叠与构词重叠．西南民族学院学报，（4）：45-50.
甘于恩．1997．广东粤方言人称代词的单复数形式．中国语文，（5）：351-354.
顾廷龙、王世伟．1990．尔雅导读．成都：巴蜀书社.
管燮初．1981．西周金文语法研究．北京：商务印书馆.
郭攀．2004．汉语涉数问题研究．北京：中华书局.
郭锐．1993．汉语动词的过程结构．中国语文，（6）：410-419.
郭锐．2004．现代汉语词类研究．北京：商务印书馆.
郭先珍．1987．现代汉语量词手册．北京：中国和平出版社.
郭翼舟．1984．副词、介词、连词．上海：上海教育出版社.
何杰．2001．现代汉语量词研究．修订版．北京：民族出版社.
何伟棠．1993．增城方言志．广州：广东人民出版社.
贺嘉善．1981．仡佬语概况．民族语文，（4）：67-76.
贺嘉善．1982．仡佬语的系属．民族语文，（5）：43-49.
贺嘉善．1983．仡佬语简志．北京：民族出版社.
贺文、危辉．2010．概念结构研究综述．计算机应用与软件，（1）：156-159.
贺又宁．1998．苗语汉语语序浅较．贵州民族学院学报，（4）：27-33.
贺又宁、胥奇．2013．苗语“量词”跨方言比较研究视点之一——中部方言量词语义特征考察．贵州民族大学学报，（1）：96-101.
洪笃仁．1955．从现代汉语的词序看所谓“倒装”．厦门大学学报，（4）：119-134.
胡附．1959．数词和量词．上海：上海教育出版社.

胡素华、沙志军．2005．凉山彝语类别量词的特点．中央民族大学学报（哲学社会科学版），（4）：120-124．
胡竹安、余志鸿．1981．《语言地理类型学》简介．国外语言学，（4）：58-67．
华玉明．1994．试论量词重叠．邵阳师专学报，（3）：43-47．
华玉明．1996．名词重叠的表义类型及其语法差异．浙江师大学报（社会科学版），（1）：99-102．
黄成龙．2005．羌语的名量词．民族语文，（5）：43-47．
黄芳．2010．先秦汉语量范畴研究．武汉：华中科技大学博士学位论文．
黄芳．2013．水语通用量词及语义特征分析．黔南民族师范学院学报，（3）：6-11，5．
黄凌．1998．汉语异形诗再探．社科纵横，（5）：84．
黄盛璋．1961．两汉时代的量词．中国语文，（8）：21-28．
黄行．2014．中国少数民族社会语言生活的可持续发展．世界教育信息，（16）：46．
黄雪贞．1987．惠州话的归属．方言，（4）：255-263．
黄载君．1964．从甲文金文量词的应用考察汉语量词的起源与发展．中国语文，（6）：432-441．
惠红军．2006．《水浒传》量词研究．贵阳：贵州大学硕士学位论文．
惠红军．2008．《金瓶梅》量词句法功能的语法等级．汉语史研究集刊，（第十一辑）：170-184．
惠红军．2011．汉语量词研究．成都：西南交通大学出版社．
惠红军．2010a．数量结构非范畴化为副词．贵州民族学院学报，（3）：32-35．
惠红军．2010b．数量结构“一把”的非范畴化现象探析．现代语文，（24）：44-46．
惠红军．2012．时间性量词短语的语义双指．语言教学与研究，（2）：51-56．
惠红军．2012a．汉语量词的概念网络层次研究．贵州省教育厅高校人文社科研究项目结题报告．
惠红军．2012b．《古尊宿语录》量词句法功能的语法等级．贵州民族学院学报，（1）：104-110．
惠红军、金骁潇．2008．贵州少数民族语言资源的保护与利用．贵州民族研究，（5）：126-130．
侯友兰．1998．量词重叠的语法语义分析．绍兴文理学院学报，（3）：56-61．
冀芳．2010．黔东苗语的特殊重叠构形及其量范畴研究．贵州民族研究，（5）：161-166．
贾红霞．2003．口语结构“NP＋时量短语＋了”语义分析．语言文字应用，（4）：112-119．
姜国平．2005．湘语通用量词“隻”研究．长沙：湖南师范大学硕士学位论文．
蒋谦．2010．基于网络的概念结构与概念变化．江汉论坛，（12）：75-80．
蒋颖．2006．汉藏语系名量词研究．北京：中央民族大学博士学位论文．
蒋宗福．1995．“一把”释疑．辞书研究，（4）：146-147．
蒋宗霞．2006．动量词的语义分类及组合关系．阜阳师范学院学报（社会科学版），（3）：50-52．
金易生．1995．用于人的量词．咬文嚼字，（2）：10-12．
阚绪良．2006．说“豆比”．第十二届全国近代汉语学术研讨会暨近代官话研究国际学术研讨会论文．贵阳．
康忠德．2009．居都仡佬语参考语法．北京：中央民族大学博士学位论文．
冷新吾．2006．量词“位”的变异用法考察．淄博师专学报，（4）：53-56．
李锦芳．1990．粤语中的壮侗语族语言底层初析．中央民族学院学报，（6）：71-76．
李锦芳．2006．西南地区濒危语言研究．北京：中央民族大学出版社．
李锦芳、韩林林．2009．红仡佬语概况．民族语文，（6）：63-79．
李锦芳、李霞．2010．居都仡佬语量词的基本语法特征和句法功能．语言研究，（2）：116-121．
李锦芳、徐晓丽．2004．比贡仡佬语概况．民族语文，（3）：70-81．
李蓝．1987．贵州大方方言名词和动词的重叠式．方言，（3）：200-204．
李蓝．2008．汉语的人称代词复数表示法．方言，（3）：224-243．
李倩倩．2012．布依语四音格研究．北京：中央民族大学硕士学位论文．
李讷、石毓智．1998．句子中心动词及其宾语之后谓词性成分的变迁与量词语法化的动因．语言研究，（1）：40-54．
李若晖．2000．殷代量词初探．古汉语研究，（2）：79-84．
李霞．2009．比工仡佬语参考语法．北京：中央民族大学博士学位论文．
李先银．2002．借用名量词的语义分析．信阳师范学院学报，（2）：56-59．
李小平．1999．山西临县方言名词重叠式的构词特点．山西大学学报，（1）：63-66．
李一平．1983．副词修饰名词或名词性成分的功能．语言教学与研究，（3）：40-51．
李宇明．1996．论词语重叠的意义．世界汉语教学，（1）：10-19．
李宇明．2000a．拷贝型量词及其在汉藏语系量词发展中的地位．中国语文，（1）：27-34．
李宇明．2000b．汉语量范畴研究．武汉：华中师范大学出版社．
李云兵．2003．苗语的形态及其语义语法范畴．民族语文，（3）：19-28．
李云兵．2006．苗语重叠式的构成形式、语义和句法结构特征．语言科学，（2）：85-103．
李云兵．2008a．中国南方民族语言语序类型研究．北京：北京大学出版社．
李云兵．2008b．语言接触对南方一些民族语言语序的影响．民族语文，（5）：17-34．
李宗江．2004．语法化的逆过程：汉语量词的实义化．古汉语研究，（4）：62-67．
梁敏．1980．侗语简志．北京：民族出版社．
梁敏．1986．壮侗语族诸语言名词性修饰词组的词序．民族语文，（5）：14-22．
刘朝华．2012．布依语汉语名量词对比研究．北京：中央民族大学博士学位论文．
刘丹青．1986．苏州方言定中关系的表示方式．苏州大学学报，（2）：89-92．
刘丹青．1988．汉藏语系重叠形式的分析模式．语言研究，（1）：167-175．
刘丹青．2001．粤语句法的类型学特点．亚太语文教育学报，（2）：1-30．
刘丹青．2002a．所谓“量词”的类型学分析，北京语言大学对外汉语教学研究中心讲座，2002 年 12 月 18 日．http: //www. pkucn. com/viewthread. php？tid= 139982[2008 年 12 月 1 日]．
刘丹青．2002b．汉藏语言的若干语序类型学课题．民族语文，（5）：1-11．
刘丹青．2003a．语言类型学与汉语研究．世界汉语教学，（4）：5-12．
刘丹青．2003b．语言类型学与介词理论．北京：商务印书馆．

刘丹青．2004．先秦汉语语序特点的类型学观照．语言研究，（1）：37-46．
刘丹青．2006．名词短语句法结构的调查研究框架．汉语学习，（1）：70-80．
刘丹青．2011．语言库藏类型学构想．当代语言学，（4）：289-303．
刘丹青．2012．语言库藏类型学．复旦大学中国语言学暑期高级研修班（CLSI）．
刘丹青、徐烈炯．1998．焦点与背景、话题及汉语“连”字句．中国语文，（4）：243-252．
刘世理．2009．范畴映射：语义的扩展与限制．外语教学，（5）：25-28．
刘世儒．1965．魏晋南北朝量词研究．北京：中华书局．
刘晓然．2006．汉语量词短语的词汇化．语言研究，（1）：103-106．
刘月华．1983．动词重叠的表达功能及可重叠动词的范围．中国语文，（1）：9-19．
刘佐艳．2004．表规模、数量词语的模糊性及民族文化特点．中国俄语教学，（4）：28-32．
柳远超．2009．盘县次方言彝语．北京：民族出版社．
龙海燕．2010．布依语名量词的产生和发展．贵州民族研究，（5）：155-160．
龙景科．2009．侗语“形名”组合的主项位移功能分析．贵州民族研究，（4）：85-90．
龙耀宏．2003．侗语研究．贵阳：贵州民族出版社．
卢卓群．1979．说十百千万的组合．语文教学与研究，（2）：49-51，48．
罗安源．2005．松桃苗话描写语法学．北京：中央民族大学出版社．
罗劲、应小萍．2005．思维与语言的关系：来自认知神经科学的证据．心理科学进展，（4）：454-465．
罗日新．1986．从名（或动）、量的搭配关系看量词的特点．辽宁师范大学学报，（2）：58-60．
吕叔湘．1980/1999．现代汉语八百词（增订本）．北京：商务印书馆．
吕叔湘、江蓝生．1985．近代汉语指代词．上海：学林出版社．
吕文平．2011．关帝《风雨竹诗画》小究．文物世界，（2）：54，80．
马彪．2007．汉语状态词缀及其类型学特征——兼与其他民族语言比较．北京：中央民族大学博士学位论文．
马辉．2012．彝语词法研究．上海：上海师范大学博士学位论文．
马庆株．1990．数词、量词的语义成分和数量结构的语法功能．中国语文，（3）：161-173．
马学良．2003．汉藏语概论．北京：民族出版社．
毛丽丹．2009．中国画创作的哲学思想探析．江西社会科学，（4）：244-247．
倪大白．1982．水语的声调别义．民族语文，（2）：31-38．
倪大白．1990．侗台语概论．北京：中央民族学院出版社．
潘悟云、陶寰．1999．吴语的指代词//李如龙、张双庆主编．代词（中国东南部方言比较研究丛书第四辑）．广州：暨南大学出版社．
彭丽．2010．贵阳方言的名词重叠式．现代语文，（12）：75-77．
秦洪武．2002．汉语“动词＋时量短语”结构的情状类型和界性分析．当代语言学，（2）：90-100．
覃晓航．1988．从汉语量词的发展看壮侗语“数、量、名结构”的词序变化．广西民族学院学报，（1）：125-128．
覃晓航．2005．关于壮语量词的词头化．民族语文，（3）：52-56．

覃晓航．2008．壮语量词来源的主渠道．语言研究，（1）：121-126．
曲木铁西．1994．试论彝语名量词的起源层次．民族语文，（2）：33-39．
邵敬敏．1993．量词的语义分析及其与名词的双向选择．中国语文，（3）：181-188．
邵敬敏．1996．动量词的语义分析及其与动词的双向选择．中国语文，（2）：100-109．
邵敬敏．2000．汉语语法的立体研究．北京：商务印书馆．
沈怀兴．2001．量词“位”的泛用．河南师范大学学报，（1）：66-68．
沈家煊．1985．雷•贾肯道夫的《语义学和认知》．国外语言学，（4）：19-22．
沈家煊．1995．“有界”与“无界”．中国语文，（5）：367-380．
沈家煊．1999．不对称和标记论．南昌：江西教育出版社．
沈家煊．2009．语言类型学的眼光．语言文字应用，（3）：11-13．
沈林．2002．试论量词与名词的搭配．广东外语外贸大学学报，（3）：23-26．
盛银花．2005．安陆方言物量词比较研究．中南民族大学学报，（1）：167-170．
施其生．1996．广州方言的“量+名”组合．方言，（2）：113-118．
石怀信．1987．苗语形态初探．贵州民族研究，（1）：79-82．
石怀信．1997．再论苗语形态．贵州民族研究，（3）：141-146．
石林．1985．论侗语形容词．贵州民族研究，（4）：124-136，111．
石林．1986．侗语代词分析．民族语文，（5）：40-46．
石毓智．2002．量词、指示代词和结构助词的关系．方言，（2）：117-126．
石毓智．2005．乔姆斯基语言学的哲学基础及其缺陷——兼论语言能力的合成观．外国语，（3）：2-13．
石毓智、雷玉梅．2004．“个”标记宾语的功能．语文研究，（4）：14-19．
宋成吉、张继梅．2010．量词“人”新探．学术交流，（8）：147-149．
苏培成．1994．现代汉字学纲要．北京：北京大学出版社．
孙朝奋．1994．汉语数量词在话语中的功能//载戴浩一、薛凤生主编．功能主义与汉语语法．北京：北京语言学院出版社：139-158．
孙宏开．2006．中国少数民族语言活力排序研究．广西民族大学学报（哲学社会科学版），（5）：6-10．
孙宏开．2011．汉藏语系历史类型学研究中的一些问题．语言研究，（1）：113-120．
孙宏开、江荻．1999．汉藏语言系属分类之争及其源流．当代语言学，（2）：17-32．
孙宏开等．2007．中国的语言．北京：商务印书馆．
孙汝建．1996．关于量词“个”化论的思考．云南师范大学学报，（1）：70-74．
谭治琪．2009．陇东方言名词重叠式的构形、语法和语义特征．现代语文，（9）：113-115．
唐兰．1949/2001．中国文字学．上海：上海古籍出版社．
田贵森．1996．《语义结构》评介．国外语言学，（3）：27-32．
瓦西罗曲．1987．凉山彝族“尔比”研究之一．民族文学研究，（5）：87-89．
万献初．2003．湖北通城方言的量词“隻”．方言，（3）：187-191．
王德春．1992．对外汉语教学漫议之十（三篇）．汉语学习，（1）：40-43．
王春德．1986．苗语语法（黔东方言）．北京：光明日报出版社．
王辅世．1985．苗语简志．北京：民族出版社．

王怀榕、李霞．2007．三冲仡佬语概况．民族语文，（2）：65-81．

王惠良．1987．布依语罗甸话数词初探．贵州民族研究，（1）：68-78．

王力．1944．中国现代语法．北京：商务印书馆．

王力．1957/1980．汉语史稿（重排本）．北京：中华书局．

王力、钱淞生．1950．珠江三角洲方音总论．岭南学报，（2）：57-67．

王丽媛．2006．数词、量词、数量词语的重叠．武汉：华中师范大学硕士学位论文．

王丽媛．2010．数词的重叠．渭南师范学院学报，（1）：36-39．

王绍新．1992．唐代时文小说中名量词的运用//程湘清主编．隋唐五代汉语研究．济南：山东教育出版社．

王绍新．2005．试论“人”的量词属性．中国语文，（1）：39-43．

王文艺．2004．布依语与汉语量词比较//贵州省布依学会、安顺地区民委编．布依学研究．贵阳：贵州民族出版社．

王锳．1996．唐诗中的动词重叠．中国语文，（3）：233-234，240．

韦学纯．2011．水语描写研究．上海：上海师范大学博士学位论文．

翁璇庆．1997．莫滥用量词“位”．咬文嚼字，（1）：26．

吴安其．2002．汉藏语同源研究．北京：中央民族大学出版社．

吴安其．2006．汉藏语的数词．民族语文，（2）：3-13．

吴安其．2005．分析性语言的名量词//李锦芳主编．汉藏语系量词研究．北京：中央民族大学出版社．

吴福祥等．2006．汉语“数＋量＋名”格式的来源．中国语文，（5）：387-400．

吴平．1983．苗语的情状量词初探．贵州民族研究，（3）：88-96．

吴启禄．1983．布依语量词概略．贵州民族研究，（3）：97-104，96．

吴启禄．1992．贵阳布依语．贵州贵阳：贵州民族出版社．

夏晓蓉．2007．概念结构理论与构式语法说比较分析．外语与外语教学，（10）：22-24，32．

向熹．1993a．简明汉语史（上）．北京：高等教育出版社．

向熹．1993b．简明汉语史（下）．北京：高等教育出版社．

肖亚丽．2007．从方言看黔东南民族文化景观．现代语文，（11）：116-118．

谢群霞．2006．成都方言名词重叠的类型、表义及成因．成都大学学报（社科版），（3）：94-96，108．

谢润姿．2008．广东揭阳方言量词初探．广西教育学院学报，（5）：130-132．

谢朝群、陈新仁．2007．语用三论：关联论•顺应论•模因论．上海：上海教育出版社．

邢福义．1993．现代汉语数量词系统中的“半”和“双”．语言教学与研究，（4）：36-56．

邢福义．2002．“起去”的普方古检视．方言，（2）：97-107．

许宝华、宫田一郎．1999．汉语方言大词典．北京：中华书局．

熊学亮．1999．认知语用学概论．上海：上海外语教育出版社．

徐杰．2005．汉语研究的类型学视野．北京：北京语言大学出版社．

徐杰、李英哲．1993．焦点和两个非线性语法范畴：“否定”“疑问”．中国语文，（2）：81-92．

徐烈炯．2005．汉语是不是话语概念结构化语言//徐杰主编．汉语研究的类型学视角．北京：北京语言大学出版社．
徐通锵．2004．汉语研究方法论初探．北京：商务印书馆．
徐中舒．1989．甲骨文字典．成都：四川辞书出版社．
许光烈．1990．谈副词的重叠．内蒙古民族师院学报，（1）：34-37．
许巧云、打西阿且．2013．性别文化视角关照下的汉彝英熟语比较．天府新论，（4）：147-151．
薛健．2006．量词“个化”问题管见．汉语学习，（5）：22-27．
严宝刚．2009．吴语通用量词“只”探源．才智，（17）：219．
杨平．2003．动词重叠式的基本意义．语言教学与研究，（5）：8-16．
杨朝晖、何刚．2007．现代彝语教程．成都：四川民族出版社．
姚双云、储泽祥．2003．汉语动词后时量、动量、名量成分不同情况考察．语言科学，（5）：56-70．
叶桂郴．2005．《六十种曲》和明代文献的量词．长沙：湖南师范大学博士学位论文．
游顺钊．1988．从认知角度探讨上古汉语名量词的起源．中国语文，（5）：361-365．
于逢春．1999．论汉语颜色词的人文性特征．东北师范大学学报，（5）：78-84．
于省吾．1999．甲骨文字诂林．北京：中华书局．
余金枝．2010．矮寨苗语参考语法．北京：中央民族大学博士学位论文．
喻翠容．1980．布依语简志．北京：民族出版社；又载．中国少数民族语言简志丛书（修订本）．卷三．北京：民族出版社．2009．
喻世长．1956．布依语语法研究．北京：科学出版社．
袁家骅等．1989．汉语方言概要．北京：文字改革出版社．
袁善来．2011a．仡佬语形容词重叠式初探．重庆三峡学院学报，（1）：119-122．
袁善来．2011b．比工仡佬语词汇研究．北京：中央民族大学博士学位论文．
翟会峰．2011．三官寨彝语参考语法．北京：中央民族大学博士学位论文．
张爱兰．1998．析现代汉语量词的表现特征．甘肃高师学报，（4）：12-14．
张桂光．2009．商周金文量词特点略说．中山大学学报，（5）：22-28．
张积家、段新焕．2007．汉语常用颜色词的概念结构．心理学探新，（1）：45-52．
张济民．1993．仡佬语研究．贵阳：贵州民族出版社．
张建、谢晓明．2007．表示动量的“遍”和“次”．语言教学与研究，（4）：34-39．
张军．2005．量词与汉藏语名词的数量范畴//李锦芳主编．汉藏语系量词研究．北京：中央民族大学出版社．
张均如．1980．水语简志．北京：民族出版社；又载：中国少数民族语言简志丛书（修订本）．卷三．北京：民族出版社．2009．
张惠英．2001．汉语方言代词研究．北京：语文出版社．
张敏．1997．从类型学和认知语法的角度看汉语重叠现象．国外语言学，（2）：37-45．
张敏．1998．认知语言学与汉语名词短语．北京：中国社会科学出版社．
张谊生．1997．副词的重叠形式与基础形式．世界汉语教学，（4）：42-54．
张谊生．2000a．现代汉语副词研究．上海：学林出版社．
张谊生．2000b．现代汉语副词的性质、范围与分类．语言研究，（2）：51-63．

张谊生. 2003. 从量词到助词——量词“个”语法化过程的个案分析. 当代语言学,(3): 193-205.
张永祥、曹翠云. 1984. 从语法看苗语和汉语的密切关系. 中央民族学院学报,(1): 68-77.
张玉兰. 2011. 古代汉语动词的概念结构及其句法后果. 济南: 山东师范大学硕士学位论文.
张玉学. 2013. 临见妙裁、唯意而取——论中国人物画构图的历史承变. 西安: 西安美术学院硕士学位论文.
张则顺. 2009. 汉语名词重叠研究的类型学视角. 湘潭师范学院学报,(3): 198-200.
章宜华. 1998. 自然语言的心理表征与词典释义. 现代外语,(3): 46-61.
赵静贞. 1983. 数量词“一丝”的虚用. 汉语学习,(2): 36-39, 28.
赵艳芳. 2001. 认知语言学概论. 上海: 上海外语教育出版社.
赵元任. 1956. 现代吴语研究. 北京: 科学出版社.
郑宇. 2007. 福州方言指示代词“只”“者”之起源. 福建广播电视大学学报,(2): 15-18, 27.
周彩莲. 2002. 现代汉语数词研究. 哈尔滨: 黑龙江大学硕士学位论文.
周翠英. 2001. 古汉语数词的非数目意义研究. 青岛大学师范学院学报,(4): 53-56.
周刚. 1998. 语义指向分析刍议. 语文研究,(4): 26-33.
周国娟. 2013. 丹阳方言的重叠式名词. 苏州教育学院学报,(2): 39-41, 101.
周国炎. 1999. 布依语动词重叠及其表达功能初探. 民族教育研究,(S1): 57-64.
周娟. 2007. 现代汉语动词与动量词组合研究. 广州: 暨南大学博士学位论文.
周芍. 2006. 名词量词组合的双向选择研究及其认知解释. 广州: 暨南大学博士学位论文.
周旋、李柏令. 2006. 试析量词“位”的泛化及其原因. 现代语文,(6): 105-106.
周艳芳. 2011. 阳泉方言中的名词重叠式及与普通话的比较. 吉林省教育学院学报,(8): 128-129.
周有光. 1997. 世界文字发展史. 上海: 上海教育出版社.
朱德熙. 1956. 现代汉语形容词研究. 语言研究,(1) //《朱德熙文集》第 2 卷, 北京: 商务印书馆, 1999: 1-37.
朱德熙. 1982. 语法讲义. 北京: 商务印书馆.
朱建新. 2000. 凉山彝语声调的语法作用. 西南民族学院学报,(7): 36-40.
朱景松. 1998. 动词重叠式的语法意义. 中国语文,(5): 378-386.
朱景松. 2003. 形容词重叠式的语法意义. 语文研究,(3): 9-17.
朱文旭. 2005. 彝语方言学. 北京: 中央民族大学出版社.
宗丽. 2013. 长阳方言的重叠和小称. 江汉学术,(1): 98-101.
左少兴. 2006. 俄语的数、数词和数量词研究. 北京: 北京大学出版社.
北京大学中文系 1955、1957 级语言班. 1982. 现代汉语虚词例释. 北京: 商务印书馆.
中国科学院少数民族语言调查第一工作队. 1958. 水语调查报告初稿(油印本).
中国社会科学院民族研究所语言研究室、中国民族语言学术讨论会秘书处编. 1980. 汉藏语系语言学论文选译.
中央民族学院少数民族语言研究所第五研究室编. 1983. 壮侗语族语言文学资料集. 成都：四川民族出版社.
大河内康宪. 1993. 量词的个体化功能. 靳卫卫译//大河内康宪主编，日本近、现代汉语研究论文选，北京：北京语言学院出版社：426-446.
费尔迪南・德・索绪尔. 1999. 普通语言学教程. 高名凯译. 岑麒祥、叶蜚声校注. 北京：商务印书馆.
梅耶. 2008. 历史语言学中的比较方法. 岑麒祥译. 北京：世界图书出版公司.
皮埃尔・吉罗. 1988. 符号学概论. 怀宇译. 成都：四川人民出版社.
桥本万太郎. 1985. 语言地理类型学. 余志鸿译. 北京：北京大学出版社.
太田辰夫. 1987/2003. 中国语历史文法. 蒋绍愚，徐昌华译. 北京：北京大学出版社.
C. J. 菲尔墨. 2005. "格"辨. 胡明扬译. 北京：商务印书馆.
R. H. 罗宾斯. 1997. 简明语言学史. 许德宝等译. 北京：中国社会科学出版社.
Abbi, A. 1992. *Reduplication in South Asia Language: An Areal, Typological and Historical Study*. New Delhi: Allied Publishers.
Adams, K. & Conklin, N. F. 1973. Towards of natural classification. *Papers from the 9th Regional Meeting of the Chicago Linguistics Socity*, Chicago Linguistics Socity, 1-10.
Aikhenvald, A. Y. 2000. *Classifiers: A Typology of Noun Categorization Devices*. New York: Oxford University Press.
Allan, K. 1977. Classifiers. *Language*, (2): 285–311.
Burusphat, S. 2007. Animate classifiers in Tai languages. *International Journal of the Sociology of Language*, (186): 109-124.
Comrie, B. 2009. *Language Universals and Linguistic Typology: Syntax and Morphology*. 北京: 北京大学出版社.
Corbett, G. G. 2005. *Number*. 北京: 北京大学出版社.
Craig, C. 1986. *Noun Classes and Categorization*. Amsterdam & Philadelphia: John Benjamin's publishing Company.
Croft, W. 2003. *Typology and Universals*. Cambridge: Cambridge University Press.
Croft, W. 2009. *Radical Construction Grammar: Syntactic Theory in Typological Perspective*. 北京: 世界图书出版公司.
Denny, J. 1979. Semantic analysis of Japanese Classifiers. *Linguistics*, (17): 317-336.
Dixon, R. M. W. 1986. Noun classes and noun classification in typological perspective. In C. G. Craig (Ed.), *Noun Classes and Categorization* (pp. 105-112). Amsterdam & Philadelphia: J. Benjamins.
Emeneau, M. B. 1951. *Study in Vietnamese (Annamese) Grammar*. Berkeley & Los Angeles: University of California Press.
Erbaugh, M. S. 2002. Classifiers are specification: Complementary functions for sortal and general classifiers in Cantonese and Mandarin. *Cahiers de Linguistique Asie Orientale*, (31): 1.

Fauconnier, G. 1994/2008. *Aspects of Meaning Construction in Natural Language*. 北京：世界图书出版公司.

Fauconnier, G. 2005. Compression and emergent structure. *Language and Linguistics*, (4): 523-538.

Friedrich, P. 1970. Shape in grammar. *Language*, (2): 379-407.

Friedrich, P. 1979. The symbol and its relative non-arbitrariness. In Anwar S. Dil (Ed.). *Language Context and the Imagination*. Chicago: University of Chicago Press.

Greenberg, J. H. 1963. Some Universals of Grammar with Particular Reference to the Order of Meaningful Elements, In J. H. Greenberg (Ed.), *Universals of Language* (pp. 58-90). Cambridge, Mass.: MIT Press.

Greenberg, J. H. 1972. Numeral classifiers and substantival number: Problems in the genesis of a linguistic type. *Working papers on Language Universals*, (9): 1-39.

Greenberg, J. H. 1975. Dynamic aspects of word order in the numeral classifier. In Charles Li (Ed.), *Word Order and Word Order Change* (pp. 27-43). Austin: University of Texas Press.

Haiman, J. 2009. *Natural Syntax: Iconicity and Erosion*. 北京：世界图书出版公司.

Hiraga, Masako K. 1994. Diagrams and metaphors: Iconic aspects in language. *Journal of Pragmatics*, (1): 5-25.

Jackendoff, R. 1983. *Semantics and Cognition*. Cambridge, Mass.: MIT Press.

Jackendoff, R. 1990. *Semantic Structures*. Cambridge, Mass.: MIT Press.

Jakobson, R. 1965. Quest for the essence of language. *Diogenes*, (6): 3-7.

Killingley, Siew-Yue. 1983. *Cantonese Classifiers: Syntax and Semantics*. Newcastle Upon Tyne: The Tyneside Free Press Workshop.

Lakoff, G. 1983. Classifiers as a reflection of mind: The experiential, imaginative, and ecological aspects. *Symposium on Categorization and Noun Classification* of *University of Oregon*, 13-14.

Lakoff, G. & Johnson, M. 1980. *Metaphors We Live By*. Chicago: University of Chicago Press.

Light, T. 1981. 汉语词序和词序变化. 张旭译. 国外语言学, (4): 22-34.

Matthewson, L. 2004. On the methodology of semantic fieldwork. *International Journal of American Linguistics*, (4): 369-415.

Moravcsik, Edith A. 1978. Reduplicative constructions. In Greenberg, J. (Ed.), *Universals of Human Language*, Vol. 3. Stanford: Stanford University Press.

Norman, J. L. & Coblin, W. S. 1995. A new approach to Chinese historical linguistics. *Journal of American Oriental Society*, (4): 576-584.

Shi, B. 2003. *Between Heaven and Earth: A History of Chinese Writing*. Boston, Mass.: Shambhala Publications, Inc.

Srinivasan, M. 2010. Do classifiers predict differences in cognitive processing? A study of nominal classification in Mandarin Chinese. *Language and Cognition*, (2): 177-190.

Sun, C. F. 2006. *Chinese: A Linguistic Introduction*. Cambridge: Cambridge University Press.

Tai, J. H-Y. 1973. Chinese as a SOV language. *Papers from the Ninth Regional Meeting of Chi-*

cago Linguistic Society, Chicago Linguistics Socity, 659-671.

Tai, J. H-Y. 1976. On the Change From SVO to SOV in Chinese. *Parasessions on Diachronic Syntax* of *Chicago Linguistic Society*. (pp. 291-304)

Tai, James H-Y. 1985. Temporal sequence and Chinese word order. In John Haiman (Ed.). *Iconicity in Syntax* (pp. 49-72). Amsterdam: John Benjamins Publishing Company.

Tai & Wang. 1990. A semantic study of the classifier TIAO(条), *Journal of the Chinese Language Teachers Association*, (1): 35-56.

Tai, J. H-Y. & Chao, F. Y. 1994. A semantic study of the classifier Zhang. *Journal of the Chinese Language Teachers Association*, (3): 67-78.

Walker, G. 2010. Performed culture: Learning to participate in another culture. In Walker, Galal (Ed.). *The Pedagogy of Performing Another Culture* (pp. 1-21). 武汉: 湖北教育出版社.

Walker & Noda. 2010. Remembering the future: Compiling knowledge of another culture. In Walker, Galal (Ed.), *The Pedagogy of Performing Another Culture* (pp. 21-50). 武汉: 湖北教育出版社.

附　　表

附表一　名量词“张”搭配对象概况

先秦两汉	琉璃屏风、幄幕
魏晋六朝	弓、无弦琴
唐五代	弓、琴；锦被、丝毯；纸
宋元	词状（诉状）、免帖、冤状、纸、咨示（告示）；匙、弹弓、弓、机（机器）、交椅、眠床、弩、琴、绣被、椅子、帐子、桌子；虎皮、牛皮、口
明清	榜文、报纸、菜单、草稿、钞票、呈子、船票、当票、邸报、度牒、封条、符、膏药、告示、汇票、红票、婚书（结婚证）、婚据、柬帖、简帖、借据、军令状、礼单、履历、名片、批文、票、期票、契据、笺约、清单、条子、帖、帖子、通关牒文、图、图画、文凭、文书、降表、降书、小照（照片）、信纸、药方、冤状、照片、执照、纸、纸牌、状子、字、字据；宝剑、刨子、被褥、布油单、茶几、床铺、大油罩、弹弓、刀、凳子、风灯、斧头、柜子、弓、机子、锯、犁、卵袋、弩、琵琶、琴、梯子、铁锨、铜斧、土炕、网、苇席、五彩琉璃（灯）、椅子、引魂幡、渔网、月牙铲、帐子、竹篝灯、竹榻、篆床、砖炕、桌子、座位；豹皮、大饼、狗皮、口、阔脸、脸膛、脸面、鹿皮、面孔、面皮、熊皮、油饼、嘴

附表二　名量词“根”搭配对象概况

先秦两汉	
魏晋六朝	白杨、长木、巨木、木简、薤、李、桑、树、桃、榆、枣、杖、茱萸；象牙、毛发、须髯
唐五代	大梁、车辐棒、椽、海萍、林木、芦苇、门鎗、木、枪棒、桑、树、松树、桃、榆、枣、柘、竹子；毫毛、胡须、毛发、犀角、象牙、羽毛
宋元	草、草叶、椽、葱、棍棒、箭、檩、木棒、木梢、木头、木柱、木桩、枪械、桑、桃符、桃树、松树、蒜、蒜苗、席篾、榆、竹子、竹梢、柱、钻头；毫毛、胡须、毛发、簪钗；庭石、香烛、糠灯
明清	扁担、布条、茶叶、葱、刺、草、灯草、稻秸、稻草、麦秸、麻秸、茅草、秫秸、秤杆、柴火、禅杖、尺子、稻谷、笛子、豆子、独木桥、花蕊、苍耳海藻、荷叶、禾苗、芥蓝、葫芦藤、篙、筷子、棍棒、棍、拐杖、通条、荆条、令箭、箭、橹、檩、椽、杠子、轿杠、门闩、木棒、木板、木柴、木杆、木片、木条、木头、木桩、木轴、旗杆、旗帜、席篾、牙签、筹码、签、签牌、枪、三节棍、蔬菜、树干、树橛（树桩）、树木、树叶、树枝、绳索、藤条、铁条、挖耳、桅杆、旱烟筒子、水烟袋、烟袋锅、烟管、烟卷、烟枪、榆树、竹竿、竹签、竹子、柱子；鼻梁、辫子、肠子、骨头、胡须、胳膊、鸡肋、毛发、眉毛、皮鞭、青筋、蛇、手臂、腿、尾巴、犀牛角、角（兽角）、象牙、牙齿、羽毛；金刚锥、锏、钢鞭、铜鞭、铁索、火把、如意、表带（表链）、琴弦、丝线、丝巾、丝绦、铜丝、肉丝、线针、簪钗布袋、板凳、金子、银子、面条、火煤子、腿带、铁链、皮绳、铁梁、房梁、钉子、蝴蝶结、链条、帽绊儿、套马杆

附表三　名量词“条”搭配对象概况

先秦两汉	道路；刑、行事、诏书；衣物
魏晋六朝	花蕊、桑叶、杨柳；法律条文、话语、行事
唐五代	拐杖、荆杖、锡杖、棍棒、蛇、藤蔓、脊梁骨、脑骨、蜡烛、竹篾、话语、事件、制度；衣物、织物、被褥；道路、河流、绳索、丝绦、丝线、气体、云彩、黑气、火焰
宋元	布衲、布裙、袈裟、裹肚、汗巾、棉被、绵、佩带、绳索、丝绦、丝线、腰带、气体、手巾、怒气、紫气；扁担、椽、房梁、封皮、擀面杖、拐杖、棍棒、花蕊、蜡烛、梁柱、木头、朴刀、枪棒、藤条、铁、铁链、屋檩、杖、纸、竹编、竹竿、竹篾、拄杖；残月、大街、道路、缝隙、脉络、瀑布、琴弦；好汉、肋骨、人命、蚯蚓、伤痕、蛇；话语、计谋、事件、制度
明清	凹槽、板凳、板桥、棒、鞭子、扁担、布带、草荐（草席）、长廊、长桥、船、船篙、凳子、肚兜、对子（对联）、对联、房梁、钢鞭、弓弦、画谜、花蕊、火焰、火车、几案、疾雷锤（流星锤）、箭、缰绳、金子、军刀、令箭、蜡烛、门闩、面杖、木板、皮鞭、枪、枪棒、桥、琴、破席、软梯、三节棍、帚把、绳索、树叶、树枝、锁链、檀木斧把、藤条、铁叉、铁链、铁梃、铁锁、铁索、帷幔、小桥、烟、腰带、药线或火线（火药捻子）、圆木帐篷、纸、竹鞭、竹竿、竹签、竹梯、竹子、舟船、桌腿、桌子；办法、故典（典故）、方法、规例（条文）、规律、规则、计谋、家法、解释、戒律、理由、命案（案件）、条约、头绪、心事、章程、账目、政策、旨意（命令）、字条；白光（光线）、彩虹、长城、长堤、城、大街、道路、缝隙、巷子、海浪、河畔、河流、湖泊、胡同、港口、沟涧、沟渠、街市、峻岭、苦海、门路、闹市、霓虹、弄里（巷子）、屏障、瀑布、墙头、山涧、石窦（石穴）、田埂、山岭、山脉、塘岸、土岗、土垣、小溪；被单（床单）、被窝（被子）、被子、布匹、布片、布裙、肚带、汗巾、横线、绢巾、锦被、酒帘子、口袋、裤子、领巾、抹布、毛毯、毛毡、门帘、棉被、旗帜、破席子、绒毯、褥子、丝绦、丝带、手巾、水裩儿、腿带、线、袖子、絮被、衣襟、毡子、招文袋；臂膀、辫子、蚕、肠子、蠢汉、大汉、胳膊、狗、狗熊、骨头、汉子、豪杰、好汉、黑影、花翎（羽毛）、火腿、喉咙、家伙、瞌睡虫、筋、龙、毛驴、猛虎、牛、鳅、蛐蟮（蚯蚓）、人命、肉、嗓子、伤痕、伤口、蛇、舌头、身影、身子、声音、死尸、兽角、腿（牛腿、鹿腿、豹腿）、尾巴、蜈蚣、蟋蟀、蜥蜴、闲汉、心、心肠、心愿、性命、野鸡、鼋鼍、冤魂、鱼、皱纹

附表四　名量词“只”搭配对象概况

先秦两汉	牛胗（牛舌头）；佩玉
魏晋六朝	孔雀、麞鹿、鸟、鸡、鸠、羊脚；炷、香炉、盘子、倚子（椅子）、履（鞋）、马镫、著（箸）、箭、戟；佩玉
唐五代	凤凰、鹤、鱼、鸳鸯、眼、腿；香炉、杯、箭、舟、箸、金梭、船；钗
宋元	鹅、鸽、鹤、狗、鸡、猎犬、雀、兔、羊、羊脚、鹞子、鱼、臂、后腿、手、眼；匙、船、车辕箭、箭竿、曲儿、台盘、五香七宝床（椅子）、盏、箸、桌子；皮靴、鞋、履、金钏、锦袜、宝钿、金钏、裤

续表

明清	豹、大将（将军）、雕、鹅、鹤、黑熊、猴、虎、狐狸、鸽、龟、孔雀、狼、老鼠、鹿、骡子、驴、鸟、牛、蜜蜂、犬、团鱼、象、鸦、鸭子、雁、燕子、羊、野鸡、野马、猿、猪、鼻子、臂膊、大拇指、耳朵、脚、角（牛角）、奶（乳房）、拳头、手、腿、眼、眼睛珠、眼珠、指头、猪蹄、嘴、皮靴、鞋、靴、绣花鞋、袜子、袖子；银钏、玉簪、戒指、镯（金镯子）；八音琴、笛子、大鼓、焦尾琴、琵琶、曲儿、小词儿、歌儿（歌曲）、词；黄柑、仙桃；拜匣、杯子、镖车、布袋、茶瓯、长案、车轮、沉香拐、船、翠磁胆瓶、大锅、灯、凳、电气灯、耳挖、馄饨、缸、钢圈（项圈）、古鼎、棺材、锅、花缸、几（茶几）、鸡笼、箭、酱缸、锦囊、金杯、筷子、酒杯、酒壶、酒瓶、蜡台、篮儿、令箭、鸟笼、马镫、皮箱、七星钉、琴床、石凳、石臼、书桌、水缸、水晶面盆、水晶盘、榻床、汤匙、藤杖、天鹅绒皮、铁香炉、铜斗、桶、土坑、碗、小桌、小火轮、椅子、鱼篮、烟盒、椰子瓢、枕头、竹篮、竹笼、竹网兜、竹箱、箸、紫檀禅床、暗器、镖、镔铁杵、锤、剑、剑鞘、箭、钳子；百灵台、六角亭子、斗母阁、城角；红蜡烛、火轮船的雏型（模型）、牌（麻将牌）、大洋（银元）、元宝

附表五　名量词"块"搭配对象概况

先秦两汉	
魏晋六朝	壤、土
唐五代	白石；骨、肉、元气、紫金丸
宋元	板、半头砖、宾铁、冰、宝珠、柴（硬柴）、柴头、地（田地）、地板、丹枫叶、光、红绢、黄金、降香、金、绝地、琉璃、美玉、墨、木头、沙子、石、石皮、屎、试金石、霜、水银、铁、土、瓦（瓦儿）、顽石、雪、香、席头、银、油单纸、玉、云、渣滓、朱砂、砖儿、砖头； 点心、豆腐、糕儿、狗肉、骨头、鹿（肉）、皮、砂糖、饧（糖）、肉、血肉、猪肉；生姜、蒜瓣；马；天理、物、物事
明清	白点、白灰、白绢、白石壁、白印子、白玉、宝砚、碑、宝玉、拜石、板儿、冰雹、玻璃、布、布幌子、草房、柴炭、长枷、场所、钞、城墙、绸子、船板、大火、大石、大砖橛子、大苇塘、大园子、地、地板、地方、地基、地面、斗锡、断砖、法帖、翻板、方砖、废铁、坟地、坟山、坟茔、符信、袱子、缸爿、膏药、隔扇、果木园子、黑铁、红色、红缨、红纸、红盐、琥珀、黄绫、徽章、火、火柴头、火光、火山、火炭、火团、火秧、火砖、货、简册、降香、教场、金、金砖、金匾、旧帕子、局、卷网、绝地、空地、枯柴、冷气、硫、绫子、龙穴、楼板、玛瑙、煤烟、棉花、棉絮、木板、木柴、木段儿、木节、木头、木头墩子、墓砖、磨刀石、抹胸、墨刻、碾盘、拳石、撇火石、破席、坯、皮、屏风、平原、蒲团、钱、裙子、生矾、石板、石碑、石壁、石床、石灰、石灰团、石碣、石片、石头、石子、生铁片、鼠粪、图章、水石、松木、素香、藤子席、条石、铁、铁板、铁条、铜、铜片、铜砖、头巾、图章、土、土地、瓦片、瓦查儿、网、瓮边、围桌片儿、乌云、席子、仙山、朽木、神珍铁、血渍、胭脂、砚台、洋钱、药、银两、银牌、银子、印章、硬铁、硬纸、油迹、玉、玉佩、玉玺、圆石、元宝、云、闸板、栅栏、毡条、招牌、纸、竹板、竹简、砖、皂罗袍、章（印章）；疤痕、豹皮、鼻梁骨、脆骨、点心、顶阳骨、豆腐、糕、狗肉、骨头、骨殖、瓜、黑痣、红股、虎筋、虎皮、狐皮、橘饼、凉粉儿、鹿脯、牛肉、牛油、面包、面饼、青伤、肉、肉饼、肉儿、肉角、肉瘤、肉泥、藕、皮、皮肉、伤痕、烧肉、舌头尖、熟鹅、糖、顽痰、顽癣、咸菜、咸菜条儿、咸萝卜、象牙、心肝、鲞鱼、羊肉、药饼、油面、油皮、鱼腹、鱼（肉）、朱砂斑记、枣儿糕、紫记（胎记）；大病；凤仙花、柳木、青苔、姜、荷叶；料；祸、神道

索　引